链能

区块链与产业变革、治理现代化

蓝云 / 主编

南方日報出版社
NANFANG DAILY PRESS
中国 · 广州

图书在版编目（CIP）数据

链能：区块链与产业变革、治理现代化 / 蓝云主编. --广州：南方日报出版社，2020.11
ISBN 978-7-5491-2233-2

Ⅰ.①链…　Ⅱ.①蓝…　Ⅲ.①区块链技术—研究　Ⅳ.①F713.361.3

中国版本图书馆 CIP 数据核字（2020）第 194580 号

LIANNENG：QUKUAILIAN YU CHANYE BIANGE，ZHILI XIANDAIHUA
链能：区块链与产业变革、治理现代化

编　　者：蓝　云
出版发行：南方日报出版社
地　　址：广州市广州大道中 289 号
出 版 人：周山丹
责任编辑：刘志一　郭海珊
封面设计：邓晓童
责任校对：裴晓倩
责任技编：王　兰
经　　销：全国新华书店
印　　刷：广东信源彩色印务有限公司
开　　本：889mm×1194mm　1/16
印　　张：16.25
字　　数：396 千字
版　　次：2020 年 11 月第 1 版
印　　次：2020 年 11 月第 1 次印刷
定　　价：58.00 元

投稿热线：（020）87360640　　读者热线：（020）87363865
发现印装质量问题，影响阅读，请与承印厂联系调换。

本书编委会

指　导： 陈天祥　刘　权　龚定名　郑伟文　晋　彤　张雄志　马持节

主　编： 蓝　云

副主编： 王新涛　黄建新　张　昊　梁恩贵　李彩丽　莫　凡　张佳屏　张晓燕

编委会成员： 王欣明　刘　君　郭承军　董延峰　吕永强　赵新任　范　伟　梁昌盛　蓝启洪　张志洪　关婷允　陈美媛　蓝　娟　左丹茵　王婉婷　李璧扬

（按篇章顺序）

参与编写机构： 中山大学南方学院公共管理学院

广东省互联网+大数据发展研究中心（省决策咨询研究基地）

北江区块链研究院

云润大数据研究院

粤港澳大湾区区块链应用推广中心

中山大学MPA校友会信息化专委会

广东省计算机学会区块链专委会

华韶数据谷研究院

广州智慧政通智能科技研究院

《广东经济》杂志社

广东要素科学研究院

福建龙岩“互联网军团”（新龙商）联谊会

湖南华声云科技研究院

链能数字资产研究院（筹）

特别支持： 人民网广东频道、第五届广东省网络安全宣传周活动组委会，中共清远市委宣传部、清远日报社，浪潮集团

谨以此书献给一位小男孩，以及所有曾经是小男孩、小女孩的我们。

序一 区块链具有重要价值，应用前景广阔

◎刘权

2019年10月24日，习近平总书记在主持中共中央政治局第十八次集体学习时强调，要把区块链作为核心技术自主创新的重要突破口，加快推动区块链技术和产业创新发展。在 2018年5月28日召开的中国科学院第十九次院士大会、中国工程院第十四次院士大会上，习近平总书记特别指出，“进入21世纪以来，全球科技创新进入空前密集活跃的时期，新一轮科技革命和产业变革正在重构全球创新版图、重塑全球经济结构”，“以人工智能、量子信息、移动通信、物联网、区块链为代表的新一代信息技术加速突破应用”。区块链技术在我国将有良好的发展前景，对于社会治理、经济民生将产生重要影响。

从技术的角度看，区块链是一种整合分布式存储、共识机制、点对点通信、加密算法等的互联网应用技术体系，可以实现数据记录、数据传播及数据存储管理方式的变革，推动信息互联网向价值互联网转变，区块链技术本身有望成为与超文本传输协议HTTP同等重要的价值传输协议。从市场应用的角度看，区块链的去中心化、透明、不可篡改的特征从技术上解决了网络空间信任的问题，在一定程度上实现了去中介化，从而有助于降低中介机构存在产生的中介成本。此外，区块链能够减少商业摩擦，降低信任成本，有助于经济活动的开展。总体来看，区块链具有以下几个方面的重要价值：

一是通过去中介化降低甚至消除中介角色，可降低成本，提升效率。首先，区块链去中心化实现了点对点的交易，分布式账本保证交易快速反映在每个交易参与者的账本中，实现交易与清算的同步，因此，区块链消除了中心化的清算组织等交易中介存在的必要性，区块链去中介化和交易清算同步能够极大地提高支付清算效率，降低交易成本，有助于经济活动的开展。其次，区块链保证了数据记录全网公开透明和不可篡改，从技术上解决了信任问题，成为人与人之间在不需要互信的前提下进行大规模协作的有效信任工具，在一定程度上替代了信任中介，从而有助于减少信任中介的成本消耗，帮助社会削减中介成本。

二是不可篡改的时间戳可解决数据追溯与信息防伪问题，有助于诚信社会的建设。区块链技术为我们的信息防伪与数据追溯提供了革新手段。在当今社会，从假冒红酒、劣质奶源、高仿奢侈品，到会计套票、虚假财务数据乃至地下钱庄交易等，大量伪造的信息与数据充斥着整个市场。由于信息与数据在传递过程中发生了多次转手与交换，很多时候这些信息的真伪都无从考证。区块链中的数据区块顺序相连构成了一个不可篡改的数据链条，时间戳为所有数据信息贴上一套不可伪造的真实标签，可以实现数据交易记录全网透明、不可篡改和可追溯，有助于解决数据追溯与信息防伪问题，这对于现实生活中打击假冒伪劣产品和伪造虚假信息有着极其重要的意义。此外，区块链技术中记录可追溯和不可篡改的特征为构建诚信社会提供了一种技术工具。随着区块链技术的日趋成熟，区块链技术有助于重塑社会信任体系，降低社会经济活动信任成本，使社会管理更加高效、成本更低。目前，国内少数地方政府已经开展相关试点，如广东省佛山市禅城区推出“智信城市”计划，属于全国首个探索区块链政务应用的县区；贵州省贵阳市也进行了一些社会治理应用试点。

三是有效解决关键数据保护和授权访问问题。以用户隐私数据保护为例，当前用户隐私数据面临着重大安全问题。2018年3月，Facebook公司5000万用户数据遭到泄露引发全球对个人隐私数据保护的重大关注。用户隐私数据保护和授权访问体现在对用户数据的获取、使用和审计等方面，区块链底层技术哈希算法、加密技术以及电子签名应用能够将用户隐私数据进行映射后再加密存储于区块链，任何个人和组织访问用户隐私数据的时候都需要获得该用户授权，只有经过该用户授权，其他个人和机构才有权限对数据进行访问和使用，且任何访问和授权都会有可审计的记录，因此，区块链可较好地解决目前信息化应用突出的关键数据保护和授权访问问题。

四是灵活的可编程特性有助于规范现有市场秩序。当今社会的市场秩序仍不够规范，在进行转移资产时，无法保证所转移资产在未来的使用过程中不偏离最初资产所规定的用途和方向。例如，政府对农业进行的补贴、慈善机构的善款被挪作他用。区块链技术具有可编程特性，可以在资产或价值转移的过程中将一段代码写入智能合约，以此来规定资产未来的用途和范围，从而有效解决扶贫资金被挪用滥用、贪污侵占等问题。区块链可编程特性还可以帮助互联网以智能合约的方式与真实世界里的资产进行交互，更好地规范市场秩序。

五是有助于实现商业组织形态的重构和社会协作方式的变革。区块链去中心化、数据不可篡改、可追溯等特征使得区块链成为信任机器，建立起商业活动中个体与个体之间的信任，从而有助于商业活动去中介化，实现商业组织形态重构。

此外，根据科斯对于“企业存在原因是为降低交易成本费用”的论述，基于区块链共识算法和智能合约编程构建的信任关系的交易活动有望将市场交易费用降低至趋近于零，这意味着可能不再需要企业这种制度安排，即企业将会消失。这使得区块链作为信任机器可以实现个体与个体之间的大规模协作、自主组织和自主治理，最终形成全新的社会协作方式和商业模式，甚至是生产关系的变革。

赛迪区块链研究院2017年9月在工信部的指导下正式成立。研究院秉承“开放、创新、协作、共赢”的原则，热忱期待与全国各地区块链上下游单位及专家学者在战略研究、标准制定、方案解决、测评认证、宣传推广、教育培训以及底层技术开发等方面开展合作，共同建设良性的区块链生态体系，推动区块链产业健康发展。广东是经济大省、互联网大省，未来也将是区块链、大数据应用大省，同时粤港澳大湾区已经成为国家重要的发展战略。2016年10月国家批准正式成立珠三角国家大数据综合试验区，区块链技术有望助力试验区腾飞。2019年8月中央公布的《关于支持深圳建设中国特色社会主义先行示范区的意见》指出，打造数字经济创新发展试验区，将支持在深圳开展数字货币研究与移动支付等创新应用。我们相信，广东省、大湾区在区块链标准制定、平台研发、场景应用，区块链与实体经济发展、社会治理创新的深度融合，以及区块链知识的传播等方面，也能够继续取得新的成就。2018年9月，在第五届广东省网络安全宣传周活动现场，《可信互联网——区块链与网络安全》蓝皮书正式发布。我在这本蓝皮书的序里写道：“这是广东第一本围绕‘区块链与网络安全’公开发布的蓝皮书，从全国范围来看，从可信、信用和信任的角度直接切入区块链，这样的书籍也不多见。”广东省委网信办领导、省工信厅领导、广东省各大高校及知名企业的专家负责人对蓝皮书的出版给予了大力支持。为更好地全面宣讲中央领导关于区块链的最新指示精神，结合一线产业实践、治理探索，在《可信互联网——区块链与网络安全》蓝皮书基础上通过南方日报出版社正式出版《链能——区块链与产业变革、治理现代化》一书，真可谓正当其时。对广东专家团队的奉献和成果，我们表示祝贺和致谢，也期待更多有识之士一起来探寻区块链世界的奥秘。

是为序。

（作者为赛迪智库网络安全研究所所长、赛迪区块链研究院院长）

序二 区块链，赋能传媒发展

◎张东明

2019年10月24日，对于中国的区块链技术与产业发展来说，是一个里程碑式的重大时点。在这一天下午，中共中央政治局就区块链技术发展现状和趋势进行第十八次集体学习。习近平总书记在主持学习时指出，区块链技术的集成应用在新的技术革新和产业变革中起着重要作用；强调要把区块链作为核心技术自主创新的重要突破口，着力攻克一批关键核心技术，加快推动区块链技术和产业创新发展。印象中，这是中央政治局第三次就具体的新技术进行专门的集体学习（前两次分别为大数据与人工智能），这集中体现了中央对区块链技术的发展从国家战略层面予以高度重视，清晰昭示了中央对核心技术自主创新的突破口与互联网的发展大势及其规律性的深刻把握。这对于我们全面认识区块链的技术特点和优势，进一步促进区块链在经济社会领域的广泛及创新性应用，具有十分重要的意义。

区块链进入我国以来，一大批企业争相涉足该领域，但与大数据、云计算、人工智能等相比，区块链在很长时间内并未能激起较大规模的商业科技浪潮与行情。直到中央政治局这次集体学习，习近平总书记关于区块链技术的讲话，使区块链作为新经济的底层技术及其广泛应用前景再次吸引广泛关注，进一步推动了区块链技术在经济发展、金融、民生及社会管理等领域的落地应用。有研究者认为2020年是区块链产业爆发元年，也有咨询公司做出前瞻性分析，到2025年区块链业务的附加值将达到万亿元人民币规模。

在目前全国人民共同抗击新型冠状病毒这个关键时刻，区块链产业在疫情监控、信息公开以及慈善募集等方面的努力，给予人们深刻印象。如广州南沙区的疫情防控协同系统，南京审计大学的疫情防控信息采集区块链系统，山东财经大学的区块链疫情采集监测系统，链飞科技的区块链疫情监测平台，优易数据、电子科技大学、武汉大学的疫情统计与应对信息区块链平台，西安交通大学的在线健康咨询、问诊与新冠风险筛查系统，山大地纬的济南疫情防控平台，以及复杂美的公益慈善区块链“33慈善平台”，趣链科技、雄安集团的慈善捐赠溯源平台“善踪”，支付宝、蚂蚁区块链、CITYDO的防疫物资信息服务平台等。特别需要指出的是，为助力全国各地复工复产的进程，基于区块链的“健康码”应需而生，在各地尤其是疫情高风险地区人员在全国范围内的流动监测方面发挥了重大作用。2020年3月20日，国家卫生健康委规划司司长、全国爱卫办副主任毛群安表示，通过健康通行码实施精准管理，促进人员有序流动和复工复产。目前各省已经完成了技术对接和应用改造，全国大多数地区的健康通行码可以实现一码通行。而蚂蚁金服在利用数字金融服务中小企业及应对危机方面的持续努力，则得到了联合国可持续发展目标数字金融工作组的肯定。在其3月20日发布的《利用数字金融应对危机》的报告中指出，“在新冠病毒危机中，数字技术成为数亿人的生命线”，蚂蚁金服基于区块链开发的供应链金融平台“蚂蚁双链通”，善用金融科技，在缓解中小企业疫情期间资金流紧张、融资难等问题中发挥了重要作用。

上述进展的内在原因，除全国形势及其发展趋势这些大因素外，从其技术本质上讲，区块链就是得益于其作为一个基于“共识”的共享数据库，存储于其中的数据或信息具有分布式、去中心化、可追溯以及公开透明、集体维护等特性。基于这些特性，区块链技术便根据社会需求提供具有“信任”基础和“合作”机制的产品，因而具有广阔的应用前景。但是，我们也应该看到，无论是观察者眼里的前几年的“沉寂”，还是目前的新一波发展，在区块链产业的运作结构中都还有一些重大问题需要进一步破解。如“信任”问题。脱胎于比特币的区块链基于其分布式、可追溯的特性，供求双方形成“共识”，进而产生“信任”，但在现实中，这种场景不易再现。比如，假定不是遇到疫情及复工复产的需要，申领和使用“健康码”的用户肯定不会在如此短的时间内有如此庞大的数量，其深层原因就是“信任”问题，这是区块链与大数据、云计算等新技术的应用场景的迥异之处。又如“去中心化”问题。虽然比特币是否真正“去中心化”有争论，但其运作依赖的是一个共识网络，其上面并无一个企业或管理机构。如果抛开比特币在合法性上与主权货币几乎不相容这个问题，那么迄今为止，区块链领域还未出现一个在深度、广度上可与比特币（或类比特币）相媲美的商业产品，我认为其原因与如何处理“去中心化”这个问题密切相关。可以说，没有“去中心化”这个特性，就不会有其独特的支付系统与商业模式以及目前的用户规模，也就没有比特币。但现实运作中，如果没有一个公司或机构大量投入并以其资质、可信模式或信用为其背书，就难以规模化运作。这几乎是一个悖论。这些问题都有待区块链业界进一步破解。

在区块链与媒体的结合方面，国内外均处于前期探索阶段。我在南方报业传媒集团工作多年，深感新技术、新应用对于传媒发展和舆论引导的重要性。纵观国内外形势，区块链技术应用有望在今年开始进入新成长期，新产品、新服务将不断涌现，相关监管法则也将陆续出台。

在此态势下，我国传统媒体行业在与互联网的深度融合中，如何借用区块链技术，抓住区块链所提供的“弯道超车”的机会，通过以下多方面的努力，赋能传统主流媒体，推动现有媒体生产与运作模式产生重大乃至颠覆性的改变，守正创新，完成融合转型和舆论引导的历史使命，是当前且长期的一个重要课题。

一是以形成新业态为关键点，努力加速实现媒体的融合转型。传统媒体要在区块链以及其他新技术为核心底层技术的基础上，形成新的规模巨大的内容生产链镶嵌其中的区块平台传播链、社会公众集体维护的信息数据库和全新可靠的社会信息信用评价体系等三位一体，在融合转型中推动诞生新业态，从而形成新的竞争力。对于新业态要更多地从创新的角度去考虑，如今日头条通过大数据分析，形成“千人千面”的综合内容推送平台；抖音、快手等平台聚焦的是短视频与直播，从传统电视业态来说，这只是业务链条中的一个环节或一个部分；得到、微信读书以及一段时间以来微信群中层出不穷的专门推送各类小说的内容公众号；等等。信息是媒体的最大资源。区块链技术与主流媒体在互联网时代专业信息生产角色定位上有着极高的匹配度。可以通过“去中心化”的方式和共识算法，在发挥自身内容专业生产能力的同时，集体维护一个可靠数据库，并接受公众审核和监督，帮助没有互信基础的成员达成共识，加大新闻信息的生产传播力度，以实现构筑强大传播平台、扩大移动互联网时代的生产能力和规模等融合转型的目标。此外，这一由媒体生产并由公众监督、集体维护的数据库，又可以作为对相应企业乃至社会各方面评价的重要参照，媒体以此为契机，进一步深度参与各个领域的社会治理，扩大社会影响力。

二是以用户管理为着力点，探索媒体融合转型的路径突破。相较于“读者”，“用户”的内涵与外延宽阔得多。传统媒体可从议题设置抓起，按照区块链的特点和用户的需求，建立“去中心化”的传媒产品C2C模式，提供高认同度和可信度的精准内容报道服务，进一步解决互联网时代媒体服务谁的问题，解决媒体内容产品的“真”与“信”的问题，从而将传统媒体的公信力和美誉度等转化为移动媒体时代的生产与消费双方的高信任度和高黏性。要重视“去中心化”的独特作用。“去中心化”是区块链的主要特征之一，正如比特币等虚拟货币通过直接进行支付避免第三方中介的参与，从而提高效率一样，在生产方式上，将区块链应用于新闻生产，让新闻产品的生产者直接联通消费者，实现更加快速、高效的信息服务，从而为信息使用者带来更好的使用体验和更高的价值。需要指出的是，传统媒体在长期的内容生产实践中，对于内容的公信力和美誉度等有其深刻、扎实的专业实践和积累，这应在融合转型中得到发扬光大。

三是以探索媒体新的盈利模式为聚焦点，为媒体适应移动互联网时代的发展需求提供持久动力。区块链也是一门管理技术，有利于解决内容生产与收益不对称的问题。按照区块链的技术特性，可建立形成一体化数字版权管理体系和开放式公众审核与媒体信息来源可追溯机制，为解决媒体产品如何取得收益、如何建立盈利模式等问题提供可靠基础。在运营模式上，以涵盖海量传统媒体报道资源并具有丰富延展空间的数字版权库为基础，通过区块链技术，为新闻作品提供“去中心化”之后的版权保护、内容使用追溯、版权交易和数据增值等服务，将内容的相关价值回馈给新闻生产者；同时构建可信的效果分析网络，为市场用户进一步解决“流量虚胖”、传播效果难以确认的问题，并使各种增值服务成为可能。

上述场景有助于简要了解区块链全面赋能传媒发展。同时，区块链的发展也需要传媒加大传播力度，助力区块链的应用、推广、发展。一是需要“立标杆”。近年来全国各省市积极探索区块链，在广东区域内就涌现出了佛山禅城区的政务区块链、广州开发区的工业区块链、广州互联网法院的法务区块链、清远市的乡村新闻官农货链、腾讯公司在深圳首发的区块链发票、深圳微众银行牵头开发的FISCO BCOS平台等优秀案例，这些优秀案例如能结集成册，广泛传播，将对促进中国区块链事业发展大有裨益。二是需要“扬正气”。区块链对于经济社会发展有巨大作用，其正面作用需要大力弘扬，但也有其适用范围，不能被庸俗化、扩大化、神化，需要明确其使用边界和风险，反对背离科学理性精神的做法；更需要警惕一些人打着“区块链”的旗号干违法的事情，如发行“空气币”、割“韭菜”、收“智商税”等，这些做法严重违反了我们国家法律和监管要求，应予以充分揭露和摒弃。三是需要“搭梯子”。区块链是互联网应用的一门系统理论，比较深奥，需要有一个桥梁、梯子将专业理论传递给社会公众，尤其需要有良好的样本深入浅出、通俗易懂、文理通融地讲解区块链，以填补现有出版物的空白。

我注意到，《链能——区块链与产业变革、治理现代化》一书（简称《链能》）正力图满足上述“三个需要”。此书采用“理论+访谈+报道”体例，以国家大数据、区块链顶层设计和战略部署为背景，围绕区块链的起源、核心特性、应用场景及未来可能的应用趋势，进行系统阐释和透彻解读。我觉得，此书可用四个“度”来总结概括。

一是有高度。本书通过深入分析中央政治局领导集体学习区块链的时代背景和深刻内涵，紧紧围绕有中国特色的区块链技术应用体系，系统阐释和深入解读区块链的原理和应用价值，理论思想、技术思想站位高。

二是有深度。本书专家阵容强大，覆盖多领域、多学科，有党政部门业务专家型领导、知名大学计算机教授、欧美“海归”专家、知名IT企业负责人、区块链领域的研究者与先行者、区块链“专利大王”，还有社科院当代马克思主义研究所专家、资深传媒人士等，甚至还有当过潜艇工程师的前科幻作家、国际奥数冠军等。他们在解读区块链技术原理和展望未来应用前景之时，将区块链“怎么来，怎么用，怎么规避风险，怎么更好造福人类”贯穿主线，立意深刻。

三是有广度。本书内容创作涉及“政企产学研”全链条，涵盖了区块链技术创新上、中、下游及创新环境与最终用户，内容包括区块链技术的理论知识、技术应用、落地案例等，让人真正体会到区块链技术的“遍地开花”。

四是有温度。当下有一个普遍的看法，即技术是中立的，可能作善，也可能作恶，关键是把控技术的钥匙掌握在谁手里。培育一个向善的、有温度的技术大环境，是至关重要的。本书有底线、有原则、有理想，较好地演绎了“最好的技术，都有温度”的精神。

因此，我认为，《链能》一书对于各个领域的人士深入了解区块链技术发展趋势和应用，推进产业变革、治理现代化，具有一定的参考价值。至于这个价值能到多大的程度，还需要各位读者朋友客观评判。

媒体人嗅觉向来会灵敏一些。早在2011年，《南方周末》就关注到了区块链这项新技术，并于当年7月7日刊登了《比特币，史上最危险的货币？》（详见下篇）一文，引来一批先行者的关注，不少人因为该文而走上了比特币和区块链的专业道路。时至今日，《链能》主编蓝云以其20年的媒体从业经验，敏锐地观察到区块链有广阔前景，并毅然在三年前其事业主动转型时选择了区块链作为主要研究方向。这一选择，既大胆，又有远见。在我的印象中，蓝云是敢于进取、善于创新的新型南方报人之一。他们既能低头耕耘，又能仰望星空。在南方报业工作期间，按照集团、报社的统一部署，蓝云先后牵头组建了南都报系奥一网网络问政平台（南方民间智库）、南方舆情数据研究院等全国标杆项目，获得中国新闻奖一等奖、广东省五一劳动奖章、五四青年奖章和省优秀新闻工作者等重要荣誉，这让他开拓了对产业变革、治理现代化的认知，同时积累了广阔的学界、业界人脉。加上他独特的文理通融学科背景，确保了在文字、数字这两大领域轻松切换，能够以通俗易懂、深入浅出的话语体系，探讨神秘的区块链世界。《链能》一书也是继《从1到π——大数据与治理现代化》《〈电商法〉解读与农业电商实务10讲》之后，蓝云近年来通过南方日报出版社牵头出版的第三本新技术新应用著作。在此，我也衷心祝愿蓝云的书一本更比一本好。

是为序。

（作者为南方日报社原社长、广东省记协副主席）

序三 科技向善的守望者

◎祝华新

中共十九届四中全会提出“完善党委领导、政府负责、民主协商、社会协同、公众参与、法治保障、科技支撑的社会治理体系”。这是党和政府在阐述社会治理时，第一次明确提出“科技支撑”的理念。

在党内率先提出“科学技术是第一生产力”的邓小平，他那个时代关注的新科技是计算机。1984年元宵节，小平同志在上海观看了一名13岁少年用单板微型计算机做了团体操队形变换表演，还有屏幕上的机器人闪着大眼睛唱《我爱北京天安门》。小平同志兴致很高，当场指示“计算机的普及要从娃娃抓起”。

今天的新科技可谓丰富多彩。党的十九大以来，中央政治局针对大数据、媒体融合发展、区块链等前沿领域，进行了多次集体学习。习近平要求利用“互联网+N”来推进教育、就业、社保、医药卫生、住房、交通等领域。总书记掷地有声地说：“网民来自老百姓，老百姓上了网，民意也就上了网”，各级领导干部要“经常上网看看，了解群众所思所愿，收集好想法好建议，积极回应网民关切、解疑释惑”；“善于获取数据、分析数据、运用数据，是领导干部基本功”。习近平关心“政务服务一网通办”“城市运行一网统管”的进展，在上海考察时还谈到了需要长期研发投入、持续积累的“硬科技”（Hard & Core Technology）。

保持对新技术的敏感，不断增强国家经济社会政治对新技术的吸纳能力，是一个体制富有生命力的表现。从这个角度看，《链能——区块链与产业变革、治理现代化》把握住了党和政府治国理政的前瞻性关切，体现了快速变化的中国社会的历史潮流，再考虑到蓝云先生曾经在传媒单位领导舆情数据团队的经历，本书对于体制内人士深入理解中央精神、推行实际工作，会有很大的帮助。

让我感动的是，蓝云先生不是单纯的“科技控”，他清醒地意识到新技术是一把“双刃剑”。他热情洋溢地肯定南粤大地上的“数字政府”“粤省事”“电子税务局”“数字城管”等，赞扬科技创新提高了社会治理效能，也坦率地指出科技创新本身也需要治理。政府掌握的数据，除依法涉密的之外，需要最大可能地公开，这已经成为中国社会的共识。蓝云把数据公开进一步细分为对外完全公开、半公开、内部公开、脱敏后适度公开几个层面，还有涉及商业秘密或个人隐私的数据，例如公民的通话记录和网络访问记录等，强调隐私保护。由此，蓝云得出一个深刻的结论：数据就是权力的一部分，理想的目标是“注意数据安全、数据伦理、数据文化，共建有益的、可持续的、造福广大人民群众的数据生态”。

通常人们觉得新技术的研究是自然科学和工程技术专家的属地，其实媒体背景的人对新技术的趋势把握，对国家宏观环境和政策红利的解读，对科学的公众传播，可能别具优势。蓝云先生与地方政府和企业合作，为区块链、大数据、人工智能寻找在珠三角的各种应用场景，他是一位守望者，更成了播种者、耕耘者。这可能是媒体基因养成的责任担当，值得点赞。

（作者为中国经济体制改革研究会常务理事、互联网与新经济专业委员会主任，广东省委网络安全和信息化委员会专家咨询委员会委员）

目录

上篇·理论

中篇·访谈

下篇·报道

上 Chapter 篇·理论

广东卫视《广东新闻联播》对《可信互联网——区块链与网络安全》蓝皮书发布进行了现场报道

2018年9月18日，在第五届广东省网络安全宣传周活动现场，《可信互联网——区块链与网络安全》蓝皮书发布，粤港澳大湾区区块链应用推广中心正式成立。中共广东省委网信办副主任曾胜泉在蓝皮书发布现场致辞指出，蓝皮书有四个方面的特点——视角广、观点正、表述新、案例多。赛迪区块链研究院院长刘权担任蓝皮书主编，粤港澳大湾区区块链应用推广中心主任蓝云担任副主编。历经两年积淀，本书上篇收录了蓝皮书的主要内容，并对部分数据做了更新调整，希望借此帮助读者更加全面地认识区块链、用好区块链、发展区块链。

区块链+背景

区块链并不遥远，比特币并不神秘

一、数学、密码学与人类生活

数字是什么，从哪里来，又到哪里去？

一起来看看一个原始部落中发生的故事。两位酋长比谁说的数字大。一位酋长想了想，先说了“3”。第二位酋长想了半天，说“你赢了”。

这个故事，出自美籍俄裔物理学家乔治·伽莫夫那本著名的科普读物《从一到无穷大》。在远古社会，物质极其缺乏，数量很少会超过3，对3以上的东西，他们称之为“许多”或者叫“数不清”，更谈不上完整的计数系统。对他们而言，超过3就是大了、多了，就会糊涂。一般认为，远古“信息爆炸”导致人们的头脑装不下这些“信息”，文字就出现了；人们的财产多到需要数一数才能搞清楚的时候，数字就出现了。考古学家发现，大约在35,000年前，人类就开始计数了。

随着社会生产的发展、计算工具的进化，以及人类脑力的提升，人类能掌握的数字数量越来越多，数字形式越来越复杂，计数形式也越来越多样。到了2008年，“大数据”这个词就诞生了。“大数据”是一个复合名词，“大”+“数据”，“大”是一个形容词，是相对的。近年来在各地交流大数据知识时，我都会举两位篮球明星的事例来解释什么是相对关系。易建联身高2.12米，相对于平常人，他是巨人，但他与2.26米的姚明相比，又矮了一头。同理，当下在津津乐道大数据，并被信息爆炸压得喘不过气来的现代人，肯定又会被其后代耻笑，“老祖宗们那点数据量算什么”。人类生活史也是一部数字发展史。围绕数字，就形成了数学这门学科。通过数学的三次危机，可以一窥数学这个庞然大物的全貌。

1个人，2个人，3个人……1只羊，2只羊，3只羊……1根木头，2根木头，3根木头……慢慢地，就建立了自然数体系。1根木头折成两半，或是折成三段，那又是什么？原来还有分数，1/2，1/3……

自然数、分数构成了有理数，就是人类能理解的，一切貌似都是那么友好，那么有序，那么有规则。毕达哥拉斯（前580—前500）是古希腊著名的数学家和哲学家，他带领300个门徒形成了毕达哥拉斯学派。“数”与“和谐”是他们的主要观点，数是万物的本源，数产生万物，数的规律统治万物。

社会的发展、人的认知及探索会超越许多东西。画一个边长为1的正方形，其对角线的长度即为$\sqrt{2}$。正是毕达哥拉斯的门徒首次发现了$\sqrt{2}$。$\sqrt{2}$是一个怪物，是一个无限不循环小数，根本不是自然数或分数。这带来了第一次数学危机。$\sqrt{2}$可能是一个幽灵，也可能是一个精灵，它颠覆了很多东西，气得毕达哥拉斯想把那个门徒扔进大海。自从希腊人知道$\sqrt{2}$不能用分数表示，是无理数之后，他们将对“数”的热情转移到“形”上，这推进了几何学的快速发展。其中最杰出的代表人物就是欧几里得（前330—前275）。危机有了第一次，就有第二次。这个危机的苗头很早就有了，只是大家没有意识到。《庄子》有云："一尺之捶，日取其半，万世不竭。"类似的故事还有"兔子永远追不上乌龟"（芝诺悖论）。这蕴含了对无穷小量、极限的认知。与$\sqrt{2}$一样，无穷小量是数学世界的魂魄，沉睡许久，一经发现，就爆发无穷力量。在前人研究的基础上，两位伟大的数学家牛顿（1643—1727）、莱布尼茨（1646—1716）创立了微积分。微积分的创立是数学发展历程中的重要里程碑事件，是初等数学、高等数学的一个重要分界点。经过第二次危机，数学的重心又从"形"回到了"数"。还有第三次危机，这就是"罗素悖论"引起的轩然大波。罗素（1872—1970）是英国一位著名的杂家，在哲学、数学和社会改革领域均有所研究，还获得过诺贝尔文学奖。"罗素悖论"有很多通俗化的模型，比如有"'我说的话都是假的'这句话是真是假？""某村有一位理发师，他只给村里一切不给自己刮脸的人刮脸。那么，他给不给自己刮脸呢？"等。罗素发现，自亚里士多德以来，无论哪一个学派的逻辑学家，从他们所公认的前提中似乎都可以推出一些矛盾来，这表明有些东西是有毛病的，但是指不出纠正的方法是什么。

在中国科学院院士张景中看来，第一次危机的结果是严格的实数理论的建立，数学家回答了"什么是连续性"这个古老的哲学问题。第二次危机的结果，是微积分的严密基础的建立，彻底弄清了"芝诺悖论"，回答了"运动是怎么回事"这个古老的哲学问题。第三次危机，涉及了"数学自身的基础是什么"，一些卓越的数学家卷入了关于数学本质问题的激烈争论。危机的结果是产生了"数学基础"这个至今尚在蓬勃发展的数学领域。

人类的社会生活推进了数字认知，每一次危机带来的是更大、更开阔的世界。伽利略曾经说过："数学是上帝描写自然的语言。"纯数学使我们发现概念及其规律，这些概念和规律给了我们理解自然现象的钥匙。数学既是对自然界事实的总结、归纳、推导和提炼，又是抽象思考的结果，数学思维及体系反过来作用于自然世界。

按照我的理解，数字起源于人类生活，又会起到巨大的反作用。人类会主观想象出一类数字，而这类数字又非幻想，与现实生活中一些事物相映射，比如说虚数（如-1的平方根）。也正因如此，在各地交流时，我在开场时一般会问一个问题：为什么现代社会流行十进制？其实每个人伸开双手就能找到答案，正因为我们有十根手指。如果人类是十二根手指，那么流行的必然是十二进制。也有听众现场问我：如果人类有十一根手指，又会怎样？这个问题，上帝也答不了，人类左右对称，这个社会基本是对称社会，这是一个元规则、前提，脱离这个元规则，绝大多数的研究就没法进行。

在数学这片茂密森林里，有一棵参天大树，有时它很引人注目，有时它又不为人所注意。这棵大树，就是密码学。我们看过很多谍战片，看过围绕密码进行的惊心动魄的斗争。现实其实比影视剧更加精彩，更加跌宕起伏，各国军队密码人员都是第一流的数学家。因为军事斗争、利益争夺、政府管理、公民隐私保护等原因，需要密码。其实密码也没那么神秘，也许我们每个人都经历或见识过。比如一对刚确立关系的早恋学生，有对老师、家长保密的需要，那么他俩会通过眼神、肢体语言等传递信息，这种行为就是密码。比如家里上把锁，钥匙随身带，那么这把钥匙就相当于密码。从学科上说，密码主要分为对称密码体制、非对称密码体制。这两个也很好区分，前者的加密、解密使用同一密钥来完成，而后者是使用不同密钥来完成的。很显然，后者的保密级别更高，使用起来更安全。

破译密码的办法主要有三种：

一是穷举攻击。又称蛮力攻击。密码分析者通过试遍所有密钥来进行破译，直到得到正确的明文。1997年6月18日，美国科罗拉多州Rocket Verser工作小组宣布，通过网络利用数万台计算机历时四个多月以穷举攻击方式攻破了DES（IBM公司设计的一套数据加密标准）。很多时候，我们都被友情提醒，不要用生日、单位名称作为邮箱密码，因为这些信息在遭遇穷举攻击时会首先被尝试。

二是统计分析攻击法。密码分析者通过分析密文和明文的统计规律来破译密码。“二战”太平洋战争中，美军破译了日本海军的密码机，读懂了日本舰队司令官山本五十六发给各指挥官的命令，在中途岛彻底击溃了日本海军，成为太平洋战争的决定性转折，而且不久之后还击毙了山本五十六。美军用的分析办法有一种就是统计分析攻击法，他们发现日本海军密文有一个人名出现频率很高，据此大胆猜测，这个密文代表的就是山本五十六，再顺藤摸瓜，破译密码。

三是数学分析攻击。密码分析者针对加密算法的数学特征和密码学特征，通过数学求解的方案来设法找到相应的解密变换。为对抗这种攻击，应该选用具有坚实数学基础且足够复杂的加密算法。

为了有更好的保密效果，一般使用组合加密办法。比特币官方客户端就是使用高级加密标准AES中的AES-256-CBC来加密钱包文件，这个标准属于对称密码体制。区块链所使用的公钥密码算法是非对称密码体制中的椭圆曲线算法。利用椭圆曲线算法，用户可以用自己的私钥对交易信息进行签名，同时别的用户可以利用签名用户的公钥对签名进行验证。

在比特币挖矿过程中，有一个词大家很熟悉，那就是“哈希（Hash）函数”。哈希函数可以使任意长度的输入经过变换以后得到固定长度的输出，成为消息摘要。消息摘要能够用于完成消息的认证功能，消息认证是保证信息完整性的重要措施。哈希算法中比较著名的是MD系列和SHA系列。以王小云教授为代表的中国专家，曾先后破译MD5、SHA-1。王小云的研究成果表明，从理论上讲，电子签名可以伪造，必须及时添加限制条件，或者重新选用更为安全的密码标准，以保证电子商务的安全。从密码学有趣又复杂、简单又神秘的故事中，我们可以想象数学的少与多、易与难、白与黑。接纳了数学思维，就能很轻松地理解比特币、区块链。要找到打开比特币、区块链大门的钥匙，就要具备一定的高等数学知识。为了能帮助大家更好、更轻松地掌握数学规律，下面我提供观察数学的四个角度，供各位读者朋友参考。

一是简单。数学的本质规律是提炼，是抽象，是浓缩。1根筷子，1只羊，1栋楼……背后有一个共同的元素，就是“1”，这就是提炼。不管是欧拉恒等式，还是爱因斯坦质能方程，其实都非常简洁，当然这种简洁的背后是非常复杂的数学论证工程。凡是拖拖沓沓、越说越糊涂的东西，都不属于数学。

二是公设。任何学科都需要基本假设，需要公理、公设，公理、公设被推翻的过程，就是颠覆的过程。我们在初中时都学过欧几里得几何，欧式几何以“等量间彼此相等”等五个公理、“从一点到另一点可作一条直线”等五个公设为前提，创建了严密的几何体系。这五个公理、五个公设就是前提。

可能有朋友问，这种公理、公设也可以被颠覆吗？当然可以！合理性颠覆的成果就是人类认知、文明的大踏步前进。比如偏偏有人不完全认可欧式几何的“公设”，尤其是第五条“若两条直线都与第三条直线相交，并且在同一边的内角之和小于两个直角，则这两条直线在这一边必定相交”（后人证明与“三角形内角和为180° ”等价），数学家罗巴切夫斯基（1792—1856）、黎曼（1826—1866）分别创立了另外一套几何体系，阐释了各自发现的空间现象。欧式几何与我们的经验认知最贴近，而现代物理学选择了黎曼几何。

三是演绎。演绎也就是逻辑运算、推理。欧几里得的《几何原本》，集当时全部几何知识之大成并加以系统化，构成一个标准化的演绎体系，将希腊几何提升到一个新水平。两千多年以来，《几何原本》既是几何教科书，又被当作严密科学思维的典范，它对西方数学与哲学的思想都有重要的影响。典型案例有牛顿的《自然哲学的数学原理》、斯宾诺莎的《伦理学》和美国的《独立宣言》等。现代计算机也遵循严密科学思维，所有复杂行为都要转化为基本的计算机运算。

四是理性，也就是数学理性、科学理性。很多东西，只凭人的经验、直觉，不一定被认可、接受，但事实上，经运算、实践检验，这些东西能被证明，就是真理。这就是“抛离了人类的基本想象所能认知的范围”，也就是从感性到理性，从现实到科学。我们可以试举一例：你端出一杯水，如果我说这杯水与太平洋里的海水是一样多的，你肯定不相信，事实上也不是一样多的；但是假如你在纸上随便划出一条3厘米或4厘米的线段，我说这条线段上的点和太平洋上的点是一样多的，你估计也不相信，但是这在数学推理上是可以证明的，这两个集合里的点确实是一样多的。恩格斯说：人类看不见紫外线，但人类知道蚂蚁能看到人看不见的紫外线，这显示了人类的智慧。有了数学理性，我们就能成为真正意义上的现代“智人”，也就可以进行接下来的讨论。

二、计算机、互联网进化简史

还是回到原始人掰指头数数的场景。数多了，超过十，那就用上脚趾？这是真的场景！这就是玛雅人二十进制的由来。数再多，就有了“个十百千万”等进制，就用了各类辅助计算工具。古代中国人在全球率先使用了算盘等辅助计算工具。

我们现在每天使用的计算机，全称是“电子计算机”，顾名思义，是不是还有非电子计算机？确实有！1642年，法国哲学家和数学家帕斯卡发明了世界上第一台加减法计算机。它是利用齿轮传动原理制成的机械式计算机，通过手摇方式操作运算。他称“这种算术机器所进行的工作，比动物的行为更接近人类的思维”，这一思想对以后计算机的发展产生了重大的影响。1671年，著名的德国数学家莱布尼茨制成了第一台能够进行加减乘除四则运算的机械式计算机。最后，机械式计算机发展成不久前还能见到的手摇或电动的台式计算机。1833年，英国科学家巴贝奇提出了制造自动化计算机的设想，他所设计的分析机引进了程序控制的概念。尽管由于当时技术上和工艺上的局限性，这种机器未能制造完成，但它的设计构想可以说是现代计算机的雏形。

现代电子计算机原理由冯·诺依曼与莫尔小组于1943—1946年提出。冯·诺依曼结构计算机具有以下六个特点：（1）计算机由运算器、控制器、存储器、输入设备和输出设备五部分组成。（2）采用存储程序的方式，程序和数据放在同一个存储器中，指令和数据一样可以送到运算器运算，即由指令组成的程序是可以修改的。（3）数据以二进制代码表示。（4）指令由操作码和地址码组成。（5）指令在存储器中按执行顺序存放，由指令计数器指明要执行的指令所在的单元地址，一般按顺序递增，但可按运算结果或外界条件而改变。（6）机器以运算器为中心，输入输出设备与存储器间的数据传送都通过运算器。

现代计算机系统结构有了很大新发展，现在已经到了第四代，但原则上变化不大，习惯上仍称之为冯·诺依曼结构计算机。现代计算机貌似很厉害、很智能，但是所有行为都要还原为数学四项运算，而加减乘除四项运算又要还原为加法运算。

如果你是一名非计算机科班毕业的人员，又该如何理解并接受“加减乘除四项运算又要还原为加法运算”呢？试举一例：请你拿出一个机械手表，比如现在是八点整，你要将时针改为三点整，你会怎样操作？一般的办法，逆时针拨慢5小时（就是我们俗称的减法），就改为三点整了。有没有其他办法呢？你也可以顺时针拨快7小时（就是我们俗称的加法），也改为三点整了。在这个案例中，“+7”与“-5”的实现效果是一样的，这也就是计算机减法转为加法的原理。当然乘法、减法转化会复杂一些，还牵涉到移位等。请你记住，计算机是很笨的，只会进行加法运算，记住这点也是“数学理性”的一个表现。

人走多了，就有了路。（计算）机多了，就有了网。互联网的历史也是非常有趣、有规律可循的。我们换个角度来看互联网发展历史，从比特币的角度来谈。

2008年，神秘的中本聪在密码学邮件组第一次提出了基于区块链技术的“比特币”概念。中本聪提出了一套“基于公钥加解密验证而不是基于信用，使得任何达成一致的双方能够端对端地进行支付，而不需要一个中间的金融机构”。区块链技术究竟是像电子邮箱、TCP/IP、万维网、社交网络一样革命性的、引领互联网未来的技术，还是一个被夸大的、存在巨大缺陷的技术？

要理解区块链的历史地位和未来趋势，就不得不从互联网的诞生开始研究区块链的技术发展简史，从中发掘区块链产生的动因，并由此推断区块链的未来。据《区块链的技术简史与未来前景——从互联网进化角度分析》文章分析，比特币诞生之前，有五个后来对区块链产生重大影响的互联网技术。

1969年，互联网在美国诞生，此后互联网从美国的四所研究机构扩展到整个地球。在应用上从最早的军事和科研扩展到人类生活的方方面面，在互联网诞生后的近50年中，有如下五项技术对区块链的发展有特别重大的意义。

1. 1974诞生的TCP/IP协议：决定区块链在互联网技术生态中的位置

1974年，互联网发展迈出了最为关键的一步，就是由美国科学家文顿·瑟夫和罗伯特·卡恩共同开发的互联网核心通信技术——TCP/IP协议正式出台。这个协议实现了在不同计算机甚至不同类型的网络间传送信息。所有连接在网络上的计算机，只要遵照这个协议，都能够进行通信和交互。通俗地说，互联网的数据能穿过几万公里，到达需要的计算机用户手里，主要是由于互联网世界形成了统一的信息传播机制，也就是互联网设备传播信息时遵循了一个统一的法律——TCP/IP协议。

理解TCP/IP协议对掌握互联网和区块链有非常重要的意义。区块链在互联网的技术生态中，是互联网顶层即应用层的一种新技术，它的出现、运行和发展没有影响到互联网底层的基础设施和通信协议，依然是按TCP/IP协议运转的众多软件技术之一。明白此点，非常重要。区块链不会颠覆互联网基本法则，区块链仍属于互联网的基本应用之一，但是与电子邮件、电商、微信相比，区块链距离互联网底层会更近一些。

2. 1984年诞生的思科路由器技术：区块链技术的模仿对象

1984年12月，思科公司在美国成立，创始人是斯坦福大学的一对夫妇——计算机中心主任莱昂纳德·波萨克和商学院的计算机中心主任桑蒂·勒纳，他们设计了叫作“多协议路由器”的联网设备，放到互联网的通信线路中，帮助数据准确快速地从互联网的一端到达几千公里外的另一端。在整个互联网硬件层中，有几千万台路由器繁忙工作，指挥互联网信息的传递，思科路由器的一个重要功能就是每台路由器都保存着完整的互联网设备地址表，一旦发生变化，理论上就会同步到其他几千万台路由器上，确保每台路由器都能计算最短、最快的路径。

若大家看到路由器的运转过程，可能会感到非常眼熟。理解路由器的意义在于，区块链的重要特征在1984年的路由器上已经实现。对于路由器来说，即使有节点设备损坏或者被黑客攻击，也不会影响整个互联网信息的传送。可以想象一下，你家附近的邮递员熟悉全球所有邮政编码匹配的具体地址。

3. 随万维网诞生的B/S（C/S）架构：区块链的对手和企图颠覆的对象

万维网简称为Web，分为Web客户端和服务器。所有更新的信息只在Web服务器上修改，其他几千上万甚至几千万的客户端计算机不保留信息，只有在访问服务器时才获得信息的数据，这种结构也常被称为互联网的B/S架构，也就是中心型架构。这个架构也是目前互联网最主要的架构，谷歌、Facebook、腾讯、阿里巴巴、亚马逊等互联网巨头都采用了这个架构。理解B/S架构，对于后续理解区块链技术有重要意义。B/S架构是数据只存放在中心服务器中，其他所有计算机从服务器中获取信息。区块链技术是几千万台计算机没有中心，所有数据会同步到全部的计算机里，这就是区块链技术的核心。理解此点也很有意义。可以想象一下，你在全球任何一个地方，点开新浪网地址，经过路由器的工作，你最终访问的是新浪网中央数据库的内容。

4. 对等网络（P2P）：区块链的父亲和技术基础

对等网络P2P是与B/S（C/S）对应的另一种互联网的基础架构，它的特征是彼此连接的多台计算机都处于对等地位，无主从之分，一台计算机既可作为服务器，设定共享资源供网络中其他计算机使用，又可以作为工作站。

Napster是最早出现的P2P系统之一，主要用于音乐资源分享，Napster还不能算作真正的对等网络系统。2000年3月14日，美国地下黑客站点Slashdot邮寄列表中发表了一个消息，称AOL（美国在线）的Nullsoft部门已经发放一个开放源码的Napster的克隆软件Gnutella。

在Gnutella分布式对等网络模型中，每一个联网计算机在功能上都是对等的，既是客户机同时又是服务器，所以Gnutella被称为第一个真正的对等网络架构。

20年里，互联网的一些科技巨头，如微软、IBM（国际商业机器公司），也包括黑客，甚至侵犯知识产权的犯罪分子不断推动对等网络的发展，当然，互联网中希望加强信息共享的理想主义者也投入了很大热情到对等网络研究中。区块链就是一种对等网络架构的软件应用。它是对等网络试图从过去的沉默中实现爆发的标杆性应用。

5. 哈希算法：产生比特币和代币（通证）的关键

哈希算法是将任意长度的数字转变成固定长度数值的算法，著名的哈希函数有MD4、MD5、SHS等。它是美国国家标准暨技术学会定义的加密函数族中的一员。

这组算法对整个世界的运作至关重要。从互联网应用商店、邮件、杀毒软件到浏览器等，都在使用安全哈希算法。它能判断互联网用户是否下载了想要的东西，也能判断互联网用户是否受到中间人攻击或网络钓鱼攻击。

比特币或其他虚拟币产生新币的过程，就是用哈希算法的函数进行运算，获得符合格式要求的数字，然后区块链程序给予比特币奖励的过程。比特币和代币的挖矿，其实就是一个用哈希算法构建的小数学游戏。不过因为有了激烈的竞争，世界各地的人们动用了强大的服务器进行计算，以抢先获得奖励，结果导致互联网众多计算机参与这个小数学游戏，甚至耗费了某些国家超过40%的电量。

现代计算机已经是第四代，但是互联网本质上还只是第一代，就是信息互联网。信息互联网只能传输信息，而且是传输没有过多辨别、可能被篡改、无法溯源的信息。有一段时间，中国的网络空间生态恶化，其本质是信息互联网的特性以及缺乏有效治理造成的。

"下一代互联网"是当下一个热门词语。"下一代互联网"至少有以下指标：更快捷，比如采用5G、6G标准；更安全，信息不可篡改；更有信用，可信、可控；更泛在，一切联网，采用IPv6（互联网协议第6版）标准等。从信息互联网平滑到价值互联网，必然是大势所趋。

现在的信息互联网只是现实社会的单维镜像，现实社会中的问题在互联网上一个都不会少，甚至更多、更严重。下一代的价值互联网是现实社会的多维镜像，但同时也是过滤、净化，会反过来作用于现实社会，改良、改善现实社会，起正向的推进作用。我们说，这样的互联网就是可信互联网。

三、货币金融学基本知识

继续回到原始人数数的场景。这次这位酋长数的是羊，1只羊，2只羊，3只羊……另一位酋长数的是谷子，1筐谷，2筐谷，3筐谷……

自家有的东西多了，吃不掉，又想吃别人家的东西，怎么办？交换！最开始是物物交换，后来出现了一般等价物。

一般等价物曾经出现过石头、贝壳等，最后集中到数量稳定、易于携带、容易分割的金子银子之上。这里的金子银子，后来成了货币。

从物品、商品提炼到货币，是一个非常漫长的过程，也是一个里程碑式的事件，对人类的社会生活起到重要的推进作用，其作用一点也不亚于后来人类发现电场、磁场。

中国使用货币已有4000年历史，是世界上使用货币最早的国家之一。最早的货币是天然海贝。金属货币铜仿贝与钱镈（农具），在黄帝后期的黄河中下游开始充当等价物。商周时期，天然海贝仍是重要货币，金属货币广泛使用，有铜贝与铜块。交子，是世界最早使用的纸币，最早出现于四川地区，发行于北宋前期（1023年）的成都。

同一时期，西方国家的主币为金币和银币，辅币以铜、铜合金制造。随着欧洲社会经济的发展，商品交易量逐渐增大，到15世纪时，经济发达的佛兰德斯和意大利北部各邦国出现了通货紧缩的恐慌。从16世纪开始，大量来自美洲的黄金和白银通过西班牙流入欧洲，挽救了欧洲的货币制度，并为其后欧洲的资本主义经济发展创造了起步的条件。

两次世界大战之间的20年中，国际货币体系分裂成几个相互竞争的货币集团，各国货币竞相贬值，动荡不定。在第二次世界大战后期，美英两国政府出于本国利益的考虑，构思和设计战后国际货币体系，分别提出了"怀特计划"和"凯恩斯计划"。"怀特计划"和"凯恩斯计划"同是以设立国际金融机构、稳定汇率、扩大国际贸易、促进世界经济发展为目的，但运营方式不同。由于美国在世界经济危机和第二次世界大战后登上了资本主义世界盟主地位，美元的国际地位因其国际黄金储备的实力而得到稳固，美英双方于1944年4月达成了反映“怀特计划”的《关于设立国际货币基金的专家共同声明》。

布雷顿森林体系有诸多原则，首要的就是“美元与黄金挂钩”，这也是“美金”一词的由来。各国确认1944年1月美国规定的35美元一盎司的黄金官价，每一美元的含金量为0.888671克黄金。各国政府或中央银行可按官价用美元向美国兑换黄金。为使黄金官价不受自由市场金价冲击，各国政府须协同美国政府在国际金融市场上维持这一黄金官价。布雷顿森林体系对稳定、繁荣世界经济，促进世界贸易，起到较好的作用，这个体系也限制了美国滥发货币，相当于将美国发行货币的权力“关进了笼子”。

我们很有必要重申欧几里得几何的公理、公设原则，就是所有体系都有前提。布雷顿森林体系有一个重要公设、前提，那就是“美元与黄金挂钩”。欧几里得几何的公理、公设被颠覆了，“美元与黄金挂钩”后来也被颠覆了。因美国黄金储备减少、美国通货膨胀加剧、美国国际收支持续逆差等原因，1971年美元进一步贬值，世界各主要货币由于受投机商冲击被迫实行浮动汇率制，至此布雷顿森林体系完全崩溃，美元与黄金脱钩。从此，世界金融、经济进入了一个新时期，更加动荡不安，更加跌宕起伏，美国政府在发行货币时也更加为所欲为，这就是通货膨胀。

在这里，有四个与货币、金融相关的概念，值得专门阐释一下。

1. 账本

大家千万不要小看账本或小看账房先生。账本是反映资金、货币和商品流向的最生动记录。现代通行的是复式记账法，这是一项重要的发明创造。任何一项经济业务的发生，都会引起资产和负债至少两个项目发生增减变动，而且增减的金额相等。因此，在反映每一项经济业务时，应当以相等的金额，同时在相关的至少两个账户中进行登记。举个例子，A公司向银行借了100万元，那么会在“借款”科目增加100万元，在“现金”科目增加100万元，左右永远对等，查账也很方便。比特币用的是分布式记账方法，这也是一项重要发明、创造。

2. 利息

钱能生钱，这也是一件人类以前不知道，后来觉得很美妙的事情。利息是指货币持有者（债权人）因贷出货币或货币资本而从借款人（债务人）手中获得的报酬。利率是指一定时期内利息额与借贷资金额即本金的比率。利率有一定的上限，其最高值无法高于实际投资收益。数字货币虚热的背后，是不少人不了解利息的本质，对庞氏骗局缺乏足够的警惕。庞氏骗局是对金融领域投资诈骗的称呼，是金字塔骗局（Pyramid scheme）的始祖，很多非法的传销集团就是用这一招聚敛钱财的，这种骗术是一个名叫查尔斯·庞兹的投机商人“发明”的。庞氏骗局在中国又称“拆东墙补西墙”“空手套白狼”。简言之，就是利用新投资人的钱来向老投资者支付利息和短期回报，以制造赚钱的假象进而骗取更多投资。

3. 信用

从法律的角度理解“信用”，它实际上有两层含义。一是指当事人之间的一种关系，但凡契约规定的双方的权利和义务不是当时交割的，存在时滞，就存在信用；第二层含义是指双方当事人按照契约规定享有的权利和肩负的义务。举个例子，某人在肉铺买了五斤猪肉，有三种方式支付费用：一是支付了100货币单位，这使用的是国家货币的信用；二是没带现金，赊账，这使用的是个人的信用；三是没带现金，该人请路过的一位亲戚代为支付100货币单位，这使用的是此人与其亲戚之间的信用。从这个事例来说，信用在现代经济交往之中无处不在，其核心就是国家货币信用。

4．博弈论

《史记》中记载了人类历史上一次著名博弈——田忌赛马。第一个创立现代博弈论的正是前文提到的冯·诺依曼。人们常说这位聪明的匈牙利人“拥有世界上最好用的脑瓜”。冯·诺依曼6岁能心算八位数除法，8岁学会微积分，17岁发表第一篇数学论文，23岁获得布达佩斯大学的数学博士学位。冯·诺依曼不仅为人类发明了计算机，并且在连续几何、理论物理、动力学、连续介质力学、气象计算、原子能和经济学等领域都有杰出的贡献。1944年，他和奥斯卡·摩根斯特恩发表的《博弈论与经济行为》标志着博弈论的创立。在这之后，另一位同样具有传奇色彩的数学家、经济学家约翰·纳什的杰出贡献，将博弈论继续推向高峰。区块链、比特币的最主要贡献，就是一定程度上解决了信息不对称、信用不充分情况下的非均衡博弈问题。博弈论就是区块链和各类金融科技创新的数学基础。在一个信息完全对等、完全公开透明、数据不可篡改的可信环境里，博弈论往往能达到最优效果。

了解货币、金融学知识，对掌握比特币规律很有帮助。很多朋友问我，比特币是不是货币。我一般不正面回答，而是回答：货币有三条原则，即黄金的货币、国家的货币、中介的货币，你按此原则分析看看。朋友最后会自己得出结论：比特币是数字资产，局部有货币属性，但不是严格意义上的货币。这个结论，非常接近中国人民银行的官方看法。

四、“中本聪是谁”背后的极客文化

话题还是先回到布雷顿森林体系。该体系有一个重要公设，那就是“美元与黄金挂钩”。该体系以及之后的替代体系，蕴含另一个更重要的公设，“货币是由国家、央行发行的”，我们称之为关于货币的“元公设”。

第二次世界大战后，事实上世界存在着一个以美元为核心的国际法律体系。后来，布雷顿森林体系瓦解。1971年，美国单方面宣布美元与黄金脱钩，变成无锚货币。但是美元对世界的影响没有随着布雷顿森林体系的瓦解而结束，它依然是全球贸易流通的重要媒介。于是有了当年凯恩斯先生预言的恶果：任何一个国家的主权货币，一旦成为世界货币的中心，就必然会凌驾于他国之上，把自己的风险转嫁到全球。于是，当全球2008年次贷危机爆发并演变为全球金融危机的时候，美国人拍着胸脯说：美元是我们的货币，全球次贷危机是你们的问题。

美国政府在货币发行上不受控制的权力，激起了一定程度上的公愤，也引起了有识之士的深刻警醒。有研究报告指出，2008年全球金融危机让大家看到市场这只“无形的手”失灵了，美国政府“有形的手”也失灵了，所以有一帮技术极客们深化了这样的认知——我们要改革（美国）央行的货币发行机制，我们要建立一套更强的用数学规则自我限制的货币发行的规则，不能让（美国）央行乱发货币。这也许就是比特币区块链2009年产生的直接诱因。比特币最具革命性的行为，不是短时间内聚集了几千亿美元的财富，而在于它颠覆了“货币是由国家、央行发行的”这个“元公设”。

比特币是由中本聪发明的。但“中本聪”到底是谁，至今仍是谜。

2008年8月18日，域名“bitcoin.org”注册成功。2008年10月31日，署名为“Satoshi

Nakamoto”（中本聪）的用户在密码讨论区发帖，声称正在研究一种新的电子货币系统，并提供了论文预印本（*Bitcoin：A Peer-to-peer Electronic Cash System*）的下载链接。论文共九页。从专业角度看，这不是一篇合格的论文：文字间距大小不一，没有经过专业的排版处理，稍微像样的IEEE（电气和电子工程师协会）会议都会拒稿。文中列出了八篇文献，但文献[3][4]在正文中没有被引用。文章的主体是由八个流程图和对应的解释文字构成的，没有定义名词、术语。“bitcoin”只出现过两次，一次是在标题中，另一次是在域名中。

2009年1月，中本聪在Source Forge网站发布了比特币系统的开源软件，制作了第一个区块（按约定格式组织起来的一些数据）。开源软件发布后，据说中本聪大约挖了100万个比特币。比特币的第一次转让是在中本聪和Hal Finney（1956—2014）之间发生的，Finney获得了10个比特币。2010年，中本聪把网络预警密钥（network alert key）和代码的控制权移交给了Gavin Andresen。

2014年，Ted Nelson声称，比特币的创始人是京都大学数学教授望月新一（Shinichi Mochizuki）。此人因为宣称证明了数论方面的ABC猜想而名声大噪。

2016年11月，Andresen宣称中本聪是澳大利亚人Craig Wright的化名。也有专家指出，中本聪是两个人以上的群体，其中有人是斯坦福大学毕业的，有人是哈佛大学毕业的。“中本聪”到底是谁，迄今还没有一个统一的看法。

综合各方信息来看，“中本聪”较有可能是一个技术极客小组，里面有精通数学、密码学、互联网、金融学的成员；也不排除“中本聪”就是一个人，一个全才。

西方社会有比较浓厚的技术极客文化，其中代表人物有乔布斯、马斯克、阿桑奇等。极客是美国俚语“Geek”的音译。随着互联网文化的兴起，这个词含有智力超群和努力的语意，又被用于形容对计算机和网络技术有狂热兴趣并投入大量时间钻研的人。现代的“Geek”含义虽然与过去有所不同，但大多还是相似的。现在“Geek”更多有一种在互联网时代创造全新的商业模式、尖端技术与时尚潮流的意思，他们是一群以创新、技术和时尚为生命意义的人，这群人不分性别，不分年龄，共同战斗在新经济、尖端技术和世界时尚风潮的前线，共同为现代电子化社会文化做出自己的贡献。

比特币也不是一夜间从天上掉下来的。数字货币有其发展轨迹。

1982年，David Chaum最早提出了不可追踪的密码学网络支付系统。1990年，Chaum将他的想法扩展为最初的密码学匿名现金系统。这个系统就是后来所谓的“E-cash”。1998年，Wei Dai发表文章阐述了一种匿名的、分布式的电子现金系统，他将其命名为“B-money”。同一时期，Nick Szabo发明了“Bit gold”。和比特币一样，“Bit gold”也设置了类似的机制，用户通过竞争性地解决“工作量证明问题”，然后将解答结果用加密算法串联在一起公开发布，构建起一个产权认证系统。“Bit gold”的一个变种是“可重复利用的工作量证明”，开发者是Hal Finney。

现在的经济社会模型，也有一个隐隐约约的、类似欧几里得几何公设的前提，那就是中心化的激励机制。我们每个人为中心化的机构服务，这个中心化的机构给我们工资、奖励、职务，以激励我们更好地为这事业服务。一定有一个中心化的机构来建立这样一个激励机制，但在区块链上这个激励机制不是由中心化的机构来建立的。

2008年，全球爆发金融危机。区块链系统的正式上线时间是2009年1月。2009年诺贝尔经济学奖颁给了两位研究“自组织”效用的经济学家。这几个事件只是巧合吗？

2009年度诺贝尔经济学奖得主是美国印第安纳州大学政治学教授埃莉诺·奥斯特罗姆和加利福尼亚大学伯克利分校经济学教授奥利姆·E．威廉森，因为他们在“经济治理”研究领域做出了卓越贡献。这是新制度经济学家在科斯于1991年、诺思于1994年获得诺贝尔经济学奖之后，第三次获得诺贝尔经济学奖。埃莉诺·奥斯特罗姆和奥利姆·E．威廉森最重要的贡献在于提出了市场和政府之间（外）的经济治理组织或制度——企业、社区、协会、联盟等，并对这些制度或组织“为什么存在、如何产生、如何运行”等问题进行了深入研究。

我们关注比特币造就的财富神话，关注区块链技术对现有互联网生态造成的冲击；我们也要注意，为什么会诞生比特币，区块链为什么会成为大热思潮；同时我们更要重视，这股冲击、热潮背后的文化土壤和原理机制。

我敲击这段文字时恰逢一个会议，我是边开会边完成此稿的。从北京来的一位领导此刻正在阐述一个重要观点，“下一步所有革命都在计算之上”。借用这句话，作为本文结束语。

（作者蓝云，为中山大学南方学院新技术与政府治理研究中心主任、中山大学南方学院公共管理学院特聘教授、广东省互联网+大数据发展研究中心主任、北江区块链研究院理事长，兼任粤港澳大湾区区块链应用推广中心主任、华韶数据谷研究院执行院长、广东省计算机学会区块链专委会副主任委员）

区块链+原理

Hello，哈希！用算法创建信用

区块链技术起源于比特币，并随着比特币等数字加密货币的日益普及，首次出现在化名为"中本聪"（Satoshi Nakamoto）所发表的《比特币：一种点对点的电子现金系统》中，文中详细描述了如何建立一套全新的、去中心化的、不需要信任基础的点到点交易体系的方法，其可实现性已经被自2009年运行至今的比特币证明。从狭义上讲，区块链是一种按照时间顺序将数据区块以链条的方式组合成特定数据结构，并以密码学方式保证其不可篡改和不可伪造的去中心化共享总账（decentralized shared ledger），可以安全存储简单的、有先后顺序的、能在系统内验证的数据。广义的区块链技术则是指利用加密链式区块结构来验证与存储数据，利用分布式节点共识算法来生成和更新数据，利用自动化脚本代码（智能合约）来编程和操作数据的一种全新的去中心化基础架构与分布式计算范式。区块链技术的突出优势在于去中心化设计，通过运用加密算法、时间戳、树形结构、共识机制和奖励机制，在节点无须信任的分布式网络中实现基于去中心化信用的点对点交易，解决了目前中心化模式存在的可靠性差、安全性低、高成本、低效率等问题。虽然近几年来比特币快速发展，但其交易的匿名性和作为货币的发行权无法被掌握，多数国家机构不承认其货币属性，而区块链凭借其独特的优势，吸引众多目光，相关研究和应用一时间呈现井喷的趋势。区块链技术更被认为是继大型计算机、个人计算机、互联网、移动社交之后的第五次颠覆式计算范式，是人类信用进化史上继血亲信用、贵金属信用、央行纸币信用之后的第四个里程碑。广义的区块链技术有望彻底重塑人类社会活动形态，为金融、科技、文化、政治等领域带来深刻的变革。

一、区块链基本原理与核心技术

区块链，顾名思义就是区块以链的方式按一定的顺序组合在一起。在区块链技术中，数据以交易的形式被永久储存下来，存放这些交易数据的结构，我们称之为"区块"（block）。区块是以其时间戳按顺序一个个先后生成的，每一个区块记录下它在被创建期间发生的所有价值交换活动，即区块中会记录下区块生成时间段内的交易数据，区块主体实际上就是交易信息的合集。每一种区块链的结构设计可能不完全相同，但大结构上都分为块头（header）和块体（body）两部分。块头用于链接到前面的块并且为区块链数据库提供完整性的保证，块体则包含经过验证的、块创建过程中发生的价值交换的所有记录。所有区块串联汇总起来，形成一个链条式的记录合集，就称为区块链。

当前，区块链的应用已从单一的数字货币应用延伸到经济社会的各个领域，区块链的架构和系统功能呈现多样化和复杂化的趋势。下文将具有代表性的诸多区块链项目进行总结分析，提出典型的区块链技术架构，如下图所示，包括共识机制、数据存储、网络协议、加密算法、隐私保护和智能合约六类核心关键技术。

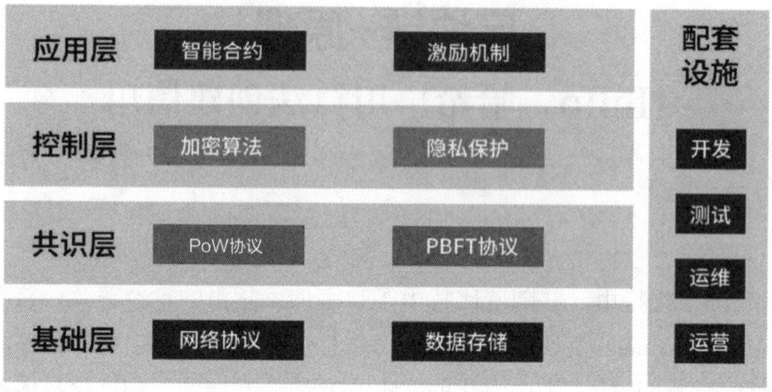

1. 共识机制

如何在分布式系统中达成共识，是分布式计算领域中的一个经典问题。根据所能容忍节点故障类型的不同，已有的分布式共识算法可以分为两大类：一类是能够容忍拜占庭将军问题的共识算法，包括PoW（工作量证明）、PoS（权益证明机制）、DPoS（权益授权证明）、PBFT（实用拜占庭容错）等；另一类是只能容忍节点失败故障的共识算法，包括Paxos（莱斯利·兰伯特于1990年提出的一种基于消息传递的一致性算法。这个算法被认为是类似算法中最有效的）、Raft（提供了一种在计算系统集群中分布状态机的通用方法，确保集群中的每个节点都同意一系列相同的状态转换）、Zookeeper（一个分布式的，开放源码的分布式应用程序协调服务）等。另外，结合区块链的应用场景，上述分布式共识算法又可以分为在公有区块链中应用的共识算法和在私有区块链中应用的共识算法。具体而言，公有链广泛采用PoW、PoS和DPoS等，而私有链倾向于采用Paxos、Raft、Zookeeper、PBFT及其变种。

一个优秀的共识算法需要具备监管性强、性能高、容错性强和资源消耗低等特点。对比而言，现有的共识算法都或多或少地暴露出一些问题。举例来说，PoW算法具有资源消耗高、可监管性弱和共识效率低等不足；PBFT算法的可扩展性差，无法应用到拥有大规模节点的公有区块链中；Paxos算法建立在无作恶节点的假设基础上，容错性能较差。因此，设计并实现一套优秀的共识算法，是区块链发展中亟须解决的关键性问题。

2. 数据存储

在区块链中，交易是信息载体和最小单元，区块是若干个这样的“交易”基础单元的集合。区块按照一定的机制和先后顺序串联起来，就构成区块链。以比特币为例，区块的数据结构一般分为区块头和区块体。其中，区块头封装了前一区块地址、时间戳等信息，区块体中则包含交易计数和具体的交易详情。随着时间的推移，区块链中需要记录的交易信息越来越多，如何在本地高效地组织和存储大规模交易信息，需要进一步的研究和探索。

3. 网络协议

区块链作为一种在网络中运行的分布式账本技术，需要高效的网络协议实现去中心化。当前，区块链网络中普遍使用P2P协议及其变种，来确保同一网络中每台计算机的彼此对等。但当前公开可用的P2P协议，普遍具有管理较难、安全性较低等特点。对此，针对不同的应用场景，不同的区块链系统会根据需要制定自己的P2P网络协议，从而实现高效的网络通信。

4. 加密算法

（1）哈希算法

哈希算法又被称为散列算法，是从任何一种数据中创建小的数字“指纹”的方法。密码学哈希函数具有以下三点主要性质：抗碰撞性、原像不可逆和难题友好性。

（2）公钥加密算法

公钥加密算法又被称为非对称加密算法，是采用两个不同密钥进行加解密的一种算法。基于该算法，数字签名的功能得以实现，使得电子文件可以得到如同在纸本文件上亲笔签署的效果。比特币系统中的区块链实现使用的是secp256k1椭圆曲线加密算法。利用该算法和相应的签名机制，一方面可以保证用户的账户不被冒名顶替，另一方面也能保证用户不否认其所签名的交易。

5. 隐私保护

隐私保护又称匿名性，是区块链研究中最具争议的一个话题。以比特币为代表的加密货币经常被宣传的优点之一就是匿名性，其通过记录虚拟的地址和比特币数量，一定程度上隐藏了用户的真实信息。然而，越来越多研究表明，利用比特币中公开的交易数据和分析算法，至少40%的比特币用户身份信息能够被识别出来。因此，比特币中的匿名性被认为是一种“伪匿名”。

目前，业内普遍认为，利用混洗、零知识验证和同态加密等技术可以较好地缓解甚至解决区块链的隐私保护问题。

二、区块链发展与分类

1. 区块链1.0

区块链技术伴随比特币的产生而产生，其采用区块链技术构建了一种新型去中心化的数字支付系统，并最初应用于数字货币上，使得价值在互联网中直接流通成为可能，其主要实现的功能是在区块链上实现数字货币的发行、转移、兑付和支付。比特币作为区块链1.0的第一个应用，标志着区块链技术正式步入初级发展阶段，而其后相继出现的“山寨”数字货币，则是不断地补充和完善区块链的发展。

虽然区块链1.0的可扩展性稍微欠缺且功能相对单一，只能承载支付等简单应用，但毫无疑问，比特币的出现是区块链发展的基础，提供了区块链基础平台和基本应用开发模式，让普通大众以及相关技术人员开始重视区块链技术，投入到区块链技术应用发展上。

2. 区块链2.0

区块链2.0的显著特点之一是智能合约的兴起，这也是当前区块链研究的主要方向，而区块链技术从数字货币这单一的功能逐渐扩展到其他金融领域。通过在区块链上运行和存储计算机程序代码，实现了数字化合约的可信存储和执行，进而实现了现实世界中业务系统数字化的协同工作，让区块链技术得以在股票、清算、私募股权等众多金融领域崭露头角。

3. 区块链3.0

“去中心化”特性逐渐在区块链技术的发展浪潮中被重视起来，从而使得业界逐渐关注到区块链技术在金融领域外的应用价值。因此，区块链技术陆续被尝试应用到公证审计、物流、医疗、商品防伪等其他领域中来，应用范围涵盖社会的方方面面。区块链技术的去中心化、去信任特点，能够从根本上减少组织形态的摩擦并且提高协作效率，从而在大规模协作领域里更好地提升个人或组织的工作效率。区块链发展到这一应用阶段，已经具备颠覆互联网行为组织模型的能力，目前业界也正在试图将区块链技术运用到物联网中，让整个社会进入智能互联网时代，形成一个去中心化的社会。

目前，区块链正向多元化方向共同发展，区块链系统根据应用场景和设计体系的不同，一般分为公有链、联盟链和私有链。按链与链的关系来分，可以分为主链和侧链。而且链之间还可以互相连接，形成互联链。

公有链的主要特点是区块链里的各个节点可以自由参与使用和维护区块链网络，并参加链上数据的读写，网络中不存在任何中心化的服务端节点，因此公有链是真正意义上的去中心化的区块链。

联盟链则是仅限于联盟成员参与的区块链网络，其由若干组织一起合作维护一条区块链，相关的数据信息会得到保护，且共识过程亦由预先选择好的节点控制。因此，联盟链的去中心化特性减弱。

私有链是指各个节点的写入权限收归在一个组织手里的区块链，读取权限可视需求而有选择性地对外开放，或者被进行任意程度的限制。私有链仍然具备区块链多节点运行的通用结构，但其数据信息不会公开，且其应用场景一般是在企业内部，适用于企业数据库管理、企业审计等。私有链与联盟链类似，去中心化特性都受到影响。

三、算法信用与拜占庭将军问题

信用产生于经济社会活动的过程，信用的程度直接影响着交易成本。简言之，较高的信用水平能够减小道德风险对交易安全的影响，减少为交易达成而付出的信息成本。在区块链的信用评价中，信用其实是一个数学问题，通过数学使信用评价结果准确反映用户的真实信用。在算法信用中，信息本身就是价值或者承载着价值，且算法所依据的信息无须再次识别和确认。算法信用强调“去中心化”，其目的在于摆脱信用中介而完成交易。区块链技术从根本上改变了中心化的信用创建方式，它运用一套基于共识的数学算法，在机器之间建立信任网络，从而通过技术背书而非中心化信用机构来建立信用。通过这种机制，参与方不必知道交易的对手是谁，更不需要借助第三方机构来进行交易背书或者担保验证，只需要信任共同的算法就可以建立互信，通过算法为参与者创造信用、产生信用和达成共识。区块链以数学算法为基础，摈弃了不同主体之间的信用差异，使所有市场主体在此基础上建立信用体系成为可能。

拜占庭将军问题是由2013年图灵奖得主Leslie Lamport提出，用来描述分布式系统一致性问题而从论文中抽象出来一个著名的例子，讨论的是允许存在少数节点作恶（消息可能被伪造）场景下的一致性达成问题。论文中例子描述的大概意思是，拜占庭帝国想要进攻一个强大的敌人，因此派出九位将军各率领一支军队要共同围困一座城市。因为这座城市很强大，如果不统一协调将军们的行动策略，部分军队进攻、部分军队撤退就会造成围困失败，因此各位将军必须通过投票来达成一致策略，要么一起进攻，要么一起撤退。而因为每位将军分别占据城市的一角，他们只能通过信使来互相联系。在协调过程中，每位将军都将自己投票“进攻”还是“撤退”的消息通过信使分别通知其他所有将军，这样一来，每位将军根据自己的投票和其他将军送过来的投票就可以知道投票结果，从而决定是进攻还是撤退。但问题的复杂性就在于将军中可能出现叛徒，他们不仅可以投票给错误的决策，还可能选择性地发送投票。假设九位将军中有一名叛徒，八位忠诚的将军中出现了四人投“进攻”，另外四人投“撤退”，这时叛徒就可能故意给四名投“进攻”的将军投“进攻”，而给另外四名投“撤退”的将军投“撤退”。这样，在四名投“进攻”的将军看来，投票是五人投“进攻”，从而发动进攻；而另外四名将军看来是五人投“撤退”，从而撤退。这样，一致性就遭到了破坏。还有一种情况，因为将军之间需要通过信使交流，即便所有将军都是忠诚的，派出去的信使也可能被敌军截杀，甚至被间谍替换，也就是说，将军之间进行交流的信息通道是不保证可靠的。所以，在没有收到对应将军消息的时候，将军们会默认投一个票，例如“进攻”。如果将军们在有叛徒存在的情况下仍然达成了一致，我们就称达到了“拜占庭容错”。

拜占庭将军问题是对现实世界的模型化，由于硬件错误、网络拥堵或中断，以及遭到恶意攻击等原因，计算机和网络可能出现不可预料的行为。拜占庭容错技术则是被设计用来处理这些异常行为，并满足所要解决问题的规范要求。

在比特币出现之前，解决分布式系统一致性问题主要采用Leslie Lamport提出的Paxos算法或其衍生算法。Paxos类算法仅适用于中心化的分布式系统。在这样的系统里，节点不会发送虚假错误消息，但允许出现网络不通或宕机出现的消息延迟。

拜占庭将军问题之所以难解，一个重要原因就是在任意时间内，系统中可能会存在多个提案，也就是问题描述中的每个将军都可以给出自己的意见。这样一来，就很难在一个时刻对结果进行一致性确认。比特币中所引入的PoW共识算法，解决了两个困难：

第一，限制一段时间内提案的个数，只有拥有对应权限的节点（将军）可以发起提案。在比特币里，是通过随机哈希计算分配权限的，谁第一个计算出对应答案，谁才有权限发起提案。由强一致性放宽至最终一致性。对应一次提案的结果不需要全部节点马上跟进，只需要在节点能搜寻到的全网络所有链条中选取最长链条进行后续拓展就可以。

第二，区块链技术使用非对称加密算法对节点间的消息传递提供签名技术支持，每个节点（将军）都有属于自己的密钥（公钥和私钥），唯一标识节点身份。使用非对称加密算法传递消息，能够保证消息传递的私密性，而且消息签名不可抵赖，不可篡改。使用公钥加密的数据，可使用公钥对应的私钥进行解密；使用私钥进行签名的消息，只需要使用私钥对应的公钥验证签名即可。这样，就将一个不信任的网络变成信任网络。

四、比特币原理

作为区块链思想诞生的源头，比特币网络是首个得到大规模部署的区块链技术应用，并且是历史上首个经过大规模、长时间检验的数字货币系统，无论在信息技术历史上还是在金融学历史上都具有十分重要的意义。比特币项目中涉及的技术都是比较成熟的，糅合并借鉴了数字货币、密码学、博弈论、分布式系统等多个领域的技术成果，这些技术组合形成的比特币就变成一个伟大的创新。

1. 比特币核心概念

（1）账户/地址

比特币采用了非对称加密算法，算法会生成公钥和私钥。其中公钥是公开的，任何人都可以获取。私钥由用户自己保留，对自己发出的交易进行签名确认。比特币的账户地址其实就是用户公钥经过一系列哈希算法及编码运算后生成的160位的字符串。

（2）交易

比特币的交易并不是以钱易货这种通常意义上的交易，而是转账。一笔交易，是指从一个账户地址的比特币，到另一个账户地址间的价值转移。比特币钱包将账户私钥作为交易签名，即提供数学证据，证明这些交易来自钱包的拥有者。这个签名也确保交易发生后任何人都不能修改。在交易发生后，这笔交易就会在比特币网络中进行广播，然后通过一个称作“挖矿”的处理过程在接下来的区块生成过程被比特币网络确认，这个过程通常需要10—20分钟。

（3）交易脚本

比特币脚本存在的意义是让每笔交易合法化，这个合法化不是人工审核而是有脚本自动执行校验的。一般每个交易都会包括两个脚本：负责输入的解锁脚本和负责输出的锁定脚本。锁定脚本基于可变的模式，通过一段脚本语言来实现位于交易的输出。解锁脚本与锁定脚本相对应，只有按锁定脚本的规则去解，才能花掉这个脚本上对应的资产，实现位于交易的输入。通过脚本机制而非写死交易过程，比特币网络实现了一定的可扩展性。这也是比特币作为一种“可编程的货币”所拥有的特性。而解释该脚本是通过类似编程领域的“虚拟机”，它分布式地运行在比特币网络里的每一个节点。

（4）挖矿

挖矿，是比特币网络里的矿工确认每一笔交易是否合法，并将合法的交易存入缓冲区，形成一定的交易存储结构，放在区块体中，然后根据区块的基本信息构造区块头。区块头通常包含前一个区块的哈希散列值、Merkle根、时间戳、难度目标，以及一个填充的随机值。这里面的随机值是随机产生并且填充的。挖矿过程，就是求出一个能够填充本区块头的随机值，让区块头的哈希散列值符合某一个规则，最后构造出一个新的区块，并将该区块添加到比特币网络上，同时获得生成该区块和确认交易的奖励的过程。

通过挖矿，可以强制保证块链中的数据按时间顺序存储，保持比特币网络的中立性，且允许比特币网络上不同计算机对系统状态达成一致。交易要获得确认，必须被打包到一个符合非常严格密码学规则的区块中，并通过比特币网络进行验证。这些规则可以防止对已有块的修改，保持区块链的不可篡改性，因为一旦有改动，之后所有块都将失效。挖矿的难度随着时间逐渐增大，没人可以轻易地、连续地将新块加入块链中。因此，理论上个人或组织很难控制区块链中所包含的内容，或者替换掉区块链上已存在区块的任何内容，以达到撤销他们交易的目的。

（5）P2P网络

比特币网络中的节点都是对等的，没有中心化的服务器，允许全节点一起协作维持P2P网络，实现区块、交易数据的交换。比特币网络中有不同类型的节点，如全节点负责下载并验证每个区块和每笔交易，然后转发给其他节点。档案节点也是一种全节点，它会存储各个区块链，并为其他节点提供历史区块服务。因为共识规则不涉及网络，因此比特币系统可以选择不同的网络、不同的协议，比如一些矿工使用高速区块转发网络，另一些矿工提供SPV（特殊目的载体）级别安全的钱包，使用专业的交易信息服务器。

（6）共识

由于比特币网络的去中心化特性，任何人都可以匿名接入，因而网络的稳定性和防御能力非常重要。比特币网络采用的共识机制称为工作量证明，即Proof of Work（PoW），比特币是通过工作量证明的共识机制来决定记账权的。

工作量证明是指所有节点平等地计算一个数学难题，即求解特定的哈希值，使得拼凑上交易数据内容后的哈希值满足规定的上限。由于哈希值求解难题在目前计算模型下需要大量的计算，这就保证在一段时间内，系统中只能出现少数合法提案最先获得答案的节点，获得这个区块的发布权。全网的算力同时形成区块链的一道防火墙，减少恶意攻击，尤其是女巫攻击。节点计算出该数学难题后，以此产生一个新的区块，向全网广播该区块。在全网节点验证后，把这个新区块连接到区块链的末端。最后，全网所有节点将最终达成一致。但是，由于网络延迟等因素，有可能导致网络中多个合法区块在网络中进行广播。因此，系统中可能出现链的分叉，但最终会有一条链成为最长的链。

（7）双花问题

双花问题又称为二重支付问题，是指攻击者几乎在同一时间将同一笔数字资产用作不同的交易。双花不会产生新的货币，只能把花出去的钱重新拿回来，而又享受到商品或者服务。

为了解决双花问题，我们日常的数字资产使用依赖第三方信任机构进行。这类机构对数据进行中心化管理，并通过实时修改账户余额的方法来防止双重支付的出现。而比特币通过UTXO（未使用的交易输出）、时间戳等技术的整合来解决双花问题。具体来说，即每当节点在把新收到的交易单加入区块之前，会顺着交易发起的公钥向前遍历检查，检查当前交易所用的货币是否输入当前交易发起方。虽然多份交易可以以任意顺序进行广播，但最终加入区块时会呈现一定的顺序。而区块之间以哈希值作为时间戳，决定了任意一笔交易资金来源都可追溯。

2. 比特币工作原理

比特币网络提供一个公共可见的记账本。由于比特币中没有账户的概念，所以该记账本并非记录每个账户的余额，而是在每次发生交易后，将交易记录在比特币网络账本上，并通过比特币分布式的点对点网络，利用网络中的矿工挖矿过程，完成对交易记录的记账过程，并以此产生一个新的区块，等比特币网络所有节点完成确认后即可认为交易完成。

比特币网络，在设计上很好地体现了负反馈的控制论基本原理。因为在分布式系统里，达成共识越分散的过程，其效率就越低，但满意度越高，因此也越稳定；相反，达成共识越集中的过程，效率越高，也越容易出现独裁和腐败现象。所以参与到比特币网络中的矿工越多，达成共识的过程就越分散，系统就越稳定，但效率低下，导致挖矿成功的概率减小，比特币价值就越高；反之，网络中矿工减少，效率越高，产生区块的速率提升，因此比特币价值越低，也会越容易让系统受到攻击。

五、以太坊原理

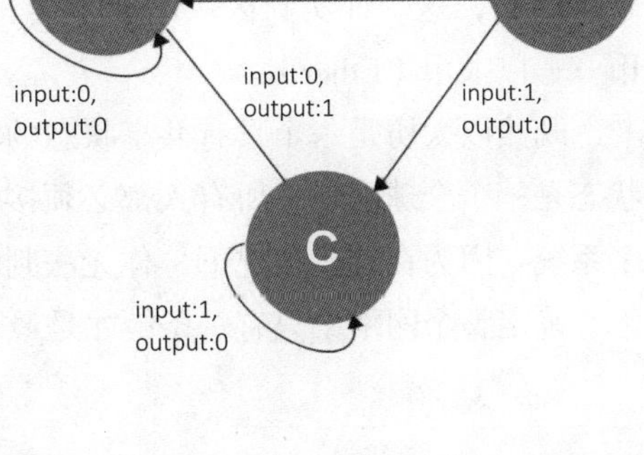

从本质上说，以太坊（Ethereum）是一个基于交易的状态机。在计算机科学中，一个状态机是指可以读取一系列输入，然后根据这些输入转换成一个新的状态输出来的数学模型。

在这里，每一个状态相当于区块链上的一个区块，每一个区块中包含一些被执行过的交易，这些交易是对整个系统的共识内容的修改。

在这个交易的状态机中，从第一个状态开始，又被称为创世纪状态，这个状态比较特殊，因为这个状态是我们自己手动创建的，此时在网络中还没有任何交易的产生状态，如果想要改变网络中的状态，需要通过账户发起一笔交易，在这笔交易被执行后，这个创世纪状态就会被改变，转变成最终状态。而在任何时刻，这个最终状态都代表着以太坊当前的状态。

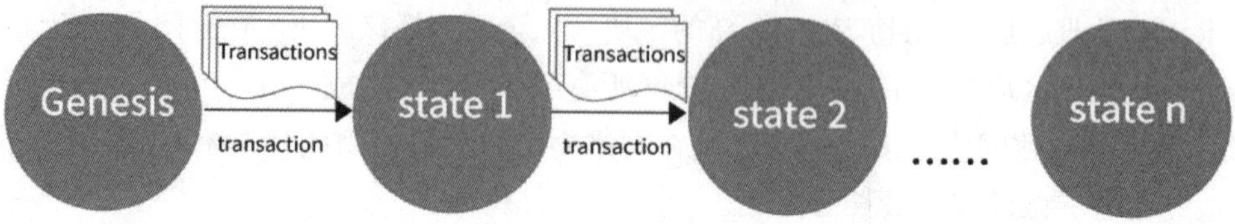

这样，以太坊的状态会有成百上千的交易，那这些交易怎样组织呢？在以太坊中，每隔一段时间，这些交易都被组织到一个区块中，一个区块包含当前时间段内的一系列交易，每个区块都与它的前一个区块连接起来。这样，就构成了一个有时间顺序的交易集合。

在以太坊中，为了让一个状态转换成下一个状态，交易必须是有效的。为了让一个交易被认为是有效的，它必须经过一个验证过程，此过程就是挖矿。挖矿就是一组节点（电脑）用它们的计算资源来创建出一个包含有效交易的区块。

任何在网络上宣称自己是矿工的节点都可以尝试创建和验证区块。世界各地的很多矿工都在同一时间创建和验证区块。每个矿工在提交一个区块到区块链上的时候都会提供一个数学机制的“证明”。这个证明就像一个保证：如果这个证明存在，那么这个区块一定是有效的。

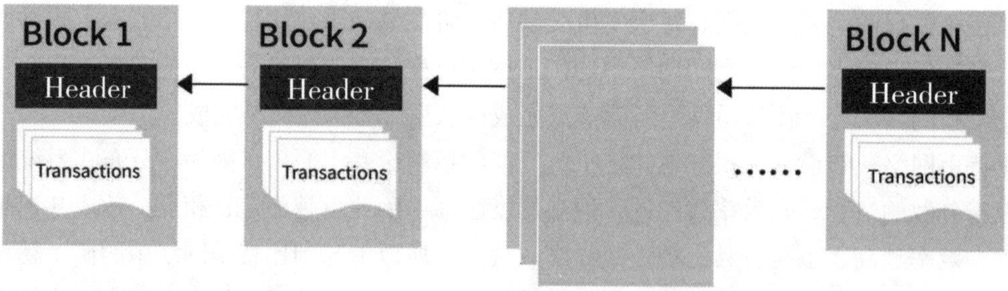

为了让一个区块添加到主链上，一个矿工必须比其他矿工更快地提供这个“证明”。通过矿工提供的一个数学机制的“证明”来证实每个区块的过程，称为工作量证明（Proof of Work），即PoW共识机制。

在一个矿工成功提供这个“证明”之后，这个矿工付出了自己的算力，得到了有价值的结果，因此，这个证实新区块的矿工会获得一定奖励，这个奖励就是以太坊内使用的一种原生币——以太币（Ether）。

既然以太坊是一个具有共享状态的状态机，使用这个状态机，我们可以知道，正确的当前状态是一个全球真相，所有人都必须接受它。而如果当前拥有多个状态或多条链，就会摧毁这个系统。因为在这种情况下，你无法判断哪个状态才是正确的，或者说哪条链才是正确的，即怎么确定整个网络中只有一条链才是最有效的。

不论什么时候，只要有多个路径产生，一个分叉就会出现，此时，我们要去判断哪条链才是权威版本。

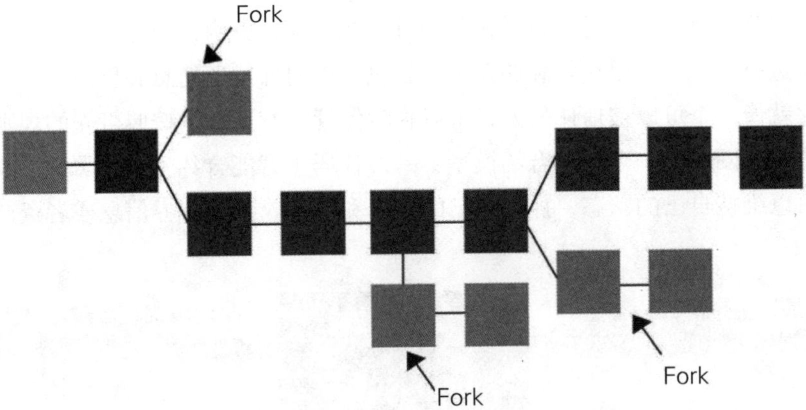

为了确定哪条才是最有效的路径并防止多条链的产生，以太坊使用了一个叫作“GHOST协议”的数学机制。

简单来说，GHOST协议就是让我们必须选择一个在其上完成计算最多的路径。一个方法确定路径就是使用最近一个区块的区块号，区块号代表当前路径上总的区块数。区块号越大，路径就会越长，就说明越多挖矿算力被消耗在此路径上以达到叶子区块。使用这种推理就可以允许我们赞同当前状态的权威版本。

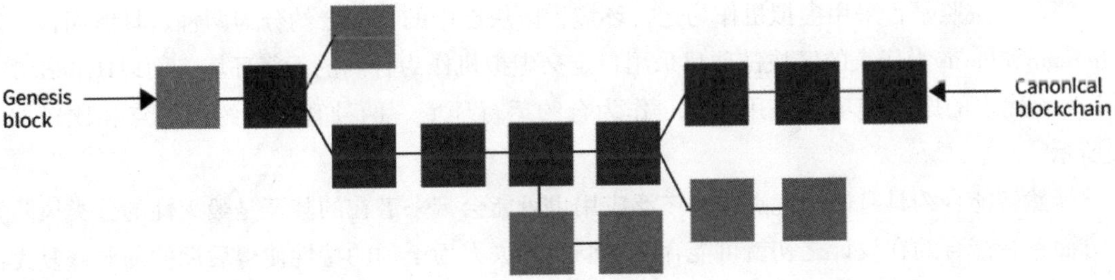

那么，现在你有了一个大概的概念：以太坊就是一个基于交易的状态机。它的初始状态由手动创建并被打包成一个区块，其状态的改变是通过交易来进行的，以太坊是通过一个个区块来组织交易的，即每隔一段时间就会有一系列交易被验证，验证通过之后就会被打包成一个区块，这样，以太坊的最新状态就会被改变。而交易的验证及打包是由一个矿工完成的，矿工打包的时候需要提供一个数学“证明”来保证这个区块是有效的，而且比其他矿工都要快，这样就可以得到一笔Ether作为奖励。而当以太坊链发生分叉时，会使用“GHOST协议”来选择一条完成计算量最多的路径。

六、智能合约

智能合约是20世纪90年代由尼克·萨博（Nick Szabo）提出的理念，几乎与互联网同龄。由于缺少可信的执行环境，智能合约并没有被应用到实际产业中。比特币诞生后，人们认识到比特币的底层技术区块链天生可以为智能合约提供可信的执行环境，以太坊首先看到了区块链和智能合约的契合，发布了白皮书《以太坊：下一代智能合约和去中心化应用平台》，并一直致力于将以太坊打造成最佳智能合约平台，实现比特币引领区块链，以太坊复活智能合约。

智能合约程序不只是一个可以自动执行的计算机程序，它自己就是一个系统参与者。它对接收到的信息进行回应，可以接收和储存价值，也可以向外发送信息和价值。

这个程序就像一个可以被信任的人，可以临时保管资产，总是按照事先的规则执行操作。

下面这个示意图就是一个智能合约模型：一段代码（智能合约）被部署在分享的、复制的账本上，它可以维持自己的状态、控制自己的资产和对接收到的外界信息或者资产进行回应。

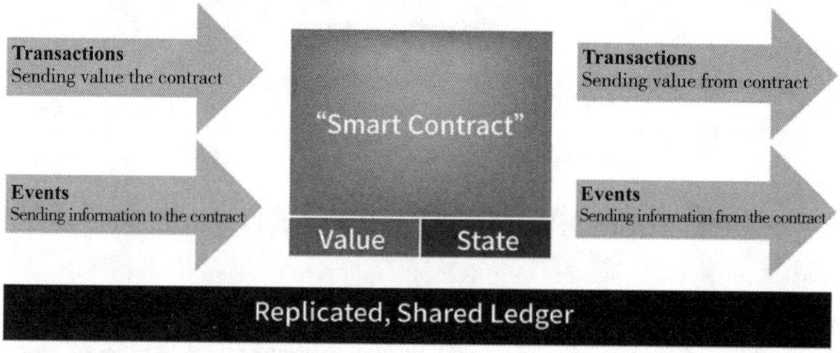

结合区块链概念的智能合约是指一种计算机协议，该协议一旦制定和部署，就能实现自我执行和自我验证。总体而言，智能合约具有更新实时、执行准确、去中心化、人为干预风险低和运行成本低等优点。

当前，按照是否采用虚拟机作为运行环境，区块链中的智能合约分为两种。具体而言，以Ethereum和Parity为代表的区块链项目采用自定义虚拟机作为合约的运行环境，而以Hyperledger Fabric为代表的区块链项目采用Docker作为合约运行环境。两种智能合约的特点和比较如下表所示。

虽然智能合约具有诸多优点，其广泛应用也可能会带来潜在的甚至是毁灭性的分类风险。一方面，智能合约在设计之初就可能存在漏洞，其去人为干预的特性使得后期的漏洞修复无法进行；另一方面，智能合约自我验证的特性使得数据的隐私保护也面临着巨大的风险。

区块链平台	合约运行环境	合约编程语言	编程接口
Ethereum/Parity	自定义虚拟机	Solidity 等小众语言	丰富
Hyperledger Fabric	Docker	Golang、Java 等大众语言	简单的 key-value 操作

七、数字货币分析

2019是加密行业回归的一年。数字货币经历了2017年的狂热、2018年的寒冬，再到2019年市场洗去泡沫。根据区块链头部媒体链得得发布的《2019—2020全球加密货币市场年报》，北京时间2019年12月31日24时，全球数字货币市场总市值为1927.69亿美元，2019年全年共计上涨53.35%。2019年度主流数字货币基本保持上涨状态，其中比特币表现最好，涨幅为90.48%，以太币则反向下跌5.42%。从总体情况看，在经历熊市之后，投资者（包含机构和个人）更倾向于选择共识度较高的币种，而比特币仍然是整个数字货币领域中共识程度最高、相对保值的币种。

2019年6月18日，Facebook位于瑞士的子公司Libra Network（天秤座网络）正式发布Libra白皮书，并一同发布了Libra区块链测试网，在全世界引起轰动。值得一提的是，与大多数加密货币不同，Libra完全由真实资产储备作为担保。对于创建的每个Libra加密货币，在Libra储备中都有对应价值的一篮子货币和资产，以此建立人们对其内在价值的信任。

但在遭遇长达数月的巨大监管压力和政治阻力后，外媒称，Facebook打算更改其Libra加密货币项目的计划。2020年3月上旬，相关报道显示，Libra协会中许多成员开始支持另外一个全球性加密货币Celo。换言之，他们开始支持Libra的一个竞争对手，作为自己的第二手准备。

截至2020年1月5日，全球数字货币市场共有数字货币4993种，其中有真正的良币，也有大量的空气币和传销币，在这里我们主要介绍2019年几种主要数字货币。

1. 比特币（BTC）

虚拟货币出现至今，比特币一直排名第一位，而且常年占据总市值40%以上的份额，2019年5月起，随着BTC从5000美元加速上涨，一度突破13,000美元后，其市值占比越来越大，最终突破60%，并在9月一度触及70%，随后一直居高不下。基本上，比特币的涨跌关乎总体虚拟货币。比特币的概念最初由中本聪在2009年提出，根据中本聪的思路设计并发布了开源软件以及建构在其上的P2P网络。

比特币是一种P2P形式的数字货币，点对点的传输意味着一个去中心化的支付系统。与大多数货币不同，比特币不依靠特定货币机构发行，它依据特定算法，通过大量计算产生，比特币经济使用整个P2P网络中众多节点构成的分布式数据库来确认并记录所有交易行为，同时使用密码学的设计来确保货币流通各个环节的安全性。P2P的去中心化特性与算法本身可以确保无法通过大量制造比特币来人为操控币值。基于密码学的设计使比特币只能被真实拥有者转移或支付。这同样确保了货币所有权与流通交易的匿名性。比特币与其他虚拟货币的最大不同，是其总数量非常有限，具有极强的稀缺性。该货币系统数量曾在四年内不超过1050万个，之后的总数量将被永久限制在2100万个。

目前，比特币已经获得很大一部分商家的认可。

2. 以太币（ETH）

以太币是在以太坊中原生加密的数字货币，以太坊是一个平台和一种编程语言，使开发人员能够建立和发布下一代分布式应用。以太坊可以用来编程、分散、担保和交易任何事物，如投票、域名、金融交易所、众筹、公司管理、合同和大部分的协议、知识产权，还有得益于硬件集成的智能资产。以太坊将使用混合型的安全协议，前期使用工作量证明机制（PoW），用于分发以太币，然后切换到权益证明机制（PoS）。自上线时起，每年都将有0.26x，即每年有60,102,216 × 0.26=15,626,576个以太币被矿工挖出。转成PoS后，每年产出的以太币将减少。

3. 比特现金（BCH）

2017年7月21日，比特币分叉方案BIP91已经获得全网算力支持，全网一致同意先进行隔离见证升级，并在之后的六个月内把底层区块链的区块大小升级至2M。然而“搅局者”出现了——挖矿巨头比特币大陆旗下的矿池Via BTC准备了一套硬分叉的体系，基于比特币的原链推出“比特币现金”。2017年8月1日20时20分，比特币现金开始挖矿，这是比特币的新分支还是另外一种“山寨币”，业内论调不一，但是此前BCH提前报价已经达到2000元，也就是已经超过比特币价格的十分之一。比特币现金修改了比特币的代码，支持大区块（将区块大小提升至8M），不包含SegWit（隔离见证）功能，是BitcoinABC方案产生的区块链资产。

4. BSV币（Bitcoin Satoshi Vision）

BSV币是遵循中本聪白皮书原始设计和协议稳定的比特币项目，实现原定的大规模链上扩容愿景，旨在成为全球通用的点对点电子现金与价值数据传输网络。BSV币背后的操盘手是澳本聪，英文名Craig Steven Wright，来自澳大利亚。2016年5月，他因为声称自己是比特币创始人中本聪而迅速成为币圈网红。

5. 莱特币（LTC）

莱特币（Litecoin，LTC）是受比特币启发而推出的改进版数字货币，由一名曾任职于谷歌的程序员设计并编程实现，2011年11月9日发布运行。莱特币与比特币在技术上具有相同实现原理，但莱特币的创造和转让基于一种开源的加密协议，不受任何中央机构管理。

［作者王欣明，为拉卡拉信息科技研究员，博士，IEEE（电气和电子工程师协会）会员，主要研究方向为软件工程、程序分析和大数据等］

区块链+场景

落地场景上千种

区块链技术是利用块链式数据结构来验证与存储数据，利用分布式节点共识算法来生成和更新数据，利用密码学的方式来保证数据传输和访问的安全，利用由自动化脚本代码组成的智能合约来编程和操作数据的一种全新的分布式基础架构与计算方式。其应用场景与发展前景，对实体产业与互联网技术的进步将产生重大的积极意义。

一、金融征信

金融的本质是一种信用经济，金融机构一直在寻求一种能够构建在互联网基础上的信用机制。比特币的诞生让金融机构看到其背后底层技术区块链所带来的革新：一个可以将金融信任由中央信任机制或双方互信转变为多边共信及社会共信的可行途径。

区块链技术在金融领域中的最大优势是去中介化、节省成本、降低风险、提高效率，主要体现在各类金融活动步骤的精简化以及基于区块链的智能合约可以大幅降低交易双方的信用风险。在传统的金融产业中，往往通过法律、合约以及良俗等来构建信任关系。但是，大量违反法律、不遵守合约、背离良俗的事件让我们看到这种信任关系的脆弱性。区块链与金融的结合将大量依靠“人”构建的信任关系引领到通过“技术”搭建信任机制的道路上。利用区块链的共识机制和智能合约技术，在无须第三方担保的情况下，可以创造信用、建立互信，可以制定和执行交易各方认同的商业条款以及引入法律规则和监管控制节点，确保价值交换符合契约原则和法律规范，避免无法预知的交易风险。根据西班牙最大银行桑坦德发布的一份报告，2020年如果全世界的银行内部都使用区块链技术，则每年大概能省下200亿美元的成本。传统金融机构在结算和清算时都依靠中央结算所来完成，特别是跨国结算，效率低下，耗时往往按天来计算，如采取区块链技术，实现去中心化的实时结算和清算，时间则以秒计算，将极大地提高全球金融效率。

区块链对金融业的影响是巨大的。首先将影响金融基础设施建设，主要体现在身份验证、资产数字化、支付清算一体化、法规重构四个方面：基于区块链数据不可篡改、保护隐私但又公开透明的特点构建起的用户身份认证管理平台，可以实现用户信息在可信成员中共享，简化审查流程；基于区块链去中心化的特点构建起的资产数字化平台，可以消除有效半径，实现资产所有权的数字化，从而真正实现资产价值的自由流通；利用基于区块链结构的数字货币，代表每次交易的发生金额，利用智能合约在每次交易完成时实时转变数字货币的所有权，实现支付清算一体化，以后各类跨行转账、跨境汇款将不需要高昂的手续费，支付清算效率大大提升；基于区块链构建的下一代互联网金融体系，将从现在的乱象丛生逐步走向标准化、规范化，相关法律体系、监管制度会跟上技术发展的脚步。金融基础设施的重建会影响各类金融业务的开展，对传统金融机构造成较大的冲击，但又会促进其实现产业转型，与新兴的互联网金融融合。

基于区块链的特性，许多金融机构都在探索区块链与金融结合的方案，区块链在金融领域的应用场景层出不穷，目前主要包括以下几种：

1. 数字货币

数字货币的发行，将极大地提高货币使用的便利性。随着社会发展、科技进步，人类的衣食住行等方面都发生了翻天覆地的变化，为适应这类变化，作为一般等价物的货币也越发呈现去纸币化的趋势，开启了数字化进程的大门。近几年来，第三方支付的快速发展和比特币、数字货币的快速迭代发展倒逼各国银行尽快推出法定数字货币——中央银行数字货币（CBDC）。2018年前后，先后有委内瑞拉发行国家数字货币“石油币”，英国、日本、俄罗斯、新西兰、泰国等国央行开展相关研究，全球大多数国家已在关注或探索央行数字货币。2019年6月，社交网络巨头Facebook宣布将在全球发行一种全新的数字货币——天秤币，遭到了全球监管机构和各国央行的抨击。Facebook的举动，促使各国加速研究自己的央行数字货币。最近一项国际报告显示，目前全球已有包括美国、中国、法国以及沙特阿拉伯等10个国家的央行表态要发行数字货币。其中，随着我国不断推动区块链技术发展，中国央行已经申请了80多项与数字货币相关的专利。

中国央行积极探索数字货币，2014年成立发行法定数字货币的专门研究小组，2015年形成人民银行发行数字货币的系列研究报告及原型方案，2016年成立数字货币研究所，2018年1月数字票据交易平台实验性生产系统成功上线试运行。2018年3月，在十三届全国人大一次会议上，时任央行行长周小川在回答记者提问时称，数字货币的发展有技术发展上的必然性，但同时要注意防范风险。2019年8月，中央发文在深圳开展数字货币研究和移动支付试点。2019年9月24日，在庆祝中华人民共和国成立70周年活动新闻中心首场新闻发布会上，中国人民银行行长易纲表示，央行的数字货币将替代部分现金，数字货币将来的框架是中央银行和商业银行双层运行体系。

2. 支付清算

当前跨境支付结算，每一笔汇款所需的中间环节不但费时，而且需要支付大量手续费，其成本和效率成为跨境汇款的瓶颈。通过区块链平台，不但可以绕过中转银行，减少中转费用，还因为区块链安全、透明、低风险的特性，提高了跨境汇款的安全性，并加快结算与清算速度，大大提高了资金利用率。未来，银行与银行之间可以不再通过第三方，而是通过区块链技术打造点对点的支付方式，实现全天候支付、实时到账、提现简便且没有隐形成本，也有助于降低跨境电商资金风险及满足跨境电商对支付清算服务的及时性、便捷性需求。

3. 数字票据

票据业务通过区块链技术可以搭建一个可行的交易环境，避免信息的互相割裂和风险事件。在数据上，有效保证链上数据的真实性、完整性；在治理上，不需要中心化系统或强信用中介做信息交互和认证，而是通过共同的算法解决信任问题；在操作流程上，不仅反映了票据的完整生命周期，还实现了从发行到兑付的每个环节可视化，确保票据真实性；在风控上，监管机构可以作为独立的节点参与监控数据发行和流通全过程，实现链上审计，提高监管效率，降低监管成本。

4. 征信管理

在征信领域，区块链的优势在于可依靠程序算法自动记录信用相关信息，并存储在区块链网络的每一台计算机上，信息透明、不可篡改、使用成本低，提高征信的公信力，解决数据孤岛的难题。商业银行可以用加密的形式存储并共享客户在本机构的信用信息，客户申请贷款时，贷款机构在获得授权后可通过直接调取区块链的相应信息数据完成征信，而不必再到央行申请征信信息查询。

5. 供应链金融

在供应链金融上，区块链将分类账上的货物转移登记为交易，以确定与生产链管理相关的各参与方以及产品产地、日期、价格、质量和其他相关信息。任何一方都不可能拥有分类账的所有权，也不可能为牟取私利而操控数据。加上交易进行过加密，并具有不可改变的性质，所以分类账几乎不可能受到损害。同时，通过区块链技术，将目前通过纸质作业的程序数字化，可极大地提高效率及减少人工交易可能造成的失误。

6. 权益证明及证券交易

在区块链系统中，交易信息具有不可篡改性和不可抵赖性。该属性可充分应用于对权益的所有者进行确权。对于需要永久存储的交易记录，区块链是理想的解决方案，可适用于房产所有权、车辆所有权、股权交易等场景。其中，股权证明是目前尝试应用最多的领域：股权所有者凭借私钥，可证明对该股权的所有权，股权转让时通过区块链系统转让给下家，产权明晰，记录明确，整个过程也无须第三方的参与。

7. 保险管理

随着区块链技术的发展，未来个人的健康状况、发生事故记录等信息可能会上传至区块链，使保险公司在客户投保时更加及时、准确地获得风险信息，从而降低核保成本，提高效率。

8. 金融审计

由于区块链技术能够保证所有数据的完整性、永久性和不可更改性，因而可有效解决审计行业在交易取证、追踪、关联、回溯等方面的难点和痛点。

9. 资产托管

典型的托管业务流程往往涉及多方，大家都有自己的信息系统，需要反复进行信用校验，费时费力。通过区块链技术，实现了信息的多方实时共享，免去了重复信用校验的过程，同时对资产实时精确地确权，为多方交易带来前所未有的信任和高效的交换体验。

10. 用户身份/账户识别

在用户身份识别领域，不同金融机构间的用户数据难以实现高效的交互，使得重复认证成本较高，也存在中介机构泄露的风险。区块链技术可实现数字化身份信息的安全、可靠管理，在保证客户隐私的前提下提升客户识别的效率并降低成本。

二、法律取证

区块链作为一项底层技术，可广泛运用于各行各业，法律领域也不例外，可增强现有司法信息系统的安全性，提高司法工作的效率，促进立法观念的转变。特别是区块链的天然存证特性，为法律取证提供了便利。

新技术孕育出新经济，司法领域当然也需要运用区块链等新技术构建足以规范新社会的秩序力量。传统的文字立法不能没有，但在数字世界里，更有效的是代码的力量，“代码即法律”将得到充分体现。

如果完全释放出区块链的潜力，它会给法律工作模式带来翻天覆地的变化。

区块链在司法领域有如下应用场景：

1. 智能合约

法律合约需要本人在原始文件上签名，并用大量时间去完成和验证。区块链有望将这一过程数字化，即“智能合约”。这些智能合约可以直接在各相关方之间创建并执行，这一过程只需要少量律师参与。智能合约自带判决和执行功能，如果当事人不履约，区块链网络可自动进行惩罚，当事人的资产也在链上，智能合约会自动扣款惩罚。

2. 知识产权

在数字化时代，法律一直努力保护图像、音视频文件、设计及标志等知识产权。艺术家和音乐家试图保护他们的作品，但他们的作品往往会被无授权使用。而区块链技术以低成本、高效率的方式为知识产权的保护和注册，以及在注册阶段或法庭诉讼阶段作为证据提供了便利性。区块链技术在知识产权领域的潜在使用案例包括为创建者和原产地认证提供证据；注册并批准知识产权；控制并追踪已注册或未注册的知识产权的分布；为正品以及其在贸易或商业中的首次使用提供证据；管理数字权利（如在线音乐网站）；通过智能合约制定并实施知识产权协定、许可，以及独家分销网络；实时向知识产权所有人支付费用。

3. 执法

在警方执法调查中，保持证据的完整性至关重要，因此通过区块链保存的分布式、难以伪造的记录可为证据处理过程提供额外的安全保障。区块链还可用于标记某些类型的交易模式，当个人参与可疑的金融活动时，警方会收到提示。

4. 监管

区块链是应用于监管的理想工具，特别是对于更具挑战性的数字文件，不仅可以用于追踪文件，还可以存储文件。通过数字化账本，对证据进行数字化保持，在监管链上形成永久记录，因此证据不会丢失。这同时消除了监管保存的证词需求，节省了时间。

5. 检务公开

区块链的天然存证特性让法律工作中的保密与公开完美兼容。以检察机关为例，根据检务公开规定，案件进展信息都要及时公开，但是有些重大敏感案件如果公开，势必引起关联人的警觉，有可能给后续工作造成毁灭性打击，现实工作中检务公开与侦查保密难以两全。而采用区块链技术，在案件程序的各个时间节点及时发布案件信息，将内容的哈希值进行存证，特定人可以读取，待一段时间后案件内容脱敏，通过时间戳证明后及时公开。

6. 法律工作统一平台

区块链的公共账本特性为“法律工作统一平台”提供了可能性。以刑事案件为例，“公安机关侦查—检察机关起诉—法院判决—司法行政机关执行”的流程较长，节点较多，如借助区块链的公共账本特性，则不再需要多次“开会协商”，发起单位建立起相关的“联盟链”处理即可，技术底层的共识避免了人与人沟通的消耗，实现高效率、低成本和公平公正。

7. 公证

传统公证存在手续烦琐、处理低效等痛点，而运用区块链进行第三方记录和公证，既可提高数据证明过程的透明度，又可节省成本、提高效率。运用区块链技术几乎可以对任何文件进行公证，包括文档、网页、微信、微博、邮件、合同、证书，涉及各行各业各个领域，也可以对Word、PPT、TXT、PDF、JPG、PNG等任何格式类型的文件进行公证。区块链可以保证电子数据和信息的完整性、真实性和安全性，为法律机关提供有依据的证明。区块链的即时性公证，可解决证据固化和保存流程烦琐、花费时间长等问题，提高了公证效率。同时，通过电子签名、私钥、公钥等方式，可杜绝隐私等敏感信息外泄。

目前的区块链公证，可分为以下几种：证书区块链公证，包括学历证书、房产证、结婚证、驾驶证等各种证书；法律证据区块链公证，包括遗嘱以及语音、邮件、微信、微博等各种类型的法律证据等，便利简单，有利于个体合法权益的保护和提升律师的工作效率；医疗病例信息区块链公证，电子病历作为医院信息化建设的核心工作，眼下已被大部分医院采用；电子政务数据区块链公证，其严肃性、活动过程的可追溯性显得尤为重要；数字作品区块链公证等。可以说，区块链运用于公证领域，大有可为。

三、政务治理

在人类文明史上，社会进步程度的一个非常重要的衡量标准就是政府的公共服务能力是否能够不断提高。区块链技术正在以越来越快的速度融入政府管理。经济的发展、人民生活福祉的实现，需要一个具备更高治理能力的政府机构开展公共事务。面对刚性的层级制组织机构及相对落后的治理手段，政府部门可以发挥区块链技术的巨大潜力，打造一个更为高效的行政系统，向社会传递透明管理的信号，推动社会监管监督的落实，使社会治理更加精细化，也更利于提升政府公信力。

区块链技术有利于促进政府治理与公共服务创新。第一，区块链去中心化的特性使得各个治理主体呈现分布式、开放性的特征。在区块链背景下，政府部门在国家治理体系中不再占据唯一的中心地位，而是与其他治理主体或社会成员处于相对平等的地位，治理体系呈现分布式结构。第二，P2P技术使得包括政府在内的各个治理主体能够跨越中介结构的阻碍，实现直接的交互和连通，管理、协调等传统政府职能将由区块链上各参与主体共同承担。第三，共识机制促使各个治理主体遵守统一的协议，各尽其责而又自发协调地形成有序的自组织网络。第四，区块链的应用将推动政府部门组织结构更加扁平化。区块链技术能够解决上下级部门之间庞大的信息交互与处理问题，使信息流通加快，上下级间距离缩短且关系更为密切，行政层次减少，从而在政府内部建立起一种更加紧凑、更加扁平的组织结构。第五，区块链使政府治理及公共服务更加透明，有力地促进了政府内部信息共享，推动政务公开化、透明化。第六，区块链使社会公共服务更加智能化和高效化。区块链的智能合约技术将在产权保护、教育、公证、物流、医疗、投票等众多领域发挥积极作用，促成可编程社会。政府部门也将受益于区块链技术，在提升内部运行效率的同时更加贴近公众需求，提供更加优质、高效的公共服务。第七，区块链让政府数据更加安全。政府数据资源是一个存储量极大又高度集中的数据库系统，相对于分布式系统更容易遭受网络攻击。区块链防篡改、非对称加密、分布式存储等技术的应用有助于保护社会信息，维护政府数据安全。第八，区块链塑造的全新社会信用方式，有助于达成公民之间、公民与政府之间良好的合作秩序，形成共治状态，提高社会治理的有效性。

区块链在政务领域的落地场景有如下几种：

1. 时间戳应用：公证与认证

传统的公证依赖政府，而有限的数据维度、未建立的历史数据信息链常常导致政府部门无法获得完整有效的信息。利用区块链可以建立不可篡改的数字化证明。在数字版权、知识产权、证书以及公益领域都可以建立全新的认证机制，提高公共服务领域的管理水平。

（1）房管部门：产权登记

目前，房地产交易市场在交易期间和交易后的流程中，存在缺乏透明度、手续烦琐、有欺诈风险、公共记录出错等问题。区块链技术的应用可实现对土地所有权、房契、留置权等信息的记录和追踪，并确保相关文件的准确性和可核查性。此外，可借助区块链技术实现无纸化交易和实时交易。杭州已有利用区块链进行房产登记的业务上线，从具体操作上看，区块链技术在房屋产权保护上的应用，可以减少产权搜索时间，实现产权信息共享，避免房产交易过程中的欺诈行为，提高房地产行业的运行效率。

（2）文化部门：知识产权保护

传统的版权登记流程至少需要一个半月时间，与数字内容创作和流通短、平、快的特性不匹配。利用区块链技术，将文化产业链条中的各环节加以整合，加速流通，能够有效缩短价值创造周期。通过区块链技术，对作品进行鉴权，证明文字、视频、音频等作品的存在，保证权属的真实性和唯一性。作品在区块链上被确权，后续交易都会进行实时记录，实现文娱产业全生命周期管理，也可作为司法取证中的技术性保障。

（3）国有资产管理部门：防止国有资产流失

分布式的账务系统可以有效地传递和追踪信息，每个独立的账目节点都会详细记录国有资产的变动和交易信息。相对中心化系统，区块链可以充分发挥其低成本、高安全性的优势，精简行政单位人员编制，杜绝腐败和经济犯罪行为。借助该系统，国资委等监管机构可以有效地管理国有资产，同时该系统赋予了公众监督国有经济运行的平台。

2. 不可篡改性应用：信用资产化与监管便利

（1）教育部门：学历信息、学术成果存证

利用区块链技术，能解决现有的学生信用体系不完整、数据维度局限、缺乏验证手段等问题，简化流程和提高运营效率，并能及时规避信息不透明和容易被篡改的问题；能够在区块链中记录跨地域、跨院校的学生信息，追踪学生在校园时期的行为记录，构建良性的信用生态体系。此外，通过区块链为学术成果提供不可篡改的数字化证明，可为学术纠纷提供举证依据，降低纠纷事件消耗的人力成本与时间成本。

（2）税务部门：纳税证明支持贷款

一段时间内的税务信用等级、销售收入、利润、增值税、企业所得税等关键指标能够反映企业的信用状况和盈利能力，适用于作为银行评估中小微企业贷款能力的一个指标与凭证。为了确保企业纳税凭证的真实有效，税银贷款业务通常以纸质材料形式办理。将区块链技术应用于在线税银贷款业务，由贷款企业授权银行查询纳税数据后，银行根据内部风控模型给予企业授信额度，以此快速实现税、银、企三方数据对接。采用区块链技术，不仅能够实现电子纳税凭证的鉴真，而且智能合约可保证数据使用授权执行、控制操作权限，并存证全流程以应对争议。

（3）卫生部门：推动电子病历存证

我国早在多年前就主张推行电子病历，但由于患者隐私信息易泄露和电子病历易被篡改这两大安全顾虑而阻力重重。医患争议发生时，电子病历也难以被法庭采纳为关键证据。电子签名是将医疗责任落实到人的证据指向，而区块链存证提供了不可篡改的电子证据验真记录。也只有充分保障数据流通的可信和安全，才能实现电子病历的方便流转。

（4）民政部门：公益慈善项目监督

区块链上存储的数据，可靠性高且不可篡改，天然适合用在社会公益场景。公益流程中的相关信息，如捐赠项目、募集明细、资金流向、受助人反馈等，均可存放于区块链上，在满足项目参与者隐私保护及其他相关法律法规要求的前提下，有条件地进行公示，可方便公众和社会监督，助力社会公益的健康发展。

（5）审计部门：降低成本，提高效率

区块链显著增加了造假成本，为审计、审查工作提供了便利。传统审计工作会在收集信息、分析数据、判断问题严重性，以及形成客观公正的结论上消耗大量资源，而时间的滞后性和覆盖范围的局限性容易影响审计结果的准确性。区块链以时间戳的形式在特定时间点固化凭证，在确保信息真实、完整方面能节省大量的工作资源，并且智能合约能自动化执行部分审计流程，提高审计工作效率。

3. 可追溯性应用：溯源与鉴真

（1）食品药品监管部门：产品防伪溯源

区块链技术可以用于产品防伪。数据不可篡改与交易可追溯两大特性相结合，可根除供应链内产品流转过程中的假冒伪劣问题。基于区块链的酒类/奶粉防伪溯源体系有效结合传统二维码、分布式数据库与区块链技术，定制信息录入设备、手持扫码设备、编码机器等硬件，通过软硬件结合来实现方案。首先是生产环节记录上链，对从原材料到产品的每个生产工艺环节进行操作记录，在链上记录生产环节的所有信息；在产品包装环节，使用定制的贴码设备，生成成对的身份码及密钥，公钥用于产品流转、记录产品信息，私钥用于终端消费者购买后进行扫码鉴真；在成品检验环节，企业将产品合格证明、防伪识别码等信息写入产品身份码；在产品包装完入库、出库时，将出入库信息叠加到产品的身份码上，并在区块链上进行存储；终端消费者通过微信扫码或App对产品的身份码进行扫描识别验真。

（2）财税部门：电子票据打假验真

在票据方面，基于区块链技术架构建立新型数字票据业务模式，借助分布式高容错性和非对称加密算法，可实现票据价值的去中心化传递，降低对传统业务模式中票据交易中心的依赖程度，降低系统中心化带来的运营和操作风险。通过区块链的可编程性，有效控制中介市场中的资产错配，借助数据透明特性促使市场交易价格反映资金需求的真实性，控制市场风险。区块链技术不可篡改的时间戳和全网公开的特性，能有效防范“一票多卖”“打款背书不同步”等问题。

4. 分布式账本应用：跨领域协作和精准管理

（1）金融监管部门：风险防控事前监管

政府金融监管部门通过引入基于区块链的点对点数据授权共享机制，能够为广大互联网金融从业企业提供更为完整的可信数据分析产品，从更完整的数据维度对线上信贷客户进行风险测评与风险定价，从而有效防控系统性风险并维持社会稳定。针对穿透式监管在互联网金融领域的创新实施，通过将区块链存证系统接口前置接入各互联网金融业务平台，将业务操作流程记录经过哈希处理后实时向政务区块链进行锚定同步，能够有效地在保护业务隐私的前提下对互联网金融业务进行事前监管。一旦出现违规经营，链上完整、不可篡改的数据记录将作为监管审计调查的有效证据链条。

（2）规划和资源部门：分布式能源管理

区块链分布式自治的特性在能源及排放的计量认证、能量及其衍生产品的市场交易、多能源形式多主体的组织协同、能源融资等方面将发挥巨大作用。

从对象维度考虑，传统能源系统呈现源、网、荷界限清晰的结构，而未来能源互联网中将引入大量的储能技术，同时源、网、荷的界限逐渐模糊，在不同能源系统中的耦合性逐渐增强。源、网、荷、储的互联网化对传统的运行和交易机制都产生了极大的挑战。而区块链对等以及去中心化的特质，能够为源、网、荷、储的互联网化发展提供关键的技术支撑。

从属性维度考虑，区块链本质上是分布式数据库技术，数据库中存储的对象不仅可以是比特币等“价值”量，还能够存储其他需要进行注册、认证、追溯、交易或共享的量，如所有权、生产流程、控制信号、版权甚至健康档案。能源互联网是集成能量、信息以及价值的网络，其中信息流和物理流深度融合、双向流动，开放扁平的能源系统将孕育自由多元化的能源及衍生产品市场，进而带来复杂多元的“价值流”，区块链能够在能量、信息以及价值三个方面支撑能源互联网的运行。

（3）城市管理行政执法部门：实现城市管理精细化、全民化

区块链网络节点采用时间流记录方式，不可逆，不可删改，且所有节点都同步拥有完整的记录，这种属性适用于需要固定记录证据的领域，如城管执法记录和行政许可记录。

传统的执法取证记录通常采用纸质记录、视听记录等方式，这类记录一定程度上存在丢失、篡改、损毁等隐患。而区块链记录能够很好地处理这块短板，通过把违法对象、地点、事实、执法过程等记录上链，形成可查、可信、可用的证据链，提高城市执法的公正、公开、透明的程度。行政许可记录也是如此，如在审批过程中将许可数据采用区块链智能合约等方式记录上链，并配置专用查询密钥，在执法检查过程中，即可通过执法通等终端联网查询合约内容，即时辨明真伪相关信息，增强执法的针对性和有效性。

此外，区块链在运行中，所有节点通过自身算力争夺最新区块记账权，并获得记账奖励，这种激励措施若运用到城管网络，可以有效地提高民众参与热情。如推出运用区块链技术的市民通等App类应用，市民可随时随地反映城市管理的大大小小问题，与城市管理者实现“无缝衔接”，并以此获得奖励，还可查询公共信息、享受公共服务、兑换线上奖品等，以此激发市民的参与热情，形成良性互动局面。

对于政府来说，区块链无疑是富有价值的。这项技术经过恰当应用，可以帮助政府降低运作和监管的成本。区块链也为经济带来了一种创新模式，帮助中小企业降低交易成本。由于分布式账本的应用越来越广泛，我们有理由相信，一个全新的政府服务体系正在浮现。

四、数据安全

近年来，大数据产业随着计算机、传感器、信息数字化和互联网的普及而取得了令人振奋的成果，海量数据的挖掘、采集、存储和分析都不再是问题，数据的价值得到了前所未有的挖

掘。但大数据面临的困境也十分明显，在数据资源开发利用的过程中，数据的开放、共享、流通和隐私保护成为难题。特别是大数据的安全性至关重要，若数据安全出现问题，则可能演变成一场空前灾难。

区块链技术，通过网络中所有节点共同参与计算，互相验证其信息的真伪以达成全网共识，可以说区块链技术是一种特定数据库技术。迄今为止，我们的大数据还处于非常基础的阶段，基于全网共识将基础的数据变为不可篡改的、全历史的可信的区块链数据，使数据的质量获得前所未有的信任背书，推动大数据的发展进入一个新时代。

区块链以其可信任性、安全性和不可篡改性，让更多数据被解放出来，流动起来。区块链解决了在保护个人隐私的情况下开放数据的重大难题，基于区块链的数据脱敏技术能保证数据的私密性，为隐私保护下的数据开放提供了解决方案。区块链还有效地解决了数据共享开放与交易交换中的若干关键问题，区块链类似一台“创造信任的机器”，可提供可追溯路径，能有效破解数据确权难题；可明确交易历史和各方贡献，助力数据价值衡量；可对数据的使用和流通进行快速、便捷的即付即用，利用智能合约，实现更小粒度的数据交易模式，从而改变当前大数据交易的商业模式。

区块链在大数据领域的落地场景有以下几种：

1. 以身份验证保护边界设备安全

正如IT行业关注数据和连接向“智慧”边界设备的迁移，安全领域人士同样关心这种转变。毕竟网络的扩展可能会提升IT效率、生产力并降低耗电量，但也给企业和整个行业带来了安全挑战。很多企业因而寻求应用区块链来保护IoT（物联网）及IIoT（工业IoT）设备安全的方法，因为区块链技术可增强身份验证，改善数据溯源和流动性，并辅助记录管理。如“篡改验证”技术可在设备网络中批量分发隐私数据并进行身份验证，支持任意通信协议，适应不规则连接的边界设备，可防护大量异构工业系统。

2. 提升机密性和数据完整性

在当今这个数据极易被篡改或伪造的时代，确保数据的机密性和完整性无疑是巨大的挑战。区块链数据的完全加密特质确保这些数据不会被非授权方染指，但仍具有流动性，中间人攻击几乎没有成功的可能。

3. 保护隐私消息

一些初创企业正使用区块链技术保护用户的元数据，保护即时聊天工具和社交媒体上流转的隐私信息。因为元数据是账本中随机分发的，不存在单一的收集点，所以不会被黑。随着区块链植根于经验证的安全通信，隐私消息安全领域将会愈加成熟。

4. 提升甚至替代PKI

公钥基础设施（PKI）是保护电子邮件、消息应用、网站和其他通信形式的公钥加密体制。大多数PKI实现依赖中心化的第三方证书颁发机构（CA）来颁发、撤销和存储密钥对，这就给网络罪犯留下了窥探加密通信和假冒身份的机会。而在区块链上发布密钥，为每个设备赋予其独有的SSL证书（配置在服务器上的一种数字证书），可令应用具备验证通信对象身份的功能，杜绝了入侵者伪造证书的可能性。

5. 更安全的DNS

僵尸网络证明了网络罪犯可以很容易地破坏关键互联网基础设施。攻击者只须搞定大型网站的域名系统（DNS）服务提供商，就可以切断推特、Netflix、PayPal和其他服务的网络访问。而如果用区块链来存储DNS记录，可以提升DNS安全，而且分布式DNS可以应付访问请求，不会因响应过载而宕机。

6. 减少DDoS攻击

去中心化的解决方案可通过使客户接入附近防护资源池来提供更好的保护并加速客户内容，从而抵御DDoS攻击（分布式拒绝服务攻击）。同时，去中心化的网络能让用户出租空闲带宽，而这多余的带宽就被分配给了遭到DDoS攻击的网站节点以确保其挺过攻击。在不忙的时间里，网络还会扮演内容交付网络的角色，加速互联网访问。

五、医疗健康

IBM在2017年发布的一份医疗保健与区块链的报告中称，很多医疗保健组织已经采用区块链技术，甚至比金融行业更为领先。报告显示，区块链技术会在临床试验记录、监管合规性和医疗/健康监控记录领域发挥巨大价值，并在健康管理、医疗设备数据记录、药物治疗、计费和理赔、不良事件安全性、医疗资产管理、医疗合同管理等方面发挥专长。

一直以来，医疗信息流通都很不顺畅。医疗机构都有着自己的信息化系统，但是一个患者在这家医院的检查结果仍然无法在别处就医时方便地读取和使用。医疗信息不流通会导致一系列问题，如：进行不必要的重复检查和医学成像，增加医疗费用；就诊医生无法完整地获知就诊者的过往情况，增加了诊断难度和工作量；影响了药企对用户、医生、医疗机构的判断，抬高了药品价格。与此同时，医疗信息数据泄露事件时有发生，数据中包含患者的隐私及敏感信息，也常有用户因医疗信息泄露而受骗。

区块链是一项分布式记账技术，它为医疗数据的安全流通、充分发挥价值提供了可能。首先，区块链数据无法篡改的特性保障了医疗数据的流通安全。其次，区块链多私钥的授权模式，确保用户敏感数据的合法流通和使用。再者，个人医疗数据的安全流通，在方便用户就医、减少用户医疗负担、提高就诊体验的同时，也为医疗数据价值的发掘提供了有利条件。在医疗数据可安全流通的前提下，医生、医疗机构、药企、保险单位可以通过授权访问用户医疗数据，以此来提升自己的业务能力，更好地服务用户。

区块链技术及其用于健康数据无缝衔接的安全基础设施，有望推动行业参与者、学术界、研究人员和患者之间进行前所未有的合作，加强医学研究的创新，促进精准医疗的发展，掀起公共健康的革命。

区块链在医疗领域的落地场景有以下几种：

1. 电子病历

区块链电子病历是医疗信息数据共享的最佳解决方案。如果区块链电子病历得以实施，所有常见病例、既往病例都将有清晰明确的记录。医生给病人制定诊疗方案时，可以参考有效、连续的诊疗记录，提高治病效率。如医生询问你对哪些药物过敏，但是你自己都不知道。而如果用区块链系统存储个人医疗记录，这个问题就变得很简单，医生只要将你的病史资料调出来看就知道了。

2. 医疗数据共享

医疗保健机构受制于跨平台共享数据的安全问题。更良好的数据共享意味着更准确的诊断、更有效的治疗，以及从整体上提升医疗保健系统提供高性价比医护服务的能力。区块链技术可以让医院、患者和医疗利益链上的各方在区块链网络里共享数据，而不必担忧数据的真实性、安全性和完整性。

3. 健康状况监测

在医疗保健业中，仅10%的数据包含临床因素，而60%的数据包含外部因素或临床环境之外的因素。例如，健康状况监测，虽然可穿戴设备将为跟踪个人健康状况而收集的大量数据不断传输至云端和智能手机中，却很少传递到医生手里，也并未得到存储。通过区块链技术，可形成可信可查的系统记录，并将相关数据融入护理流程或纳入治疗决策。

4. 临床试验记录

如果临床试验出现错误或受到阻碍，患者治理效果就会大打折扣，在这种情况下，后果将由所有参与方共同承担。部署可以捕获临床试验所有历史记录的区块链，有助于恢复人们对科学的信任。尽管数据透明可见，但区块链可以确保实时记录试验方案，验证其真实性。在一些诊所，医生们已经开始使用认知分析来探究临床试验，以提供个性化的治疗方案，可互操作的区块链上的临床试验记录将会增加可用的可信数据的数量。

5. 药品溯源及真伪鉴别

药品的质量得到保障十分重要。但从药品生产制作，到分销商，再到各大医疗机构，直到患者手上，流通环节过多，如何鉴别成为难题。区块链技术正好解决这一难题：与编码防伪技术类似，运用区块链技术防伪的药品，在其包装盒表面内嵌一个特别的验证标签，应用区块链记录不可篡改、共享安全可靠的属性，可以确保药物来源的合法性和真实性。区块链的特性还使其可以实现对药物的产品追踪，药品被制造出后，通过登记，公司能够对药物流通的全部供应链环节实施监督，从而转换成为完整的药物质量监察解决方案。特别在疫苗安全方面，区块链技术能为疫苗的生产、流通、监督创造更透明和更安全的环境，有助于构建一个更公开、更透明、可溯源的疫苗监督体系。

6. 智慧医院

智慧医院把所有知情方全部纳入区块链，实现实时链上监管，就医信息从哪儿来，到哪儿去，被谁使用，应该处于什么状态，全程可追溯。一方面，基于区块链所拥有的多方共识、不可篡改、多方存证、随时可查等优势，运用区块链技术，为监管方、医院、流通药企搭建了一条联盟链，在保障数据、隐私安全的同时，实现链上数据防篡改。另一方面，通过整合人社、医院、药企、保险等资源形成联动，提供在线咨询、处方流转、商保直赔等服务。以处方流转为例，基于腾讯支付、AI（人工智能）人脸识别、区块链等核心技术能力，连接医院、流通药企及用户，实现电子处方安全流转、全流程可追溯，助力医药分离。

7. 医疗保障

在医保行业中，投保人、医疗机构和医疗保险提供方三者之间要进行频繁的信息交互。在社会保险方面，目前国内各地区之间存在医保范围和报销比例不一样的情况，异地就医报销手续复杂，时间周期长。区块链基于通用的支付系统可以简化支付医疗和卫生处理保险索赔的过程。患者将能够实时监控付款和索赔，并可能使其自动化。区块链智能合约可以在一定程度上提高理赔效率：智能合约基于提前约定的理赔条件，通过写好的算法，在达到理赔触发条件时自动理赔，智能合约具有自治性，其应用可以降低保险的人工理赔成本，触发型赔付产品可以一定程度上减少投保人和保险机构之间由于合同条款人为解读不同造成的纠纷。而且，区块链的安全性可以一定程度上解决投保人的隐私安全问题。更为重要的是，区块链可以一定程度上解决投保人和保险机构之间的信任问题：理论上来说，区块链上链的信息越多，越能减少信息的不对称性、不可篡改性，更能减少骗保、“道德风险”与“逆向选择”等风险；同时，保险机构可以更好地进行风险控制，医疗机构可以更好地进行资料整理和外部审计。

六、工业互联网

工业互联网主要以云计算、大数据、物联网为依托，旨在形成开放且全球化的工业网络，实现通信、控制和计算的集合，在智能制造产业体系中偏重于设计、服务环节，注重物联网、互联网、大数据等对生产设备管理与服务性能的改善。工业互联网以“人—机—物”全面互联，极大地扩展了网络空间的边界和功能，也打破了工业控制系统传统的封闭格局，使得系统的安全问题大量暴露出来，同时对数据的交互、工业制造的成本与效率等提出了新挑战。通过区块链技术，保证基于区块链的工业互联网安全性更好，运行效率更高，更符合工业级的各方面要求和指标。

区块链是工业互联网的安全保障。区块链技术融合了分布式架构、P2P网络协议、加密算法、数据验证、共识算法、身份认证、智能合约等技术，利用基于时间顺序的区块形成链进行数据存储，利用共识机制实现各节点之间数据的一致性，利用密码学体制保证数据的存储和传输安全，利用自动化的脚本建立智能合约，实现交易的自动判断和处理，解决中心化模式存在的安全性低、可靠性差、成本高等问题。区块链也是工业、经济高质量发展的底层技术。区块链才是工业4.0最核心的技术，它不再是先输入程序，再输入数据，然后让程序去处理数据，而是让“数据本身自带程序”，让数据和程序合二为一，实现“经济运行自动化”。区块链还可以大幅提升工业制造的效率并降低成本。由于制造业的供应链往往分布在全球各地，且他们发货交易处于不同的时间段，这样使得产品的研发、制造和交付过程的每个组件难以被跟踪，而通过区块链可以创建更智能、更安全的供应链，使制造商最快地组织生产，并节省物流成本。

区块链在工业互联网的落地场景有如下几种：

1. 工业制造

制造业周期开始进入完全虚拟的世界，包括产品研发、客户需求监测、生产及库存管理。随着设备和系统越来越智能和交互，区块链也将成为工厂、地区、全球供应链级别的账本，从而大大降低成本，加强准时化生产（JIT），更好地使用工厂产能，提高运营效率。

2. 供应链管理

由于供应链有多个参与主体，供应链内存在大量的交互和协作，通过区块链可以进行分布式存储，使得数据在交易各方之间公开透明，从而在整个供应链条上形成一个完整且流畅的信息流，提高整个系统的透明度。同时，区块链所具有的数据不可篡改和时间戳的存在性证明的特质能很好地运用于解决供应链体系内各参与主体之间的纠纷，实现轻松举证与追责。

3. 3D打印/制造

3D打印和增材制造都拥有很高的技术含量，相关的数字文件资料则可以通过点击鼠标轻松传输，因此，零件和产品更容易分享和跟踪，从而衍生更智能的数字供应网络和供应链。使用区块链技术支持这些不断发展的基础架构，可以消除安全隐患，保护知识产权免遭盗窃并简化项目管理，最终帮助3D打印和增材制造行业发展壮大。

4. 联网的无人驾驶汽车

联网汽车（Connected Vehicle）使车辆变成巨大的智能应用程序。汽车自动化逐年加强，包括导航、道路救援等。区块链将利用数字网络追踪这些设备，实现车辆间通信和保险条款自动追踪以及车辆年检等。

5. 自主性机器维护保养

工业4.0时代将大量使用先进的自动化设备、传感器和执行器，这些机器的维护将是一项艰巨的任务，工厂管理者需要掌握更先进的技术来满足维护设备的要求。在这个过程中，区块链可以使机器更加自主，发现问题时提醒员工维护，减少昂贵的停机时间，在机器损坏之前，可以自动下单更换零部件，方便制造商和零件供应商通过区块链紧密连接。

6. 传感器数据存证和溯源

传统的运输需要经过多个主体，例如发货人、承运人、货代、船代、堆场、船公司、陆运（集卡）公司，还有做仓单抵押融资的银行等业务角色，这些主体之间的信息化系统很多是彼此独立、互不相通的，同时也存在做伪造假的可能。将传感器收集的数据写入区块链，成为无法篡改的电子证据，厘清各方的责任边界，同时追本溯源，及时了解物流的最新进展，采取必要的反应措施，提高多方协作的可能性。

7. 物联网信息安全

设备仪器的制造商可以借助区块链技术追溯每一项零组件的生产厂商、生产日期、制造批号乃至制造过程的其他信息，以确保整机生产过程的透明性及可塑性，有效提升整体系统与零组件的可用性，继而保障设备仪器运作的安全性。

8. 分布式智能生产网络

将区块链技术应用于工业生产中可极大地优化产业流程，提升生产效率。一个名为“DIPNET”的区块链初创项目构建了一个分布式的智能生产网络，终端用户与终端生产者均以平等节点的身份接入。数据可在任意节点间进行点对点传输，信息实时交互，实现研发、设计、生产、制造、销售等环节数据的打通。订单信息、事务历史记录等记录在链上，分布式存储不可篡改，可实现去中心化协作，产品溯源安全便捷。交易流程由智能合约自动执行，可提高效率。

七、其他场景

区块链离我们越来越近，区块链应用的广度与深度不断拓展，2018年被业界人士和媒体誉为“区块链应用元年”。从目前国际国内相关情况看，区块链技术发展整体处于早期阶段，整个行业在投融资领域有一定的泡沫，但是同时可以看到，我国区块链技术紧跟国际发展趋势，甚至在某些领域保持一定的领先，完成了概念验证，开始了一定规模的商业级、工业级应用，并取得了一定的成果。

据不完全统计，区块链技术在金融征信、法律取证、政务管理、数据安全、医疗健康、智能制造、社交通信、物联网、教育培训、人力资源、版权保护、文化娱乐、慈善公益、共享经济、能源等领域已落地的应用场景达到上千种。

区块链应用典型业务场景

公共记录	金融交易	私人记录	半公开记录	资产密钥	无形资产	其他
土地所有权	货币	合同	学位	住宅钥匙	专利	纪录片记录
车辆注册	私募股权	投注	学历	写字楼钥匙	版权	数据记录
商业执照	公共股票	借据	认证	汽车钥匙	著作权	SIM卡
工商注册/解散记录	众筹	签名	学习成绩	储物柜钥匙	商标	GPS身份
企业所有权记录	债券	遗嘱	研究成果	保险箱钥匙	软件许可证	枪支解锁代码
监管记录	基金	信托	级别	包裹领取代码	视音频许可证	其他武器解锁代码
犯罪记录	养老保险	契约	人力资源记录	投注记录代码	音乐/电影	核武器启动代码
驾驶证	金融衍生品	中介	病历	体育记录代码	许可证	垃圾邮件控制
护照	托管交易	保险证明	会计记录	提货单	优惠券	……
出生证明	报税合同	权属证明	商业交易记录	……	代金券	
结婚证明	投票权	公证文件	基因组数据		电影票	
死亡证明	商品	GPS（个人）定位	GPS（机构）定位		入场券	
选民登记	支出记录	个人健康数据	交货记录		预订服务	
投票表决	交易记录	……	仲裁记录		在线身份	
健康/安全检查认定	抵押/贷款记		……		作者身份证明	
建筑许可证	维修记录				版有技术证明	
枪支许可证	小微金融				权益证明	
法医证据	小微慈善				……	
法院记录	税务发票					
投票记录	……					
非营利性记录						
政府满意度						
……						

如果把上述应用场景归类于区块链应用的典型业务场景，则具有推进科技发展、社会进步的积极意义，与之对应的区块链技术在“暗网”的应用则是典型非法业务场景。

在线毒品市场	在线非法武器市场	其他在线非法物品市场	人口贩毒网络	恐怖主义融资与通信网络	逃税网络走私网络	地下银行钱庄	地下赌场	伪造证件网络等

区块链应用典型非法业务场景

总的来说，区块链技术作为一种革命性的技术，已成为国家战略级别的发展方向，是未来几年各行各业重点探索的领域。对于未来区块链的发展，我们有理由保持乐观，同时需要更加踏实地进行探索，区块链也会像互联网及移动支付一样成为我国领先全球的科技。

（作者刘君，为惠州市东江书院秘书长、区块链专家，熟悉政府治理场景，曾获“南方日报十佳新闻秘书”荣誉）

区块链+风险
51%攻击！七类风险不可低估

区块链可以重构经济社会商业模型，使得社会交易和沟通成本更低，大幅提升经济效率，也使得数字时代变得更加安全、可靠。如同其他革命性技术一样，在关注区块链这项技术的同时，也必须知道运用这项技术的特定风险，知晓这些风险不可低估。

一、技术性风险

1. 共识机制设计风险

区块链技术性风险主要是指区块链技术架构和设计原理上存在漏洞。区块链是一种特定技术的设计思想，它的本质是一个分布式的公共账本，它让一组互联的设备共同维护一份账本。由于区块链是一个分散化网络，所以必须设计一套维护系统的运作顺序和公平性的机制，这就是共识机制。共识机制决定谁取得区块链的记账权和新币奖励。所有共识机制都是为了解决特定的问题，没有一种共识机制是完美无缺的，各有利弊。

（1）工作量证明（PoW，Proof of Work）

PoW作为数字货币的共识机制于1998年在B-money设计中提出。2008年中本聪发表比特币白皮书，为了解决拜占庭将军问题，在比特币系统中引入竞争挖矿的机制，采用PoW算法作为共识机制，通过计算来猜测一个数值（nonce），以解决规定的哈希（Hash）问题（两次SHA256），保证在一段时间内，系统中只能出现少数合法提案。同时，这些少量的合法提案会在网络中进行广播，收到的用户进行验证后，会基于它认为的最长链继续难题的计算。因此，系统中可能出现链的分叉（fork），但最终会有一条链成为最长的链。

哈希问题具有不可逆的特点，因此，目前除了暴力计算外，还没有有效的算法进行解决。反之，如果获得符合要求的数值，则说明在概率上是付出了对应的算力。谁的算力多，谁最先解决问题的概率就大。

机制风险点：

①确认时间长。在PoW机制中，为了达成共识，需要耗费大量计算，因此PoW机制下区块链的确认时间较长，不适合高频场景。

②资源消耗大。在PoW机制中，矿工如果想要得到一个合法的区块，则必须向区块头中填入不同的随机值，然后计算出区块头的哈希值，使得到的哈希值小于目标值。这样，矿工在不断寻找合适随机值的过程中完成了一定的工作量。但矿工完成的这个工作量对于社会毫无意义，反而造成了大量的资源消耗。

③51%攻击。在PoW机制中，拥有算力越高，解决难题的速度越快，就意味着有越大的概率最先解决问题。当掌握超过全网一半的算力时，从概率上就能控制网络中链的走向。这也是

51%攻击的由来。这样意味着只要获得网络51%的算力，哪怕短暂的几个确认时间，只要获得的收益大于获取51%算力的成本，黑客就有动机对区块进行篡改，区块链的不可篡改特性将不复存在。

④算力集中化：在PoW机制中，人们总能够设计出专门针对PoW挖矿的矿机来提升计算效率，从而破坏设计者原本的去中心化的初衷。随着专业挖矿设备的诞生，算力也将越来越集中，中心化程度越来越严重。

（2）权益证明（PoS，Proof of State）

PoW毕竟是需要消耗大量的计算资源来执行的一种机制。为了解决这个问题，在2011年，一个名为Quantum Mechanic的数字货币爱好者在Bitcointalk论坛提出PoS证明机制。

如果说PoW主要比拼算力，算力越大，获得记账权的概率就越大，那么PoS则是比拼余额，即自己手里的币越多，获得记账权的就概率越大。

机制风险点：

容易出现分叉：也称为Nothing-at-Stake攻击，假设系统中出现了两个分支链，那么对于持有币的“挖矿者”来讲，最佳的操作策略就是同时在两个分支上进行“挖矿”，这样无论哪个分支胜出，对币种持有者来讲，都会获得本属于他的利益，即不会有利益损失。而且由于不需要算力消耗，因此PoS中在两个分支上挖矿是可行的。这导致的问题是，只要系统存在分叉，“矿工们”都会同时在这几个分支上挖矿。因此在某个情况下，发起攻击的分叉链是极有可能成功的，因为所有人也都在这个分叉链上达成了共识，而且甚至不用持有51%的币量，就可以成功发起分叉攻击。而这在PoW中是不可行的，因为挖矿需要消耗算力，矿工只能在一个分支上进行挖矿。所以在实际PoS算法中，还需要加入一些惩罚机制，如果矿工被发现在两个分支同时挖矿，就会受到惩罚。

（3）权益授权证明（DPoS，Delegated Proof of Stake）

针对PoW、PoS的效率低和会变得越来越中心化的问题，在2013年8月启动的比特股Bit shares项目则采用了DPoS共识算法。DPoS是指拥有Token（令牌）的人投票给固定的节点，这些节点作为权益人的代理去行使记账的权利。这些获得投票认可的代表根据一定的算法依次获得记账权。不同于PoW和PoS理论上全网都可以参与的记账竞争，DPoS的记账节点在一定时间段内是确定的。在PoW机制或者PoS机制中需要解决的是节点不限和随机出块顺序情况下的拜占庭将军问题，在DPoS中就变成只须解决固定数量和固定出块顺序情况下的拜占庭将军问题，其难度大大降低。DPoS机制大幅缩小了参与验证和记账的节点的数量，大大提高了共识验证效率。

机制风险点：

①中心化节点：DPoS舍弃了部分去中心化，由固定数量的权益人行使记账的权利。投票的积极性并不高，绝大多数持股人从未参与投票。这是因为投票需要时间、精力以及技能，而这恰恰是大多数投资者所缺乏的。

②坏节点处理：对于坏节点的处理存在诸多困难。社区选举不能及时有效地阻止一些破坏节点的出现，从而给网络造成安全隐患。

2. 最终确定性风险

纵观目前的共识机制，存在的最大问题是没有最终确定性。确定性，是指操作一旦完成，就永远完成了，系统永不可能退回去撤销这个操作。而去中心化的系统，根据设计的不同，可能有这个性质，也可能只提供在一定激励范围内的概率性确定，甚至没有确定性。确定性的概念在金融业中尤其重要，因为机构需要以最快的速度确认资产在法律意义上已经是他们的了。而如果资产是他们的了，那就不能容忍一个随机产生的区块链分叉撤销这笔转让，使他们又失去对资产的所有权。当获得一个区块确认时，只能代表交易有99%的可能性受到区块链的认可；当获得两个确认时，信心值会增高到99.9%的可能；当获得6个确认时，信心值可能会提升到99.9……9%。所有确认都只是一个概率上的表达，而不是一个确定性的事情，因此理论上有可能存在其他未知攻击风险。

3. 网络堵塞风险

区块链在一定时间内产生一个区块，比如比特币平均每10分钟将产生一个1 MB大小的区块，每笔交易需要250 B来存储数据，因此这个区块只能存放4194个交易数据，平均每秒钟最多处理上限为七笔交易。对于其他区块链应用来说也存在这样一个类似的极限处理数值，可以通过设计来提升这个上限，如增大区块大小、提升网络带宽、减少出块时间、减少记账节点数量等等。只要上限存在，理论上就存在利用上限来对网络进行攻击的风险，比如通过产生垃圾交易对网络进行短暂堵塞，来实现对区块链网络的劫持。另外，当网络产生堵塞时，矿工倾向于打包高转账费用的交易，因此网络堵塞将使得转账费用攀升。

4. 小结

除了这些已知的攻击方法，可以预见攻击协议的其他手段也会层出不穷。由于区块链本身的分布式特性导致其进行整体升级非常困难，所以一旦发现有效的攻击手段，则可能在很长的一段时间内，对区块链系统造成持续不断的负面影响，是一种难以彻底清除的梦魇。因此，在利用区块链技术的同时，要更加清楚区块链技术背后的风险，在设计之初应当高瞻远瞩，做好顶层设计，同时留有优化的余地，时刻保持警惕，与时俱进，才能防患于未然。

二、操作性风险

区块链操作性风险是指对区块链技术进行理论设计后，在操作和实践层面上的风险。理论与实践从来都是密不可分的两个环节，即使在理论完善的情况下，错误的实现可能将导致区块链技术存在漏洞。另外，即使基于理论做出了当前最佳的实践，但如何在未来技术革新以后的时代适应下来，也是一个迫切需要讨论的问题。

1. 错误实现风险

即便是理论上很完备的算法，也会有各种实现上的错误。尤其是类似区块链这样的技术，应用了大量的密码学技术，即使实现也将是一项巨大的工程，在实现过程中非常容易出现错误。

风险点：

①工具库缺陷：由于所使用的工具库存在缺陷而引起漏洞。比如NSA（美国国家安全局）对RSA算法（目前使用最广泛的公钥密码体制之一）埋入了缺陷，使其能够轻松破解别人的加密信息。一旦出现这种级别的漏洞，整个区块链项目的基础将轰然倒塌。

②实现过程疏忽：由于代码实现过程的个别疏忽而引起漏洞。技术人员需要将相关工具库和服务正确无误地整合到区块链应用中，一旦在某个细小的环节产生疏忽，将导致难以挽回的后果。比如近期BEC、SMT等区块链项目由于个别实现方法不当，导致存在整数溢出攻击

（Integer Overflow Attack）的风险，让攻击者可轻易绕过安全检测，不须花费任何成本即可获得大量Token。

在区块链应用实现过程中，不能完全保证代码的准确性，出现错误在所难免。但同时，区块链项目必须有高可靠性。因此，在应对错误实现风险时，区块链技术的实现代码必须具有彻底和严格的代码审核机制。

2. 未来新技术的威胁

区块链技术由于生成了一套自我激励的系统，保证其能够在去中心化的条件下自我运行，大部分使用的是不对称的加密，用相应的公式验证事实签署的交易，以确保比特币等区块链资产只能被合法所有人使用。但量子计算机可以解决不对称加密的问题，可以在几分钟内从公钥推算出私钥，知道所有私钥相当于拥有了操纵账户的能力，从而导致区块链的整个安全基础崩塌。

因此，在实现区块链技术时，需要考虑未来新技术可能带来的威胁，并且提前做出预判和采取应对措施。以量子技术的威胁为例，有学者则提出研发抗量子算法来加强对事实的保护。

3. 智能合约风险

1995年，法律学者尼克·萨博提出一个概念：智能合约（smart contract）是一套以数字形式定义的承诺（promises），包括合约参与方可以在上面执行这些承诺的协议。智能合约是一种旨在以信息化方式传播、验证或执行合同的计算机协议。智能合约允许在没有第三方的情况下进行可信交易，这些交易可追踪且不可逆转。

随着区块链技术的诞生，智能合约能够在区块链上实施，从而开始焕发生机。在区块链上实施智能合约的好处显而易见，就是能够大幅度提升合约的执行效率。当然随之而来的是一系列潜在风险。

风险点：

好比计算机出现后出现了计算机病毒，智能合约理论上必然存在智能合约病毒。这种病毒通过感染修改其他合约的方式来实现合约作者意图之外的效果。

智能合约的编写需要专门的技术，因此实施智能合约的过程是算法高度密集的工程，容易出现实施过程的失误风险。基于区块链的智能合约有非常大的限制，一旦发现合约漏洞，将很难通过升级的方式来迅速解决问题。

三、法律风险

随着各类区块链应用的诞生，区块链领域也得到快速发展，但在法律上存在着一定的空白。关于区块链的法律也需要迎头赶上，与时俱进。

1. 资产保护风险

全球数字货币交易所被“黑”的事件屡见不鲜，并且在各类场外、场内交易过程中，遭遇诈骗等情况也时有发生，法律层面对投资者的保护是非常有限的。尤其是国内投资者，一旦因为交易数字货币遭遇被盗或被骗的情况，几乎可以说很难有效追回。由于缺少银行等层面的中介担保，数字货币的安全性则完全由自己负责，这虽然符合私有财产的自我保管逻辑，但也给数字货币资产的储存和交易带来了更大的不确定性。

2. 智能合约执行风险

智能合约较难与人的真实意图完美对应。比如，现实的合同基本上都有一条“未尽事宜协商解决”，那么智能合约的协商解决如何定义？在计算机语言中如何进行合理的表达？智能合约在区块链上执行是否为合法行为？

另外，数字货币发行的合法性问题、公证确权，以及举证的合法性问题，包括数字票据、记账清算、股权众筹的合法性问题，目前在我国以及世界其他国家的法律上依然是空白，这些都将给区块链的发展带来一些潜在的风险点。

四、虚拟货币风险

区块链应用分公有链、私有链、联盟链和许可链。面对大众开放的一般是公有链，拥有代币机制，需要使用代币来鼓励节点竞争记账。因此面向大众的区块链应用一般拥有金融属性，这种也就是虚拟货币。但也正是这种虚拟货币属性，给经济、社会和监管带来一定的风险。

1. 经济风险

很多不法分子利用老百姓不了解区块链的特点，打着“区块链”的名义做假的虚拟货币。比如发行空气币，就是发布了一个项目，虽然有大量的代币，但事实上没有任何研究进展。大量这种低质量项目充斥市场，诈骗和经济损失等案例屡见不鲜，受伤害的还是老百姓，给社会运行带来极大的经济风险。

2. 投机氛围

随着区块链的使用范围扩大，虚拟货币的价格也存在较大的波动。从诞生至今，虚拟货币引发了比较大的投机热潮，导致大量投机者进入虚拟货币市场，投资高收益神话不断传播，以致大量区块链从业者没有踏实搞技术，而是进行投机和炒作。

3. 监管风险

区块链是一个全新的商业模式，这种模式和过去的技术创新不一样，也对过去的监管模式和组织方式提出了挑战。区块链行业的特殊性在于，其中诸多的生态已经变得非常金融化，在整个运行的过程中，资金会非常集中，而且大部分环节都是跟资金相关的。从ICO（Initial Coin Offering的缩写，首次币发行）募集资金，到给投资者发送代币，再到交易所上线交易，以及用户在交易所买卖代币，整个流程下来，几乎全是金融化的环节。如果从业者不够专业，没有自律能力，监管方面缺失，那么每一个环节都可能被不法分子利用来操纵市场，获取各类非法收益。

五、认知偏差风险

随着区块链影响力的逐步扩大，一些主流的区块链项目逐渐为人们所知。区块链技术在不断进步，区块链的先驱者深入生活的各个方面，尝试利用区块链的技术将各项场景优化。但是，对于区块链这项新生技术，人们对它的了解还不够深入，认知偏差风险很可能会阻碍区块链的技术发展。

1. 对金融属性的关注度过高

大多数人对区块链的了解可能还停留在数字货币的金融属性上。但区块链不止于金融属性，区块链从诞生至今，技术不断丰富，目前的区块链技术已经超出了金融属性，具备为各行各业提供切实帮助的潜能。对于区块链，除了看到表面的金融属性，更应该关注区块链的底层技术。甚至说现在看到的区块链技术的应用，在未来的人们看来仍然是浅层的。区块链对于现代社会而言，最大的震撼是可以构建一个信任的网络，这种信任网络到底可以发挥多大的威力，是我们需要不断去探索和突破的地方。

2. 区块链概念的神化

区块链是分布式网络，应用场景有限，不是所有场景都需要区块链技术，区块链技术最大的价值在于能够解决某个行业原有的痛点。区块链技术需要与实体经济产业结合，通过减少交易的中间环节、中介环节，减少交易对账、记录等辅助性工作，为实体经济降低成本，这样才能充分发挥区块链的价值。

六、人才风险

人才是当今社会发展的第一大生产要素，是生产力形成的基石。先进的科学技术被顶级的人才掌握进而迸发最强的生产力。区块链行业也是如此，目前杀手级的区块链应用非常有限，高端人才的缺乏是其中的关键因素。

1. 制度设计者紧缺的风险

区块链技术发展时间虽然不长，但行业在不断进化。区块链在短短几年间完成了理念和技术的重大革新。区块链1.0是以比特币为代表的数字货币时代，实现支付和流通等货币职能。区块链2.0是以以太坊为代表的智能合约时代，为智能合约提供可信的执行环境。区块链3.0则是智能化时代，为各行各业解决数据共享问题和提供去中心化方案。在区块链行业，制度设计者尤为重要，甚至说更难寻觅。与蒸汽机、计算机、人工智能等技术驱动力不同，区块链的最大价值不是提高生产力，而是变革生产关系。一项区块链技术，技术实施的过程是一个难点，制度设计更是一项艰巨的任务，需要制度设计者深刻理解区块链技术，同时能洞察人性。

2. 技术工程师稀缺的风险

区块链技术是一项算法密集工程，在研发区块链的过程中，工程师需要深刻理解区块链的设计框架，融入密码学、数学、经济学等领域的技术，以计算机的语言来进行表达，在实施过程中需要合理地选择实施路径，保证代码的安全性、稳定性以及运行效率。随着区块链技术的热度增加，信息安全与密码学从冷门学科中逐渐得到重视，但是培养速度还跟不上市场的需求，真正能够在开发过程中良好驾驭各领域知识，将想法真正落地的优秀工程师仍然稀少。区块链项目要在未来得到广泛应用，优秀的技术工程师必不可少。

七、伪区块链创新的惯用伎俩

区块链技术是一项划时代的技术，对接区块链技术是当下社会非常时髦的方向。但是，成熟的区块链应用从目前来看还是少之又少，除了比特币、以太坊等主流区块链应用，其他区块链大多流于形式，尚未真正发挥区块链技术的功能，“伪区块链”现象非常普遍。

1. 私有形式的区块

在区块链领域中，可以大体分类为公有链和私有链。对于公有链，任何人都可以随时进入系统中读取数据、发送可确认交易、竞争记账，拥有去中心化的特征，没有任何人可以篡改其中的数据。对于私有链，一般应用在机构内部，由于参与节点的有限和可控，因此私有链拥有极快的交易速度、更好的隐私保护、更低的交易成本、不容易被恶意攻击等优势。可以留意到，有不少公司对外宣传自己开发的所谓的“区块链”应用，但如果这些所谓的“区块链”应用只布置在公司内部的服务器上，数据只同步到这些服务器节点上，并不会同步到用户的手机或电脑上，那么这种只是伪装公有链的私有链伎俩，更有甚者根本没有运用区块链技术进行开发。这种区块链应用不是去中心化的，并且数据随时可以被篡改。

2. 打着区块链旗号

区块链技术本来是一个非常基础的架构技术，目前由于受到全球范围资金层面的追捧，很多本身跟区块链没有任何关系的项目方开始应用区块链概念来设计产品，并且能够在非常短的时间内完成区块链白皮书的撰写，而后进行市场资金的募集。这种情况，拉低了区块链整体的技术性门槛，诸多根本没有区块链开发实力和意愿的公司，纯粹为了获得资金的支持而打出区块链概念，造成项目的泛滥，项目与项目之间的差距越拉越大，但普通投资者难以辨别，容易掉入陷阱。更有甚者，从本质上并没有真正利用区块链技术，只是打着区块链的旗号，获得了与实际价值完全不相符的估值。

3. 区块链游戏

区块链在游戏行业有一个现象级的应用，即区块链宠物游戏。自从以太坊ERC721协议开发的*Crypto Kitties*（《迷恋猫》）在2017年11月上线后，各类区块链宠物游戏如雨后春笋般被开发出来，打开了区块链游戏的大门。在这类游戏当中，宠物可以养成，也可以进行交易。借由宠物独一无二的特性以及初代宠物前后的差价，这些虚拟宠物便拥有了投机价值。尽管这些游戏受到了用户的热捧，但这些区块链游戏极有可能是伪区块链创新。

随着区块链游戏的发展，一种影响力更为巨大的游戏出现，即庞氏投资游戏。从2018年2月上线的POWH 3D，到2018年7月上线的Fomo 3D，到2019年7月上线的Just Game，这些陆续上线的所谓投资游戏使用一种这样的机制：越早买入Token就能获得越多分红，推荐别人进场也能获得分红，如此就具备了自主扩散的能力，吸引了大量投资者的参与。这种所谓的投资并不存在任何价值，反倒给投资者带来损失，属于典型的伪区块链创新。

一项区块链应用应当具备开源性，区块链应用的源代码必须公开透明，要让用户知道这个网络是如何设计出来的，每一个代币或者数字资产该如何产生、何时产生、由谁获取，是每个节点可自行观察到的，而非系统通知或者公示。如果不能做到代码开放，数据则存在非常大的可篡改风险。

（作者郭承军，为广东工业大学应用数学学院教授，中山大学基础数学专业博士，华南理工大学自动化学院博士后，科研方向为常微分方程/泛函微分方程）

区块链+监管

“区块链+监管”是发展的必然趋势

加密货币和区块链生态系统已经成为当前最热点领域之一。在分布式账本交易（DLT）上运行的去中心化虚拟货币会有大量投机操作和风险，这要求在加密生态系统中建立监管框架和执行法规。大型科技公司和各国央行计划在2020年发行数字货币，也呼吁建立全面监管框架和出台法律政策。全球各国对数字货币的监管态度主要有哪些类型？他们的监管措施对中国有哪些借鉴意义？如何在发行央行数字货币重构金融体系的时候进一步加强行政监管、行业自律、社会监督？在此，我们对各种监管制度进行全面研究，以从全局高度一窥未来的监管趋势。

一、区块链监管框架

（一）监管对象定性与分类

目前区块链监管的最大挑战来自金融领域的监管，其他应用基本适用原有的法律法规，因此本文重点关注区块链在金融领域的监管。

区块链在金融领域应用的主要监管对象有四种，分别对应数字货币的四种定性：货币、资产、商品、证券。

1. 数字货币监管

①比特币等民间数字货币监管。美国监管机构将比特币界定为“可转化虚拟货币”，受《银行安全法》监管。同时，对比特币可能涉及的洗钱问题则由美国金融犯罪执法网络（FinCEN）执法监督。

②Libra等稳定币的监管。目前发行锚定美元的稳定币有Gemini Dollar（双子星美元）、Paxos Standard（PAX）和USDT（泰达币），前两者发行方本身为受监管的信托公司，稳定币的发行经过了纽约州金融服务管理局（NYDFS）的批准，且日后运营将持续受到监管，适用法律为《纽约州银行法》以及2015年8月生效的《虚拟货币许可条例》及NYDFS的监管实践；而USDT是没有经过批准的，始创者Tether公司正在和监管机构打官司。而大型科技公司Facebook准备发行的Libra是美国央行最担心的稳定币。

③央行数字货币的监管。从中国央行数字货币DCEP推出一系列规划以来，世界各国都在紧紧跟随，甚至超前。瑞典央行2020年2月20日宣布已经开始数字货币e-克朗试点项目，虽然官方数字货币采用自我监管模式，但是央行数字货币将重塑整个金融体系，各类监管体系也将重新建立，越大的国家越难实施。

2. 税收监管

美国国内税务局（IRS）出台了适用于比特币等数字货币征税建议，认为比特币等虚拟货币本质上是一种资产，因而需要缴付财产税。

3. 交易所及交易商品监管

美国承认数字货币交易所的合法性，但是监管体系也比较严格，从2015年到2017年，只有三家交易所，并受纽约州金融服务管理局（NYDFS）监管。商品期货交易委员会（CFTC）宣布将比特币和其他加密货币归为大宗商品，今后将参照《大宗商品交易法》和CFTC监管法令对加密货币实施监管。这意味着，与加密货币相关的期货、期权交易和商品掉期等都将成为CFTC的监管对象。

4. ICO项目监管

首先对项目本身进行判定，一个金融工具是否为“证券”，如果被判定为是证券，则会受到SEC（美国证券交易委员会）的监管，且之前发放的代币属于“未注册证券”，违反了美国的证券法。迄今为止，SEC还未通过任何一个ICO项目。值得注意的是，SEC对于这些公司的代币交易却没有采取任何行动。

其他监管项目包括以下几种：

①投资：如挖矿，可归类到传统投资、商业领域，按照合同法、公司法监管，争议不大。

②涉及区块链概念的证券监管，也可以按照证券法规监管。

③区块链在非金融领域的应用，如身份识别、食药溯源、物流追踪等，区块链技术和其他技术一样，本身处于工具层次，监管上只须关注技术特性，大多数情况还是按照原有的法规监管。

（二）监管机构

目前区块链的监管主要体现在金融领域，因此金融监管机构是最主要的监管主体，其次是政府的行政、立法、司法机构，最后是行业协会等民间机构。

1. 金融监管机构

金融监管机构是根据法律规定对一国的金融体系进行监督管理的机构，央行和证监会均属于此。严格来说，金融监管机构应对相关行政部门负责，属于行政机构。但对于数字货币或ICO等金融相关领域，目前还是以金融监管机构监管为主，与其他行政机构监管还存在很大的区别，因此单独列出。

2. 行政、立法、司法机构

行政机构包括财政部、税务局、国税局、关税厅、海关等。美国国会、俄罗斯国家杜马委员会、众议院等均属于立法机构，负责制定针对加密货币或ICO的法律；最高法院、地方法院、FBI与总检察长办公室等是行使司法权的国家机关，为司法机构。

3. 行业协会

目前多国纷纷成立区块链协会。日本三大区块链协会包括：日本区块链推进协会（BCCC），有220个会员，主要是区块链技术公司；日本虚拟货币交易者协会（JVCEA），主要是拿到交易牌照的16家公司，2018年8月提交了100多页的协会条约，交由日本金融厅审批；日本数字货币商业协会（JCBA），正会员除了16家拿到牌照的交易所，还有22家准会员、69家协力会员。这些协会主要是起到法律方面的支持作用。

4. 社会监督

与传统货币在银行体系封闭性流转不同，数字货币天生带有人人可以通过浏览器查账的特性，因此建立广泛的社会机构、民众监督是必要的。

（三）监管态度

目前大部分的监管政策的态度主要是规范和抑制，但近期支持类的政策明显增加：

1. 规范

政策和措施的出发点主要是规范加密货币交易或ICO发币活动，这类政策是最多的。

2. 抑制

打压是为了抑制币圈的ICO无序现状而进行干预的案例，政策数量排第二位。

3. 支持

表现出明显“支持”意向，对相关企业或组织示好的政策案例较少，但近期明显增加。

4. 提示

风险提示、存疑名单公示，以及金融监管机构要员发表言论等较轻程度政策，由于不涉及具体政策制定，出现的次数较多。

二、世界各国各地区监管制度

（一）美国监管政策

1. 美国监管机构及职责

（1）金融监管

①纽约州。2014年7月，纽约州金融服务管理局（NYDFS）就虚拟货币活动提出了一个名为“数字货币许可证制度”的全面监管框架。2015年6月3日，该框架开始正式执行，纽约州也成为美国50个州中率先对加密货币实施全面监管的行政单位。截至2016年6月，只有三家公司拿到了经营许可。接受数字货币许可证制度意味着数字货币公司要遵守和银行及其他金融机构类似的合规条例，此外还要时不时地接受纽约州金融服务管理局的审查。

②美国金融犯罪执法网络（FinCEN）。FinCEN并没有针对加密货币直接出台新规，而是继续沿用以前的监管条例。根据FinCEN的规定，货币服务行业法规（MSBS）包括货币转移。2011年，FinCEN对“货币转移”的定义进行了修改：今后，从某人那里接受货币、资金或是可作为货币替代品使用的价值所有物将被视作货币转移；将货币、资金或是其他可作为货币替代品使用的价值所有物转移至某地或某人手中的行为也将被视作货币转移。这意味着，FinCEN承认了虚拟货币公司货币转移者的地位，任何涉足虚拟货币转移业务的相关方都必须遵守FinCEN为货币服务行业制定的相关法规，一切标准都可参照传统法币传输，包括符合反洗钱（AML）等准则。

③其他州对《货币转移法》的修订。美国其他各州虽不像纽约州一样制定了全面的监管框架，但也或多或少出台了一些成文法修订《货币转移法案》，如2015年6月19日，康涅狄格州州长丹内尔·马洛伊（Dannel Malloy）签署通过了编号为6800的《众议院替代法案》。作为康州《货币转移法案》的修订和补充，《众议院替代法案》对加密货币进行了新的定义，所有从事虚拟货币转移的商业行为都须遵守包括该法案规定的营业许可要求在内的全部内容。

④美国货币监理署（OCC）。美国货币监理署隶属美国财政部，主要负责对国民银行发放执照并进行监管，相当于我国的银保监会。2016年12月，美国货币监理署宣布，计划向金融科技公司发放特殊目的国民银行牌照。尽管这些牌照更多还是面向金融科技行业，虚拟货币并不是主要受众，但这一决策对于一直处于监管盲区的虚拟货币行业来讲无疑意义重大。单从法律

效力而言，美国货币监理署的监管条例肯定是大于各州的监管条例，获得特殊牌照的企业从此便有了一套统一的监管要求，不必再去时时刻刻关注各州的监管动态，监管不一致的现象将会大大减少。

⑤美国证券交易委员会（SEC）。刚开始时，SEC对加密货币的态度十分隐晦，几乎所有监管工作都是由其他部门完成，SEC很少参与。SEC虽然中止了几家公司的证券交易，但对于这些公司的代币交易却没有采取任何行动。2017年3月10日，SEC拒绝了Gemini比特币交易所的所有者温克莱沃斯兄弟等人的要求，不允许他们开设交易所交易基金（ETF）产品，获得大量关注。

⑥商品期货交易委员会（CFTC）。2015年9月17日，CFTC宣布将比特币和其他加密货币归为大宗商品，今后将参照《大宗商品交易法》和CFTC监管法令对加密货币实施监管。这意味着，与加密货币相关的期货、期权交易和商品掉期等都将成为CFTC的监管对象。

需要注意的是，“商品”这一术语的含义十分广泛，货物和物品、服务、权利和权益等都可归为此类。CFTC的这一决策还可这样解读：将虚拟货币定义为商品，言外之意是虚拟货币不会被当作货币对待，所以也就不用遵守监管部门针对外汇衍生品制定的一些法令条例。

虚拟货币的法律地位发生变化，最受影响的还是那些从事虚拟货币衍生品交易的企业。这些企业可能就包括涉足虚拟货币衍生品业务的交易平台以及针对虚拟货币衍生品提供咨询服务的公司，它们今后要想合法经营就不得不去CFTC那里登记，可能还要遵守CFTC和美国全国期货协会的一系列规定。

⑦美国金融业监管局（FINRA）。2017年1月，FINRA就分布式账本技术发布了一份详细的报告，报告的名称为《区块链对证券行业的影响》。尽管到目前为止FINRA都没有针对加密货币发布任何明确的监管条例，但从这份报告可以看出，FINRA在诸多领域的一些规则可能会对那些投身数字货币行业的公司带来一定的影响，比如用户资金、证券、净资本、账目、清算与结算、反洗钱和了解你的客户、数据隐私、交易报告、会计报表、业务连续性计划等。

⑧消费者金融保护局（CPFB）。2018年7月18日，消费者金融保护局宣布，机构推出了一个监管沙盘，以鼓励区块链和其他金融技术创新。CFPB希望协助开发这些新技术的公司，帮助它们开发“产品和服务”。机构里支持这项决定的人将组成一个小组，专门审查加密货币、基于区块链的平台、其他私人货币和个人小额贷款。该机构甚至可能会寻找传统信用评分的替代方案：“新技术实际上提供了创新的方式来保护消费者。”

（2）其他政府机构

①美国国家税务局（IRS）。2014年3月25日，美国国家税务局发布了2014-21号文件，正式启动对比特币征税。2014-21号文件指出，“一般情况下，出售或交换可兑换虚拟货币，或使用可兑换的虚拟货币支付现实生活中的商品或服务，都将带来税收责任”。同时规定，税收条款仅适用于美国联邦税（即国税），针对使用可兑换虚拟货币的交易，并在第四条中特别规定了这种虚拟货币必须是可兑换的。

IRS此项税收规定中的一个关键词是“可兑换”。根据美国财政部设立的美国金融犯罪执法网络的解释，“可兑换的虚拟货币”是相对“真实货币”的概念而言的。“虚拟货币”是“能够在某些环境下实现真实货币的功能但又不是真实货币的某种介质”；而“可兑换虚拟货币”则是“与真实货币具有同等价值，或能够作为真实货币的替代币”。也就是说，此项规定从概念上认同了比特币作为替代币，具备真实货币的同等价值。

2016年11月，IRS向Coinbase（比特币公司）发出“John Doe传票”（佚名传票），要求Coinbase披露“在2013年12月31日至2015年12月31日期间，在Coinbase上所有美国用户的完整交易记录（涉及100多万美国用户）”。随后Coinbase交易平台在与美国国税局（IRS）的斗争中又赢得了部分胜利，因为法院要求美国国税局（IRS）再次缩减其传票所涉及范围的97%。

②美国国会。美国国会对于区块链的态度总体是较为积极的。2017年2月，美国国会成立国会区块链决策委员会。2018年2月，美国国会发布了《2018年联合经济报告》，报告专门有一个章节讨论加密货币和区块链，提出了四个监管挑战，分别是安全、税收、转账、未来的监管问题。

2. 美国全面监管立法

因为美国立法机构对Facebook推出Libra项目的重视，一项为包括加密货币在内的数字资产提供全面监管框架的法案浮出水面。

该法案名为《2020年加密货币法》，其目的是说明由哪些联邦机构来监管数字资产，要求这些机构对外公布创建或交易这类资产（或任何其他用途）是否需要联邦许可证、认证或注册。

这项草案的初步审查内容包括如下几种：

①将“联邦数字资产监管者”或“联邦加密货币监管者”的职责分配给三个机构：商品期货交易委员会（CFTC）、美国证券交易委员会（SEC）和美国金融犯罪执法网络（FinCEN）。（注：即由这三大机构监管加密货币）

②将数字资产分为三类：加密货币、加密商品和加密证券。

③三个联邦加密货币监管机构分别负责其中一类资产，且为唯一有权监管的政府机构：

CFTC——加密商品

SEC——加密证券

FinCEN——加密货币

④每个联邦加密货币监管机构都必须对公众开放，并且保留完整的联邦许可证、认证或注册流程，这些流程适用于创建或交易数字资产。

⑤要求财政部长通过FinCEN，建立类似金融机构追踪加密货币交易的规则。

（二）欧洲监管政策

1. 欧盟整体监管

（1）欧洲证券及市场管理局

2018年2月，欧洲证券及市场管理局在发布的监管工作议程中，概述了2018年将重点关注的五个主要领域，其中之一就是监督金融创新的发展，特别是加密数字货币和区块链技术。

（2）欧盟委员会

欧盟委员会（European Commission）正在收集来自欧盟公民、企业、监管机构和其他利益相关方的意见，以便在欧洲层面上建立加密资产和市场的监管框架。从2019年12月开始的公众咨询持续至2020年3月19日，最终建议预计于2020年第三季度定稿。

欧盟委员会在欧盟拥有立法主动权。规划和准备新法律或政策的过程包括制定路线图、描述问题、设定目标、概述政策选择、定义拟议法律框架的范围。当法规的潜在影响显著时，更详细的初始影响力评估将取代路线图。公民、企业、民间团体和政府当局在提案定稿前会受邀发表意见。

2. 欧洲内国家监管

（1）英国地区

2018年4月6日，英国金融市场行为监管局（下称“FCA”）发布《对于公司发行加密代币衍生品要求经授权的声明》，表示为通过ICO发行的加密代币或其他代币的衍生品提供买卖、安排交易、推荐或其他服务达到相关的监管活动标准，就需要获得FCA授权。

（2）瑞士地区

2017年9月29日，瑞士金融市场监督管理局（下称“FINMA”）发布《首次代币发行的监管处理》，表示ICO涉及以下方面可能受相关法律的监管，打击洗钱和资助恐怖主义的规定，如果ICO发行的代币构成支付工具的发行，反洗钱法将适用。在这种情况下，一些其他相关法规也可能适用，如与从事代币交易或转让（代币的二级市场交易）业务的专业代币经纪人或交易平台相关的法规。

2018年2月16日，FINMA发布《ICO指导方针》，在个案基础上，对三种类型是否受监管做出了分类：

①支付ICO。对于其代币意图作为一种支付方式使用并且已经可以转让的ICO项目，FINMA将要求其遵守反洗钱法。然而，FINMA不会将这种代币视为证券。

②功能ICO。只有当它们唯一的目的是授予对应用程序或服务的数字访问权并且在发行的时候已经可以用这种方式使用功能代币时，这些代币才不被视为证券。如果功能代币完全或部分地起经济投资的作用，FINMA将此类代币视为证券（即与资产代币相同的方式）。

③资产ICO。FINMA将资产代币视为证券，这意味着对此类代币交易有证券法要求，以及瑞士义务守则（如招股说明书要求）规定的民法要求。

（3）德国地区

2018年3月28日，德国联邦金融监督管理局发布了《咨询函》，表示在个案基础上决定代币是否构成德国证券交易法或金融工具市场指引项下的金融工具、是否构成德国证券招股书法项下的证券、是否构成德国金钱投资法项下的金钱投资。管理局在该《咨询函》中对构成金融工具和证券所须符合的特征做出了详细定义，并列明了相关的授权要求。

（4）法国地区

2017年12月11日，法国政府表示将允许采用区块链技术交易特定传统证券，修改后的证券法定于2018年生效，机构将能通过区块链发行特定证券，譬如基金股份或私有公司股份，而不必通过在某些情况下它们被要求使用的传统中介来发行。不过，法国政府排除了一些规模最大的资产类别，譬如上市公司的股份，因欧盟要求涉及这类证券的交易必须通过中央结算所来结算。

（三）日本监管政策

1. 日本监管态度

日本数字货币的发展可谓后来居上，2018年2月，虚拟货币中日元交易量占全球整体的40%，已超过美元占世界最大份额。而这主要归因于日本对虚拟货币业的友好态度以及相对宽松的虚拟货币监管政策。

2016年5月25日，日本国会通过了《资金结算法》修正案（已于2017年4月1日正式实施），正式承认虚拟货币为合法支付手段并将其纳入法律规制体系之内，从而成为第一个为虚拟货币交易所提供法律保障的国家。

对于ICO，就立法现状而言，则尚无明文规定。日本现任财务大臣麻生太郎曾公开表示并不主张一定要对ICO予以监管，此外，对于近期日本发生的Coincheck（日本最大的虚拟货币交易所之一）交易平台遭窃事件，也强调要注重创新与用户保护两者的平衡，而并未否认虚拟货币这一金融创新的积极意义。可见，总体而言，在今后一段时期内，日本对虚拟货币及其交易乃至ICO仍将采取较为开放的态度。

2. 日本当前虚拟货币监管相关规范

2017年4月开始实施的修订后的《资金结算法》第二条增设了对虚拟货币及其相关概念的定义，在此基础上，日本政府相应修订了《资金结算法施行令》（平成二十九年3月24日号外政令第47号）并颁布《虚拟货币兑换业者内阁府令》（平成二十九年内阁府令第7号）。同时，金融厅在其《事务指引第三分册：金融公司相关》“虚拟货币兑换业者相关”部分中对虚拟货币的范围、兑换业者的监管和监管相关事务处理上的关注点给出了极为详尽的意见。以上规定构成了当前日本法上虚拟货币的基本规范，主要从以下几个方面对虚拟货币及其交易进行了规定：

（1）明确了虚拟货币及其相关概念

包括如“虚拟货币兑换业”“虚拟货币兑换业者”“外国虚拟货币兑换业者”等概念。

（2）确立了虚拟货币兑换业相关监管制度

《资金结算法》将虚拟货币交易所定性为“虚拟货币兑换业者”，并采取登记制，从事虚拟货币ICO者，其自身必须进行虚拟货币兑换业的登记，或通过已登记的虚拟货币兑换业者开

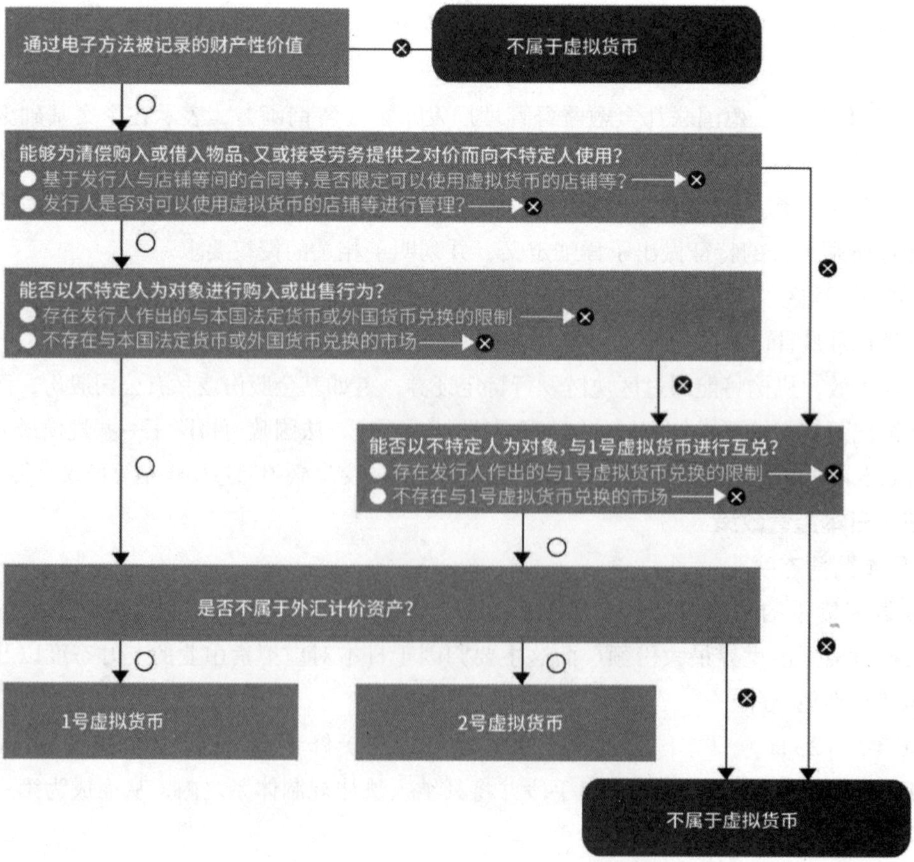

展ICO。同时，虚拟货币兑换业者所经营之全部种类的虚拟货币及此后新增的虚拟货币种类都必须告知金融厅。而金融厅也未必认可全部的虚拟货币，会基于用户保护乃至公益性观点判断该货币适当与否，判断该虚拟货币适切性之时，也会参考经认证的自主规制团体的意见。

（3）设置了虚拟货币兑换业者的业务规则和其他附属业务

此类规定包括但不限于：对信息采取安全管理措施、委托第三方执行业务时对其进行指导、向用户说明虚拟货币与法定货币的区别、对用户财产进行分别管理、由注册会计师或监察法人进行定期监查、制作并保管账本、撰写事业年度报告并向相关监管机关提交等。

自2018年初以来，日本金融厅一直在对交易所的监管框架进行微调，并为加密货币公司建立了监管框架，该机构在2019年初发布了《支付服务法案》和《金融工具与交易法》的修正案。

3. 确定与日本法律上其他制度的关系

目前，虚拟货币主要有三种用途，即资金转移、结算和融资。

（1）资金转移手段

在作为资金转移手段的情形下，会发生是否需要作为外汇交易而获取银行牌照或登记成为资金转移业者的问题。目前，虚拟货币未被认定为外汇法上的支付手段，因此，虚拟货币不构成外汇交易上的“资金”，而即使作为资金转移的手段，也不适用于外汇法的相关规制。但是，若吸收资金并兑换成虚拟货币后通过设于海外的自身的分支机构或合作公司进行变现，而利用虚拟货币实现资金转移，则可能会被视为外汇交易而受到规制。

（2）结算手段

在作为结算手段的情形下，用以解除支付债务的对价取决于用户与店铺之间的合议。若虚拟货币持有者在进行结算时，做出提示虚拟货币而支付价款的意思表示，而店铺接受该意思表示，则发生民法上清偿（债务之履行，《日本民法典》第482条）之效力。虚拟货币业者提供的结算服务有两种形式。其一，将从用户处接收的虚拟货币直接交给店铺。这一形式被认为提供的是收存代办服务。其二，将从用户处接收的虚拟货币兑换成日元后汇给店铺。这一形式则可能被视为虚拟货币兑换等业务。

（3）融资手段

在作为融资手段（ICO）的情形下，根据前述金融厅事务指引，即使在发行阶段缺乏流动性，也不能就此直接认定该行为不当，而应在充分考虑申请人的说明和外部信息后进行综合判断。但是，若发行人或受发行人委托者，保证能用法定货币购回已发行的全部货币，则此类货币属于货币计价资产而非虚拟货币，可能受到民法、消费者合同法、出资法、金融商品交易法、贷款业法、税法等的规制。

4. 日本虚拟货币业及其监管现状

在2018年之前，共有16家公司已通过登记成为虚拟货币兑换业者，名单如下：

Money Partners、QUOINE、bitFlyer、bitbank、SBI Virtual Currencies、GMO Coin、Bittrade、BTC Box、Bitpoint Janpan、DMM Bitcoin、bitarg 东京交易所、FTT、BitOcean、FISCO 虚拟货币交易所、Tech Bureau、Xheta

（以金融厅官网记载排序）

在登记的交易所交易的虚拟货币（含数字通证）共计19种。

在2018年，日本金融厅没有批准任何交易所上线，而在2019年上半年，金融厅就批准了三家新的交易所，表明官方态度正在变得更加积极。民间帮助促进STO（证券化通证）在该国发展的自律组织（SRO）开始成立，表明私有部门正在为新的监管环境做准备。

（四）韩国监管政策

1. 韩国监管机构

韩国的监管机构主要有最高金融监管机构金融服务委员会（FSC）和韩国政府部门，如科技部、商务部和总统办公室、韩国国民议会等。

2. 韩国监管政策

（1）数字货币政策

2017年7月，韩国政府将比特币汇款方式合法化，允许金融科技公司为用户处理价值高达2万美元等值韩元的比特币。金融服务委员会（FSC）要求至少保留43.6万美元的资本金，并且KYC（充分了解你的客户）和反洗钱政策要求提供数据处理设施以获得监管机构的批准。

2017年12月，韩国政府禁止本地交易所进行匿名交易。

（2）税收政策

2018年1月22日，韩国政府宣布对当地加密货币交易所征收大量税款。因此，该国所有加密货币交易平台都需要缴纳22%的企业税和2.2%的地方所得税。

（3）ICO政策

2017年7月，金融服务委员会制定和中国相似的ICO全面禁令。该机构解释说这一举措源于金融欺诈风险的上升。

2018年5月29日，韩国国民议会正式提议将国内的ICO合法化。

尽管如此，金融服务委员会仍表达了对ICO的担忧。此外，金融服务委员会在5月加入了对韩国加密货币交易所的调查，检查韩国密码交易所的银行账户，以了解它们是否符合反洗钱AML和其他防欺诈措施标准。

3. 韩国税收政策

相对于监管金融风险，韩国政府对于税收更加积极，该国财政部一直在考虑对加密货币交易收入征收20%的税。韩国官员2020年1月20日表示，韩国经济和财政部最近已下令其所得税办公室审查一项针对加密货币的税收计划。此举引发了关于政府可能将加密货币交易收益归类为其他收益而非资本利得的猜测。目前，韩国税法规定的其他收益包括讲座、购买彩票和中奖所得。一位不愿透露姓名的政府官员表示，政府可能会对加密货币征收20%的税。

2019年11月，韩国税务机关对Bithumb（位于韩国的一家数字货币交易所）征收了803亿韩元（约合6920万美元）的预扣税。Bithumb的最大股东Vidente在一份监管文件中称，该公司证实了韩国国家税务局（NTS）对外国客户实施预扣税的决定。根据法律规定，支付工资、养老金和其他收入的雇主必须预扣所得税，并支付给政府。NTS的决定意味着Bithumb必须代表其外国客户向政府支付预扣税，然后由Bithumb从其海外客户那里收回这笔钱。

（五）泰国监管政策

泰国的监管政策很好地诠释了对数字货币从禁止到接触再到鼓励的过程，目前泰国区块链的发展趋势在亚洲国家中可以同日本相比：

2018年2月13日，泰国央行禁止银行提供任何与数字货币交易有关的服务。

2月26日，泰国最大的银行之一“曼谷银行”成为第一家终止涉及加密货币交易的泰国金融机构。

2月27日，泰国数字资产交易所TDAX推迟ICO注册，并暂停交易。

3月11日，泰国一个月内制定“特别法”，规范数字货币交易和ICO，以避免市场操纵、洗钱、逃税以及传销行为。

3月11日，泰国财政部长称虚拟币归类为数字资产，而非货币。

3月13日，泰国税务局建议内阁修改税法，以便对数字货币的投资收益征收10%的资本利得税。

2018年7月1日，泰国证券交易委员会宣布泰国数字货币及ICO监管法规正式生效，此次新规解除了泰国在当年5月份的ICO禁令，同时为ICO设立了严格条件。根据泰国证券交易委员会的法令，所有寻求进行ICO的公司都应标明其将要发行的通证和其他相关信息，且发行者每年必须至少对其产品进行检查，同时拥有最低500万泰铢（约合15.7万美元）的基本资本。同时法令规定，ICO可以无限制地向投资者和机构提供，但个人的零售投资上限为30万泰铢。

泰国证券交易委员会允许七种加密货币进行交易，并将其视为数字资产。该机构根据加密货币的流动性和可信度进行了选择，分别为ETH（以太币）、BTC（比特币）、BCH（比特币现金）、XRP（瑞波币）、LTC（莱特币）、XLM（Stellar，恒星币）以及ETC（以太经典）。

三、中国监管制度

（一）中国监管态度和政策

1. 数字货币

2016年1月，中国人民银行行长周小川发布讲话提到五年内实现数字货币。

2017年1月29日，中国人民银行正式成立数字货币研究所。

2018年3月9日，十三届全国人大一次会议新闻中心举行记者会，周小川坦率地表达了中国央行的立场：“我们目前不承认比特币和其他数字货币是一种工具，比如纸币、硬币和零售支付的信用卡。”

2. ICO监管政策

2017年9月4日，中国人民银行、中央网信办、工业和信息化部、工商总局、银监会、证监会和保监会联合发布了《关于防范代币发行融资风险的公告》，公告提出要准确认识代币发行融资活动的本质属性，向投资者筹集比特币、以太币等所谓的“虚拟货币”，本质上是一种未经批准非法公开融资的行为；任何组织和个人不得非法从事代币发行融资活动；加强代币融资交易平台的管理；各金融机构和非银行支付机构不得开展与代币发行融资交易相关的业务；警示社会公众应当高度警惕代币发行融资与交易的风险隐患。公告发出后，多家ICO项目平台暂停相关业务，部分ICO项目和投资者转身前往海外市场寻求代币的投融资机会。

2018年1月16日，国家互联网金融风险专项整治小组组长、中国人民银行副行长潘功胜在公开场合表示，虚拟货币交易场所和ICO行为，属于非法金融活动，坚持“露头就打”。互联网金融整治办人士透露了监管下一步：一是对124家服务器设在境外，但实质面向境内居民提供交易服务的虚拟货币交易平台网站采取必要管控措施，下一步将加强监测，实时封堵。二是加强对新摸排的境内ICO及虚拟货币交易相关网站、公众号等的处置。三是从支付结算端入手，持续加强清理整顿力度。多次约谈第三方支付机构，要求其严格落实不得开展与比特币等虚拟货币相关业务的要求。指导相关支付机构加强支付渠道管理、客户识别和风险提示，建立监测排查机制，停止为可疑交易提供支付服务。

2018年1月22日，央行支付结算处下发《关于开展为非法虚拟货币交易提供支付服务自查整改工作的通知》，通知要求各单位及分支机构开展自查整改工作，严禁为虚拟货币交易提供服务，并采取措施防止支付通道用于虚拟货币交易；同时，加强日常交易监测，对于发现的虚拟货币交易，及时关闭有关交易主体的支付通道，并妥善处理待结算资金。

2018年1月23日，中国互联网金融协会发布《关于防范境外ICO与“虚拟货币”交易风险的提示》，警惕投资者尤其要防范境外ICO机构由于缺乏规范，存在系统安全、市场操纵和洗钱等风险。

2018年8月24日，银保监会、中央网信办、公安部、中国人民银行、市场监管总局联合发布《关于防范以“虚拟货币”“区块链”名义进行非法集资的风险提示》。

3. 挖矿监管

2017年11月，国家电网四川甘孜州电力有限责任公司丹巴县供电分公司发布《关于禁止比特币生产的紧急通知》，对耗电巨大，并可能存在偷电行为的比特币矿场进行禁止。

2018年9月3日工信部发布2018年第二季度网络安全威胁态势分析与工作综述，提到非法“挖矿”严重威胁互联网网络安全。不过这是指对通过木马僵尸、病毒、恶意程序等非法的手段的挖矿，而不是真实的挖矿投资。

4. 证券市场监管

2018年1月16日晚间，深交所发布公告称，近期一些上市公司通过公告和互动易发布了涉及区块链概念的信息，部分公司股票价格涨幅较大。深交所对此高度关注，及时对17家公司采取了问询、关注和要求停牌核查等监管措施，要求相关公司就涉及区块链的投入、业务和盈利模式、具体进展情况、实现收入及其对公司业绩的影响等进行核实澄清并充分提示风险。

（二）中国对区块链技术的鼓励政策

中国政府对数字货币、ICO的监管是较为严厉的，但是对区块链技术本身的支持则非常活跃，这方面的技术研发由工信部推动。

2016年10月，工信部发布《中国区块链技术和应用发展白皮书》，首次提出我国区块链标准化路线图，并结合区块链应用场景和技术架构，提出了区块链标准体系框架建议。

2016年12月，国务院印发了《“十三五”国家信息化规划》，鼓励针对区块链等战略性前沿技术进行提前布局，发挥先发主导优势。

2017年6月27日，中国人民银行下发了《中国金融业务信息技术“十三五”发展规划》，也指出了要加强区块链基础技术研究，开展区块链技术在金融领域的应用研究。规划明确提出积极推进区块链、人工智能等新技术应用研究，并组织进行国家数字货币的试点。

2018年3月，国家工信部发布公告表示，近期工信部信息化和软件服务业司发布公告将筹建全国区块链和分布式记账技术标准化技术委员会。

（三）央行数字货币

在数字货币领域，世界各国纷纷发力。2020年1月21日，据日本央行官网，其与欧洲央行、英国央行等组建了央行数字货币小组，共同评估央行数字货币（CBDC）的可能性。该小组成员还包括加拿大央行、瑞士央行、瑞典央行和国际清算银行（BIS）。

自2017年5月央行数字货币研究所成立，我国法定数字货币研发已进行了四年，央行数字货币的研发工作一直稳步推进。下表是我国央行研发数字货币进程。

时间	事件
2014年1月	央行成立**法定数字货币专门研究小组**，探讨发行法定数字货币的可行性
2015年3月	央行发布**数字货币系列研究报告**并深入展开对数字货币发行和业务运行框架、关键技术、流通环境等问题的研究
2016年1月	央行首次就法定数字货币公开发声，在京召开数字货币研讨会，探索央行发行数字货币的战略意义及目标
2016年7—9月	央行启动**数字票据交易平台原型研发工作**并发表阶段性研究成果，随后进行数字票据交易平台筹备工作，步入封闭开发进程
2017年1月	央行正式成立**数字货币研究所**，使中国金融行业最大限度受益于区块链技术，招商银行、大成基金等多家金融机构共同成立全国首个中国（深圳）Fintech数字货币联盟
2017年2月	央行基于区块链**数字票据交易平台测试成功**，央行发行的法定数字货币已在该平台试运行
2017 年5月	央行**正式挂牌成立数字货币研究所**，直属机构中国支付清算协会设立金融科技专委会，聚焦区块链支付应用、数字货币、金融大数据应用领域
2017年6月	央行印发**《中国金融业信息技术“十三五”发展规划》**，提出积极推进区块链等新技术，与腾讯合作测试区块链技术
2017年7 9月	央行发布**《关于冒用人民银行名义发行或推广数字货币的风险提示》**，数十家机构参与数字货币安全体系重点课题征集研究，中国印钞造币总公司（中钞集团）在杭州成立区块链研究院
2018年1月	**数字票据交易平台实验性生产系统**成功上线试运行，顺利完成基于区块链技术的数字票据签发、承兑、贴现和转贴现
2018年3月	央行召开全国货币金银工作电视电话会议，提出**“稳步推进央行数字货币研发”**。同年两会期间，央行行长周小川表示我国法定数字货币将定名为“DC/EP”
2018年9月	央行下属数字货币研究所在深圳成立**“深圳金融科技有限公司”**，参与开发贸易金融区块链等项目
2019年5—7月	央行数字货币研究所开发的**PBCTFP 贸易融资的区块链平台**亮相2019年中国国际大数据产业博览会，央行数字货币研发已获国务院批准
2019年8月	中国人民银行支付结算司副司长穆长春**首度公布央行数字货币采用“双层运营体系”**，表示央行数字货币已“呼之欲出”；央行提出加快推进法定数字货币研究步伐，跟踪国内外虚拟货币发展趋势，继续加强互联网金融风险整治
2019年9月	央行支付结算司原副司长穆长春正式出任央行数字货币研究所所长。央行数字货币开始**“闭环测试”**，测试中会模拟某些支付方案并涉及部分商业企业和非政府机构
2019年12月	央行**法定数字货币试点项目有望在深圳、苏州落地**，四大国有行与三大运营商共同参与；穆长春表示央行数字货币DC/EP基本完成顶层设计、标准制定、功能研发、联调测试等工作

续表

时间	事件
2020年10月上旬	数字人民币在深圳启动首次大规模公测，以“发红包”的方式，向每位中签者发放200元人民币数字红包。数据显示，2020年10月12日18时至10月18日24时，深圳有47,000余名中签个人成功领取红包，使用红包交易62,000余笔，交易金额共876.4万元

资料来源：新华社、中国人民银行、《财经》、招商证券

（四）中国整体监管框架

中国对数字货币的监管由央行主导。2013年，中国央行发布关于防范比特币风险的通知，定位比特币为特定虚拟商品，存在较大风险。2017年9月，央行再次发布禁令，禁止数字货币公开交易，禁止ICO。2018年，北京市监管单位禁止STO发行。随着央行数字货币的规划出台，央行成为中国数字货币发展的驱动者兼监管框架搭建者。

2019年9月6日，中国人民银行印发《金融科技（FinTech）发展规划（2019—2021年）》，提出到2021年，建立健全我国金融科技发展的“四梁八柱”，进一步增强金融业科技应用能力，实现金融与科技深度融合、协调发展，明显提高人民群众对数字化、网络化、智能化金融产品和服务的满意度，推动我国金融科技发展居于国际领先水平，实现金融科技应用先进可控、金融服务能力稳步增强、金融风控水平明显提高、金融监管效能持续提升、金融科技支撑不断完善、金融科技产业繁荣发展。

2019年12月30日，中国人民银行金融科技委员会会议在北京召开。会议总结2019年金融科技工作，研究部署2020年重点工作。会议表示，2020年要加大金融科技监管力度，出台个人金融信息保护、区块链等金融科技系列监管规则，发挥标准规则，检测认证作用，构建涵盖行业监管、社会监督、协会自律、机构自治的金融科技创新管理“四道防线”，加强数字化监管能力建设。

中国人民银行编制并正式发布《金融分布式账本技术安全规范》，2020年2月5日起正式实施。该规范共有17章节，分别包括范围、规范性引用文件、术语和定义、缩略语、安全体系框架、基础硬件、基础软件、密码算法、节点通信、账本数据、共识协议、智能合约、身份管理、隐私保护、监管支撑、运维要求与治理机制，规定了金融分布式账本技术的安全体系，并适用于在金融领域从事分布式账本系统建设或服务运营的机构。

四、法律路径

（一）中国金融法律体系现状

1. 中国金融法律体系

1993年党的十四届三中全会提出加快金融体制改革以后，我国开始尝试建立一个更加市场化的金融体系，具体措施包括推动四大专业银行向商业银行转型、发展证券市场和保险市场、建立分业监管体制等。经过20多年的发展，无论是金融组织、金融市场还是金融监管体制都发生了巨大变化。金融法律框架也从无到有，逐渐成形。1995年《中国人民银行法》《商业银行法》和《保险法》颁布实施，此后我国又相继制定《证券法》《信托法》《银行业监督管理法》《证券投资基金法》等重要的金融法律，以及配套实施的行政法规、司法解释与部门规

章、规范性文件，初步形成了我国的金融法律框架。这些金融立法在很大程度上满足了处于特殊历史时期的中国金融市场的发展需要，也反映出法律移植与国家强制双重指引下的中国特色金融市场的形成过程。

目前在银行、证券、保险、信托等领域，均颁布了相应的法律以及大量由国家机关制定的规范性文件。尽管如此，中国的金融法治还是不充分和不健全的。特别是随着经济发展方式的转换和金融改革的深化，一个更加高效、安全和稳健的金融体系，需要更加健全、更具适应性的金融法律体系。

2. 中国金融法律体系的主要特征

我国法律体系属于注重法律稳定性的大陆法系，其特点是更加强调国家权力，行政机构享有相当分量的立法权和执法权，法律体系比较清晰，立法过程力求完整导致立法和修改周期偏长，法官自由裁量权受制定法的严格限制。与英美法系相比，其长处是法律体系构成比较清晰完整，法典化程度较高，执法部门执行力强、反应快捷；短处在于不够注重保护私人产权，法官自由裁量权不足，行政权力过于影响立法与司法，行政执法随意性大，司法监督、自律治理等相对薄弱。在金融领域，大陆法系下金融监管部门具有强有力的行动能力，能够迅速处置金融风险。问题则在于过分依赖监管部门资源，立法和执法的随意性大，维系金融法律框架的成本偏高。

（二）加密数字货币的属性认知

传统金融监管对象是分割的，而加密数字货币兼具货币、资产、商品、证券等多种属性，造成加密数字货币的金融监管政策难产。其中须尤为注意的是货币和证券属性。

1. 数字货币的货币属性

货币是一种所有者与市场关于交换权的契约。通俗一点来说，货币需要具备四种功能：交易媒介、记账单位、存储价值和延期支付标准。

比特币等数字货币目前已经起到了部分交易媒介的作用；在记账单位方面虽然更多只是用来支付，定价相对较少，但从小商品到不动产皆有案例；存储价值方面，数字货币对其他货币一段时间涨跌的共识在不断扩大；延期支付方面，暂时还没有主要的债务合约以数字货币作为偿还方式，但数字货币具备此类功能。

来自传统金融行业的人士多对数字货币的货币属性持怀疑态度。中国央行行长周小川在回答证券时报记者关于数字货币的提问时曾说，电子支付，支付的东西是数字的东西不是纸面的货币，数字货币也有货币属性。研究数字货币不是让货币实现某种技术方案的应用，本质上是追求零售支付系统的方便性和低成本，同时考虑安全性和保护隐私。

而巴西央行行长Ilan Goldfajn则表示，数字货币不是货币，因为货币价值具有稳定性且易于支付。他更愿意把它们视为一种具有风险的“加密资产”，因为它们没有得到央行支持。Goldfajn警告个人投资者，数字货币波动大，没有人能得到保障。

2. 数字货币的证券属性

从证券角度来看，比特币是一种有价证券。它可以作为债权、所有权等关系的凭证，这是由区块链分布式记账的功能来进行保证的。比特币基金会董事会成员Vinny Lingham在接受比特币新闻网站（Bitcoinnews）采访时就表示加密货币行业正在走向证券化，并认为这完全符合全面的监管合规要求。Lingham说：“我认为证券型代币在未来三年内将超过公用事业型代币。”

同样认为加密货币是证券的，还有新西兰金融市场监管局（FMA）。2017年10月，新西兰金融市场监管局发布了有关首次数字代币发行（ICO）以及加密货币的新指南。FMA表示："根据《金融市场行为法2013》，所有代币或加密货币都属于证券——即使这些代币或加密货币不属于金融产品。证券就是具有或意图具有影响人们做出投资或管理金融风险的安排或设施。"

2017年，菲律宾证券交易委员会（PhSEC）委员Emilio Aquino表示："我们的方向是把所谓虚拟货币产品看作证券，这样我们将适用证券法（Securities Regulation Code）。"

2018年3月，美国证券交易委员会宣称所有ICO都属于证券发行。

3. 数字货币的商品属性

从商品角度来说，加密数字货币是具有一定价值的。它可以作为交换媒介，更多应该把它看作一种大宗商品。台湾所谓"央行"新任总裁杨金龙表示，他对于数字货币作为支付工具的作用"存疑"。台湾货币政策主管机关2013年就定调，比特币等数字货币是商品，数字货币和法定货币是要区分的。

2015年9月18日，美国商品期货交易委员会（CFTC）宣布，比特币和原油、小麦一样被认定为大宗商品，纳入他们的监管。大宗商品就可以设计成期货、期权等衍生品来进行交易。到2017年12月18日，芝加哥商品期货交易所也正式推出了比特币的期货交易。2018年3月，美国地区法院法官Jack Weinstein判决比特币等加密货币应受到美国商品期货交易委员会监管。

4. 资产属性

从资产角度来看，比特币和黄金是类似的。它具有保值性、稀缺性、安全性、可交换性等特点，可以作为一种保值的资产进行财富的储存以及交换。

（三）数字货币监管操作路径

1. 监管体系建立步骤

逐步承认加密数字货币的商品及资产属性，其次确认其证券属性，再次确认其货币属性，建立区块链与加密数字货币的监管体系。

第一步：从强势定价的角度，上线数字货币期货不仅从属性定义方面建立了深远的影响力，而且从根本上承认了数字货币存在的合理性。

第二步：建立可以规模性监管的二级市场，包括扶持一到两个本国的二级市场交易所，接受诸多监管。

第三步：推出数字货币ETF，同时建立一套新的监管架构。

第四步：逐步实现ICO证券的监管。

第五步：允许地方试点对货币支付、货币转移的监管。

2. 商品及资产路径

商品及资产属性是最容易制定法律先行监管的属性，美国最早实现监管的是数字货币期货。2017年12月，美国最大期权交易所芝加哥期权交易所（CBOE）和全球最大期货交易所芝加哥商业交易所（CME）都先后推出比特币期货。纳斯达克计划今年推出基于比特币的期货合约，将在纳斯达克NFX（品汇国际，澳洲的金融产品交易服务商）市场交易。

中国也可以借鉴美国的做法，先从期货入手，可以考虑在中国金融期货交易所或其他交易所上市，也可以选择整改、规范现有的数字货币交易所。

与此同时，可能需要修改期货方面的法律法规：《境外交易者和境外经纪机构从事境内特定品种期货交易管理暂行办法》《期货交易管理条例法规》《合格境外机构投资者参与股指期货交易指引》《期货公司分类监管规定》《期货公司金融期货结算业务试行办法》《期货公司监督管理办法》《期货交易所管理办法》。

（四）证券及货币路径

1. 证券属性

如果承认证券及货币属性，那么推动区块链创新的将是交易所等新型金融机构，包括以下三种：

①数字资产交易所。

②数字资产经纪商。

③数字资产交易的其他金融机构。

2. 货币属性

与美国这样的金融强国不同，泰国、日本等国家快速承认数字货币的证券及货币属性，进而依靠创新能力更强的新型金融机构，加强金融法律体系建设，极大地提升金融创新能力和国际金融地位。但是这种路径会全面修订金融法律体系，由于我国金融法律体系相对欧美等传统金融强国本来就存在不足，又要面临区块链与加密数字货币监管的全面接轨，难度非常大。

五、技术路径

（一）针对特性

区块链上数字资产的原生特性是匿名性、去中心化，天然具有极强的抗审查特性。随着区块链技术的发展，还出现了匿名性更强的数字资产。区块链是公开账本，需要所有矿工的共识监督，而且账本数据、金额无法造假。

区块链技术在政府、金融、商业等领域的应用涉及大量的业务创新，又存在巨大的不确定性，需要较强的创新能力和协同机制。

（二）监管技术

区块链上加密数字货币的金融科技可以利用的技术：

1. 交易大数据分析

区块链这个技术维护一个公开透明的可靠账本，使得数据挖掘的来源变得更加可靠，用人工智能数据挖掘这些技术来实现智能化的监管，对交易大数据进行分析，比如对包括全节点交易解析，建立索引表，用地址爬虫抓取互联网信息，并据此绘制用户图谱。

2. 钱包KYC（Know Your Customer的缩写，意思是了解你的客户，在国际《反洗钱法》条例中，要求各组织要对自己的客户做出全面的了解，以预测和发现商业行为中的不合理之处和潜在违法行为）

因为所有交易都从钱包发起，所以只要钱包创建时进行KYC，并限制交易只能发生在符合标准的钱包之间，就能进行一定的有效监管。提供或者对进行募资的平台进行管理和指导，所有项目必须进行合格的KYC。

3. 风险预警

根据交易市场的公开数据API（应用程序接口），通过机器学习预警即将发生的流量、价格偏移、异常行为。

4. 资金托管

让经过严格监管的金融机构担任资金托管方，与交易撮合方分离，合规管理，能有效规避个人道德风险。加密资产托管的主流方法是多签，从而实现第三方托管。多签有多种实现方式，比特币是采用脚本来实现，以太坊是通过智能合约，此外，还有一些传统的密码学算法。相较而言，智能合约的语言比较高级，安全性有待考证。因此，更提倡用成熟的密码学算法来实现多方签名。

5. 冷钱包监控

对于监管者来说，对交易所进行冷钱包监控，并对交易IP地址进行分析，可以有效地避免黑客攻击或追回损失。

6. IP映射与追踪

如果把交易地址和IP地址关联起来，可以大幅减少匿名性影响，也有很多方法追踪IP，主动方法有设置改造过的全节点。

（三）监管沙盒

如果重大创新技术需要推动，又难以掌控其带来的巨大风险，可以考虑采用沙盒方式。通过推广中国区块链沙盒计划，政府、金融主管机构、高校及科研单位、产业基金及科技公司共同研究拓展沙盒，建立物联网、电子支付、保险、物流、医疗、海关等各领域区块链应用沙盒；搭建开放、共享的区块链沙盒测试与监控平台，支持金融监管、食药溯源、物流追踪、支付清结算等区块链应用。

六、社会共识路径

（一）监管法律的影响

重大法律法规的发布，特别是在金融领域的发布，对社会公众形成了最有效的认知教育，极大地促进了区块链社会共识的形成。

2017年9月4日，中国人民银行、中央网信办、工业和信息化部、工商总局、银监会、证监会、保监会联合发布《关于防范代币发行融资风险的公告》，公告指出，代币发行融资本质上是一种未经批准非法公开融资的行为，涉嫌非法发售代币票券、非法发行证券以及非法集资、金融诈骗、传销等违法犯罪活动。自公告发布之日起，各类代币发行融资活动应当立即停止。已完成代币发行融资的组织和个人应当做出清退等安排，合理保护投资者权益，妥善处置风险。

这一记国家级的重拳，让很多人对区块链开始认真思考。中国人民银行金融研究所所长孙国峰在谈到禁止ICO时说，“叫停ICO，实际上ICO涉嫌非法集资、金融诈骗等违法犯罪活动，当前，叫停ICO是十分必要和及时的。但是这并不妨碍相关金融科技公司、行业机构继续研究区块链技术”。他还进一步强调，“区块链本身是好技术，要把区块链技术和ICO区分开来”。

经过几个月的沉淀，人们对数字货币和区块链有了一定的认知。目前不论是在虚拟货币（数字货币）还是区块链技术的发展和应用方面，尚无被全社会认同的共识描述，但在民间或者商界，这方面的潜在共识早已存在。虽然争议尚存，但共识的程度越来越高。因此，ICO虽然被禁，但监管部门对区块链技术并不排斥，反而十分重视和关注。

（二）政府政策的影响

政府牵头发布政策，组织、推进区块链的应用，逐渐从中央到地方形成了政府的共识。

自2016年10月工业和信息化部发布《中国区块链技术和应用发展白皮书（2016）》及2016年12月区块链首次被作为战略性前沿技术、颠覆性技术写入国务院发布的《国务院关于印发“十三五”国家信息化规划的通知》以来，区块链日益受到我国政府的重视和关注，各地政府也纷纷出台有关区块链的政策指导意见及通知文件。

据不完全统计，截至2017年12月底，国内共有浙江、江苏、贵州、福建、广东、山东、江西、内蒙古、重庆九个省（区、市）就区块链发布了指导意见，多个省（区、市）甚至将区块链列入“十三五”战略发展规划。另外，国务院在2017年发布的五个文件中也提及区块链。

（三）落地项目的影响

金融领域应用区块链项目的落地，说明金融领域对于区块链共识正在形成。2017年1月，由央行推动的基于区块链的数字票据交易平台测试成功上线。2017年4月，中国银联与光大银行联合使用区块链平台构建多中心可信POS（销售终端）电子签购单系统；2017年7月，民生银行和中信银行合作打造区块链项目——BCLC（区块链国内信用证传输系统）信用证业务系统上线；2017年8月，农业银行联合区块链平台推出面向“三农”客户提供的电商供应链融资产品；2017年12月，招商银行联手几家商业银行，实现了使用区块链技术的跨境人民币汇款。

（四）企业应用的影响

区块链专利的申请情况表明企业在区块链技术及应用方向方面快速达成了共识。2017年，中国在区块链专利申请企业数量、2017年单年专利申请量、截至2017年累计专利申请量三项指标中均排列全球第一。

2017年，在全球各国申请区块链相关专利企业数量分布方面，中国以超过半数的占比独占鳌头，美国次之，中美两国专利申请数量占到全球总数的85%。

在专利申请数量方面，中美依旧遥遥领先，2017年单年，中美两国区块链相关专利申请量占全球的比重分别达到63%和21%，而累计数量占比分别达到56%和27%。

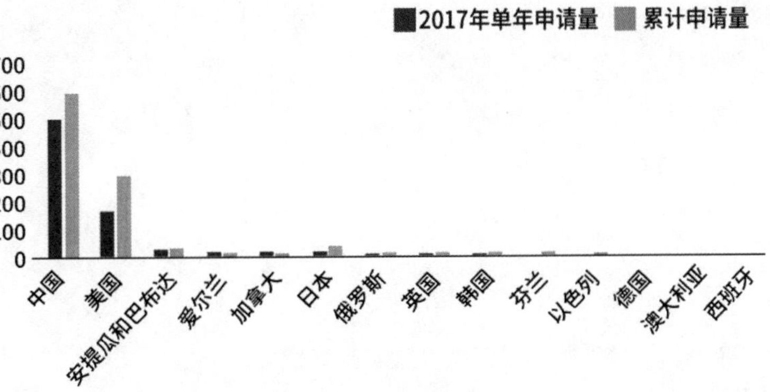

区块链相关专利申请量

七、把握区块链发展趋势

互联网再次来到了升级时期，进入了价值互联网时代。为消费者和企业提供良好服务的“云时代”正逐步地被“去中心化时代”代替，在这个时代，计算机终端用户不仅会以一种去中心化的方式拥有和管理硬件和数据，还能拥有自己的货币。移动互联网赋予数字货币无与伦比的渗透力，在货币层面将不再有国界，App账户即银行账户，数字美元将在全球任何两部手机的App账户之间流转，而这一切不需要审核、批准。借贷、证券发行和流通、期权交易等传统金融行为在数字货币基础上重组，诞生新的金融体系，并和移动互联网提供割裂新服务结合，进行更广泛、更深入、更精准的价值交换，创造出全新的颠覆式商业模式以及金融模式，这可能是规模前所未见的破坏性创新。

新兴的商业模式将实现价值链和金融体系的民主化，消除交易成本，优化资源和风险分配，加大社会融入，提高客户和公民的服务与产品质量。同时，它也将淘汰旧有的商业模式和不合适的金融模式，因此而带来的冲击需要监管，但监管不一定要在旧的监管框架中产生。新的挑战需要新的定义、新的分类并进行某些创造。加密数字货币是证券还是商品？尚未成熟的美国监管机构将其定义为证券。欧洲认为旧的监管框架不符合目前的实际情况。为什么要将ICO定义为证券或商品呢？ICO就是ICO，一项既能够帮助企业扩大众筹活动，又能让投资者满意的授权监管。监管机构必须慷慨大度地接受新技术，例如可以制定监管沙盒。在技术的早期阶段，监管的宽容是至关重要的，因为它可以使新兴的商业模式从“概念验证”的思维模式快速转变为“定量和定性的结果”阶段。只有这样，才能看到新技术对市场和整个社会的实际影响。

可喜的是，随着各国央行数字货币研发上取得实质性进展或表示有意发行，对区块链及数字货币的态度正在发生180度大转弯。大型科技公司发行数字货币的行为深深刺激了各国央行，为了应对2020年计划推广的Libra，全球央行数字货币竞赛已然开启，全球央行都在提速，央行不但要和大型科技公司抢跑，还要和其他国家的央行赛跑，中国、美国、欧盟的全面监管框架及立法都将在2020年完成，2020年有望成为全球央行数字货币元年。当可能是我们这个时代最具破坏性的创新来临的时候，我们要做的是正视、拥抱、驾驭。

（作者董延峰，为广东工业大学大数据战略研究院技术中心副主任，博士，广东中标数据公司数据科学家）

区块链+未来

区块链，面向“数字化生存的未来”

区块链的热潮汹涌而至，出乎很多人的意外。对区块链的评论，有着两种截然不同的观点。有不支持区块链的朋友，他们从区块链的技术、功能、性能等层面进行了深度分析，客观地指出，区块链并不高大上，也不前沿；他们还从概念层面和商业模式层面对区块链提出不同角度的批评，指出其应用的社会可操作性问题。另一种观点认为，区块链的架构和技术确实是创新和前沿，同时也在模式上有了突破性的创新。

作为一个拥有计算机安全博士学位且长期从事计算机科学和信息技术的科研工作者，我倾向于从技术和应用各半的角度来理性看待区块链，并且只会在一个未来数字化生存的情景中想象区块链的应用。虽然区块链中的很多基础技术不是最新、最前沿的，但是我们必须承认区块链的整个构建确实建立了一个创新的技术架构和功能特性。

纯粹从当前的技术进展和业务需求来看，区块链不太恰当。我个人理解，区块链不是一个重点解决当下世界问题的技术，更多是面向未来的一个新生事物。我所说的未来，是一个数字化生存的未来。我们将完全依靠数字技术去感知、理解和管理世界。因此，在未来的世界里，我们将要在一个完全数字化的世界中进行价值传递、事务处理和群体协作。传统物理世界中价值传递的用现金购买实物同时发生的模式无法在数字空间中复现；物理世界中事务处理的履行诺言的形式也将完全不一样；还有在数字空间中，我们很轻易就会与大量完全陌生的人交往甚至一起协作，而非如今的熟悉的朋友。在一定程度上，价值传递是数字空间中的个人问题，事务处理是数字空间中的少数人之间的问题，而群体协作是数字空间中很多人的协作问题。在其技术发展过程中，区块链分别用了数字货币、智能合约、分布式自治等技术来应对我们未来在数字空间中所可能面临的上述三个问题。

不敢说区块链是未来数字空间生存的必须技术，但不妨碍区块链作为我们在当下世界对未来数字化生存可能需要的技术和模式的一个大胆探索。请不要因为区块链只是一种“可能”而不是一个“必然”而忽略了它，也不要因为区块链颠覆了我们的常规让我们不舒服而拒绝它。积极和包容的态度以及面向未来的视角，应该说是我们面对区块链最好的做法。

（作者赵淦森，为华南师范大学计算机学院副院长、教授，广东省政协委员，国际云计算专委会副主席）

延伸阅读一

可信互联网让社会价值观更趋向诚实

未来充满着无限可能性，这里和大家分享一下想法，区块链和同类技术在未来应用中能到达的领域。

在谈任何正面的趋势之前，先说一下，借由区块链概念的任何炒作和骗局都不会停止，甚至区块链会被认为是金融骗局的最后一个机会窗口。打击炒作和诈骗是技术领域永恒的话题，尤其是涉及金融的领域。

现在看看区块链的支撑技术本身。

我们有把握看到公共链服务的技术瓶颈——性能和可扩展性，被系统化解决。这个简化是包括Token在内的一系列技术的深入优化。公链服务也如同大规模云服务，会形成以少数第一梯队和若干第二梯队为主体的格局。BaaS（区块链即服务）的概念会被广泛接受。

联盟链的架构会被广泛支持并按行业迅速走向标准化。在应用方面，可以想象有如下趋势：

（1）区块链可以使得政府部门运行高效化。区块链本身是相对昂贵的技术，但是再贵的技术也没有人昂贵。人力的成本在全球从来都是单调上升的，而技术的成本从来都是单调下降。日常的流程化的行政工作都可以用区块链替代，效率、可靠性和可问责性问题都能够比较彻底地解决。当然，这将暴露以前官僚化习惯下很多的冗余性。这里最大的障碍是对流程改变的接受过程。如果我们的政府部门率先拥抱区块链技术，广泛使用区块链技术优化工作流程，我们就更有机会在全球竞争中实现优势。另外，企图通过区块链做其他非技术事情的妄想可以休矣，毕竟最后决策的都是人本身。

（2）区块链渗透到生活的各方面，如购物、验证、交易、商务、协商、版权、个人日志、履历等，让生活更简单、更方便。

（3）区块链将改变文化。假冒伪劣的庸俗经济文化行为和区块链技术是天然抵触的。可以看到随着可信互联网技术的广泛应用，社会价值观会更趋向诚实相处。

（4）虚拟化货币、代币使用更普遍，但在可见的将来不会取代现有的货币系统，尤其是中央银行系统。货币和金融安全的终极安全问题还远没有解决。

（5）网络安全攻、防两方更加白热化，安全体系的理论化证明和运行的透明化被提上日程。

（6）智能合约使用的行业标准化，人工智能算法的接入普遍化。

（7）创新的融合性行业不断出现。先保证模式的安全可控，再在良好规范下健康发展，是完全可行的。有关部门在制定行业规范时可参考。

（8）区块链技术的应用将倒逼隐私保护的完善，倒逼信息安全技术的进一步突破。

（作者吕永强，为湖南华声云科技有限公司总经理，云润大数据公司高级技术顾问）

延伸阅读二

对区块链技术的一些疑问

下面是我在学习了解区块链技术过程中产生的疑问，思考问题的过程中也会让自己对这项技术理解得更深刻。我不算初学者（从2013年算起知道区块链已有五年了），但一直也没有深入学习，也不能算链圈的专业人士，所以可能孤陋寡闻，不能确认这些问题是不是已经被解决了，或者根本就是问得毫无意义，权当学习笔记。

1. 区块链只适合执行低频高价的交易?

单纯的链式结构未必会产生分叉,但考虑到去中心化和网络的不稳定性,分叉就是不可避免的。而合理的链又不能容忍分叉,规避的办法是多走几轮后看哪个分叉能走得更远。这样,区块在刚产生时并不能确认自己是否在最长链上,必须多等几轮才知道。也就是说,交易不可能立即被确认,这是去中心化链式结构的一个基本特征。

至于高价,主要是针对现在较成熟的PoW共识机制。PoW需要较高算力才能执行下去,这本身是有成本的,如果这个成本大于交易本身价值,比如支付1块钱需要花10块钱来确认,那这个交易原则上是进行不下去的。特别地,像比特币这种日渐稀少的奖金规则,会逐步彻底拒绝低价交易。

当然,低频高价的交易也有很多,比如房产、大宗商品。不过日常的现金交易和股票交易可能就无法应用了。

2. 区块链记账真有隐私性?

区块在全网公开,任何人都可以查询到任何地址的交易过程并计算出余额。虽然地址本身是匿名的,但只要交易过一次就会知道对方的地址,虽然对方可能有多个地址,但我能知道对方至少有多少钱。而且一般人也不会申请太多的地址,毕竟管理起来很复杂。即使有多个地址,因为转账记录是公开的,这种关联性用现代的大数据分析技术也不难找出来。这还有什么隐私可言呢?

3. 区块链是分布式数据库吗?

区块链经常被说成是一个无中心的分布式数据库,无中心没问题,但它是分布式吗?

我们平常说的分布式数据库,是指数据被分散存储在多台机器上,处理工作量太大时可由多台机器分摊,过程中要确保某些机器失效时整个体系仍继续工作,以及多个机器的处理结果是一致合理的。对于分布式数据库,分摊工作量是关键性的目标。而区块链的体系则是每台矿机都存储一样的数据,也在做同样的计算,最后只有一个计算结果是有效的,毫无分摊工作量的作用。这和分布式的目标基本不沾边,充其量只能叫作热备。

4. 区块链如何更新签名算法?

显然,我们不能假定当前使用的签名算法一直有效下去,万一哪天密码学界宣布这个算法不再安全了呢?

一个简单的想法,就是全网约定从某个时刻起都启用新算法(其实没这么简单,不过姑且这么假定)。但这会碰到一个新的共识问题:哪个时刻合适,换什么算法,由谁说了算?而且,就算有了结论,对于PoW机制的链,又如何保证超过半数的算力到时候都会执行(否则新算法就启用不了)?

我们把引出的共识及共识的执行问题先放一下,看看还有没别的路子。

不用一刀切,那有没有可能设计出一个平稳过渡的方案呢?即让新旧算法并存,使用哪个算法做的签名都可以被确认,吸引更多算力逐步支持新算法。

在PoW机制下,似乎不可能!

新算法一定比旧算法计算量更大(否则没有必要更新),那么使用旧算法出矿的概率会更大。新算法长远来讲能保护所有人的利益,但旧算法对于眼前更有利,这时候人会怎么选择呢?

另外，新旧算法混签的区块链是不能用的，如果旧算法被攻破（可以低成本根据签名倒算原文），就可以伪造出无法辨别真假的历史区块了。在启用新算法时要把链中仍然有效的旧算法签名区块重新签一下并形成链才行，这会进一步加大新算法的计算成本。

5. 达成更多共识的共识机制？

再回到问题4中提到的引出共识问题。

投票解决？那得有个计票委员会吧，否则各人计出的票不相同又该听谁的？计票委会员不会作弊吗？当然，可能为更新签名算法去作弊的动力不足，不过，无论如何，一个去中心的体系必须依赖某个中心来维护，这似乎有点不合适了。

一条提供某种共识机制的区块链，还需要一种达成新共识的共识机制来支持，这需要另一条区块链？还是有什么区块链协议可以用来制定它本身的共识机制？这像个哲学问题，我也回答不了。

说了不少PoW的缺点，好像万恶都是PoW造成的。其实不然，PoW还真是一个无中心且互相监督的共识机制。其他机制的去中心化程度和监督力度比PoW差了很多，其本身的共识机制都可能是个问题。那些不是全网竞争的机制，少数几个被某种规则选中的区块生产者会不会造一个对自己有利的假块（不是分叉）？谁来认定这些块的真假？怎么才算是真的？这些问题都不容易回答。

不过，我们还是可以期待出现一种既无中心可监督且没有PoW这些缺点的共识机制，有些正在研究的方案可能有机会。

6. 区块链只适合有限生命周期的事务？

这是问题4、5的推论。

如果限定为处理有限生命周期的事务，那么不需要更新签名算法，整个协议都不用改，只要在事务生命周期中这些算法和协议还有效就行，当然也用不着去达成什么新共识。但如果要处理无限生命周期的事务（这是目前区块链的主要设计应用场景），上面这些事就不可避免了，麻烦事就多很多。

7. 新共识如何强制执行？

问题4中提到的，就算达成了新共识，又如何保证执行呢？这要把希望寄托在大多数算力都在无私奉献上。如上面分析，采用新算法对整个体系更有利，但对于先动手的那个是不利的，每个矿机都会这么想，也会想别人是不是也在这么想，结果是谁也不动手。

要确保只要达成共识之后就能被强制执行，这容易让人想到智能合约机制。那么问题来了：智能合约能不能用来规定挖矿中的采用签名算法这种复杂的事情？又如何保证执行效率不大打折扣？

8. 描述智能合约用图灵完备有意义吗？

以太坊的智能合约宣称是图灵完备的，那么理论上当然用来规定并执行上面的签名算法都没有问题（且先不管效率）。

但是，我看到图灵完备这个词，立即就会想到另一个词：病毒！

没错，图灵完备意味着这个机器强大到可以计算病毒的地步！如果虚拟机提供了基础的IO（输入/输出）方法，那一定能写出病毒来。智能合约即使都以开源形式提交也无法避免。靠人来检查？又会出现上述的新共识问题，哪个委员会来认定这段程序是个病毒？靠机器来检查？这需要先做个智能合约来规定什么算病毒，这恐怕难度太大了吧。

就算是把IO能力封掉而写不出可传染的病毒，写出死循环对于智能合约也不可接受，而对于图灵完备的机器，这就是小菜一碟，还是检查不出来（这是著名的图灵停机问题）。

智能合约还是不合适图灵完备吧，但上面的问题又来了：它的计算能力还足够用来规定挖矿中的签名算法吗？

最后谈一下对区块链技术的看法。现在很多人在讨论区块链时把目标的伟大性归结成手段的伟大性，无中心的数字货币体系是个伟大目标，但区块链技术能不能实现这个目标仍然很难说。在上面这些问题没有很好的解决方案之前，我很难认同区块链技术是下一次革命的说法。

不过，区块链技术告诉我们，这个理想还有实现的可能性，至少在一定的限定条件下已经实现了。这会激励更多优秀的人投入其中，也许将来可行的解决方案中已经看不到区块和链了，但它仍然功不可没。从这个意义上讲，还是要向区块链致敬！

（作者蒋步星，为润乾软件创始人，中国大数据产业生态联盟专家委员，1989年国际奥林匹克数学竞赛团体冠军成员、个人金牌获得者，清华大学计算机硕士。本文成文于2018年）

中篇·访谈

Chapter

中共清远市委常委、宣传部部长崔建军（现任潮州市委副书记）和广东省人大常委会农业与农村委员会二级巡视员张伟坚等领导、专家为北江区块链研究院揭牌

本书编委会专访了诸多业内专家，他们来自多领域、多学科，有党政部门业务专家型领导、知名大学教授、欧美“海归”专家、IT企业家、区块链行业研究者实践者、区块链“专利大王”，还有社科院当代马克思主义研究所专家、资深传媒人士等，还有一位当过潜艇工程师的前科幻作家。他们在解读区块链技术原理和展望未来应用前景之时，将区块链“怎么来、怎么用、怎么规避风险、怎么更好造福人类”贯穿主线，立意深刻。

2019年12月23日，在2019清远市“区块链与治理现代化”专家座谈会上，20多位专家学者为党政部门运用区块链技术推进城乡融合发展、破解城乡二元结构出谋划策。

广东省公共资源交易中心副主任、《进化：大数据时代的常识与辩证》作者熊雄：

进化，区块链带来的变与不变

人物简介

熊雄

广东省公共资源交易中心副主任，广东省“数字政府”改革建设专家委员会委员，曾任广东省大数据管理局标准与应用处处长。2018年11月出版著作《进化：大数据时代的常识与辩证》。

主要内容

2019年12月15日，《链能——区块链与产业变革、治理现代化》编委会在主编蓝云带领下专访了熊雄副主任。他谈了他本人对区块链独特的见解——区块链的去中心化是辩证的，去中心化实际上是去掉分中心以及那些不具备中心的属性但是也想去干扰中心的因素。因此，去中心化实际上是维护和巩固了制度制定者的中心地位。

只要不是高精尖的技术攻关，就没有解决不了的应用问题

《链能——区块链与产业变革、治理现代化》编委会（以下简称《链能》）：您的著作《进化：大数据时代的常识与辩证》（以下简称“《进化》”）吸引了一批对大数据感兴趣的读者。这本书至少有两个鲜明特点，一是理论跟产业结合，既有理论知识，也有产业现状分析；二是文科跟理科结合，没有太多数学知识的人也能看得懂。从书名来看，这里面除了大数据，还有三个很重要的关键词——进化、常识、辩证。能不能结合您的创作初衷跟我们讲一讲这三个词？

熊雄：并不是因为我突然有了创造的热情，然后就写了《进化》这本书，其实有一个酝酿的过程，实际上《进化》应该是花了五六年才完成的。最初是2012年10月，当时省委汪洋书记推荐大家读大数据的书籍，我由于工作需要，写了一些学习汇报和文章。2013年，是我大学毕业20周年，当年7月，我们回母校中国科学技术大学参加校庆活动，中央外宣办原主任赵启正作为校友致辞，他在发言中表示当年中国科学技术大学没有文科是个缺憾，希望未来可以实现

文理交融。当时我就想虽然没有接受文科熏陶，但是理工科的人也是可以有文化和文学情怀的，尤其是我们那个年代，很多理工科的人的文科水平其实很高，尤其是历史和哲学。于是，我有了写点东西的想法。根据我的工作过程，我深刻觉得信息化和信息技术很重要，不管是做管理做决策的人，还是大部分普通人，都必须有一个常识性认识。基于这个想法，我慢慢开始积累一些素材，其实一开始我也没准备出书，后来因为累积的素材比较多，就尝试着做汇编，慢慢地可以拼凑出一个逻辑方向、一个框架，有前有后有主有次，进而形成一本书。刚开始时，我想写常识与辩证，后来发现自己的认识也在不断地变化，所以我想到关键词还要加一个“进化”。按照这样的逻辑，先有了这些东西，再开始构思目录，花了两三年时间，后来发现除了进化、常识、辩证，还有一部分是把这些思维成果用来活学活用地思考一些课题或者问题，所以又加了几章。

目录的形成其实花了很长时间。我希望整个目录是一个有机整体，光从目录、章节之间的关系就能看出一个大框架。但是后来我觉得对于大部分人来说，一开始就从框架的角度去看这本书会非常累，我希望读者随便看一节也可以懂，可以有收获，所以我尽量把每一节变成一个可以单独看的篇章。插个题外话，《进化》这本书的封面画其实是有含义的，大学时我们系是大系，有三个小班级，有105个同学，封面是根据105个人姓名的拼音拼成的，最下面有“中国科学技术大学”的英文缩写“USTC”。

从我的经历来看，我很专注地做过技术岗位，但没有很精尖的研究。我认为，技术解决实际问题，从我读书到在省信息中心，我编过程，画过电路板，编过机器码，我应该是这个行业第一批尝试用内部Intranet，用网络地址转换实现网络互联的。我做这些技术的时候有一个体会——只要不是高精尖的技术攻关，就没有解决不了的应用问题。只要技术上不是非常深奥，尤其在信息科技领域，我发现在99%的情况下没有解决不了的问题。

《链能》： 这个观点有意思，也很重要，请您多介绍一下。

熊雄： 绝大多数技术问题实际上是逻辑组合问题。逻辑组合只要花心思总能解决得了，但它有几个要素。第一，逻辑要严谨客观。第二，实践中的方式方法要正确，这就涉及决策判断。第三，要尝试，要有一种迭进的实验的能力，以及获得外部资源的能力。

如果每一个环节都做对，那么99%的问题就能得到解决，但这是绝大多数人不可能都做对的，有很多人逻辑很好，但他不善于迭进的实验，因为每次实验都必须判断结果，要经过迭进的实验把成功概率扩大。另外，需要对一些底层技术有清晰的认识。也就是说，你要在别人的第九十九层楼上加建一层楼，但要知道第一层是如何建成的，这样才能够增大成功的概率。我觉得应用性问题大部分是逻辑组合问题，其实大多数都能解决，但是这中间需要逻辑性，需要经验积累锻炼出来的技巧、合作的能力。因此，在动态过程之中，一定要有开放的学习思维。

区块链去中心化去掉的是分中心和干扰

《链能》： 您刚才谈到技术，区块链技术出来之后社会上出现了两个极端，有很多人非常狂热，不断地吹捧，甚至认为，区块链可以解决一切问题，也有很多人说搞不懂区块链。请就此谈谈您的看法。

熊雄：社会上出现一个新技术，领导要去追，但不要变成“追星族”，因为每一个新技术绝对有革命性因素、合理性因素，其实每一个决定性技术都有它基于常识的一种渊源。很多人搞不懂区块链，其实区块链很容易懂。它的技术的渊源是几十年甚至上百年前已经存在的。区块链是对已经存在的技术进行组合后，打开了一个决定性的应用方式和应用场景。首先它把以前的技术组合了一下，对吧？其实不管是分布式、集中式还是加密技术，这些技术在以前都存在，只是很少有人想到，区块链把它们进行了新的组合。

区块链构造了一个革命性的应用模式，比如比特币等的应用模式。再比如分布式，以前可能有2个节点、10个节点，甚至500个节点、1000个节点，但没有人往前想一步去实现绝对平均，也可能50年前就有人想过这种模式，但是当时的电脑太贵，不可能每人一台，所以那时的分布式可能只存在于几个大主机、几个实验室，并不是哪里都有。但他（中本聪）在那个时间点上想到了，同时他的动手能力和组织能力都很强，通过这种自由软件和社区方式，他组合出了一个革命性的应用模式，这个应用模式在事实的考验中打造出了一个决定性的应用场景。围绕这些应用场景，形成了一个利益共同体，共同体的投入，对它最早基于的那些技术会进行进一步打磨，这样，整个逻辑就串联起来，它就进入一个迭代循环的轨道。

迭代循环的结果跟它的初衷会很不一样，所以我们说初衷可能是去中心化，但是结果或者是在某一个阶段，可能是造成一个绝对的中心化。它去掉的是分中心，以及那些不具备中心的属性，但是也想去干扰这个中心的因素。所以去中心化去掉的是分中心和干扰，实际上规则制定者的绝对中心地位是得到保障的。原来制定的规则在执行过程中被大量干扰，现在不用被干扰。所以我们说，迭代的结果可能跟初衷不一样，但是你如果在一个开放的广域的时间空间中推演这个脉络，你也会觉得这是很自然的一个结果。

《链能》：其实所谓去中心化的应用，对于规则制定者是绝对的中心化，使用这个应用实际上就已经纳入这一应用的规则设定，谁制定，谁就牢牢占据话语权。您这个认知很有创新性，从我们了解到的信息看，此前还无人就此系统阐述。

熊雄：前些天我参加了省里组织的十九届四中全会宣讲培训班，为期两天，触发的这个认识是我当时的学习体会之一。十九届四中全会把制度对国家治理体系和治理能力现代化的作用摆到了一个重要的位置，或者说摆到了当前中心的位置。制度自古有之，但是现在重点强调，当然是因为制度供给不足或者不优，或者执行过程中存在问题。制度在执行中被歪曲，以及不同制度之间的打架，各类损耗层出不穷。而区块链其实可以在一定程度上解决制度在执行中被歪曲的问题。通过区块链，制度一旦制定下来就更改不了。以前的制度，最初是口口相传的模式，大家可以随便改，后来是文字的形式，但是从下达到执行需要解释法律，通过层层法官以及下达文件，具体执行尺度都可能被歪曲。总之，人参与制度的因素过多，是制度被歪曲一个非常重要和关键的原因。

现在提倡新技术、新应用，通过信息化减少人为干预，减少人情关系，把制度变成软件自动执行。区块链之前的软件体系，人为干预的因素比较多，而区块链在一定程度上减少了人为干预的可能性。当然凡事没有绝对，也还会存在一定程度的人为干预，不过90%甚至99%的人为干预被去掉了。所以，区块链的去中心化，指的是去掉那些在执行环节中自以为是的因素，那些在执行环节中根本不具备中心属性却自命中心、要以自己为中心去变更制度的因素。

因此，通过区块链技术，制度制定者的中心和权威地位能够很好地得以保障。所谓去中心化，其实是辩证的，我在《进化》这本书也提到，很多事物都是辩证的。习近平总书记强调把区块链作为核心技术自主创新重要突破口。在实际工作中，我们应该努力使区块链技术服务广大人民群众的根本诉求，使它们能够在制度中得到更好的保障。

当然，区块链不只是应用在制度执行方面，它还有很多种应用场景，如收集民意等。我认为，未来通过区块链技术，可以将民意更加真实地收集回来。

广东的区块链应用像是电脑刚发明的时候

《链能》：广东多地在探索政务区块链应用，有位当地负责同志强调，新技术不单单是简单的技术方法论，还是一种价值观。此前我们应邀参加广东省政务服务数据管理局的区块链会议，当时是您主持的，会议谈到了区块链的应用。从您的了解来看，广东的区块链应用到了哪一个层次？

熊雄：我觉得广东的区块链应用现阶段还是比较粗浅的，就像是电脑单机打字的阶段，虽然不够普及但是大家都认为很重要。以前邓小平同志说过："计算机的普及要从娃娃做起。"我觉得，现在的区块链有点那个年代的味道，大家都知道区块链很重要，但它的决定性应用并不多。

在我看来，可以问题导向，凡是使用中心型数据库或者说使用现有的信息技术会出现问题的地方，都可以考虑使用区块链技术，运用区块链的思维，实现突破常规的大协同，到那个阶段才能真正取得成绩。跟互联网一样，互联网刚开始的时候，搞科研的人以为发出电子邮件以后就可以了。那时候基于互联网已经有科技文件检索，他们觉得已经够了，没想到Web（万维网）突然出来，一下子把互联网变成大众的事情，现在大众认为，互联网的诞生应该从Web开始。因此，当区块链变成大众的事情，就是它发挥重要意义的时候。

中心数据库与区块链没有优劣好坏之分，只是适用场景不同

《链能》：实际上中心化与去中心化有其不同的适用场景，请您谈谈思维模式对新技术的影响。

熊雄：有些人说区块链没什么用，有些人又把区块链说得太厉害，实际上都没有正确认识区块链。区块链确实是一个有用的工具，打个通俗的比方，你面对一个一字型螺丝，用十字螺丝刀怎么也拧不开，有人告诉你把十字螺丝刀两边磨掉，变成一字螺丝刀就可以。实际上区块链也是这样，虽然简单，却解决了问题。有很多东西，本来有一个集中的数据库就能解决问题。但是集中的数据库，技术上可以解决，却经不住现实的考验，一个中心的数据库，存在千千万万种理由来制造出数据库的混乱，或者是存在人为修改的可能。

中心的数据库其实在技术上是没有问题的，但只要是集中制的数据库就存在寻租的可能。所以我们有时候说区块链技术甚至比原来的技术还弱，但是它管用，当然，区块链也有技术先进的一面。其实信息技术本身没有绝对的好坏、先进落后的区分，尤其是软件技术，它没有绝对的先进落后，它只是思维模式的转变。因为软件都是程序员编出来的，实际上是一种思维模式。当一种思维模式成为标准，就会被很多人沿用。不同的技术就像一字螺丝刀和十字螺丝刀

一样，你能说谁好谁坏吗？只能说不同的技术适用于不同的场景。当然，也有人做出了瑞士军刀，把它们组合在一块，实际上仔细想想，似乎这也没有决定性的技术进步，对吧？但是这种组合使得技术的价值成倍地增加了，能解决的问题也成倍地增加了。因此把信息技术放在整个科技的大场景下，你就会有更加清楚的判断。其实，科学技术产品，包括《进化》一书提到的平台，都是通过改变人的思想观念，倒过来重塑科学。

区块链及数字化生存的变与不变

《链能》：前面我们谈到思维模式、思想观念的转变，您觉得区块链技术在信息技术方面有哪些是变和不变的？

熊雄：区块链如果无法被大众接受，它就改变不了什么。区块链技术，关键在于它为很多人所接受。就像电脑，其实日本的电脑技术不比美国差，但是现在很多人都认为日本落后。大胆设想一下，任天堂的游戏机实际上就是一个电脑，但是，那时候人们不习惯用游戏机办公。如果那时候的人转变了思维，认为工作应该是生活的附属，在玩游戏途中突然来了一个邮件，我处理一下就是办公，那么现在电脑技术绝对是日本人的天下，就没有IBM、PC什么事了。也可以这么说，因为日本没有美国人的思维那么开放、灵活、强大，没有营造这样的一个消费市场和消费观念。

对于图形界面，最开始专业技术人员是很抵触的，但是乔布斯看透了这一点，于是做出了苹果系列产品。对于技术人员，尤其是最早把握互联网技术的科学家来说，他们比较喜欢字符界面，因为逻辑非常清楚，所以那时的PC大多数是字符界面，也就是DOS系统。但是图形界面在设计师里面又比较受欢迎，他们多使用苹果Macintosh电脑。这其实就是观念不同而已。

对于新技术、新应用来说，观念非常重要。我发现，美国人很会引领观念，当我们追求彩色的时候，美国人却回头翻出黑白片；当我们追求高像素的时候，美国人又拍格子像素动画。从这点来说，美国人的开拓性思维确实很强，而且他们的开拓性思维通常能做出东西来。在这方面，我们必须承认美国人确实比我们强，我们总是跟着他们走，当然可能有一天我们超越他，不是在技术领域，而是在社会治理领域。

《链能》：我比您晚几年上大学，经历了DOS系统、图形界面并用的场景，很有同感。《进化》这本书还对那种数字化的未来的生存也做了一些阐述，请也讲一讲。

熊雄：第一，数字化在往深度发展，人的思维方式也在发展。其实人从出生开始就在算术，对不对？1岁该干什么，2岁该干什么。如果把坐标轴变通一下，就像科幻小说一样，通过时间压缩来折叠，把1岁展成10岁，把1岁到2岁压成半岁，你的人生会完全不一样。但实际上这些东西观念可以改，为什么小学要六年，中学要六年，大学要四年，这些已经数字化，从一个人出生开始，这种数字化的方式决定了一个人的思维方式，现在数字化在往深度进展，人的思维自然也随之改变。

第二，你的生活环境在变，你的观念要适应这变化。以前的社会评价体系是这个人是好人，那个人是坏人。现在社会评价大大不同，是你信用积分有多少，或者说你收入有多少。人是社会的一分子，即使自身思维方式没有重大变化，外部环境也在剧烈变化着。人首先要适应这种变化，然后发现，即使自身没有那么大的变化，也能适应变化的世界。

所以说，数字化生存就是要非常清晰地知道，哪些是变，哪些是不变。通货膨胀，原来一块钱可以买100个鸡蛋，现在一块钱只能买1个鸡蛋，这就是变。那不变的是什么？钱，其实就是信用的代号。以前一块钱代表的是我通过之前的劳动，积累了能买100个鸡蛋的信用，现在一块钱代表我没花多少劳动，只能累积买一个鸡蛋的信用。钱就是一种信用，这就是不变的。所以变和不变把握好了以后，就可以比较坦然地去面对这些变化和层出不穷的新事物。

对于新技术、新应用，基层官员要相信决策，不要盲从

《链能》：最后有个小问题，您长时间从事技术研发，接着从事技术管理，现在又从事行政管理岗位。您认为，各地负责人、基层行政官员，该如何面对新技术、新应用的浪潮？

熊雄：首先，大部分人只是技术的消费者，他们本来没有必要去知道那么多技术，但他们要能接受这种应用。就像老年人一开始使用的是字符型手机，突然给他一个图形界面型手机，他会很不习惯，需要慢慢去接受和适应。其次，大部分人接受的并不是技术，而是技术承载的制度化思路，他必须受管制，这个管制是全方位的，面对制度的规定、组织的监督、大众的监督，他都必须去适应。很多人只是技术的消费者，没有必要懂那么多。那些会钻研技术的人，其实在一定程度上是个人爱好。对于大部分的人来说，最重要的是接受新技术的观念规律，然后去使用。

所谓分层次，就是分工。做规划的人必须懂得在信息化条件下将区块链这种工具与应用结合，而大部分人是不需要懂得这些的，但是要去接受它。这就好比之前关于磁悬浮有没有辐射的争议，对于决策者来说，必须相信科学，要有科学精神，认认真真地去组织研究，不能人云亦云。对于基层官员来说，要相信决策，同时要有判断能力，不要盲从，也不要随便跟风。对于普通老百姓来说，应该有科普常识。这就是一个现代社会应该做到的。只要达到这种合理的分工，感兴趣的人或组织就会对新技术进行钻研，从而出现新的创新，这个社会也就自然而然地前进了，不用担心大众没有创新精神。

潮州市委副书记崔建军：

区块链技术助力城乡融合发展

人物简介

崔建军

博士研究生学历，现任潮州市委副书记，曾任广东省清远市委常委、宣传部部长。

主要内容

2019年11月，《链能——区块链与产业变革、治理现代化》编委会在主编蓝云带领下采访了时任广东省清远市委常委、宣传部部长崔建军（现任潮州市委副书记）。崔建军以清远目前的破解城乡二元结构、推动城乡融合发展这一重大课题为例，说明区块链技术在推进基层治理现代化进程中能发挥重要作用。他表示，近年来清远在夯实基层党组织建设、“美丽乡村”建设、深化农村综合改革、扶贫攻坚等方面积极落实中央、省部署的要求，首创乡村新闻官制度，在破解城乡二元结构、促进城乡融合发展方面迈出了坚实步伐。

区块链技术赋能破解城乡二元结构

《链能——区块链与产业变革、治理现代化》编委会（以下简称《链能》）：2019年10月24日下午，中共中央政治局就区块链技术发展现状和趋势进行第十八次集体学习。习近平总书记在主持学习时强调：“区块链技术的集成应用在新的技术革新和产业变革中起着重要作用。我们要把区块链作为核心技术自主创新的重要突破口，明确主攻方向，加大投入力度，着力攻克一批关键核心技术，加快推动区块链技术和产业创新发展。”您认为，会议对区块链未来的应用和发展有什么影响，区块链在产业变革和治理现代化中能起到什么作用？

崔建军：这次会议非常有意义！习近平总书记亲自主持召开会议，组织学习区块链，充分显示总书记对于科技创新的政治责任感和国家责任感，也说明区块链技术的集成应用特别是它的发展得到了党中央的高度重视。会议在中国互联网技术、区块链发展和应用方面将起到里程碑式的重大作用，以后或许会成为互联网技术发展应用的标志性会议。我认为，这传递了如下四个重要信号：

第一，中国共产党的先进性。区块链技术的集成应用特别是它的发展得到了党中央的高度重视，体现出中国共产党不仅在思想方面是先进的，在科学技术方面也是先进的。中央政治局领导是在大局形势的战略层面学习、研究、部署区块链的发展和应用。区块链已经上升到国家发展的战略，总书记站在中华民族伟大复兴的战略高度层面进行前瞻性的布局和谋划。接下来，区块链的产业发展和技术变革，会引发我们的生产方式、生活方式，包括思维方式发生巨大的改变，区块链技术的发展和应用是具有颠覆性和革命性的。这也充分折射出我们党的一个重要特点，即鲜明的先进性，不仅包括思想先进、理论先进、制度先进、文化先进，还有技术先进。

第二，一个重要风向标的作用。区块链技术在中央政治局层面上进行了专题的学习研究和战略部署，体现了目前科学技术应用的发展方向和价值取向。区块链技术与人工智能、大数据、云计算、5G等前沿技术共同发展，相互融合，共同推进中国的技术革新和产业变革。这次会议将区块链作为核心技术自主创新的重要突破口，对区块链等新兴技术在中国的发展和应用将起到一个重要风向标的作用。

第三，产业变革的巨大作用。“区块链+”将对产业发展产生一种革命性作用，这个革命性作用在很多领域已经充分体现，如广东省一些地市对区块链的应用，包括“区块链+物流”“区块链+医疗”“区块链+交通”“区块链+农业”等，所以接下来区块链对整个产业体系的重新构建、改造将会起到巨大的催化剂作用，这种“链改”对产业变革、新旧动能转换将起到重要的推动作用。

第四，在治理现代化中不可估量的作用。这主要体现在它通过数字信用的背书构建了一个天然的信用体系，用数据技术来保证信用的独立性、可靠性和安全性，对于整个生产关系和上层建筑将产生巨大的冲击和促进作用。

在中央政治局领导集体学习后，2019年11月21日，广东省委常委会召开会议，传达学习习近平总书记在中央政治局第十八次集体学习时的重要讲话精神。会议强调，要认真学习贯彻习近平总书记重要讲话精神，充分认识发展区块链技术的重要意义，准确把握区块链技术发展现状和趋势，把发展区块链技术作为一项基础性、战略性工程来抓，努力走在前列，赢得主动。我所理解的这次会议有三层重要含义：一是加强技术研发，二是落地场景应用，三是全面把控风险。

结合清远市的具体发展现状，区块链当下的一个关键是落地场景应用，就是将总书记的重要指示、省委领导的具体要求落到实处。我以清远目前在破解城乡二元结构、推动城乡融合发展这一重大课题过程中遇到的困难和问题为例，说明区块链技术在基层治理体系和治理能力现代化中能发挥重要作用。目前城乡二元结构的主要问题是城乡信息的不对称及信用体系的碎片化。因为这个信用体系尚未构建，城里人不相信农村人，农村人不相信城里人，接下来，区块链技术在建立城乡信用体系及促进城乡融合发展中将起到一个连接器的重要作用。

信用是基础，没有信用，所有关系都难以为继。区块链技术所蕴含的哲学逻辑和价值禀赋，与我们党的价值取向是高度契合的。

《链能》：您对这次会议对区块链未来的应用和发展的影响总结得很到位，而且观点也很有新意。让我想起以前红军、八路军跟农民借东西都会打借条。新中国成立后，他们就四处寻觅曾经留下的借条，将曾经借的老百姓的钱财如数归还。媒体有报道过，20世纪80年代，一个来自农村的老人拿着红军当年留下的欠条，找到了当地政府，当地政府将红军的借款连同利息如数奉上，一时被传为佳话。其实这个也是区块链思维，相当于将信息上了链，即使时间久远，也有据可依，同时也体现了中国共产党的高度诚信。

崔建军：对，区块链技术应用打通了很多东西，聚合了很多东西，连接了很多东西，所以区块链不仅是一个技术，还是一个方法论、认识论、价值观，我们现在做事情要多运用区块链思维。区块链之所以是一个方法论，首先是因为它蕴含马克思主义辩证法的哲学思想。“世界是一个普遍联系的有机整体”，只有互联互通的事物才能得到良好的营养，助推自己的发展和成长。我觉得区块链技术也折射出马克思主义的观点：世界相连和万物一体。另外，区块链技术还蕴含一个主体性原理的哲学思想。马克思主义哲学是以人为本、以人民为中心的哲学，人民不是客体，而是主体，是认识世界和改造世界的主体，所以区块链技术在信任和信用方面是人人平等的。总之，区块链是一个先进的技术，也蕴含先进的思想，我们要好好利用。

清远破解城乡二元结构中的经验表现为“七化一融”

《链能》：习近平总书记2018年10月23日视察清远时指出“要下功夫解决城乡二元结构问题，力度更大一些，措施更精准一些”。时隔一年，在破解城乡二元结构方面，请结合您的工作实际，谈谈清远在这方面取得的经验。

崔建军：习近平总书记视察清远后，清远上下始终牢记总书记的嘱托，感恩奋进，传承和弘扬敢闯敢试、敢为人先的改革精神，深入开展“六大探索”，奋力担当“清远使命”，努力创造推进乡村振兴、破解城乡二元结构的新时代“清远经验”，书写感恩奋进的“清远答卷”。自那以来，清远在夯实基层党组织建设、“美丽乡村”建设、深化农村综合改革、扶贫攻坚方面取得了成绩，首创了乡村新闻官制度，在破解城乡二元结构、促进城乡融合发展方面迈出了坚实步伐。

清远市委书记郭锋指出，破解城乡二元结构是习近平总书记赋予清远的重大时代课题，体现了总书记对新时代广东发展的殷切期望，承载了总书记对工农城乡关系的深邃思考，饱含了总书记对清远人民的深情厚爱。结合我在破解城乡二元结构中的工作，清远做了一些有益的探索，主要表现为“七化一融”，具体如下：

一是农村市场化。即从城乡资源配置的角度，打破城乡一体化中的市场障碍，用好国家提出的“以工补农，以城带乡”的政策。市场化是一个必备的手段。要提高农村的市场化水平，提高农产品销售，发展乡村旅游经济。

二是组织化。农村长期发展不起来是有客观原因的，如交通基础设施、公共文化、卫生、教育等方面落后，还有一个很重要的原因是组织化程度太低。目前农村是以家庭为单位的小农经济，可以解决生存问题，但是解决不了发展问题。单家独户的家庭经济抗击不了市场的海浪，应该合理地组织起来。鉴于此，一方面可以成立经济组织，如办合作公司等，另一方面可以成立社会组织、自治组织，成立理事会，选出理事长。

三是新型城镇化。目前清远乡村发生了巨大变化，但是仍有很多镇区多年不变。这就是广东出经验，也是出教训的地方：珠三角发展得很好，但是粤西和粤北很多城镇没有发展起来。因此，我们要把乡镇这一环节承上启下的作用发挥出来，打造新型城镇。

四是信息化。在信息时代，乡村在互联网时代的发展起点上已经落后了。“互联网+乡村”没发展起来，只发展了一些电商，乡村买东西的问题解决了，但是卖东西的问题还没有完全解决。“网红”乡村新闻官就解决了一部分问题，我们也希望未来可以研发出一个“区块链+乡村”的项目，让新技术在破解城乡二元结构中进行全方位赋能。

五是职业化。乡村振兴的一个关键就是人才，人才是第一竞争力，要吸引在外就业的本地人才返乡就业，吸引在外创业的人员返乡创业，也要把生活在本乡本土的村民培养起来，要培养新型职业农民。

六是乡村文化。要建立乡村文化，将乡村经济“乡愁化”，做到让乡村文化变成外出游子灵魂深处的召唤，精神家园的呼唤。同时，充分挖掘乡村文化的经济内涵，以更好地促进乡村文化产业的发展。

七是公共服务均等化。这是一个城乡公平发展的问题，涉及发展权的平等。最基本的交通基础设施、信息基础设施、教育、医疗，一定要实现均等化，让农民也可以平等享受城市居民的各种待遇。

最后，“七化一融”的“融”即是从城乡对立走向城乡统一的发展，使城乡实现充分的融合。

《链能》：2018年8月，清远市在全国首创乡村新闻官制度，致力于打通基层宣传“最后一公里”，为破解城乡二元结构、实现乡村振兴奉献清远智慧、清远力量，在社会上引起极大反响，引发中央电视台《新闻联播》关注和报道。乡村新闻官制度能取得这么高的关注度和这么大反响，下一步将有什么新举措？

崔建军：乡村新闻官制度酝酿了很多年，但2018年8月才首次出现在公众的视野。这一制度的创设，源于习近平总书记2013年在全国宣传思想工作会议上的指示精神。总书记指出，“宣传思想工作创新，重点要抓好理念创新、手段创新、基层工作创新，把创新的重心放在基层一线”，这是思想文化的一个重要分水岭。

城乡二元体系是一道鸿沟，直接限制了宣传工作的精准性和到达率，让宣传效果打了一些折扣。后来我们受到两个方面的启发：一是我国台湾的启发，2013年及2014年我们专门去台湾了解“三农”问题，他们有很多好的做法，基层的政府官员主动为一些农业大户站台，县长和镇长也经常搞一些新闻发布会，这种推介行为既为农业大户带来利益，也是一种政治的推广。二是受当时《外交官》电视剧的启发。所以，乡村新闻官制度的创设是必然性和偶然性的一种结合。

2018年8月19日，经上级部门、省委宣传部的推介，中央电视台进行了公开报道，乡村新闻官制度就出现在了公众的视野，其实在那之前我们就已经开始实行，所以乡村新闻官还是有一定沉淀和积累的。为了常态化、专业化推进这项工作，还专门成立了“乡村新闻官指导服务中心”（公益一类事业单位）主管主抓，这也成为清远市在机构改革中的一个创新。

关于乡村新闻官下一步的举措，我们将重点加强“五大建设”，实施“五大工程”，具体如下：

第一，加强“三信建设”，实施实践研究工程。现代乡村新闻官“信仰、信用和信息”能力建设，一是总书记有要求，二是乡村有需要，打通城乡二元话语体系，三是参观学习和观看电视剧《外交官》受启发。举办“乡村新闻官·网红工作研讨会”，探讨清远乡村主流网红与乡村新经济，为乡村振兴注入强劲动能，通过专家研讨、实地考察，交流思想、碰撞智慧，及时总结清远乡村新闻官实践的经验，探讨乡村新闻治理路径，助推乡村振兴战略的实施。

第二，加强“队伍建设”，实施素质提升工程。采取理论与实践、现场授课与线上教学、大班公共课和小班专业课相结合的方式，开展丰富的培训活动，持续提升乡村新闻官的自我建设能力。开展“乡村新闻官·网红一对一”活动，重点打造一批在全国有一定流量的乡村新闻官代表，全面推动“三传一助”在乡村生根落地，成为推动乡村振兴、破解城乡二元结构的生力军和主力军，推动清远基层宣传思想工作做强做大。

第三，加强“项目建设”，实施产业赋能工程。在金融和司法支持、打造媒体传播矩阵等全方位赋能的基础上，重点抓好农业产业化赋能，与农业农村部门加强联系，抓好农业产业化项目的策划，从农产品种植规划、技术指导、产量预测、产品认证、产品销售等方面入手，形成“产—供—销”一体的产业化链条，推动农业产业化。

第四，加强“矩阵建设”，实施新闻治理工程。乡村新闻官是我市开展基层宣传工作创新的一次有益探索，但基层不仅包括农村，还应包含企业、社区、学校等。按照习近平总书记“人在哪里，思想工作就跟进到哪里”的重要指示精神，下一步，我市将结合实际，积极探索推进企业新闻官、社区新闻官、校园新闻官等工作，形成基层宣传工作矩阵，联动推动，不断建立健全基层新闻治理工作体系。

第五，加强“示范建设”，实施基层宣讲工程。进一步提高各地各乡镇对乡村新闻官工作的认识和理解，在全市挑选一个县（市、区）作为示范点，通过开展“一聘一培训一播报”的形式，完善乡村新闻官的操作程序，形成可复制、可推广的经验供各地学习参考。各县（市、区）同步挑选一个乡镇作为示范点进行重点打造，以点带面，全面铺开。同时，重点在各县（市、区）打造一批乡村新闻官宣讲队伍，在人员培训、政策宣讲方面发挥作用，让先进经验和党的政策理论更好地“飞入寻常百姓家”。

区块链在传播领域将扮演助推者的角色

《链能》：面对目前新技术、新应用发展的大趋势及媒体融合传播的大环境，您认为，区块链在传播领域可扮演什么样的角色？该如何更好地应用区块链？清远当地媒体能做什么？

崔建军：区块链在传播领域将扮演一个助推者的角色。“互联网+宣传”“互联网+传播”已经改变整个传播格局和传播生态，我相信区块链技术的广泛应用，特别是在传播领域的应用也可以发挥同样的作用。目前区块链的应用愈演愈烈，它上升到国家战略层面不是平白无故的，无论是发展趋势还是现实的需要，都赋予区块链一个崇高的使命。但是现在面临着两个问题，一是区块链技术的发展应用问题，二是区块链应用中的安全管控问题。

总书记在讲话中专门强调了区块链在应用中的安全问题，因为安全是前提，具体到清远，怎么将区块链技术应用到传播领域，助推清远媒体加快融合发展，怎么进行很好的应用，我们还需要专业的技术团队来进行研发，尽快将区块链和媒体融合落地，抢占区块链传播领域的制高点，发挥区块链在传播领域的巨大作用，扮演好区块链在传播领域的助推者角色。区块链技术的传播应用，既要在融媒体中心建设中发挥巨大作用，也要把区块链技术融入县级融媒体中心中去。

区块链技术是好东西，提议监管起来，就是要党管区块链，从信仰、信用和信息管起。区块链将改变生产方式、生活方式和思维方式，区块链技术将助力共产主义美好制度实现。一种思想、一种文化的背后肯定是一种伟大的技术，区块链就是这个伟大的技术。我们在把控风险的同时，要学好它、用好它，让它更好地造福人民大众。

中山大学博士生导师、北江区块链研究院顾问周永章：

用好国家政策，争取中国数字资产交易所落户广东

人物简介

周永章

中山大学地球环境与地球资源研究中心主任，教授、博士生导师，广东省博士创新促进会副会长兼区块链与大数据专业委员会主任委员，中国可持续发展研究会理事，国家可持续发展实验区专家委员会委员，加拿大魁北克（Quebec）大学博士，美国斯坦福大学客座教授，广东省低碳产业技术协会理事长，广东省欧美同学会常务理事，第十届、十一届广东省政协常委，北江区块链研究院顾问。

主要内容

2020年5月29日，关于区块链技术的发展与未来若干问题，《链能——区块链与产业变革、治理现代化》编委会在主编蓝云带领下专访了广东省低碳产业技术协会理事长、中山大学地球环境与地球资源研究中心主任周永章（上图左，上图右为粤港澳大湾区区块链应用推广中心主任蓝云）。作为跨越了多个领域的著名跨界教授，周永章为我们分享了区块链技术对现有社会管理系统的颠覆，以及在后疫情时代社会公共治理中的应用。

区块链是后疫情时代社会治理的基础

《链能——区块链与产业变革、治理现代化》编委会（以下简称《链能》）：周老师您好！第一次见到您是10年前了，那时我们一起在欧洲参加中欧社会论坛会议，讨论的是地球变暖、世界和平、欧盟历程，今天我们一起讨论的是大数据、区块链、AI。有意思的话题变迁！刚刚看到您办公桌上有直播设备呢。从疫情事件，以及大数据、区块链的角度来说，您能否给我们分析在后疫情时代的防控和社会治理中，怎么样用好大数据、区块链呢？

周永章：是的，我们今天的交流跨越了时间、空间，也跨越了单纯的学科范围。那些直播设备，是用于我与学生进行网络答辩的，现在都是开网络会议、网络课堂。

疫情发生后，社会治理问题备受关注。从社会经济发展的角度来看，中小企业有困难，政府如何做到帮扶措施彻底到位？企业员工疫情期间遇到困难，政府出台解决政策又如何落实到位？这都是社会治理需要破解的难题。

社会治理肯定需要技术手段。首先，因为防疫的要求，相关数据必须是真实、可信、可分享的，而基于区块链技术，可以构建面向个人和企业的公平、客观、透明的信息记录和评价体系，这是社会治理的基础。

一个人从外地回广州，需要溯源时，就可以用区块链技术来解决。小微企业遇到困难，政府要支持，有人担心企业是否弄虚作假。甄别小微企业是否弄虚作假，区块链很容易做到。区块链能做到数据不随便篡改。这样一来，数据就更加可信。

大数据和区块链在许多时候是相辅相成的。大数据善于从海量的不同数据源中挖掘不同对象的关联，发现其中的规律。这是疫情之后，社会治理可以依靠的技术基础。

区块链颠覆现有的突发事件预报系统

《链能》：“非典”以后国家建有突发疫情的直报系统，但疫情直报系统在这次疫情中没能起到作用。有人提出区块链能解决疫情等突发事件的直报问题，您如何评价这件事情？

周永章：疫情预报，与地震预报有些类似，都有一套严格的制度，总体是比较慎重和严格的，不能大家都去预报，否则预报就可能会打架，造成混乱，使社会无所适从。现在的预报是层层上报，再由最高层权威预报。

这个体系的好处就是减少乱报，比如减少因没有地震却预报成地震所造成的恐慌。但这里隐含一个问题，最基层的信息有时无法快速抵达最高层，因而造成战机的延误。

区块链可以比较好地解决这类问题。区块链可以穿透所有层面，让基层信息抵达各个层面，包括最高层，并确保信息是可信的、可以追溯的，减少了中间层面信息的截留。

区块链让信息数据扁平化。下级单位上报过的信息，发送过就报备了，同时穿透到最高层，可以同时报到市级、省级甚至中央，最后上下共同探讨。以前是很难做到的，因为以前每报一层都要审核，万一某个环节一卡，就上不去了。区块链技术的应用，对现有的疫情预报是一种颠覆。将来无论是疫情还是其他事件，都可以做成全民预报。全民预报的内容发给中央，由中央接收后处理。

《链能》：您说的这些重要信息，对我们有三方面的启发：

第一，您是我认识的人里面，第一个把疫情预报和地震预报结合起来分析的，这个角度很新颖。您有跨学科、跨领域的好思维，指出地震预报和疫情预报两者有相通之处，这打开了一个新的思考维度。

第二，疫情的预报有技术的考量，也有社会政治的考量。我们不能指责单纯的技术专家做不了大事，因为他不懂政治，“不懂政治”不是一个贬义词，而是他要有一个全方位的平衡。

第三，为什么大家说用区块链参与疫情直报？因为没有区块链的话，就没有留存，没有溯源，就没办法客观问责。现在，为什么湖北、武汉要实行问责，但是问责不下去？原因就是追不清楚，大家都说“我没有责任”。

周永章：没有人愿意背锅，几个领导被换掉了，也没有说他们有责任，至少没有公开，我想内部可能会批评得很厉害。所以区块链以后对疫情预报是一种颠覆。颠覆在哪里？它用大数据的理念，用区块链是不可篡改的，大家共同来维持，共同来预报。

《链能》：在公共卫生领域，您说的这个颠覆，不只针对疫情，还有疫苗。我也说我一个小小的故事。2018年8月，在长生疫苗事件发生后，我有天晚上睡不着，大概受多年新闻情怀的驱使，我连夜写了一封信，建议用区块链改造中国疫苗的管治。

周永章：你是比较早了，先知先觉。

《链能》：信件成文后我通过公民来信的方式寄给了李克强总理。过了四天，国家信访办给我发来短信说他们收到了，再过了一天总理办公室同志给我打电话表扬“蓝云你这个建议不错”，他说他们摘编之后给到了总理案头。

周永章：你这个建议很好，可以在我们高校刊物再发表一篇。

《链能》：我们用区块链可以使整个疫苗的过程机制非常清楚地显示，这个疫苗是怎么来的，中间有没有注水，生产过程是谁，检验环节是谁，流通环节是谁。假如这个疫苗生产了100万支，同时发向了山东、河南、湖北、广东，各省市有没有不良反应？这个防疫站之前打疫苗有没有操作造成小孩子的困难？这些信息其实是可以公开的。

治理疫苗乱象可以用区块链，这方便了老百姓。办成了这个事情谁最开心？肯定是总书记和总理最开心，因为践行了共产党人的崇高使命，提升了人民群众的安全感、获得感、幸福感，减少了社会的怨言。我是系统地思考了区块链的政治逻辑的，区块链其实是扁平化的，或者说是去中心化的，其实它去掉了“山头主义”、中间层的中心，打掉的是中间层的既得利益集团，包括疫苗的不法厂家、一些监法部门的坏人，挤的是他们。区块链的去中心化，维持的是规则制定者的权力，其实它也有维护中心化、维护权威的一方面。以前，党中央、国务院部署一件事情的时候，中间层、“山头主义”有时让这些政策打折扣，现在用区块链，把规则写死，就是某个广告说的“没有中间商赚差价”。

我也欣喜地注意到，2019年12月12日，国家药监局与国家卫生健康委联合下发《国家药监局综合司、国家卫生健康委办公厅关于做好疫苗信息化追溯体系建设工作的通知》，就做好疫苗信息化追溯体系建设提出了详细安排。该通知要求，将在北京、天津、内蒙古、上海、江苏、海南、重庆七地先行试点，率先完成疫苗信息化追溯体系建设。到2020年3月31日前，将实现所有上市疫苗全过程可追溯，确保疫苗最小包装单位可追溯、可核查。

周永章：祝贺你！你用区块链思维，合理、合规地提了一个好建议，做了一件好事。

用好“创建区块链发展的先行示范区”政策，努力争取中国数字资产交易所落户广州

《链能》：现在区块链应用广泛。据您了解，广东各个地市，包括广州、深圳以及其他地市，区块链发展现状怎么样？在广东的金融行业、物流、政府治理、社会治理、乡村振兴等方面，区块链用得怎么样？广州被国家工信部批为“创建区块链发展的先行示范区”，这是全国第一个获批示范基地的城市，谈谈您对广东及广州、深圳发展区块链的认知。

周永章：现在广东是区块链技术发展得比较好的地方，发展氛围不错，其中，广州特别是黄埔区做得不错，深圳做得也不错。这是一个基本背景。

区块链，刚开始的时候我们强调它的技术属性，前几年强调金融属性，将来会越来越强调它的社会治理属性，这是非常明确的趋势。现在，在金融领域应用相对来说是比较成功的。

中央授予广州“区块链创新示范区”牌子，我觉得非常有意义。第一，国家现在马上要进入“十四五”，“十四五”将是“区块链×”时代，就像当初的“互联网+”一样，它可以乘任何东西，变成“区块链×”的产业群。一个行业跟区块链乘起来，一个万亿级产业就可能出来。

第二，工业互联网时代，工业互联网、大数据、人工智能、区块链是多位一体的，它们互相赋能。区块链的出现会促使互联网、大数据、5G、人工智能进一步发展，这大多是颠覆性的技术，都是未来发展不可或缺的技术，时代绕不过去它们。

第三，现在是数字资产时代，区块链技术是确保数字资产确权、无异议转移的工具，可为数字资产交易提供非常重要的交易保障。

广东有很多商业生态系统，生态系统有很多积分。这些积分就是一种数字资产。未来，数字资产更会增速增量。

有了创建区块链发展的先行示范区这个基础，如果广州积极发展，就可能争取到中国数字资产交易所落户广州，意义就是爆炸级的了。它相当于深交所当年落在深圳，价值不言而喻。

《链能》：争取中国数字资产交易所落户广州，落户广东，您这个观点很有超前性。也向您介绍一下，我们团队正在积极推进清远市“城乡数字资产交易平台”探索，目前已列入国家发改委重点支持目录。近期将上线清远市乡村新闻官农货链2.0，届时请您出席指导。

周永章：谢谢邀请！数字资产交易空间很大，潜力无限。

区块链赋能低碳产业，让利弱势群体

《链能》：您是一位跨界学者，在地质学、低碳、大数据应用等领域都有建树。此前，您将低碳资产跟区块链技术结合，创立了低碳生活区块链社群，这是一个很有意思的构想，能否介绍一下？

周永章：是跨界，但有一个不变点，就是坚持绿色、低碳、环保、可持续发展的理念。

我国实施碳排放权交易制度是一个重要战略，对绿色、低碳、环保、可持续发展十分重要，也是自《京都议定书》以后，联合国层面力推的应对全球气候变化的主要工具。我对这方面介入比较早，也展开过深入研究，体会比较深。现在on-set（开始）市场交易的对手方几乎是大企业，比如南方电网、大唐电力、韶钢、海螺水泥等，因为只有它们才有最初碳排放权的配额。

其实，个人和小微企业对低碳发展也十分重要。但他们参与不了目前的交易制度，他们没有指标。从发展理念来看，国际上十分强调包容性发展（inclusive development），也就是说，低碳发展也是一种机会，个人和小微企业作为弱势方（相对拥有碳排放权配额的大企业），在低碳发展中应该是实实在在直接受益的。

基于此，我利用区块链技术开发了一个奖励系统，对个人和小微企业的低碳行为进行定量化、资产化，然后通过区块链确权给予奖励。对他们奖励数字资产，也就是低碳通证，就能起到激励作用。

第一，当人们因为低碳行为得到奖励时，就能激鼓励更多人参与低碳行动，也让更多人享受发展带来的红利，给弱势群体带来福利。

第二，对企业而言，原来的小微企业是照顾不到的，通过这样的社群，能让相对弱势的企业进入低碳发展的潮流，当它们进行低碳生产、为低碳事业做贡献时，也能获得相应的数字资产。

低碳通证除了起到低碳行为认可的作用外，也具备一定的社会价值。在低碳区块链社群平台有低碳商城，凭借低碳通证可以换取或换购低碳绿色商品，这样又促进了低碳商品的流通发展。

区块链推动垃圾分类的智慧治理

《链能》：现在进入垃圾分类的强制时代，作为可持续发展的专家，您认为在“区块链+垃圾分类”方面能做点什么事情?

周永章：大有可为。因为垃圾分类存在几个问题：第一，垃圾需要溯源。第二，除靠个人自觉以外，垃圾分类需要一定监督。这时，区块链可以发挥智慧治理的重要作用。

运用区块链技术，可以有效记录垃圾分类的行为。有不良行为，比如乱扔垃圾的，可以举报，给举报人区块链数字资产奖励，这样就可以对不良行为发挥监督作用。在银行贷款等方面，可以对遵守垃圾分类规定的人优先贷款，利率下调；对不遵守的人，利率上提。企业也是如此。

中国人民大学公共管理学院教授何艳玲：

技术改变治理

人物简介

何艳玲

中国人民大学公共管理学院教授、博导，主要研究领域为城市与地方治理、行政改革与社会发展、公共行政理论。

主要内容

2019年12月17日，《链能——区块链与产业变革、治理现代化》编委会在主编蓝云带领下专访了何艳玲教授（上图右，上图左为北江区块链研究院秘书长李彩丽）。何教授阐述了她关于治理的重要观点——技术改变治理。她认为，技术重新定义了连接，使得公共表达变得低成本，人人都可以是信息的传播者和生产者，所有行为都可以变成数据，而且可以被解答。以前我们习惯并擅长集中地做大事，现在我们要学会精细化地做小事。我们要把更多精力放在治理上，从而更好地回应每一个人的喜怒哀乐，并且我们有更有效、更合理的方式去解决，去抹平每个人内心的心潮澎湃。

“技术改变治理”包含四个命题

《链能——区块链与产业变革、治理现代化》编委会（以下简称《链能》）：何老师，您是公共管理方面的专家，您提出了一系列有影响力的观点，其中包括“技术改变治理”。这个观点角度新颖，也是一种高度浓缩，您能否就这个观点和我们再深入地讲解一下？

何艳玲：近期，我在各个大学的演讲中都提出了一个问题：面对技术，我们从治理层面应该怎么去面对？也就是说技术水平整体提高了，我们应该怎么去面对和应用？这是个比较学理上的讨论。事实上，当我们在讨论技术和治理的时候，首先要知道技术是什么。技术是有双重维度的。第一个维度，技术本身作为客观的应用型的一种方法也好，一种手段也好，一种机制也好，它就是在那里。当它到来的时候，当它不断地去实现迭代式变化的时候，就意味着技术是带来生产力的生态工具，我们把它叫作物质性结构体制，这是我用的学理概念。第二个维度，即技术会为治理本身所用，比如为政府所用，这时候它就变成一个社会性结构体制。“技术改变治理”实际上包含下面四个命题：

第一个命题，重新定义连接。技术的提高会面临哪些挑战呢？我们要知道，从社会学角度来说，在技术中，或者用更具象的互联网、区块链这类技术，它们最重要的意义是多点对多点。这意味着个体和个体、组织和组织、群体和群体之间的连接要重新下定义。以前我们是一个垂直型的、阶层性的社会连接。比如，在以前，如果你在比较高的位阶而我在比较低的位阶，我要联系到你，就要通过中间位阶。但在多点对多点的情况下，因为我们有多个连接点，我完全可能绕过中间那个点，直接跟你取得联系。因此，技术完全会重新定义人与人之间的连接方式。说真的，治理是干什么？治理，其实就是用一种有效的方式去建构更良性的社会关系，这就是治理，当然这其中最主要是人及人的行为。比如，我们对市场的治理无非是管理市场组织以及市场中人的行为。同样地，我们对社会的治理无非是管理社会中人的行为。所以，如果这个人的连接方式发生了很大变化，就意味着原来建立在点对点方式上的治理模式要发生变化。因为现在是多点对多点，社会交往变得扁平化，就意味着社会交往去阶层化了。

第二个命题，公共表达变得低成本。以前，私人讲话取决于你认识多少人及认识什么人，如果要把你想讲的话变成公共表达，让社会关注，让政府关注，那么就必须通过很多制度化的渠道或者非制度化的渠道去实现，而这些都需要成本。制度化的渠道，你要去找政府一些相关的人；非制度化的渠道，你可能需要去认识媒体的记者。但不管怎么样，不同的人使用公共表达的可能性是不一样的。有的人处于强势，他认识很多记者，他认识很多政府的人，他的声音就很容易被传播出来；有的人处于弱势，他就很难实现公共表达。但是多点对多点使得公共表达成本变得非常低，比如你在微信或者微博上发一条信息，很快就可以实现公共表达，区块链更不用说了。事实上，你随时随地可以表达，所以在互联网之上，每个人都是传播者。在以前，政府管理的前提是假定公共表达的手段是可控的，因为以前需要很高的成本去实现公共表达，所以意味着可控。现在公共表达成本很低，甚至没有成本，而且随时随地可以使用，你会发现，这时候的治理方式、治理模式跟以前很不一样。

你发现如果没有互联网，弱者想要发声就一定要通过层层递进的方式或者找关系，但现在弱者很多时候只是发一下朋友圈即可实现。这说明，私人表达与公共表达的界限模糊了，这就是互联网的一个很大变化。实际上，虽然微信是私人的，但由于它具有多点对多点的传播特点，也意味着它是公共的。由此我们可以有很多联想，比如以前有些政府官员讲话打官腔或者不严谨，但现在他们都非常谨慎，因为他们所有讲话，即使是内部讲话都有可能属于公共话语，而且会被放在放大镜下进行检验。所以中央总是讲治理能力，从微观层面来说，信息时代使得每一个政府官员的公共表达、叙事方式、叙事逻辑，甚至提问起点都不一样。现在官员的讲话，必须经得起互联网十倍放大后仍无懈可击。这就是一个非常深刻的变化，如果还沿用以前那种官话、套话或者不严谨的表达，随便那么一说，其实是经不起网络检验的。

第三个命题，人人都是信息的传播者和生产者。每个人都在生产信息，也在传播信息，每个人都在不断进行信息的互构，由此也带来大量信息，而这种大量的信息会产生什么结果？一方面噪音会更多，另一方面是无用的信息会冲淡真正的信息。这些信息在某种程度上也增加政府的顾虑，就是说过滤信息的复杂性导致最后传递给政府的也不一定是真正需要的信息，而这会进一步降低政府的决策质量。其实技术改变治理是多维度的，不仅带来技术挑战，也可能带来更大的风险，比如带来更广泛的信息传播，也导致保守秘密变得不可能。此外，出现在互联网中的这些人，本身有非常大的差异，虽然这个工具对他们来说是平等的，但每个人自身有差异，所传递的信息就有质量高低之分。以前只有质量相对高的信息才会被传播出来，现在无论质量高低、内容真假都可以传播，这大大增加了公共领域的噪音，并且也干扰了政府真正用来决策的信息。所以我们会发现，政府经常被舆情左右，然后做出了决策，但这个决策可能是因为相关信息传递出的声音是最大的，政府就以为这是最真实的，其实可能不是。所以我们说，虽然人人都是信息的传播者和生产者，但实际上是一把双刃剑。

第四个命题，所有行为都可以变成数据，而且可以被解答。这一点跟区块链是一脉相承的。以前信息是由一些分级机制来控制的，而现在所有信息都可以变成数据，而且这些数据可以串起来，数据本身是有逻辑的，这个逻辑是可以被解读的。为什么有那么多互联网“挖坟事件”？是因为互联网是有记忆的，而这个记忆是通过数据的方式（保存），我只需要知道一个数据就可以串起一串数据，通过这一串数据就可以顺藤摸瓜把你的行为解读出来，包括你在里面扮演了什么角色、有些事情是不是你操纵的等等，你的很多行为在互联网都留下了数据，这些数据实际上可以被解读、解密。所以，很多所谓的机密、绝密的信息在互联网上是很容易被解读的。在这种能够被解密的情况下，政府要建立控制，这才叫社会制度。政府是维持秩序的，“order”（命令）是什么？“order”其实是一种控制的影响力。以前是你把别人比下去，然后你有影响力，现在是大家都跟你竞争，你还要有影响力。政府现在建构的影响力是在竞争格局下的，不是说政府不需要“order”，不需要秩序，不需要控制，没有这些，就是“群魔乱舞”。需要说明，我说的“群魔乱舞”是一种极端情况下的描述，只是学术探讨，不代表其他意思。

区块链是“人人皆可见，人人不可改”

《链能》：前面说到秩序，在技术的影响下，秩序跟以前相比有了很大变化。您认为，现在的治理秩序跟以前有什么不同，到了区块链时代，整个秩序又有什么不同？

何艳玲：互联网会把“群魔乱舞”的局面变得更加有噪音，而不是趋向我们更想要的美好生活，因此一定要有序。现在的有序跟以前的有序不同，以前的有序建立在单边行动、单一权威之下，现在建立在多种权威之下，还要竞争胜出。就像上课，以前只有老师一个人有话筒，所有人都得听老师的；现在每个人举着一个话筒，老师还要通过话筒将自己的声音传出来，被大家听见，被别人认同，让别人跟着你的思路走。所以互联网对党的各种工作提出了更大挑战，因为党的工作都在思想、信仰、价值观层面，而这些事的成功与否往往取决于信息竞争的胜利与否。这就是信息竞争，你提供什么有吸引力的、被广为传播而且可以深以为信的信息，才能让你脱颖而出。将来到了区块链世界，这种信息竞争将更激烈，单边权威则更加不可能，因为不可能把别人灭掉。区块链是人人皆可见，人人不可改。这就是你可以在技术层面上，实现我们真正想要的平权，当然是在非极端性的情况下。

实际上，我们的体制、治理对这些是没有应对的。以前我们虽然有很超强的管理能力，但完全建立在单边权威上。当然，我们不能说网络上都是权威，但毕竟它有点像模拟权威。它还极具扩张性，虽然我们有很多机制，但不能控制人们读什么，例如我是看蓝云的微博还是看厅长的微博，这是控制不了的。所以信息本身就具有一个非常天然的形成机制，这个机制虽然也可以控制，但是成本太高，高到你最后被迫放弃。此外，信息还有很多不可控因素，这也意味着你总要建立一个竞争机制。所以，在我看来，互联网重新定义了社会连接，而更重要的是，在一个高度的虚拟空间内，技术更有可能按照自身逻辑运作，并因此更有可能改变现实中的规则界限和主导权。

《链能》： 您刚才提到，技术使公共表达变得低成本化，事实上，我们也经常看到弱势群体在网上发声，引来关注。在以前他们想要被关注是很难的，现在通过网络，一下子就可以实现。

何艳玲： 确实如此，我们看到技术很多时候成了弱者的武器，强者的武器是从来都在的，这些技术对强者意义不是很大，他们反而比较害怕，为什么？因为他以前之所以成为强者，有可能来自隐蔽的权力运行。他之所以成为顶尖的强者，恰好是因为他是隐秘的，现在公开了。所以，对于强者来说，新的技术，比如互联网，实际上没什么太大意义，甚至有可能是他恐惧的东西；对弱者来说，则多了一个途径，打开了一个新世界。所以我们经常发现，在舆情事件中，弱者将互联网作为战斗武器。当然，我所说的弱者是个相对概念，就是当你对某个事情没有控制力的时候，互联网给你相对弱势的地位提供一种控制力。中国普通老百姓更偏向也更擅长将互联网作为一种工具，当然这也侧面说明我们制度化的渠道不够通畅，或者说老百姓不习惯用制度化的渠道去表达，老百姓不相信制度化的渠道，因为他以前碰过很多壁。

铁锈地带的工人恨珠三角工人，这是新技术带来的思想位移和渗透

《链能》： 此前，您曾在演讲中表示，全人类都要一起来讨论治理的共性，这是出于什么样的原因考虑呢？

何艳玲： 工业文明时代造成了一个等级化的全球世界。事实上，我们长期都是在工业革命以来所造成的等级秩序当中聚焦，比如中国属于后发国家、发展中国家，这是工业革命带来的话语体系。但新技术和互联网在一夜之间抹平了垂直体系。全人类其实在走向后工业时代，在新技术、互联网上起点是一样的。以前人家在走向工业革命，中国还没睡醒，导致中国与发达国家有两三百年的差距。但是，关于互联网核心技术，在本质上，全人类的起点是一样的，因为大部分国家都已经度过所谓的“现代转型时期”，大部分国家都已经完全走完革命进程。那么，当所有国家都以比较统一的形态出现的时候，互联网核心技术就给了大家同样的一个起点。这意味着这时人类所面临的来自新技术和互联网带来的挑战，是完全一样的。因此，机会到来，谁能够把握住这一步，谁就可能抢占先机。

比如美国大选，特朗普当选总统，你会发现这个过程是一个全新体验，之前关于政治和选举领域的一些观点完全没办法解释，这实际上是新技术带来的思想位移和渗透。为什么铁锈地带（编者注：铁锈地带，英文为Rust Belt，最初指的是美国东北部—五大湖附近的传统工业衰退地区，现可泛指工业衰退的地区）的工人支持特朗普？传统的说法是工人支持民主党，商人支持共和党，对吧？教科书都是这么说的，所以很多人不明白为什么工人居然支持特朗普。实际上，在新技术所带来的高速全球化条件之下，一个国家里面的阶级冲突已经演变成跨国界集团间的冲突。铁锈地带的工人恨的不再是美国的资本家，而是中国珠江三角洲一带的工人。所

以这实际上已经实现了跨国位移。当然这是美国的智慧，美国通过经济上的战略，通过强大而专业的文官体系，把政治矛盾进行了转移。于是，你就会明白为什么美国工人恨的不再是资本家，而是恨中国珠三角的工人把他们的饭碗抢了，因为传统媒体、新媒体、Facebook都在传递这个声音。这就是高度传播的新媒体，它几乎可以让所有人都知道。这就是熏陶，这就是渗透，这就是传播。传播是什么？传播的本质就是影响想要影响的人，铁锈地带工人以前可能不会看《纽约时报》，所以不知道所谓真正的“仇人”是珠江三角洲一带的工人，但是现在新媒体非常普及，Facebook上面什么都有。

新媒体最重要的特征是什么？它降低了表达的门槛。以前流行写博客，博客是长篇幅的，并不是谁都会写。后来到了微博时代，篇幅短小使得很多人都会写，再后来到了抖音时代，县城乡村到处都在用，因为那是肢体语言的表达，不需要文字。你会发现，写博客的大多数是中产阶层，有一定的文字水平，这就是门槛，到了微博时代，门槛在降低，而到了抖音时代，完全没有门槛了。同样道理，对于铁锈地带工人来说，他们以前不会看《纽约时报》，因为那是中产阶层看的，他们看不懂长篇大论。而到了Facebook时代，美国文官体系的言论已经实现了自上而下的渗透。

在后工业时代，其实所有国家在同一个起跑线，谁最先出招，谁就掌握话语权、标准权。从国家层面来说，抢夺后工业时代的新的全球标准权非常重要，因此，我认为，决策者、人民代表要全力以赴，认真去研究，拿出中国方案来。包括前面说的问题，不管是积极的还是不积极的，都得有相应的制度去应对，因此，加快一体化进程，制定相应的制度和标准显得非常迫切和重要。

新技术使得“我”凸显了，政府的职能体系和处事模式可能会被重构

《链能》：的确如此，新技术使得不同层级之间的言论更加可达，传播格局也变得扁平化，这种变化必定会带来治理方式的变化，在您看来，新技术带来的治理方面的变化有哪些？

何艳玲：在我看来有两个维度的变化，第一个维度，技术带来社会的开放性和社会的复杂性，并因此带来治理的严峻挑战。为什么互联网有这么多舆情事件爆发，其实也是因为极度扁平化的传播格局已经形成，这就是技术带来的改变。在这个基础上？我们可以看到技术和互联网所带来扁平化跟传统的垂直化构成了一个相对关系。由此可以得出一个结论，新技术使得后工业时代的公共领域发生了一些深刻的变化，社会在开放性格局中达到了空前的复杂性。因此，我们也发现以前的管理方式都失效了。为什么会失效？以前我们所有政策面对的是模糊的群众。所谓模糊的群众就是不清晰的，我们都是群众，其实我们是很不一样的人，但是以前的政策就是一概而论的。这其中有两个原因，一是没有技术手段，二是没有转变理念。所谓的群众其实就是说“我”并不重要，“我”其实被群众淹没了，以前的政策做的任何一个事情都会考虑群众，但不会考虑个体，因为在公共领域当中个人标签是没有意义的。但互联网其实强化了个人标签，每一个“我”都如此个性。

我还关注到一个现象，企业对从产品到体验，从顾客到社群，从销售到源头都非常关注，通常我们会说这是因为竞争，实际上还是“我”凸显了。以前的产品针对的是一般的顾客，现在必须针对“我”，注重个体体验，提供私人定制。因此，当企业强调体验的时候，其实是强

调“我”的主观感受；当企业强调社群的时候，是强调无数个具有共同信仰和价值观的人在一块，这才是企业真正的目标客户。小米是最早做粉丝经济的企业，小米一直在构建一个社群，一个共同体，这个共同体就成了小米的顾客，当然最后也还是为了卖东西，但是整个叙述逻辑跟传统的商业逻辑有很大的不同。这个叙述逻辑两个特点，第一是“我”变得很重要，第二是我们强调共享的价值观。

在互联网当中也是如此，有共同价值观的人会聚在一块，这也使得治理发生了变化。以前很多决策可能是针对群体的，比如针对弱者，制度就提供社会保障，针对强者又提供其他方面的保障，以前的政策是很清晰的。但是互联网上的人其实是跨界、跨阶层的，这些人被议题导向，比如说反对垃圾站的人群，既有强者也有弱者，既有富人也有穷人，这些人群是跨阶层的，他们的共同点是对这个议题感兴趣。当然，每个人感兴趣的动机不大一样，有的人非常高大上，是出于生态政治的考量，有的人则纯粹不想让垃圾站建在自己家门口。不管怎样，他们形成了一个跨阶层的联合体。我们以前的治理模式也因此受到了极大挑战。因为以前的治理模式是先把人群细分再各个击破，现在情况的变化使得政府不可能有一个标准化的措施去解决这些问题，这时候“我”就显得更重要了。那么，对政府来说，最重要的挑战来自社会治理。

第二个维度，区块链、互联网、大数据等新技术使治理变得简单，又对治理提出了新要求。举个简单例子，以前政府经常会举办听证会，但是现在可能不需要，一个微信群就解决了问题。以前举办听证会是因为没有成本来支撑所有人发声，需要找代表参与。而现在，在微信群里所有人都在，只要政府有合适的分析方法即可。另外，政府也可以用非常低的成本获得每个人的信息，因而不需要抽样或者听证。技术使得精细化变得非常可能，以前我们会说，不是体制问题，而是技术不够，没法精细化，所以制度的制定者只能把群众含糊地看成一样的人，现在则不能再逃避，因为技术让每个人的声音有可能被听到。近年来，浙江借助微信推进基层治理，并取得了不错的成效，以前要花很多人力物力去做的事情，现在都变得简单了。

此外，因为技术的普及，政府官员的能力、出身、背景、处理事情的模式可能都会被重构。比如说，以前可能需要很多居委会大妈去做思想工作，现在可能需要收集文本的统计员以及对这些文本进行数据处理的人，可能还需要程序员来设计一个很好的程序，以方便收集声音，还需要有非常专业的政治学者和公共管理学者对这些声音进行筛选、总结。又如公安部门，以前所有信息都必须派人去现场采集和勘察，但是现在技术使得整个公安部门都以情报为中心，现在需要能够建模的人、能够分析数据的人，以及能够对这些数据进行社会学角度解读的人，以前警种的划分可能在新形势下就不太适用了。

以前的职能体系，最基本的假设是：第一，没有那么多信息或者信息成本很高；第二，这是两套独立体系，这是政府，那是群众，我们要让他们联通，成本很高，或者代价很大。而现在这两种假设都被推翻，现在社会的连通变得扁平化，很多信息都可以直线到达。那么，原来建立在这两个前提下的体制模式、制定方式也必须改变。

大多数政府机构处于电子政务阶段，还没有到达电子治理阶段

《链能》：技术带来新治理工具的同时，本身也隐含很多全新的治理意义，当然，任何事物都是辩证的，在您看来，技术在改变治理的同时存在哪些风险和隐忧？

何艳玲：作为一个社会性的结构体，技术本身就嵌了社会等级，相对以前来说，技术是更平等的一个工具，但技术本身是有等级的。为什么？比如说哪些地方有网络，哪些地方没网络？哪些人擅长利用互联网来投诉，哪些人不擅长？还有大V与普通号，这些都是等级。技术本身就隐含着社会背景。但是由于技术的开放性，这个问题被隐蔽起来了，以至于所有讨论技术的人没有非常认真地去想。但是政府必须考虑到这点，努力去实现技术平等、数字平等。

我们必须注意到，技术优化了政府的管理手段、管理方式、管理机制。但是大多数的政府机构使用技术还处在一个很初阶的阶段，也就是电子政务阶段，包括“最多跑一次”这些都属于电子政务阶段，还没有到达电子治理阶段。治理是整体性的关系的重构。治理跟传统的管理控制不一样，治理是需要用平权的方式去对待，要一起去协商、谈判、竞争，治理是一个共同理念，所以从电子政务到电子治理是一个非常大的跨越。电子政务相比以前是巨大进步，但也存在一些弊端：在技术还没有变成电子治理前，这个技术已经强化了政府的高度自信，也强化了政府万能的想象。具体来说，有以下三点风险和隐忧：

首先，以前掌控不到的，现在通通都能通过手机端掌控，这在某种程度上会强化管理者的自信。这就形成了一个悖论，原本我们提倡新技术，包括区块链、互联网等，是希望可以让政府角色的重新定义，让政府变成社会的一部分，而实际上这种什么都能掌控的感觉反而强化了管理者的地位，甚至有种高高在上的感觉。

其次，公共事务讲究平衡，而不是一门心思想要做什么并把它做到极致，财政预算有限，在某些地方支出多了，在其他地方的支出自然就少了，从“最多跑一次”到“一次也不用跑”的过程其实需要耗费大量的财政支出，是否需要做到如此极致其实有待商榷。

再次，政府的万能的自信导致企业跟政府的界限模糊。比如阿里巴巴的数字政府2.0，它强调以支付宝和钉钉作为超级入口，在不改变用户习惯的情况下，将原来的针对个人和市场的服务延伸到政府。我们必须肯定的一点是，这种超级入口很可达、很方便，但也存在一些隐忧。实际上这样的超级入口已经是一个准政府了，政府在本质的意义上是人民意志和人民权利的一套执行机构，这其实有非常强的政治授权意义，这个政治授权有非常复杂的程序。但是现在一个企业组织完全没有经过授权就实施政府职能，政府与企业的边界是不清晰的，那么因此而可能带来的责任该谁来承担，这是不明确的。此外，还有一个风险，数字其实是一个人非常重要的资产和权利，以前，个人的数字资产通过政治授权让渡给政府去做某个事，这其中是一种政治信任，个人一般不会反抗，也不会出现什么问题，但是现在要把个人的数字资产交给一个企业、一个私人组织，那么，这方面权责关系是什么？法律关系是什么？我觉得这些问题都亟待厘清。

综上所述，当政府在用技术的时候，它所带来的其实是双刃剑，当然更多是积极的方面，但是我还是觉得还是有一些风险，这些风险并不是来自技术，它来自国家本身的治理模式和治理理念。政府没有提前布局，没有非常深刻地反思技术所带来的双面性，没有提前设想技术可能带来的机会和挑战。那么如何避免这些风险呢？首先，要继续解决市场化所带来的社会差异和分化问题。其次，要能够把信息化所带来的不同的挑战吸纳到体制里面，同时反过来充分、娴熟、专业、智慧地运用技术来解决信息化所带来的难题。

治理要精细化做小事，用合理的方式去抹平每个人的心潮澎湃

《链能》：最后一个问题，在技术改变治理的大竞争之中，两大主角其实是政府与社会公众。从您的观察来说，政府包括中央也很注重新技术新应用，面对新技术，政府行政体系、政府官员的学习意识和学习思维有没有改变？

何艳玲：我觉得肯定有。

第一，中央层面一直在主动学习，当然中央可能会更多从产业、从经济布局上去考虑，但实际上这也是一种学习。

第二，像以广东和浙江这些为代表的先行先试的地区，其实在已经走在前面。我对中国一直充满信心，我们这么一个国家，经过上千年的转型还在不断持续发展，你不觉得这是奇迹吗？有很多跟我们一样古老的民族早就不存在，有时候我在想，我写方块字其实是件很美妙的事情。一个国家、一个民族共同体能够持续这么多年，经历现代化转型，这已经不是制度的问题了，这一定是我们的文化有深层次的弹性和韧劲。这是足以自豪的，放在全人类都足以骄傲。我们还在改革，这么短的时间内，解决了国人的生存和发展问题，这是大国治理的奇迹。

第三，中国在这么多年快速的增长中，保持了基本政治稳定和社会稳定，也保持了对大规模暴力犯罪的有效控制。很多国家在走向现代化的过程陷入了军阀混战局面，或者是出现大规模暴力犯罪，特别是拉美国家、非洲国家，而中国一直都能保持秩序的稳定，我是深以为傲的。只是说我们考虑的方式方法可能还可以更进一步，如果我们足够专业，我们可以做得更好。过去我们已经表明我们是奇迹，如果说以前我们习惯并擅长集中地做大事的话，现在我们就要学会精细化地做小事。我们要把更多精力放在治理上面来，从而更好地回应每一个人的喜怒哀乐，并且我们有更有效、更合理的方式去解决或平复每个人内心的澎湃心潮。我们要用制度去实现它。

浪潮集团高级副总裁肖雪：

区块链助力网格化社会治理和综合防疫

人物简介

肖雪

浪潮集团高级副总裁，浪潮云董事长兼CEO。具备雄厚的高技术产业知识，并在云计算、大数据、金融等多个领域具有二十多年的丰富经验，将领导力、前瞻力与知识力融于一身，其制定、落实与带领商业战略的能力与成绩享誉业内，并取得了诸多成就。在浪潮奋进的18年里，肖雪以打造新颖的商业战略、培育新的商业模式和解决方案而闻名。

主要内容

2020年3月17日，在“云行·致远”浪潮云生态合作伙伴大会之后，《链能——区块链与产业变革、治理现代化》编委会在主编蓝云带领下对浪潮集团高级副总裁、浪潮云董事长兼CEO肖雪进行了采访。肖雪介绍了基于区块链技术的云码平台在网格化社会治理以及综合防疫中的作用。2020年3月17日，浪潮云码平台正式发布，该平台面向统一标识管理场景，提供发放、核验服务，基于一物一码、一人一码、一事一码，实现统一识别、数据汇集、互联互通，使“码上办”像扫码支付一样方便。

新冠疫情抗击战中传统的城市网格化管理面临新挑战

《链能——区块链与产业变革、治理现代化》编委会（以下简称《链能》）：刚刚听到您在“云行·致远”浪潮云生态合作伙伴大会的演讲中提到了基于区块链技术的云码平台在网格化社会治理以及综合防疫中的作用，请您详细讲一讲。

肖雪：简单地讲，城市网格化管理是运用数字化、信息化手段，以街道、社区、网格为区域范围，以事件为管理内容，以处置单位为责任人，通过城市网格化智能管理平台，实现多层级组织联动、资源共享的一种城市管理新模式。

这种精细化的社会治理模式，在本次抗击新冠疫情中面临着新的挑战：如信息化支撑固化，面向高压力的人员流动管控、防疫物资的分配、健康信息的登记等无法快速调整和增强；受目前所采用信息技术的限制，信息共享比较难，难以将一个人在多个地点、多个组织的活动轨迹连接起来，难以形成闭环性的综合管理。

区块链技术的应用，提出了新的解决手段。我们知道，区块链是一种天然支持数据共享的技术，信息分布在多个参与方并自动进行一致性计算（共识），所以很容易支撑跨部门的协作。而且，个体想与区块链交互，必须具备“链上身份”，身份关联一个私有密钥，只有持有正确密钥的个体才能代表自己向区块链写入数据，写入的数据（包括历史数据）不能删除和修改，既不可伪造也不可抵赖，这使得责任主体特别明确，个体与个体之间很容易相互证明自己的身份、资格，从而建立信任基础。

智能合约是一种在区块链网络上执行的可信代码，它可以固定规则，而且一旦部署好，少数个体是无法更改它的逻辑的，这使得区块链网络成为一个信任机器。从某种程度来说，机器减少了人为因素的影响，显得更加可信，它会按大多数参与方能接受的规则来执行。智能合约使得区块链不仅是一个分布式共享账本，更像是一个忠实的机器人。

浪潮云码平台深入采用区块链技术，构建了跨部门的社会治理区块链网络，为网格化社会治理提供了信任基础设施和一致化的服务接口。

设计人们能掌握、与区块链网络交互的用户体验尤其重要

《链能》：今天（2020年3月17日），浪潮云码平台正式发布。该平台面向统一标识管理场景，提供发放、核验服务，基于一物一码、一人一码、一事一码，实现统一识别、数据汇集、互联互通，使“码上办”像扫码支付一样方便。您刚刚也提到了云码平台的后台是区块链，为什么要把区块链封装成二维码的形式？

肖雪：区块链技术仍处于发展阶段，多数人不熟悉区块链技术以及区块链网络的交互方式，这就像在互联网初期，人们花了多年才学会用浏览器访问互联网。世界知名咨询公司Gartner在《区块链技术成熟度报告2019》中将“区块链UX/UI”列为未来五年的热点技术，也就是说，设计人们能够掌握、与区块链网络交互的用户体验技术显得尤其重要。云码平台采用的二维码就是区块链交互方式的一种。移动支付让人人都知道如何出示和扫描二维码，因此浪潮团队认为，二维码是一种能够被普通用户掌握的工具，借助二维码，云码平台将更容易被用户接受和掌握。

云码二维码的背后是区块链网络，当人们出示带有属性的二维码时，可能位于多种场景中，有时是为了表明身份，如证明自己是某居民小区的成员，有权出入小区；有时是为了证明自己具备某种资格，如进药店买口罩，用二维码证明自己有预约等。

当二维码作为身份证明时，其背后实际上是保存在区块链上的“数字身份证”，上面有公安机构的数字签名，公安机构的数字签名确保了身份证件的不可伪造性。当数字身份证颁发给个人时，会利用人工或技术手段（如人脸识别）检查证件持有人和证件的一致性，然后数字证件被个人用自己的私有密钥锁定，私有密钥又被手机指纹锁等生物特征技术锁定（确保了数字

身份证难以被别人冒用）。这后面一系列复杂技术被封装成了一个小小的二维码，相信这可以成为一种被广为接受区块链用户体验（UX/UI）。

云码平台的背后是区块链数字身份（DID）和可验证声明（VC）机制

《链能》： 云码平台给使用者发码，实现一人一码，这个和身份证号、身份证有什么区别？目前，浪潮有哪些相关的探索和实践？

肖雪： 相比身份证，码的成本更低，更容易普及，其背后是数据权属连接，码是载体，可以有多种形式，身份证（电子证照）只是其中一种，核心是技术和架构。

云码平台的背后是区块链数字身份（DID）和可验证声明（VC）机制。DID又叫去中心化身份，它的目的是让个体可以自主控制自己的身份参与社会活动。DID和VC是国际标准组织W3C推出的数字身份标准。

可验证声明可以简单理解为一个电子证件或电子凭证，如身份证、驾驶证、学位证等。证件必然有颁发方，如中国的身份证和驾驶证的颁发方是公安机关，学位证的颁发方是大学。可验证声明上必然有颁发方的数字签名，相当于颁发方发布了一个声明，声明了这个证件的内容是真实的、证件被正确的个体持有。

可验证声明标准中的一个重要概念叫“选择性披露”，遵循最小披露原则。也就是个人出示证件时，不需要出示整个证件，只需要出示证件中与目的相关的内容，例如购买烟酒等成年人才能购买的商品时，向店主证明自己已经成年，但不需要披露自己的居住地。使用实体证件做到选择性披露较难，但基于区块链的数字身份证可以支持选择性披露。

数字身份发展很快，现在已经支持一种叫“零知识证明”的密码学技术，可以在不暴露年龄的情况下向对方证明自己是成年人或位于某个年龄段（范围证明）。

证件持有人（通过出示二维码）向验证方（如小区保安、药店店员等）出示可验证声明，验证方访问区块链网络来取得所有权威颁发方的公钥白名单，验证可验证声明中颁发方的数字签名是否有效、声明是否过期等，查验结果写入区块链留痕，证明持有人曾经出示过这个证件，也证明验证方曾经查验过这个证件。写入区块链的查验事件通过区块链网络向多个参与方广播，实现了信息可信共享。

数字身份证等电子证件是可以保存在云码平台客户端即用户手机中的，但手机一旦丢失就得重新通过各个证件颁发方获取和绑定证件，操作起来非常麻烦。云码平台提供了用户私钥云端备份恢复的机制，而且采用了一种叫“秘密共享”的密码学技术，可以简单理解为我们将用户密钥拆成了碎片，保存在多个主机中，每个主机的管理员不同，只有几个人合谋才能恢复用户密钥，这种方式确保了云端密钥备份的安全，只有用户才能恢复密钥。

一人一码方面，以抗击新冠肺炎疫情为例，济南市公安局、济南市卫健委等部门联合浪潮云、爱城市网，研发上线身份健康码，这是全国首个具有身份信息认证及疫情健康信息的认证码，实现“无接触式”查验，一码一扫，快速通行。我们希望，云码平台未来可以实现支持全息数字人，对健康医疗、生活、便民有针对性。

浪潮云码平台将复杂的区块链交互、密码学算法等进行统一化和标准化封装，支持二次开发，并且降低区块链应用的开发门槛

《链能》：现在市民进出居民区、厂区、饭店和超市等都需要扫码，其中区块链起到什么作用？

肖雪：首先，区块链起到的是锁定责任主体的作用，就像前面提到的，利用手机内的“签名私钥+生物特征保护”确保只有证件持有人本人才可以调出身份二维码，身份无法被仿冒。例如发现某人是新冠病毒感染者后，可以在区块链上找到此人明确的出入轨迹，该轨迹是无法伪造、无法否认的。

其次，区块链起到了可信交互媒介的作用。电子证件的验证方（如小区或厂区保安、药店店员等）扫码后，获得证件持有人和证件的基本信息，只有通过区块链才能获得诸如证件颁发方的公钥、证件是否已经被吊销、被通缉的人员清单等信息。与一般的交互媒介，如数据库、应用接口（Rest API）相比，区块链协议的安全性、可信度、标准化程度要高很多。

再次，区块链网络是一个多方参与的分布式共享账本，链上数据可以自动分享到多个节点，不会出现数据丢失或数据伪造。这有利于跨组织、跨地点的多方实时协作。

最后，得益于重视协议的标准化，区块链的开放性好，是信息化生态的有益支撑。多部门、多个开发商可以很容易地在区块链网络上部署个性化智能合约，取得链上数据（须得到个体授权），编写个性化的区块链应用程序，实现基于区块链的社会综合治理。

浪潮云码平台将复杂的区块链交互、密码学算法等进行了统一化和标准化封装，支持二次开发，并且降低了区块链应用的开发门槛。

区块链需要和关系库、大数据等链下系统配合，分工协作才能完成完整的信息系统功能

《链能》：区块链的特点就是通过冗余数据确保信息安全，高冗余也导致区块链的性能相对较低。当云码平台应用于网格化社会治理时，每天一个城市的扫码量可能上千万次，区块链将如何应对如此庞大的数据量？

肖雪：相比大数据，区块链是一种高成本的数据处理和存储方式。有一个概念叫“链上链下数据协同”。它的意思是，不能够完全靠区块链处理一切，区块链需要和关系库、大数据等链下系统配合，分工协作才能完成完整的信息系统功能。仅将关键数据写入区块链，如身份数据、证照数据、授权数据、审计数据、关键票据、金融数据等，其他数据存储在链下就可以。例如一张图片，我们可以把图片保存在链下，而把图片的摘要（哈希值）写入区块链（含数字签名）。对于这张图片来说，图片内容保存在了传统存储中，而图片的知识产权则通过数字签名被区块链确认了，这就是链上链下协同。

为了提高区块链处理数据的并发量、吞吐量、低延迟，我们采用了多种区块链扩容技术。如平行多链的架构，将一个城市内的网格化社会治理数据分散在多条区块链上，而将多个链条的共享数据（如身份数据）保存在一条叫基础链的区块链网络中。通过基础链，支持平行多链之间的跨链协调、协作。

对于那些相对次要但数量众多的数据，我们保存在自主研发的“审计侧链”中。所谓侧链，它依赖于母链，将自身的区块哈希值写入（锚定）到母链，它本身降低了去中心化程度，但提高了水平扩展能力，特别适合安全审计场景。

通过混合使用多种区块链技术及结合大数据，云码平台突破了一般区块链的数据处理极限，例如济南一天的扫码量就可以达到7000万次，并且延迟率很低。

一直以来，浪潮团队十分重视区块链核心技术的积累，我们的优势是对区块链技术的深入和正确使用。2019年，我们申请的区块链核心技术专利达300项。

从技术角度，链上数据仍是匿名的，只存在一个实名智能合约

《链能》：区块链还有一个特点是公开透明，而且我国对区块链的监管要求是实名制上链，未来基于区块链的网格化治理实现后，是不是每个人的行踪都暴露无遗？如何既用好区块链又保护好个人隐私呢？

肖雪：区块链扩容和隐私保护都是当前区块链领域的热点话题。原生的区块链是匿名的，用户利用私钥发起区块链交易，用户账号（地址）是由私钥派生出来的，从外部看，并不知道用户地址是哪个自然人或组织控制。2019年1月，中央网信办发布《区块链信息服务管理规定》，要求国内运行的区块链网络必须实现实名写链。这实际上是一种监管要求，并不是说链上的每个交易、每条数据涉及哪个用户都人人可见。从技术的角度看，链上数据仍然是匿名的，只是存在着一个实名智能合约，合约中保存了区块链地址（对应公钥）和实名账号（如身份证号、机构代码）的对应关系。当区块链节点接收到写链请求时，它会检查区块链地址是否已经注册到实名智能合约中。实名智能合约中的实名信息，如身份证号，是加密后再存储的，只有得到授权（如监管机构）才能解密得到实名信息。

国内区块链治理实践采用了分级治理、分级数据可见的方式

《链能》：您的讲解让我们了解到了区块链在智慧城市网格化治理方面的重要作用。我们有一个疑问，大量城市运行数据上链，相关信息会不会泄露，进而威胁到国家信息安全？

肖雪：智慧城市网格化治理采用的是联盟链技术，又叫许可链，顾名思义，只有得到许可才能接入区块链网络。

区块链的访问方式主要分为两种，全数据节点方式和客户端轻节点方式。全数据节点（peer）具有严格的准入限制，如果私钥不对，在网络层就会被区块链网络拒绝。客户端轻节点（如云码平台的手机客户端）根据需要控制会松弛一些，但它不会同步数据，仅保存用户私钥，仅能访问私钥对应的那部分数据。所以从全局看，控制全数据节点就能控制全部链上数据的扩散范围，全数据节点严格控制在国内；从局部看，轻节点仅能访问与自己相关的数据，轻节点数据哪怕是流传到境外也不会造成信息安全威胁。因此，链上的数据安全是完全可以得到保证的。

此外，浪潮团队还积极利用区块链技术保护链下大数据的安全。我们依托区块链技术开发了数据铁笼（IDS），用于保护高敏感数据的安全，在智能合约的严格管控下，只有用户授权

才可以将数据装入铁笼执行，结果返回给数据使用方，数据本身不会泄露，真正做到数据可用不可见，无授权不可用。

从国内区块链治理实践看，采用了分级治理、分级数据可见的方式，个人可以控制和查看与自身相关的全部数据，组织可以查看自身及治下个人的非隐私数据，监管机构可以看到链上的全部数据但被严格控制。

全球区块链专利创新人才、上海立旃科技董事长李立中：

用脑子想出了六十余项区块链专利

人物简介

李立中

上海立旃科技董事长、金窝窝区块链科技董事长、北斗区块链首席科学家&联合创始人、重庆金窝窝集团首席科学家&合伙人、豪特生物集团首席科学家及合伙人。目前是130多项专利发明人，其中60余项为区块链技术专利。2017年全球区块链专利创新人才百人榜第24位，曾任阿里巴巴蚂蚁金服集团财富事业群总裁助理，目前兼任中国信息化协同创新专委会副秘书长、新金融联盟理事兼专家委员会委员、新金融俱乐部发起人、中国电子学会计算机取证专家委员会委员、中国计算机学会区块链专委会委员、区块链与产业互联网融合应用60人论坛执行委员会委员、中国移动通信联合会区块链专业委员会副主任委员、世界金融论坛执行委员会委员。

主要内容

2020年6月17日，关于区块链技术的发展与未来若干问题，《链能——区块链与产业变革、治理现代化》编委会在主编蓝云带领下专访了上海立旃科技董事长李立中。李立中董事长为我们分享了全球区块链的专利情况，国内各大企业、地方政府推进区块链的情况，以及在后疫情时代区块链的实际应用情况和对于中国即将发行数字货币的看法。

全球区块链专利，中国数量遥遥领先，但质量上不尽如人意

《链能——区块链与产业变革、治理现代化》编委会（以下简称《链能》）：跟您第一次见面是在2017年下半年国家工信部、计算机世界传媒集团组织召开的区块链专家研讨会上，当时主持人介绍您的第一头衔不是董事长而是科学家。让我印象深刻的是，当时我问您，您这几十个全球专利是怎么研究出来的，您做了一个动作——伸手指向您的脑袋，“用脑子想出来

的”。这也是《链能》要专访您的一个初心。今天首先想请教的是：请您在不侵犯您知识产权的前提下，给我们科普您个人的区块链专利情况；现在知识产权保护得越来越好，其他各个国家和地区的机构或个人申请的专利大概是什么情况？此外，在全球的区块链专利排行榜上，中国包括阿里、腾讯、人民银行、平安等几个机构都排在前列，是否意味我们国家在全球区块链技术研发体系中占有相对比较重要的位置？

李立中：最初相见的时候，您也给我留下了非常务实的深刻印象，因为我们阿里讲“闻味道”，那次相识非常投缘。首先，我要澄清一下，我现在的发明专利并不是57项，而是大概有130多项，其中在阿里的发明专利是57项，创业后在区块链方面的发明专利有60余项。57项的发明专利涵盖的范围比较广阔，因为在阿里的业务线也比较多，我自身原来在安全界还稍微有一点建树，虽然都不太对外去讲什么。我有一些发明专利跟安全是相关的，现在也能看到对应的专利在使用。

例如，我们平时用的虚拟号，在滴滴打车、叫外卖的时候，它有一个隔离的保护号。只有在你业务有连接发生的时候，你才能通过保护号打通对方的电话，对方通过保护号也能打通你的电话，而且只有业务双方电话是互通的，这个保护号给别人是打不通的，业务结束之后你再打也打不通了，这就是我当时的一个发明专利。还有菜鸟物流现在用的隐私面单，实际上对应具体的楼牌号，商家和快递公司都不需要知道你的具体的门牌号，只有快递员需要知道。所以只有到区域的信息是明码，剩下那部分全部用面单号来隐藏，只有快递员用他的终端身份信息请求，GPS定位他已经送到这个位置了，才能知道具体地点，通过这种方式去解决个人隐私保护问题，而且扫完码送到之后，下次再扫这个二维码就读不出信息了，即货物送到后这个具体信息就失效了。

我还想说一下现在做的区块链的发明专利，大概涵盖三个部分：第一个部分是底层区块链的一些技术架构，现在的区块链“不可能三角”问题：怎么能够满足效率、安全和广泛的共识，使得这三者平衡？我有一系列专利和布局来去解决这个问题。其实我就根据我原来在银行工作十多年的经验，把对应的性能要求进行了解构，把安全和效率放在第一位，并对共识做异步处理，在记账完成后慢慢进行记录共识。这样的话，我既可以使区块链的高效率、高安全度、低成本得以实现，又可达到区块链的广泛共识，解决了区块链技术落地的痛点问题，我把它称为超级混合链。也就是说，上面是一个联盟链，联盟链的速度超快，因为多中心记账节点是风险可控的，它有相对安全性，不会产生类似51%这样的攻击。联盟链记完账之后，下面的边缘计算作为同步节点，就只负责记录，但是记录一样抹不掉，这样就达成了一个广泛的共识。记录和记账范围的节点谁都不能抵赖，这种同步并不要求时效性，只是哪怕一天之后同步完了，大家都能看得到，这就可信。这也就达成了区块链“不可能三角”的一个比较优化的解决方案，否则分片方案就容易产生数据丢失、共识能力不强，包括攻击等一系列问题。按照我这样的逻辑，就可以解决区块链的基础问题，使得区块链可以应用落地。这是基础技术层面一个专利的布局。

第二个部分是应用场景的布局。通过区块链，对一些无法描述或者是无形的资产进行具象化。例如，我们现在数据已经变成生产要素，但既然它是生产要素，就一定是生产资料了。我们看到过没有定价和确权的生产资料吗？也就是说，这个东西没有价格，市场上又不能流转，因为本身的隐私保护法规，根据信息安全的重要性，不能随意去侵犯他人的隐私权。这种新时代的数据要素不能够有效流转，就意味着数字经济没办法有效发挥数据的作用。

近期我们也看到杭州等地一些大数据公司被查处。前期有一段时间几乎所有大数据的相关公司都风声鹤唳，被查处的企业很多。我也参与了网络空间安全法的初稿审定，很清楚如果严格按照那个条例来做的话，数据是很难资产化的。

通过区块链，可以对数据有效授权，就是对我在平台行为贡献的数据，你给我一个代表我数据的标识，然后来购买、使用我数据的人去买这个数据使用权的标识，实际上就是我的价值已经变现，我设计了很好的隐私保护方案，把所有隐私数据隔离到一个统一平台，通过平台来触达用户。这时候个人的隐私就不会被侵犯，但是个人的数据已经变现，变成我自己的资产。这种方式可以有效促进数字经济的蓬勃发展。这个模型在重庆金窝窝集团已经落地并实践两年多了。我认为，在数据资产实践过程中，数据分类和了解数据特性很重要，我个人把数据分为从物数据、从人数据、衍生数据三大类。而从人数据是这里面价值最大的数据，从人数据又分为个人数据、企业组织数据、政府数据，目前重点聚焦在从人数据的个人数据价值标识化和数据收集。数据特性因为可以反复使用而无限增值，我认为它具有滚雪球效应，即越是早期贡献的数据对生态的贡献度越大，这样数据价值的标记分配模型就应该是每天定量释放等同额度，进而实现滚雪球效应，使得生态业务快速增长，增加生态价值维护的核心凝聚力，这是第二块应用的层面。

第三个部分，区块链的价值不仅在于能用，它既然是一把好菜刀，更重要的是在于切菜、做菜。真正的区块链应用是可以做到有效监管的，所以，我在未来金融体系监管方面也做了一些布局，就是通过对下一代数字货币的基因染色，把每一个数字货币都打上类似人民币冠字号的一个标记，通过这种方式来跟踪货币的整个流转生命，即全生命周期的流转过程。通过这种方式，可以找到“三反”的蛛丝马迹，无论是洗钱、恐怖性融资还是逃税，我们国家监管都可以很清楚。因为在底层的话，就可以准确找到你从一个中心化走到另外一个中心的蛛丝马迹，不用像现在需要回答“3W”问题，即who、where、what，还可以解决离线交易的数字货币复制问题。数据应用的痛点是现有产业用户数据的真实性有待商榷，以及收集数据成本和监管成本太高。通过这种方式，我们可以解决监管和下一代数字金融体系的安全问题。

数字货币上线之后，对应的银行该怎么办？ 我有一个小的发明，就是我的数字货币可以直接映射到绑定到某一家银行，就是说我要求绑定到哪家银行，就建立一个影子。银行的运作机制就是用户把钱放到我的机构里面，我就有头寸，就可以去放贷。实际上这是通过自己这种特许经营权，去做一个资金的期限错配，计算对应的利润。但是如果是数字货币，都在自己的钱包里，银行哪来的钱？银行如果没钱，它怎么放贷？我现在是说可以把我的钱通过这种映射关系放到银行里，我的钱如果不转给别人，就不在链上记录；如果已经转给别人，链上也会有记录。

以上就是我现在正在做的一些事情。我同时也在和一些机构合作，因为我觉得未来数字货币的这种发展是不可逆的，全球数字货币化监管的这种能力是必不可少的。像Libra最大的问题就是监管问题，任何一个国家都不可能放任金融自由流动，或完全不受监管。对应的这种体系建设，我们通过大有云钞这家公司在做，这一块我们可能会推动超主权货币的落地，我们利用100%的真实资产和100%的主权货币做200%的稳定币价值保障，共同发起超主权货币，通过有效监管的手段保障资金稳定和安全。平等接入，就是任何一个国家只要满足要求都可以接进来，这就避免了货币霸权。例如说Libra项目设计要求50%是美元，甚至现在改口要100%都是美元，这样的模式其实是美元霸权的延续，是一种不公平，也是一种掠夺和欺诈，是通过上位货币欺压小国的主权货币。如果用我们这套超主权货币体系建立新的金融秩序，那么每个国家都是平等的，各国既可以自主接进来，也可以自主退出去。所有资产都通过物联网进行有效监管，聚龙股份有金库管理的一整套物联网体系，通过它来实时地进行管控。锚定资产是足值稳定的，因为200%的这种担保，不论是黄金、钢铁、石油，底层资产都是实物足值的，上面还有100%的主权货币，才发行的超主权货币，这样就可以通过中国新金融体系纽带建立人类命运共同体，在全球贸易一体化背景下让资金像血液一样互联互通且各国自主可控。

我想如果中国能做出这样的贡献，就真正地践行了人类命运共同体，我们构建了全球资金血脉，把资本跨国联通之后，它自然就围绕核心跳动起来，这是我们正在践行的。

我讲一下全球的专利情况。从数量上来看，我觉得中国的专利数量应该是遥遥领先的，但我也比较关注专利的具体内容。我觉得，质量上，中国的专利不尽如人意，申请的多，授权的少。我们在区块链标准建立的过程中，还需要更多有识之士，包括有能力的机构企业投入更多资源去抢占相关标准建设话语权。如果没有专利保护，将来区块链产业还没跟别人打，就已经趴在地上了，所以说专利建设是很重要的。

区块链有助重建经济模型

《链能》：区块链在社会形态建设方面，有什么作用？

李立中：大家都在讲区块链这么重要，我们从来没见过一个技术像区块链这么被广泛探讨，即使是互联网时代到来的时候也没有这样被关注，就是说从来没有其他技术，能让国家机构或这么多的政府、企业全部都关注它，只有区块链！这必然代表着它背后蕴藏着整个社会变革的一次大机遇，我认为现有的整体生产经济模型已经濒临困境。我们都看到，随着技术的发展，我们逐渐进入的下一个时代是智能时代，智能时代最明显的一个特征是什么呢？人不参与基础劳动，简单的机械化劳动都不需要人，全部会机械化、智能化。我们也看到，普通民众是消费的主体，不参与劳动就意味着民众没有钱，那么民众怎么消费？这时候我们就需要通过新技术重建整个经济模型，让民众重新有钱，这就回归到我国最初的梦想，即共产主义，实际上它是在描述社会物质极大丰富时人类不再需要剥削，我国现在的物质已经极大丰富，但是我们的模型并没有与时俱进，因为中国经济形态分布并不是那么均衡，我国整体模型要想完全改变还需要一个过程。

我们不可能让所有人都免费地获得物资。如果这样做，就没人劳动，整个社会的经济模型就出现休克性坍塌。但我们也看到，现有的无人智能已经替代很多行业。例如，我在上海，街道的清扫采用无人扫地机，过安检现在全部刷脸。未来可能这类基础劳动全部机器智能化，这些普通人都下岗了，他们能做什么？这时候我们完全可以通过区块链技术去重构生产关系，新的时代数据是新的生产资料，人工智能或者说自动化是新的生产力。区块链技术可以解构并重构新的生产关系，它怎么重构呢？我们都知道谁最赚钱——资本家。用资本主义的描述来讲，为什么他是资本家，因为他提供了生产资料，我们就可以通过区块链让每一个人都可以参与生产生态。每个人都提供生产资料，比如我提供一个椅子，放在别人的咖啡店，那么就在区块链上标记这个椅子是我提供的，然后在区块链上进行利润分配的合约写法，这个模式不会产生非法集资、非法吸收公众存款等金融问题，因为它是物权的一比一映射，严格符合我国的物权法涉及指示交付的法律条款。

之前我提出过一个权识的概念，在去年央行的一次闭门会上，我提出了新概念：物权的所属标识，简称权识，它涵盖了有形资产及无形资产，它的英文全称是AOM（Asset Ownership Mark），它代表物权的所属标识。有了这种物权的所属标识，参与个体就是资本提供者，是共产生态的共建者，就享有对应的权益，一来有生态收益权，二来有消费优惠权，甚至能在生态里免费消费。如上面的案例，在生态咖啡店里，个体提供了一把椅子，他就可以在这里获得每年两杯的免费咖啡，后续消费可以打六折。这样客源就来了，就会建立一种新的产业共生关系，让我既是老板又是客户。这种共识越广泛，生态就运转得越健康。而且他花的钱少了，经济循环变快了，经济循环代表着社会发展的动力。现在全球经济一直在说L型经济深不见底，它并不是说我们的经济遇到了本身技术上的瓶颈，而是老百姓没钱，民众不消费，那么经济怎么运转？

我们现在要看到，现有的经济模型是不正常的，我们如何让它重建平衡？说白了，就是给老百姓发钱，老百姓有钱就会去消费，消费就会产生资本，就会愿意投入扩大再继续生产。但是这种模式可能带来一个隐含的通胀风险。这时候我们可以让国家收购这种全智能的产业，按照全民的方式，向每一个公民的账户定期发放一定的生活费，这样民众就可以保证基本生活。在整个商业过程中，把民众的数据收集起来，通过平台帮助民众变现数据的价值，变现后再给民众这种权识，就可以进行相当于钱的数据价值交换。前面保障民众正常生活，后面保证民众活得好，因为有这样的标识，每个商家都需要用户的数据，他去买的时候老百姓就获得分润。我认为，政府的数据如果变现，政府不要拿走，应该分给老百姓，因为政府收集的这些数据都是普通民众的数据，如果给民众分配这种权益，民众就有消费能力。

这是我个人观点，仅供参考，现在我们也在做一些实践，因为数据有一个特性，现在所有生产资料，你看到的生产资料，都是一次性的，因为它是有形的。买来的石油，提炼完变成汽油，石油就没了。汽油再做汽车燃料，汽油就没了，它是一次性消费。但数据不一样，数据这种特殊的生产资料跟所有其他生产资料都不一样，它是能持续使用并无限增值的。比方说我现在贡献的一份数据，两三年后依然有用，十年后它持续有价值，在A场景用的时候可以分析我，在B场景同样可以分析我，有多少场景就可以派生多少种价值，在这些场景，我的数据都有价值。这种可以反复使用无限增值的生产资料，其实是未来人生命延续的关键，或者是说财富延续的一个很好的途径，通过这种方式老百姓就会很富足，社会就会很和谐。

技术一定不能作恶

《链能》：国家多个部委曾两次发文，坚决打击“炒币”和ICO（Initial Coin Offering，首次币发行）。您在业内属于高精尖人才，怎么抵制币圈的诱惑？

李立中：我只能说2019年是一个初步尝试落地的一个时间点，因为在那之前差不多到2018年都主要是币圈搞空气币的。好的技术最先用的往往是骗子，因为这些骗子不需要真正的技术落地。我的区块链专利发明在2017年就已经全球排第24了，随便拿一个专利就可以融资，我不做这样的事情，那时候如果要是拿出去一个专利，融资几个亿都没问题。我一直认定技术一定要服务于实体经济，技术一定不能作恶，技术应该是先践行后跟市场收费，利用市场的经济循环模型来赚钱，赚你应该得的合法的钱。

因此我也对合作伙伴有甄选条件，大概有三个要求。第一，不能连基础的资本金都没有就想上市场圈钱，合作企业先要自己有钱投入研发。有两家合作机构前期大概做了两年多都是自投资金研发，项目自投入全都是自己掏钱，真正落地之后，依靠经济循环模型向市场来要钱，这是第一点，自己要有钱。第二，你的人品要正，你不能有过往劣迹，你不能拿着我的名号去吹，你可以用我的技术，你讲我提供这样的技术可以，但你不能拿我去站台，我还是比较爱惜羽毛的。第三，我认为生态最起码自身要有业务，已经有一定的客户群体，企业才能快速长大，因为整体业务是不等你的，如果初创完全从零开始的话太慢了。这就是我合作的三个要素。

我觉得作为一个实业的技术探索者，应该更多地去让技术解决整个社会发展的问题。技术要提高效率，降低成本，真正地让经济循环变得更加的顺畅，我觉得这是我们技术人的责任与义务，因为我们都希望国家好、人民好，反正我觉得在这一点上，我们做技术要心存敬畏，尤其是区块链的应用场景很多，其实它是涉及金融类的一种手法使用。

因为我在银行工作了十多年，又在阿里巴巴财富事业群工作了两年多，我觉得金融人员一定要有敬畏之心，就是说你不能去作恶，因为金融作恶能产生的影响太大了，我觉得这是不应该的，所以这一点我认为也通过我们采访的沟通内容，向外界传递一个信息：作为一个真正的技术践行者，我们不要作恶，我们要为社会、为国家做一点自己应该做的贡献。这个是我的一个初心，也是想对外宣扬的一个理念，谢谢。

很多技术想象起来很美好，实际应用时有阻力

《链能》：从您了解的全国层面看，中国的各级地方政府、大中型企业在技术应用上的情况怎么样？

李立中：2019年有一部分初步尝试，2020年尤其在疫情事件中，新技术落地的速度越来越快了，但无论是政府还是企业都有一定的问题，因为区块链过于透明、过于共识，会打断原有的利益格局。

举个简单例子，如果用区块链来进入政务体系，一个审批拖延了一天，区块链都会记录在内，这个业务模式很好，但是那些有拖延症的领导肯定不愿意被记录。同样，区块链供应链金融模式，这个想法很好，通过这种可拆分化金额避免了原来票据融资的痛点问题，大票拆小票的成本很高，拆来拆去套利方各种消耗，到小面额的时候，终端末梢的实体就不愿意拆了，几十万元的金额需求和几千万元的大票拆分，机构根本不愿意操作，但是用区块链就可以，因为直接初始就是碎片化的，但这样会占用核心企业授信额度周期过长。核心企业其实并不愿意，因为核心企业原来可以通过这种押款的方式赚钱，还不影响银行授信额度释放的周期。所以有很多技术应用想象起来很美好，落地到实际产业时，受各种利益的阻断，推动起来还是有点慢，这种趋势还是非常明显的，因为一旦真正推动落地这种示范效应产生，它就是势不可挡的。例如，用区块链来做党建，每个党员的学习情况、反馈情况，这些周期的学习信息都是有数据且可评估的。

《链能》： 全国哪些省（区、市）推进区块链推进得比较好？

李立中： 我认为有两个梯队，第一梯队就是北京、上海、广州、深圳、杭州、重庆等城市，它们是比较活跃的。有一个问题是有的城市太大，犯不起错误，开始不能讲得太多，因此现在看到真正落地的还没有那么明显，也许都是悄悄地进行试点。银行体系也都是这么做的，就是先实践，等确实有成绩的时候再对外发声。

第二梯队是像湖南娄底、广东佛山及清远等城市，已经在做一些这样的探索。它们代表着政府肯作为的态度，就是说当地政府在努力地改变，迎接新技术。当然，这不代表政府要做出什么政绩，更多是为老百姓的福祉去做一些事情，我对这样的政府是很钦佩的。

如何防止区块链“伪溯源”

《链能》： 请给我们讲两个详细的区块链应用事例，一个可以是区块链技术对知识产权的作用，另一个是区块链技术应用在大家日常生活中的例子。

李立中： 我想第一个就讲知识产权。从知识产权的这种模型看，专利无疑是保护企业核心利益的最佳武器。专利有一个特性，持有人可以多个。那么，我们可以通过一些方式去让这些人把专利碎片化，例如，在知识产权交易所里面，这一个专利，我可以估值5000万元。那么1万元一份，他买了之后，知识产权进入另外一个公司，就能参与分享利益。比如分5%的年化收益，直接从报表拨出给到专利的拥有者。这是一个很好的经济模型，当然，实践上还有很多法律约束。这样做这个业务，可以有效激活知识产权，让社会的价值分配再平均。

我现在正与北斗区块链合作，实际上就是做防伪溯源。我们都知道外面都在说用区块链来做防伪溯源，我认为他们做得都不对，都是伪溯源，为什么呢？他们用的二维码或者RFID（射频识别技术）芯片，我称之为溯源标记，商品是溯源物，但溯源物和溯源标记可以物理分离，并且可复制，这个模式就没有任何意义，没有任何价值。举个简单例子，从海外邮寄过来一个商品，这个商品有二维码，但实际上我邮寄的只是一个二维码，在国内装了假货，二维码是可以复制的，我复制1万份都变真的了。我现在做的防伪溯源，把这物品的指纹就如同人的指纹一样记录下来，比方说木质的有木纹，这个木纹我把它照下来，放到区块链上，用二维码关联，你一查二维码，纹理就能出来，这时候商品是没办法伪造的，伪造的成本太高了。对应地，它可以应用在很多场景，例如奢侈品中，皮包的皮纹是唯一的。皮包怎么做防伪溯源？皮包的外表看起来都一样，比如一个香奈儿的包，表面上是一样的，但是它的Logo、周边皮质的纹理等细节是不一样的，因为那是生物特征，我把它记录下来，就意味着这个包绝对就是这个包，就像人的指纹一样变成唯一的标识。对于没有特殊纹理的织物，如衣服、裤子、鞋，我们可以用它的Logo，价值承载是Logo，用带有纹理的Logo，不管环保的、木质的、檀木的还是什么，做一个这样的Logo，这个Logo就代表是唯一认同的正品。别人做不了这样一个Logo，因为这Logo细致的纹理是仿造不出来的，仿出来的就像之前那个笑话——有人用10万元造了7万元假币，造一次赔3万，这样的事肯定不会有人去做。

对于一些特定的商品，像酒瓶、化妆品等商品，没有特殊纹理。我还有一个专利就是用激光来打码，激光打码的点阵是不固定的，你都是打12345678，但放大微观点阵的位置间隔构成是不一样的，所以通过这种方式来确定这是我打的码。把它记到区块链上，就可以做到真正的防伪溯源，包括艺术品，它的防伪溯源都可以做，比如作家把他的笔墨痕迹，或者是艺术品瓶子的天然痕迹，微观地放大，用电子显微镜放大后记录下来，再请作家或鉴定师捧着作品照一张照片，确定了作家认定这是他做的，就保证了文物艺术品的传承有序，非常有趣，这样谁也不能抵赖，收藏藏品的人也能放心收藏。

中国探索数字货币非常及时

《链能》： *您对现在中国人民银行即将发行的数字货币DCEP怎么看？*

李立中： 我认为中国推出数字货币是迎合趋势，非常及时。但是在技术逻辑上可能会有一些难点、障碍，尤其我看到的他们推出的双离线的技术逻辑。我原来的工作涉及安全领域，我认为这种双离线的技术逻辑有瑕疵。就是说如果没有任何跟踪的手段，双离线做多层的转账后，就有可能产生“多花”。比如说我从我的钱包转到你的钱包都是离线状态，转完之后我把手机恢复了，变成原来的模型，就会将整个内存状态全部复制出来，这是另外一套黑客技术了。我在手机恢复后跟原来是完全一样的，我再转给另外一个人，一下子转几十个甚至上千个，这时候他们再转，你是很难追溯的，钱就多了，资金如果要出现发行总量这种变化，就没办法上线。我认为之前讲的监管能力就是区块链基因染色打冠字号，每一个货币加上一个类似冠字号的东西，它其实不仅仅解决监管的问题，包括这种“双花”问题也可以解决。因为你带着标号走的，那就是我发的标号的钱，不是我的标号钱，我就不认。你这个标号钱只能转一回，我发现这个账号钱再次转账了，我很容易认定这个节点有问题。

区块链有一个误区，别人一直在讲区块链不能造假，我觉得这是一个最大的误区，区块链是绝对可以造假的，区块链最大的价值在于造假之后不可抵赖。传输方面，从原始数据源头我就传假的行不行？能传。传完之后你再说我没传，不行！这才是最重要的，因为一旦传上去，所有节点就都记录了，你再说我没传，就没人信。所以说，它是一种威慑力，而不是从源头上就能澄清事物。防止你作恶，增加作恶成本，但是并不能杜绝作恶。

我觉得中国数字货币现在试点正是时候，不管它现在技术上有没有难题，只要我们在国际上抢占了这个体系的话语权，就能在这个行业树立领导型地位。以前都是美国引领我们，现在我们央行的机构先做出来了。现在美元的数字货币也在抄我们的数字货币DCEP（Digital Currency Electronic Payment）。Facebook的Libra是一个商业主体，没有国家的背书，没有国家的信用，那么商业主体的资产规模就做不大，而且这些可信度不高，企业总有倒闭的时候。

所以说，中国实际上在更高的维度上，以国家意志推出了数字货币，抢占了国际标准的话语权，因为我们先做了，其他国家再做就是抄我们的。现在看来，美国已在抄了，它也不得不抄，因为Libra跟中国的数字货币不构成这竞争，它没有办法获得同样的话语权，一个商业机构没法跟一个国家比。我们的DCEP实际上在树立一个新的标杆，实际上在打造一个新的样板，在引领一个国际新标准。从这一点上来看，我们的DCEP是非常有价值的。当然，新的技术践行需要很多磨合，需要很多探索。

《链能》： *现在也有人说我们的数字货币不是完整的数字货币，只是电子货币，您怎么看？*

李立中： 这是我们国家很聪明的地方，DCEP的架构是双重架构，央行只管发行给你授权，比方说你银行有1亿元的额度，你去发行电子货币，我这边计表里你有一个亿的数字货币，不管你具体的技术实施路径是用区块链还是用中心化的，只要你去践行就行了。这样的话，第一，就有一个收口，他可以说在你出现问题的时候我可以去管，如果要直接从央行来发，这个进度就太大了，万一出现不可逆风险，它实际上是失控的。所以说，我们现在第一可以抢占标准。第二，我们实际上现在在做什么？多一点试错。大家都去做，可以用区块链做，也可以不用区块链，但我觉得发展方向一定是用区块链的。这个时间就是下面的这些试点机构的博弈，做好了，你就变成一个新标准，做不好就失败了，DCEP的整体试错成本可控，风险可控。我觉得这一点是很聪明的，也是我国的一个大智慧。

更新知识库适应技术新业态

《链能》：最近国家人社部公布了九个国家新职业技能标准，其中有两种跟区块链有关。现在很多IT从业人员立志成为区块链专业人才，而区块链人才在求职市场中薪酬比较高，社会地位也比较高。从您个人成长经历来说，对那些要成为区块链专才的IT青年，有什么好的建议或意见呢？

李立中：我认为，从区块链专才角度来说，第一点，应加强动态学习。新的技术业态变化太快，要实时更新知识库，要去学习。我也希望国家有一个培养、培训体系，包括请一些顶尖专家更新知识库，否则现在学的版本可能过两个月就跟实践模型完全不一样了。

第二点，应健全教育体系。现在很多区块链专家学者，要么专心在做自己的事，要么参加一些会议。他们在新进人才的培养上投入不太大，因为教育不是一个赚钱业务，而是一个普惠的业务。对于这些真正有能力的专家，我觉得政府应该给予更大的政策支撑力度。比如企业家过来讲课，可以给企业免税等优惠政策，让他有更多获得感。只有这样，整个体系才能建设起来。否则光靠院校教育是不够的，院校不接触实体，缺少做实践的人，院校学生学习专业技能后还是缺乏实操经验，难以造就真正的专才。当然，做实践的人，也要加强理论认知。

（编者注：唐昕晨对本次采访有贡献）

云润研究院执行院长晋彤：

“区块链+”落地，清远“农货链”全国首创

人物简介

晋彤

云润研究院执行院长、国家多个部委开源信息智库技术顾问。1989年毕业于北京大学物理系；1992年毕业于波士顿大学，获物理学和计算机科学硕士学位。有超过34年的信息产业经验，为几十个世界五百强公司及数百个各级政府提供技术及战略咨询。研究和主持方向历经算法、神经网络、固体物理、NOSQL（此处是对不同于传统的关系型数据库的数据库管理系统的统称）数据库研发、ODBC（开放数据库互连）驱动开发、控件开发、集成开发平台设计、SQL（结构化查询语言）解析器设计、MOM（消息中间件）中间件研发、分布式架构、SaaS（软件即服务，即通过网络提供软件服务）软件平台研发、云计算研发、搜索引擎研发、一体化大数据平台、推荐引擎、开源信息大数据平台、媒体大数据平台、Web及App应用快速生成平台、网络空间安全、区块链、人工智能等。

主要内容

2020年1月14日，《链能——区块链与产业变革、治理现代化》编委会在主编蓝云带领下，专访了云润研究院执行院长晋彤。晋彤表示，目前中国在区块链的发展现状主要体现在形式主义和投入研发两个方向，这两者都很热烈。他介绍了云润“区块链+”解决思路，以及该思路在清远衍生的一系列“区块链+”方案。晋彤表示，清远落地的乡村新闻官“农货链”，以及“区块链记者”“区块链通讯员”，均为全国首创。

关于区块链，形式主义和投入研发两个方向都很热烈

《链能——区块链与产业变革、治理现代化》编委会（以下简称《链能》）：2019年10月24日，中共中央政治局进行第十八次集体学习会议，内容涉及区块链技术发展现状和趋势。对

于区块链作为核心技术自主创新的一项重要内容如何赋能各领域，各方充满期待。请问中国在区块链发展上的现状如何，未来的发展前景如何，与其他国家相比有哪些竞争优势？

晋彤：目前中国在区块链上的发展主要体现在形式主义和投入研发两个方向，这两者都很热烈。一个方向是形式主义，这主要就是“币圈”的玩法，以及实际上跟区块链完全没有关系的各种传销营销等，还包括利用区块链去进行各种圈钱的行为。

另一个方向就是实际研究，主要涉及技术研究、数字货币和场景应用三个方面。第一，技术研究。云润团队从开始就关注到区块链的本质是可信互联网，区块链凝聚了互联网上的各种成熟技术，比如加密技术、分布计算技术等；同时融合了人们在互联网上的需求，比如跨境支付需求等。基于区块链本身的属性，云润团队认为，区块链对于管理是一个新的挑战。据此，云润团队与网信部门有了交流，并于2018年主导提供了一份研究报告，从地方到中央都对这份报告给予了高度重视、充分肯定。第二，数字货币。央行致力于研究以区块链为基础的数字货币，并且取得了相当高水平的成绩。第三，场景应用。国内基于区块链在“链圈”有不少的应用，而且相当扎实，比如溯源、认证、知识产权保护以及基于智能合约的多方交易平台等等。

未来，全社会可能通过区块链技术的广泛应用提高社会治理的水平，主要体现在效率和公平性。因为人工干预少，相对比较客观公平；因为自动化程度高，效率也比较高。这使得大家在治理上，能够把更多精力花在对客观事实的判断上。信息处理有两方面：一方面是信息收集、自动转换和传输；另一方面是人对数据的干预。花在信息收集、转换和传输的精力减少了，自然就有更多精力来加强对信息的干预。

优势方面，跟其他国家相比，中国在技术应用上一直有很强的优势。比如说，在互联网应用上，从20世纪90年代末到现在差不多20年的时间里，我们在互联网应用方面的成熟程度可以说完全超过了其他发展中国家。但是中国在应用上，通常是没有底层技术优势的。比如目前互联网很多应用还是基于已有的IPv4网络（编者注：网际协议版本4，英文为Internet Protocol version 4，IPv4，又称互联网通信协议第四版，是网际协议开发过程中的第四个修订版本，也是此协议第一个被广泛部署的版本）。因此，区块链给了我们一个很好的机会——在底层架构上面，也使用我们自有的、我们国家自己研发的技术。区块链涉及数字空间乃至数字货币这些主权性问题，可以想见国家会下定决心，从基础架构开始做到完全自主、主导。从这个角度来讲，如果中国在技术架构上保持一定的开放性，保持一定的与世界前沿技术以及领先领域的同步性，再在应用上大力发展，中国在区块链领域全面超越世界其他国家是有机会的。最后，需要注意一点，整个国家包括政府主导等应该有一定的辨识力，不是说无论谁喊起这个口号，政府都倾其所有去做，这样很容易形成“假大空”的情况，最后变成闹剧。

“区块链+治理”，是指有监管的区块链应用形态

《链能》：区块链具有点对点、无国界、无主权及无特定法律责任承担主体等特征，其带来巨大便利的同时，也给多个领域带来了未知风险和监管难题。2019年10月31日，第三届互联网大数据与社会治理南京智库峰会上，粤港澳大湾区区块链应用推广中心主任蓝云以佛山禅城等地探索为案例，分享了《区块链与公共服务创新》，并首次提出了“政府管理下的区块链”的核心原则和管理领域。人民网对此进行了公开报道。

您认为，对区块链的监管跟我们传统意义上的监管有什么区别？应该怎么管？

晋彤：蓝云主任和工信部赛迪区块链研究院、广东省内专家团队共同指出，区块链监管很重要的一个环节，就是关于内容安全的问题。某种程度上，区块链就像一条高速公路，或者是一个高速公路网这样的基础设施。在中国，基础设施的通常模式是全民建设，但最后整体由政府来统一监管。同理，区块链是一个基础设施，它是非常有监管必要的。区块链的畅通基于基础设施铺架的完备性，在监管上政府应该做到的就是正常业务不插手，关键政策一定要主导制定。这些政策要通过技术手段体现在区块链的体系架构上，比如关于智能合约的防止被篡改和防止被攻击两方面的保障，比如内容必须由政策指导、不良内容不能上链等等。我认为，这应该是政府主导的一个方向。

蓝云提到的“政府+区块链治理”，翻译成技术语言，实际上是指一个有监管的区块链的社会应用形态。这个监管应该包含两方面，一方面就是对基础设施的监管，另一方面应该是对这种区块链的应用场景产生一些新的指导方向。

此外，区块链本身也是一个政府可以提升自己的组织架构的和效率的方向，比如文件不会被来回地冗余发送、冗余传达，甚至造成互相矛盾的情况，通过区块链可以使这些变得有序化。还有很重要一点，如果区块链能够在政府主导下进入日常生活的社会形态，可能对整个社会的道德体系有良性的引导。区块链的一个本质是信任，所以有效率。这样的话，我们会进入一个大家更加互相信任的社会，少了很多诈骗行为，对清朗网络空间也是非常有用的。

另外，蓝云主任近期在《清远日报》的专栏连载文章，其中有一篇是《建立有中国特色的区块链技术应用体系》，内容新颖、深刻，我推荐大家读一读。

未来区块链将会无所不在，但它藏身于后台

《链能》：互联网发展的早期，人们很难想象到互联网将会如此深刻地改变我们的生活。早期，我们能想象到的无非是电子邮件、在线图书馆、在线交友等应用，而很难想到还会发展出社区电商、在线打车、网红带货等全新的商业模式。那对比来看，您觉得，在目前这个阶段，各大传统互联网巨头现在着力发展的区块链应用，真是严格意义上的区块链应用吗？有没有可能区块链真正的发展方向，我们还远未瞥见其真面目？您心中是怎样定义区块链解决方案的，它具有什么特征？

晋彤：目前我们还没见到关于区块链的真正发展方向。关于区块链的未来，我认为，有几点是可能发生的。

第一，到了将来大家不会天天念叨“链”，因为没有太大意义。就像我们把“网”换成“链”，我们平常去上网，大家会说我上了“淘宝”，但是没有人说我上了“淘宝网”。到了以后，比如说淘宝变成区块链，我们也不会说去上了“淘宝链”。将来，区块链会无所不在，但我们不会整天念叨它，因为它是一个后台的东西，是我们不能直接用手去触摸的。区块链在未来会更加作用于我们的生产生活，但是我们不用天天看见或者念叨它，这才是真正的广泛应用。互联网初期，大家有一个网页就是一件了不起的事，但现在谁还整天念叨网页？

第二，区块链使得人们互相之间的信任度提升了，大家相互之间的信任和分享会增加，网络诈骗会减少，民风会变得更加单纯。大家会把更多时间和精力用在知识和创造上，而不是花

在辨识真伪上。

第三，因为区块链具有不能消除的特性，所以大家要更加负责，说的话、做的事、留下的痕迹会越来越多，也就不会胡乱说话或者肆意妄为，因为都会留下证据。

第四，各个系统通过区块链提高了效率，企业间的合作包括供应链、电商、贸易、物联网等，还包括知识本身的传递组合增长都可以区块链化。将来大家的互相协同的效率和程度都会大大提高，社会的管理成本也因此大幅度减少。从政府的角度来说，也许我们会看到，政府的人员也就是公务员群体的工作也许不用那么累，也许会更有效率。他们能够把主要精力放在信息的分析和研判上，而不是在信息的传递上。因为现在微信工作群已经变成公务员的工作中的精神压力，将来通过区块链技术，他们可以不用整天面对冗余的信息并来回传达。

第五，将来通过区块链，不管是在线还是离线，都能够实现支付，因为每个人都有区块链钱包随身携带。未来的支付不像现在使用支付宝或者微信支付那样是一种数据的更新，而是货币的一个代表。此外，区块链能够实现很强大的跨境贸易。国际社会上，将来大家很可能在各自的主权货币上不一定统一，但是会形成基于区块链的国际货币流通体系，这样的好处是大家去到哪里都不会在货币兑换或者流通上出现困难。这对加强跨境贸易，促进全球化贸易健康发展是非常有用的。

当然，事物都有两面。区块链的任何一个进步，同样也会被利用来钻空子，这个是大家也要预防的。

“清远乡村新闻官农货链”全国首创

《链能》：我们了解到，作为区块链应用推广的先行者，云润融合自身大数据平台和区块链技术平台，近期在清远落地了关于区块链的应用场景，请您谈谈具体情况。

晋彤：区块链作为分布式数据存储、点对点传输、共识机制、加密算法等技术的集成应用，在云润所在的大数据领域有非常多的结合场景。尤其是其去中心化以及新型信用体系的建立方式，对于云润在技术拓展方面有非常重要的战略愿景。近期，在清远市委宣传部的指导下，粤港澳大湾区区块链应用推广中心、北江区块链研究院和云润大数据公司与清远日报社深入合作，在关于区块链的技术交流工作上奠定了合作的方向与基础。鉴于此，云润提出了包括“区块链+党建”“区块链+创文”“区块链+融媒体”“区块链+精准扶贫/城乡二元结构解决方案”“区块链+文旅”“区块链+智慧职业教育”等一系列“区块链+”方案。我们计划对每一个立项项目，从理论、实践和技术建立案例分析，理论联系实际，建立一个自洽的体系，致力于建立全国先进典型，打造清远先进案例，推广清远先进经验。

2020年1月12日，在广州举行的“2020年清远市乡村新闻官爱心年货节”上，“清远乡村新闻官农货链”正式发布，清远日报首批“区块链记者”“区块链通讯员”现场亮相。据现有公开信息披露来看，不管是乡村新闻官“农货链”，还是“区块链记者”“区块链通讯员”，均为全国首创。“清远乡村新闻官农货链”由清远日报区块链新闻实验中心、清远市北江区块链研究院和云润大数据服务公司联合研制开发。

“农货链”有三个核心特点。一是一链了然。戏水鸭子，野外放养。这样的信息，还只是单点、此时此刻。有了“农货链”，鸭子从出生到成长，吃什么饲料、打什么疫苗、日常生活环境等情况，一目了然。所有信息全链条、可溯源，人人皆可见，没人可删改。只要你愿意，你还可以知道“鸭爸”“鸭妈”是谁。

二是双信保障。清远日报“区块链记者”同步正式亮相。他们明察暗访、做好监督，与乡村新闻官一起形成A、B角，确保上链信息的准确性、真实性；他们广泛联络、集纳各方资源，确保上链信息的立体性、互补性。将党媒记者的权威性、公信力与数字世界的信用体系融为一体，“客观信用+主观信用”模式也是全国首创。

三是三种方式。“清远乡村新闻官农货链”采用H5格式，既可以单独成为登录页面，在“清远日报”App上有专设栏目，也可以外挂在快手、抖音以及各大电商平台，支持一键下单。

区块链最好的应用是要把价值体现出来

《链能》：我们还了解到，2019年7月30日云润发布了全国首个直接支持“食药安全”的区块链平台——“云润区块链+食药安全平台”，请您谈谈，“云润区块链+食药安全平台”是如何实现食品、药品的查询和溯源问题的？目前这个平台的应用如何？取得哪些成效？

晋彤：“云润区块链+食药安全平台”能解决食品医药可查询、可溯源问题，真正实现疫苗等食药的“全流程全链条彻查”。我们认为，食药安全平台最重要的一点就是溯源。要做到溯源，重要的就是整个供应链都要和区块链平台去整合。也就是说，在药品的生产环节，从原料到产品，再到包装、运输过程，从分发到门店，再到购买者，都应该有直接的跟踪，目前云润平台都是可以支持的。目前我们已经在这个平台和一些食药监相关的部门合作，下一步将进行大规模的推广应用。

综上所述，云润“区块链+”解决方案，主要是抓住人流、物流、资金流、信息流的上链资讯节点，发挥区块链技术的优势，即去中心化、新型信用体系、高效率协同、不可篡改性的存证和回溯、基于智能合约的高效率交易和各种场景结合、快速落地、同步进行理论研究和实践分析、快速建立标杆案例。

关于云润“区块链+”的体系架构，我们认为，区块链最好的应用是把它的价值体现出来。于是我们把区块链作为一个基础设施，作为一个底层的架构，或者作为一个花销比较大但价值特别高的数据管理平台去做。在这样的理念支撑下，我们形成了一个可以跟现有软件架构对接的体系。在这个体系下，原有软件功能不需要进行大的重写，就能够形成比较直观的区块链功能的支撑，从而使客户较快享受到区块链带来的便利，比如说不可分布、不可篡改等等。但是我们不需要投入从头开发的时间，也不需要投入太大的花销。这就是云润“区块链+”的基本思路。

广东省计算机学会区块链专委会副主任委员兼秘书长黄建新：

“链”向广东，多个领域开始应用

人物简介

黄建新

广东省计算机学会区块链专委会副主任委员兼秘书长，广州赛宝联睿信息科技有限公司副总工程师。

主要内容

2019年11月，《链能——区块链与产业变革、治理现代化》编委会在主编蓝云带领下采访了黄建新副总工程师。他表示以大数据为代表的新生产资料及以区块链为代表的新生产关系的有机统一，化解了数字经济发展中的矛盾，为我国经济转型升级、提质增效提供新动能。区块链面临技术挑战，当前仅处于“婴幼儿时期”，未来，区块链将通过数字货币、积分或者通证等形式出现，更多是通过无感的形式出现，因为将来区块链会成为互联网的基础设施的一部分。

区块链面临技术挑战，当前仅处于“婴幼儿时期”

《链能——区块链与产业变革、治理现代化》编委会（以下简称《链能》）：“区块链”进一步走进大众视野，成为社会各界关注和热议的焦点话题。您认为，目前风头正劲的区块链，将给社会、经济带来哪些机遇和挑战？

黄建新：区块链大热，对于社会和经济发展来说，是机遇和挑战并存。从机遇方面来说，区块链技术是随着信息技术特别是云计算、大数据、物联网、5G和人工智能应用不断普及过程中遇到的信任矛盾而出现的，是为了解决信用的数字化和价值不对称问题。区块链的本质是价值传递，它使人们可以低成本地传递价值。社会价值流动越快，运作效率就越高，从而形成了以人工智能为代表的新生产力、以大数据为代表的新生产资料及以区块链为代表的新生产关系的有机统一，化解了数字经济发展中的矛盾，为我国经济转型升级、提质增效提供新动能。

从挑战方面来说，主要存在以下几方面：

（1）理论挑战。随着互联网和信息技术不断普及和深入应用，我们进入更多无人区，在新的形势下，我们需要有新的理论如CPS（信息物理系统）和Digital Twin（数字孪生）作为我们新的理论支撑来解释新的问题和需求。

（2）技术挑战。目前我国区块链自主核心技术研发还不够，大多数区块链应用是基于以太坊或者其他开源平台。区块链在当前仅仅处于婴幼儿时期，呈现一个比较原始的状态，区块链本身的交易速度是非常慢的，每秒钟的交易量是当前区块链在应用过程中所面临的一个重要的技术挑战。

在任何情况下，都不能够轻信一个系统是绝对安全的，尽管对于区块链系统的破坏需要攻击51%以上的节点，难度较高，但是这依然意味着区块链的安全性还有一定的漏洞，攻击者可以将攻击对象转换为使用的个人。

（3）模式挑战。区块链本身是一个非常难以预测的系统，无论是商业模式还是技术创新，当区块链扩展到一定数量级时，由谁来承担责任就会成为一个难以解决的问题。

（4）人才挑战。区块链亟须解决的不单纯是技术问题，更多是业务模式创新，区块链需要复合型人才。区块链技术本身就是一个非常复杂的技术，它涉及密码学、计算数学、人工智能等诸多跨学科、跨领域的一些前沿学科，一般普通的工程师很难在短期内去完全掌握它。

（5）标准挑战。区块链在国内外还没有形成通用标准，如果市场参与者采用不同的账本或应用周期，将产生后续的兼容性和互联互通问题，不利于整体效益的提高。

（6）监管挑战。区块链为智能合约提供了可执行的可信环境，即智能合约是区块链技术应用的一个拓展方向。智能合约本身是一个不以人的意志为转移、进行自动执行的合约，并且一旦开始执行便会无法终止。因此，这时候就需要由第三方角色对智能合约进行审查。一旦有不法分子利用逻辑漏洞来破坏智能合约，产生破坏性影响，便会随之形成一些法律和监管方面的问题。当前，尤其是金融行业属于高监管行业，区块链技术应用于金融行业，将在全球范围内催生一个监管难题。

各行各业都有区块链应用需求，但不能为了区块链而区块链

《链能》：您长期致力于区块链技术及应用的研究，我们知道，作为底层技术的区块链，目前的项目大多面向B（商家、企业）端，老百姓在很多时候不太能直观感受到，但它的诸多优点，如信息可追溯、防篡改、数据可验真等，都可以为日常生活带来无形便利。那么，未来区块链有没有可能面向C（用户、消费者）端呢？如果有，您设想是以一种什么样的形式出现？

黄建新：其实现在已经有很多面向C端的区块链应用，如前面说到的广州互联网法院正式上线运行“网通法链”，“佛山禅城的区块链+图书馆自助终端”以及首旅如家上线如玉区块链积分等。未来，区块链将通过数字货币、积分或者通证等形式出现，更多是通过无感的形式出现，因为将来区块链会成为互联网的基础设施的一部分。

《链能》：区块链大热后，为赶风口，一些公司或者个人想抢占市场分一杯羹，导致整个行业乱象丛生。那么，区块链是不是真的那么神奇？是不是各行各业都可以应用？有没有哪些领域不适合用区块链？

黄建新：区块链并不神奇，正如上面所说，它本质上只是提供了一种去中心化的信用机制，但是目前大部分公司和个人将区块链的手段作为目标，或者说暴利思想作怪，将区块链作为炒币的工具，导致行业乱象丛生，“割韭菜”意图明显，区块链真正的用途应该是民生领域，也就是“区块链+应用”，区块链的作用应该是化腐朽为神奇。

随着“互联网+”的不断深入和新一代信息技术的普及应用，各行各业都会上网，因此各行各业都有应用区块链的需求。

当然，由于区块链适用的场景是去中心化，因此如果是中心化的领域就不适合用区块链，如我国即将发布的数字货币DCEP就是采用中心化架构，技术中立，在央行层面没有采用区块链技术，但对接入机构并不排斥采用区块链技术，不能为了区块链而区块链。

在广东，区块链已在金融、政务服务、司法、税务等领域展开应用

《链能》：您担任广东省计算机学会区块链专业委员会副主任委员兼秘书长，想请您谈谈目前广东在区块链技术上有哪些应用场景？它们的发展情况怎样？未来区块链还能在广东哪些领域落地？

黄建新：目前，区块链在广东主要应用于金融、政务服务、司法、税务、积分等领域。

（1）“区块链+金融”。深圳的微众银行等单位牵头开发了FISCO BCOS，这是一种为金融行业深度定制的开源区块链底层平台，同时微众银行基于FISCO BCOS构建了机构间对账平台，通过区块链与分布式账本技术，在交易过程中产生的账目流水可“不错、不漏、不乱”地实时旁路上链，实现链上对账和总账、分类账的展示。账目功能的智能合约按时间维度创建，进行数据分拆，便于维护升级。该平台在解决信贷合作中与合作行对账问题的同时，降低了合作行的运营成本，提升了对账的时效性与准确度。

（2）“区块链+政务服务”。佛山禅城区建立了电子政务区块链基础平台：在政务服务方面已有区块链“零跑腿”、“区块链+社区矫正”、“区块链+公证”三个应用；在民生服务方面已有“区块链+图书馆自助终端”“区块链+和谐共享社区”“区块链+食品溯源”三个应用；在产业经济方面，已有“区块链+工业设计版权交易平台”“区块链+中小企业融资平台”两个应用。

其中，禅城区“区块链+社区矫正”是利用区块链多中心化、共识机制、安全、透明、数据不可篡改、可追溯等特性，结合禅城区实际情况，基于禅城IMI（我是我）区块链数字身份和数据空间技术，实现多个部门的数据共享，完善现有管理机制，实现社区矫正工作人性化、信息化、数据化、科学化。同时还实现公、检、法、司信息互通互联，办公数据化，监管全覆盖，真实数据不可篡改，促进社区矫正工作公开、透明、规范运行。

（3）“区块链+司法”。2019年3月31日广州互联网法院正式上线运行“网通法链”智慧信用生态系统，破解涉互联网案件审理中当事人举证难、举证成本高等难题。广州互联网法院联合三大运营商、大型互联网企业等三十多家单位，共同搭建“网通法链”智慧信用生态系统，建立一个“可信电子证据平台”。平台创新“一键调证”新方式，以电子数据的规范存储、安全调取、便捷认证，满足互联网纠纷在线审理需求，让“足不出户的诉讼”更简单、更可靠。

“网通法链”智慧信用生态系统完善“诉源治理”机制，从源头上减少诉讼增量，采用“多元主体+前沿科技+多源数据+多样场景”机制，通过数字孪生（Digital Twin）解决信息、

信任和信用三者之间的关系，构建一个高内聚、低耦合的“信用生态系统”，利用多方共识记账存储、密码学和分布式技术、可追溯性链式结构等区块链技术，构建利益链、信息链、关系链，对应可信电子证据平台、司法信用共治平台、司法区块链，实现从中介证明转变为算法证明、从社会信任升级为自然信任、从中心依赖扩展到边缘群证。

（4）“区块链+税务”。深圳成为全国区块链电子发票试点城市，深圳市税务局主导开发了区块链电子发票，腾讯提供底层技术和能力，2018年8月10日深圳国贸旋转餐厅开出了全国首张区块链电子发票。区块链发票把开票的整个流程都写到了链上，从电子发票的开具到流转、报销，把ERP（企业资源计划）厂商、用票单位、企业都结合进来，应用区块链的合约，保障了发票在链上成为一个数字资产，实现各个孤岛状态的系统相互联通。

区块链电子发票使用的是联盟链，但区块链发票不是绝对去中心化，而是多中心化分布，通过哈希值见证交验环节。参与联盟链中有多方核心，税务局在全国有一条链，有多个核心节点参与，另外业务方节点、财务软件节点、微信卡包节点、支付环节节点等都参与到联盟链中。腾讯区块链发票应用是国家主导，因此不需要通证激励模式，也就是不需要发币，如果真的要激励大家使用，可以采用微信红包、支付后摇一摇这种模式。

腾讯区块链底层平台TrustSQL为区块链电子发票提供底层核心技术，有两个核心作用：一是确保发票唯一，从领票、开票到流转、入账、报销、全环节流转状态完整可追溯；二是发票数据不可篡改，税务局、开票方、流转方、报销方多方参与共同记账。通过区块链电子发票，交易即开票，开票即报销。

对于税务局而言，可以实现无纸化智能税务管理，流程更为可控。实现“交易数据即发票”，有效解决开具发票填写不实、不开、少开等问题，保障税款及时、足额入库。此外，通过区块链管理平台，可实时监控发票开具、流转、报销全流程的状态，对发票实现全方位管理。

对于商户而言，通过区块链电子发票提高了店面运转效率，节省了管理成本。企业开票、用票更加便捷，更加规范，在线申领、在线开具，还可以对接企业的财务软件，实现即时入账和报销，真实可信，后续可拓展至纳税申报。

对于消费者而言，通过手机微信功能，消费者结账后即可自助申请开票，一键报销，发票信息将实时同步至企业和税局，并可自动地拿到报销款，免去了来回奔波的劳碌和烦琐的流程，实现了收票、报销实现电子化与便捷性，达到“交易即开票，开票即报销”的目的。

（5）“区块链+积分”。2019年10月28日首旅如家上线如玉区块链积分，用户可通过购买兑换酒店房间，如玉区块链积分是首旅如家（广州）区块链科技有限公司利用区块链技术所推出的一种新型用户忠诚度计划积分。如玉区块链积分是首次运行在区块链系统上的积分，有积分不过期、可赠送等特点。与传统积分只能通过住房累积不同，如玉区块链积分可通过购买获得。

链积分平台采用联盟链，利用区块链技术，让商家、用户的积分实现价值最大化。链积分平台有四大特点：一是独特的积分发行机制，即企业必须基于法币价值发行积分。二是透明的积分信息，即企业在链积分上发行积分的数量和价值都将公开透明，且无法被篡改。三是100%备付金机制。四是汇率确认，企业积分之间的兑换比率由企业自己决定，双方确权后方可确认兑换汇率。

链积分平台积分流动方式为单层单向不可逆流动，链积分平台使用一系列特定的API应用程序接口将企业与链积分平台不同行业的合作伙伴连接起来，从而实现购买、兑换、赠送等功能。

链积分平台打造一个服务企业与消费者进行权益互通的可信积分生态圈。这个生态圈依托链积分打造了可信积分联盟。运用区块链技术的多中心化、不可篡改、智能合约监管等特性，让链上积分可自由地转让、通兑，实现生态共享互通，打破业界行业壁垒，共享会员积分消费数据和消费生态。通过可信积分生态圈，转换合并消费者手中不同来源的积分，拓宽积分消费支付场景，让联盟内企业掌握多维度会员消费习惯，实现精准营销。

未来，区块链将在数字政府、智能制造、智慧城市、教育、社保、医疗、养老、司法、食品追溯、垃圾分类、新能源、环保等领域大规模应用。

中山大学软件工程学院副院长、国家优秀青年科学基金获得者郑子彬：

区块链发展现状及关键技术

人物简介

郑子彬

博士，中山大学数据科学与计算机学院教授、软件工程学院副院长，国家优秀青年科学基金获得者，国家数字家庭工程技术研究主心副主任，区块链与智能金融研究中心主任，广东省计算机学会区块链专委会副主任委员、IEEE高级会员。

主要内容

2019年11月16日，关于区块链技术发展现状、关键技术与影响，《链能——区块链与产业变革、治理现代化》编委会在主编蓝云带领下专访了郑子彬教授。他表示，中共中央政治局领导的十八次集体学习中，涉及技术的只有三次，分别是第十八次的区块链、第二次的大数据和第九次的人工智能。对比三次技术的集体学习之后的百度搜索热度，发现在区块链学习之后，其搜索热度远超相应的人工智能和大数据的热度，这充分说明社会对区块链技术的关注空前高涨。广东省作为改革开放的前沿，在学习、应用新技术方面也是走在全国前列。

中央定调，某些特定行业联盟链的建设阻力将大大减小

《链能——区块链与产业变革、治理现代化》编委会（以下简称《链能》）：2019年10月24日下午，中共中央政治局就区块链技术发展现状和趋势进行第十八次集体学习。在您看来，这次集体学习将在哪些方面推进中国区块链技术的发展？

郑子彬：在仔细学习相关报道的基础上，我认为，这次集体学习对区块链技术的发展具有重要意义。

首先，中共中央政治局集体学习区块链引起社会的巨大关注。“区块链”一词近几年开始

大火，但是在《新闻联播》、《人民日报》、人民网等央媒上进行如此大幅的报道尚属首次。回顾党的十九大以来中央政治局的十八次集体学习，大部分是与党建、政改、经济相关的，此前与技术相关的仅有两次，分别是第二次的大数据和第九次的人工智能。从百度搜索热度上看，本次集体学习后的搜索指数较前两次技术学习分别高出700%和500%，体现了区块链受社会关注的程度。

其次，集体学习体现了洞察的高度和务实的态度。新闻稿中强调了利用区块链技术服务好五大对象，实现提升效率、降低成本。具体五大对象包括：实体经济（特别是中小企业）、各行各业（数字经济）、民生服务、城市管理及城市间互联互通、政府治理（政务数据共享）。可见中央关注的更多是属于联盟链的范畴，偏向于“链”的实际应用。

再次，集体学习有利于降低联盟链建设难度。以往一些行业联盟链的建设，经常面临参与方对新技术抵触、联盟建设缺乏政策支持等问题。现在中央对区块链的基调已定，将促进各行各业对区块链形成共识，可以预见某些特定行业联盟链的建设阻力将大大减小，这对各个区块链应用的落地有极大促进作用。

区块链技术将助力数字经济发展，而区块链监管将成为新的工作重点。“数字经济”在全文中出现了两次，新闻稿中指出，“使区块链技术在建设网络强国、发展数字经济、助力经济社会发展等方面发挥更大作用”。区块链是数字经济发展的核心支撑技术之一，它可以提供可信任的支撑平台，在国家加快建设数字中国的大背景下，有了中央的定调和政策指导，区块链将大有可为。但习近平总书记同时强调，要加强对区块链技术的引导和规范，依法治网。区块链的不可篡改性为舆情管控带来了较大挑战，公链的匿名性也为反洗钱等金融监管带来更多不可预测性。未来关于区块链的监管工作将成为新的工作重点。

从对区块链行业的影响来看，中央定调对公有链加密货币的影响尚不明朗。新闻通稿中全文没有“币”这个词，最贴近“币”的词是“数字资产”。但是，文稿中更多偏向类似应收账款的联盟链上的数字资产。在新闻发出后短时间内，以比特币为首的大部分加密货币出现了大幅拉升，应该警惕炒作的可能性。

另外，中央的定调对政务区块链有促进作用，但应做合理分析。中央定调加强区块链突破，会带来各部委及省市政府对区块链的关注与应用。以雄安新区的一些区块链应用为例，虽然区块链在政务领域的促进作用已经得到证实，但同样存在应用盲区，在部分应用领域难以达到预期效果。特别是在政府主导的中心化体制下，区块链分布式记账、去信任中介的作用并没有得到充分应用，作用不是十分明显，因此要避免在一些不合适的场景刻意地去使用区块链。

政务区块链应尽量基于国产区块链开源平台

《链能》：党中央高度重视区块链技术，对区块链行业的发展起到了很好的引领作用，也对行业人员提出了更高的期待。您如何看待下一步的区块链行业发展？我国如何自主发展区块链行业，才能避免未来被“卡脖子”？

郑子彬：从对区块链行业的建议来看，我认为，党中央高度重视区块链技术，是对行业人员提出了更高的期待。

首先，我们要扎扎实实做好基础研究及核心技术攻关。理论创新及核心技术是核心竞争力，需要有“十年磨一剑”的精神，做好长期积累，要重点研发国产自主可控的区块链底层平台，避免未来在区块链领域被卡脖子。操作系统是卡脖子问题的关键领域，一旦生态形成，便很难被取代。目前各个国家在“区块链操作系统”上均处于起步阶段，现在是抢占“区块链操作系统”市场份额及营造良好生态的最好时机。

其次，需要积极营造技术生态及应用生态。中央推进区块链的研发和应用，需要重点推进技术生态与应用生态。技术生态上，需要鼓励国产区块链的核心技术研究、平台开发与开源社区建设；应用生态上，尤其是政务区块链系统及其他关键应用应尽量基于国产区块链开源平台进行开发，避免未来受制于人。当然，区块链领域需要正本清源，去除浮躁。非法ICO、恶意炒作等不良现象限制了区块链领域的良性发展。区块链领域需要鼓励核心技术研发。过分宣传和炒作区块链，容易导致各种赚快钱的骗局兴起，也将带来批评及质疑的声音，对领域发展起到负面作用。区块链领域应该避免过山车式的直上直下发展，而应采用精耕细作的方式，靠实实在在地提升行业效率，解决行业内信任问题来获得认可。目前区块链仍然缺乏撒手锏应用，仍须尽快推进。对公众来说，当前普通民众尚缺乏对于区块链的广泛认知，导致过往对区块链存在很多误解，对待区块链的态度也存在两极分化现象：支持者疯狂拥护，反对者则消极抵触。因此，需要对区块链技术进行科普、培训，提升整体认知水平，使得大家对于区块链有更正确的认知，避免大范围的道听途说、以讹传讹。

再次，技术的发展离不开人才的培养与引进。当前各地出台的区块链扶持政策，大部分是从企业角度对各类区块链初创公司进行激励和补贴，对于区块链人才的激励政策较少。人才匮乏是我国区块链技术发展的一大阻力。各级政府可考虑设立用于区块链人才培养的专项资金，促进区块链人才的教育培养。同时，应抓住海外人才归国潮的机遇，设立相应人才引进补贴，吸引海外区块链人才。

广东各地陆续出台多项政策，促进区块链生根发展

《链能》：*近期全国各地掀起学习区块链热潮。我们注意到您在各地积极宣讲区块链，请您点评广东省各地学习区块链技术情况，广东发展区块链的现状如何？还需要注意哪些问题？*

郑子彬：在2019年10月24日中共中央政治局的第十八次集体学习后，全国人民对区块链技术的关注空前热烈。广东省作为改革开放的前沿地带，在学习新技术方面也是走在全国前列。从我接到的区块链科普邀请情况看，在中央集体学习之后广东省各地、各部门学习区块链技术的需求明显增多，这充分说明广东省对区块链技术的开放、拥抱态度。这几年来，广东省各级政府陆续出台了多项区块链相关政策，有力地促进了区块链技术在广东的生根发展，但我们也应看到，区块链技术当前仍处于早期阶段，核心技术问题仍有待深入研究，应用落地仍须大力推动。当前，为了紧紧把握全球区块链发展趋势，大力推动区块链发展，抢占先机、赢得主动，我们既需要加强基础关键技术的科研攻关，又要以示范应用为抓手，加快推动区块链应用。同时，应尽快完善和出台相关法律制度，引导促进区块链行业健康发展。

区块链技术是集合众多技术的一个新型应用，包含多方面的关键技术

《链能》：您这些年来学术成果显著，在Springer出版英文学术专著1部，发表论文100余篇，包括ESI高被引论文3篇、ACM/IEEE Transactions40余篇，其中获得CCF（中国计算机协会）A类及B类会议最佳论文奖2次、CCF B类会议最佳论文奖提名2次，论文谷歌学术引用超过9300次，请您简要介绍一下这些论文的主要内容，有哪些是关于区块链的研究？基于您和团队对区块链的研究，您认为区块链技术存在哪些核心关键技术？

郑子彬：这些研究主要在分布在两个不同时期，涉及多方面研究。第一个时期是我在香港中文大学攻读博士学位及工作期间，主要研究领域是导师吕荣聪教授的软件可靠性领域。相关论文主要聚焦Web服务的评估、推荐、优化等。第二个时期是我加入中山大学之后，开始区块链领域的探索研究。目前团队共发表区块链相关论文20余篇，其中1篇论文入选ESI高被引论文，1篇论文入选2018年度全球区块链Top50 Influential Papers（最具影响力的50篇论文），区块链论文的谷歌学术引用超过1000次；多篇区块链论文发表于ICSE、INFOCOM（IEEE组织在通信网络领域的旗舰性会议，也是目前国际通信网络领域的一大标志性会议）等CCF A类国际会议，4篇论文发表于中科院JCR-1区期刊*IEEE IoTJ*（影响因子9.5），申请区块链发明专利20余项。这些研究工作涉及区块链领域的多个方面，主要包括区块链系统的评估、共识机制、欺诈识别、智能合约分析、区块链应用等。

区块链技术本身是众多技术的一个新型应用，因而包含多方面的关键技术。

（1）高性能区块链体系架构。区块链是综合了分布式数据存储、点对点传输、共识机制、加密算法等多种传统计算机技术的新型应用模式。为了实现不同技术的有效融合，以适应不同的应用场景对系统高效、安全、可靠的要求，打造高性能区块链体系架构至关重要。

（2）可扩展的高性能区块链系统。自比特币诞生以来，区块链技术凭借其去中心化、难以篡改等特性，受到世人关注。但原生的比特币算法具有吞吐量低（每秒仅支持7笔交易）、难以扩展的问题，难以服务大量用户。即使是作为区块链2.0代表的以太坊，处理速度也仅有每秒15笔左右。在未来，要想让区块链系统承担起大量的交易和去中心化应用，就必须在兼顾去中心化、安全性的同时，实现可扩展的高性能区块链系统，其关键技术包括区块链共识机制、分片技术、跨链技术、多链协同技术等。

（3）区块链智能合约安全开发技术。智能合约的出现标志着区块链2.0时代的到来。凭借着区块链的去中心化、难以篡改等特性，依托于区块链的智能合约可以被用于承载去中心化应用。在未来，更多用户会知道智能合约，人们可以使用智能合约进行理财、娱乐、学习等等，也可以自己利用智能合约逻辑，开发自己的去中心化应用。区块链3.0时代的到来，更是离不开智能合约的支持。然而，当前智能合约的发展面临许多问题，比如缺乏统一的平台语言、合约可能存在漏洞导致巨大的经济损失等。因而，如何高效地开发安全、可靠的智能合约，是区块链技术应用发展的重要因素。

（4）区块链安全防护、隐私保护、智能监管技术。区块链的安全性包括两个方面：系统安全和用户隐私安全。系统安全方面，由于区块链是分布式系统，节点间通过网络互联，因而如何确保节点间安全的互联、交易在节点间可靠地得到验证和处理是区块链应用的重要基础。用户隐私安全方面，区块链分布式的特点暴露大量交易细节，这存在泄漏用户隐私的风险。

与隐私保护相对的是系统的监管，区块链技术匿名、不可篡改等特征极易导致系统出现“滥用”。因而建立链上行为的智能监管对区块链技术的发展尤为重要。

区块链的新型共识机制、可扩展性研究、安全性、隐私问题备受关注

《链能》：可以说，当前业界对区块链的研究空前热烈，包括理论研究和应用研究两方面，应用方面的研究时常出现在各种报道中，但是理论方面的知识专业性较强，大众接触得也比较少。请您谈一谈，当前区块链技术在理论研究上有哪些最新进展？

郑子彬：从理论研究上来说，目前区块链技术的研究主要表现在以下四个方面：

（1）区块链的新型共识机制百花齐放。比特币采用的工作量证明机制通过大量耗费系统中各节点的算力来保护数万个节点共识的稳定，而比特币过于耗电、吞吐率较低也一直为业内所诟病。为了克服上述缺点，众多共识机制被相继提出，如以太坊的权益证明机制，通过代币的数量来决定获得记账权的概率。除此以外，传统分布式计算机系统领域的容错算法，经过改进后也被移植到区块链系统中，例如超级账本Fabric采用的PBFT（实用拜占庭容错）算法，通过节点多阶段投票实现节点间的共识，又如Facebook Libra的改进版尤物协议，通过聚合签名、增加主节点负载的方式减小网络的总体流量负载。以上的共识算法，都是在去中心化、可扩展性、安全性中进行取舍，从而适应特定区块链场景的需要。尽管众多机构、学者提出了不同的共识机制算法，但目前尚未出现兼具上述三种特性的算法。

（2）区块链的可扩展性研究不断取得进展。可扩展性是一种针对计算处理能力的设计指标，高可扩展性代表在系统扩展成长过程中，系统的性能指标也不会受到较大的影响，通过很少的改动就能实现整个系统处理能力的线性增长，实现高吞吐量和低延迟。区块链技术发展的一大技术途径是提高区块链的可扩展性。根据技术种类不同，提高可扩展性又分为Layer0、Layer1、Layer2三种技术手段。Layer0指点对点网络间的优化，如bloXroute使得区块在现有的点对点网络中传播得更快，变相地提高了整个区块链的吞吐量和响应速度。Layer1指对区块链本身数据结构、共识机制的优化，其中最具代表性的是分片技术，如以太坊分片技术，将区块链交易分散到不同的分片链上执行从而提高吞吐率。Layer2指区块链下的优化方案，最著名的是闪电网络，即在多个节点间通过密码学方法建立支付通道，用户通过连接到开启通道的节点即可实现链下结算，并保证用户链上资产的安全。

（3）区块链的安全性成为备受关注的技术领域。总体上看，区块链系统的安全问题可能发生在三个不同的层次：一是网络层，即底层点对点网络的安全，在公有链系统中，通过“女巫攻击”即伪造多个节点与特定节点通信的方式，可以攻击特定节点使其不能正常工作。二是共识层，即共识机制本身的安全，如工作量证明区块链系统中存在的51%算力攻击，通过获取大量算力控制特定时段网络区块的打包。三是智能合约层，即区块链上智能合约代码的漏洞，最为著名的是以太坊的The DAO事件（编者注：北京时间2016年6月17日发生了在区块链历史上留下沉重一笔的攻击事件。由于The DAO编写的智能合约存在着重大缺陷，区块链业界最大的众筹项目、此前拥有1亿美元左右资产的The DAO遭到攻击，导致数千万以太币资产被分离出The DAO资产池）。面对以上不同的安全问题，研究人员从网络层、共识层角度进行优化，并开发智能合约检测工具对合约安全进行审计，从而保障区块链系统的安全。

（4）区块链的用户隐私问题逐渐被公众重视。尽管区块链具有可匿名性的特点，但是恶意的参与者还是可以通过公开信息来跟踪、窥探用户的隐私信息。目前常见的用户隐私保护措施包括三个方面：一是通过零知识证明保护交易的隐私性。零知识证明实质上是一种涉及两方或更多方的协议，证明者向验证者证明并使其相信自己知道或拥有某一消息，但证明过程不能向验证者泄漏任何关于被证明消息的信息，如Zcash区块链。二是通过隐蔽地址保证交易发送者的地址间的不可链接性。三是通过环签名技术保证交易接收者的不可追踪性。四是多方安全计算技术与联邦学习技术的应用，通过同态加密、联邦学习等算法，在不泄漏数据隐私的前提下完成对数据的计算、比较、分析等。

区块链技术将发展成一种重要的社会信息化基础设施

《链能》：区块链以技术的方式提供了一种全新的信任、协作机制，随着区块链技术的不断成熟，区块链将进一步应用到数字金融、物联网、公共服务、数字版权等领域，您认为，区块链将给社会各行业带来哪些影响？

郑子彬：在我看来，区块链的影响主要有以下几个方面：

（1）区块链技术将打造全新信息化基础设施，实现价值互联。随着区块链技术在各个行业的应用落地，区块链技术将成为个人与企业信息上链、资产上链、交易上链、各类服务上链的重要支撑，进而发展成一种重要的社会信息化基础设施，实现基于区块链的价值互联与流转。

（2）区块链技术将打通数据孤岛，提升社会效率。数据孤岛问题一直是数据发挥价值的拦路虎。区块链技术结合多方安全计算、隐私保护等密码学手段，成为打通数据孤岛、实现数据在保护用户隐私前提下的融合计算的重要支撑工具。数据孤岛的打通，将极大地释放数据的价值、实现社会效率的提升。

（3）区块链技术将重构信任格局，重塑行业形象。当前，在某些领域（比如农产品生产环节）存在公众对企业、行业等信任不足的问题，制约了行业的发展。区块链技术方便追溯、不可篡改等特征，结合其他辅助手段，可能在未来部分领域重构社会信任关系格局，将公众对企业的信任，转变为对有政府监管、群众可参与的区块链技术的信任，重塑行业形象，打造行业发展新机遇。

（4）区块链技术会变革中介行业，推动新业态诞生。部分中介行业存在的主要原因是打造中心化平台，利用信息不对称赚取利润。区块链技术去中心化的特点，结合人工智能等技术，将取代部分低价值中介行业，进而实现对中介行业的变革。而围绕区块链平台，将诞生新的业务场景和服务模式。

（5）区块链技术可能革新法律行业，更新监管模式。区块链分布式、不可篡改、可追溯等特征已成功应用于司法存证，随着区块链技术的发展和行业应用的推广，未来法律行业面临全新的证据形式。围绕区块链数据的法律服务将成为法律行业的重要组成部分。此外，随着链上数据的累积，基于区块链数据的各类监管、取证将成为未来国家监管的重要一环。现有监管体系结合区块链技术将诞生全新监管模式，促进社会进步。

我国尚未形成有效的区块链监管体系，仍须不断探索和完善

《链能》：任何一项新技术都离不开监管，我们既要准确把握区块链技术发展现状和趋势，又要强化对区块链技术的监管，使区块链技术在建设网络强国、发展数字经济、助力经济社会发展等方面发挥更大作用。目前我国对区块链的监管体系如何？您如何看待区块链技术的监管？

郑子彬：在我看来，关于区块链的具体监管举措上，一方面要加强完善政策法规制度。区块链的发展受到了美国、日本等全球主要国家的普遍重视，他们已开始制定有关政策措施来加强对区块链的监管。我国在鼓励区块链技术发展的同时也在不断强化行业监管，积极防范区块链发展带来的各类风险。如2017年，中国人民银行、中国互联网金融协会等机构明确代币发行是非法融资行为，禁止任何组织和个人从事代币发行活动。2018年深交所对17个区块链有关公司进行了问询、停牌核查，严厉打击利用区块链进行概念炒作等行为。目前，我国对区块链的监管体现出临时性、碎片化特征，尚未形成一套有效的监管体系，区块链监管仍须不断探索和完善。国家层面应加强区块链法律法规研究，尽快制定出台有关法律法规，逐步完善区块链的司法制度，通过出台上位法推动区块链产业健康发展。加强国际合作，共同制定区块链国际监管规则和标准指引，严厉打击利用区块链开展的各种违法犯罪活动，防控极端风险事件等情况的发生，确保社会公众利益不受侵害。

另一方面，要强化人工智能、大数据等前沿技术在区块链监管领域的运用，实现对链上行为的智能化监管。当前，基于区块链技术的各类平台和相关应用大量涌现，但区块链作为一门新技术才刚起步，本身存在诸多安全风险和缺陷，在金融风险、网络安全、舆情传播等方面亟待监管。随着区块链技术的广泛应用，大量用户数据将以区块链数据的形式存在，链上可能包含丰富的数据形式，通过将人工智能、大数据等前沿技术应用于区块链系统，及时发现系统中的各类非法行为，实现区块链平台的智能化监管，显得非常有必要性和迫切性。

因此，政府部门不仅要成为区块链政策的制定者，也要成为区块链的应用者和场景管理者，要从经济效能和治理效能两方面加深对区块链的理解，不断创新监管方式与监管路径，实现从单纯监管到全面治理的转变，切实提高区块链监管水平。

工业和信息化部电子第五研究所高级工程师张昊：

《密码法》与区块链

人物简介

张昊

工业和信息化部电子第五研究所（中国赛宝实验室）高级工程师，国内首批信息安全等级保护高级测评师，暨南大学、广东外语外贸大学、华南农业大学客座教授，华韶数据谷研究院思享会特约讲师。

主要内容

2020年2月25日，《链能——区块链与产业变革、治理现代化》编委会在主编蓝云带领下采访了张昊高级工程师（上图右，上图左为华韶数据谷品牌副总监左丹茵）。张昊表示，《密码法》的主要内容包括"怎么用密码、谁来管密码、怎么管密码"，是总体国家安全观框架下，国家安全法律体系的重要组成部分，也是一部技术性、专业性较强的专门法律。他表示，《密码法》中的"密码"不同于日常生活中的"密码"，"口令"不在《密码法》的管理范围之内。并科普了密码学的知识，介绍了中国王小云教授破解全球两大密码算法的情况。

"密码"和"口令"的不同

《链能——区块链与产业变革、治理现代化》编委会（以下简称《链能》）： 2019年12月13日，您在华韶数据谷思享会发表了"《密码法》与数据安全"的演讲，广受好评。《中华人民共和国密码法》（以下简称《密码法》）于2020年1月1日正式施行。作为国内密码领域首部综合性、基础性法律，《密码法》的颁布实施备受关注。请您谈一谈，《密码法》中的"密码"与日常生活中所说的"密码"有什么不同？密码与老百姓生活有什么关系？

张昊： 首先，我要强调的是，《密码法》中的"密码"（cryptography）与日常生活中使用的"密码"（password）是两回事。

《密码法》中的“密码”与我们日常生活中所说的“密码”是不同的。2019年10月通过的《密码法》中，“密码”是指采用特定变换的方法对信息进行加密保护、安全认证的技术、产品和服务。1999年10月7日国务院令第273号《商用密码管理条例》对“商用密码”给出的定义，是指对不涉及国家秘密内容的信息进行加密保护或者安全认证所使用的密码技术和密码产品。《密码法》中的密码，强调的是“采用特定技术变换”；“加密保护”是指将原来可读的信息变成不能识别的符号序列，简而言之就是将明文变成密文；“安全认证”是指确认信息是否被篡改、是否来自可靠信息源以及确认行为是否真实，简而言之就是确认主体和信息的真实可靠性。

我们日常生活中使用的微信、微博、办公OA系统、银行卡、手机等，计算机或手机开机、操作系统登录、电子邮箱登录、解除屏幕保护等都需要输入密码，不能算作真正意义上的密码，实际上是口令（password），并不是《密码法》中所说的真正的密码（cryptography）；在这些应用系统中，由数字、字母和符号组成的登录或支付口令，尽管通过“******”隐藏了输入口令信息，但具体来说，当你输入一串字符，如果不经过任何处理直接送到服务器进行验证，它一定不是密码，只是一个口令；如果输进去的字符，通过密码运算（变换）得出另外一个结果，那么这个结果可以验证你是否为合法用户时，就是使用了密码算法。口令是进入个人计算机、手机、电子邮箱或银行账户的“通行证”，是一种简单、初级的身份认证手段，口令不在《密码法》的管理范围之内。2011年12月21日，黑客在网上公开了知名程序员网站CSDN的用户数据库，高达600万个明文的注册邮箱账号和口令遭到曝光和外泄，成为中国互联网历史上一次具有深远意义的网络安全事故；对于应用系统而言，应该在应用系统的后台数据库里保存用户口令的加密信息，这样黑客即使下载了存有用户口令的后台数据库，破解用户口令也不是一件容易的事情。

密码其实与老百姓日常生活关系密切相关。

密码与我们每个人都息息相关，密码就像网络空间的基因DNA，是保障网络安全的基础技术支撑，可更好地保障网络与信息安全，可更好地维护国家安全和社会公共利益，可更好地保护公民、法人和其他组织的合法权益，这就需要我们高度重视使用密码。

《密码法》第八条规定，公民、法人和其他组织可以依法使用商用密码保护网络与信息安全。出台《密码法》，就是为了适应我国网络安全的新形势，提升密码工作的科学化、法治化、规范化水平，保障网络与信息安全。需要指出的是，《密码法》规定，国家采取多种形式加强密码安全教育，将密码安全教育纳入国民教育体系和公务员教育培训体系，增强公民、法人和其他组织的密码安全意识。只有《密码法》深入人心，密码在网络安全保障中才可发挥出应有作用。

密码广泛应用于国民经济和社会生产生活的方方面面，影响着老百姓的日常生活。比如，在金融领域，使用商用密码的金融芯片卡，可以有效遏制银行卡伪造、网上交易身份仿冒等违法犯罪活动。为确保网上银行交易的安全，银行为我们办理的U盾或动态令牌就是用于安全认证的密码产品，U盾中存有我们的私钥，以及电子认证机构CA为我们的公钥签发的数字证书。在税收领域，增值税防伪税控系统采用商用密码技术保护涉税信息，可有效遏制通过篡改发票票面信息进行偷税、漏税等违法犯罪活动。在社会管理领域，使用商用密码芯片的第二代居民身份证，可以有效杜绝伪造、变造身份证等违法犯罪行为。随着移动通信网络技术的进步和智能手机的普及，通过智能手机可以完成绝大多数金融支付需求，许多应用已开始使用手机上的软件来保存和使用私钥、进行身份认证。商用密码技术为电力系统发电、输变电、配电控制和用电计量等各个环节的安全体系提供了有力支撑，使用商用密码安全模块的智能电表已遍及千家万户，有力保障了我国电网基础设施安全运行。

电子文件是信息时代政府管理、经济运行和历史传承的重要工具。电子证照作为具有法律效力和行政效力的专业性、凭证类电子文件，日益成为市场主体和公民活动办事的主要电子凭证，是支撑政府服务运行的重要基础数据。

2019年4月26日，国务院总理李克强签署国务院令，公布《国务院关于在线政务服务的若干规定》，关于电子签名、电子印章、电子证照、电子档案的法律效力，规定明确，政务服务中使用的符合《电子签名法》规定条件的可靠电子签名，与手写签名或者盖章具有同等法律效力。电子印章与实物印章具有同等法律效力，加盖电子印章的电子材料合法有效。电子证照与纸质证照具有同等法律效力，符合档案管理要求的电子档案与纸质档案具有同等法律效力。除法律、行政法规另有规定外，电子证照和加盖电子印章的电子材料可以作为办理政务服务事项的依据，电子文件不再以纸质形式归档和移交。

电子证照，采用身份核验、数字证书、电子签名等技术实现公众用户身份核验、用户身份认证、电子证照使用授权签名与验证等密码安全服务，采用CA认证系统、实名核验系统进行对接，保证电子证照办理与使用全过程的安全性和不可抵赖性。电子证照App可实现用户身份认证、电子证照授权使用、操作存证留痕等功能。

《密码法》的主要内容包括“怎么用密码、谁来管密码、怎么管密码”

《链能》：《密码法》是总体国家安全观框架下，国家安全法律体系的重要组成部分，也是一部技术性、专业性较强的专门法律。《密码法》的主要内容是什么？它的出台发出了什么信号？

张昊：

（一）出台《密码法》的目的和重要意义

密码是国家重要战略资源，密码工作是党和国家的一项特殊重要工作，直接关系国家政治安全、经济安全、国防安全和信息安全，在我国革命、建设、改革各个历史时期，都发挥了不可替代的重要作用。制定和实施《密码法》，填补了我国密码领域长期存在的法律空白，对于加快密码法建设，理顺国家安全领域相关法律法规关系，完善国家安全法律制度体系具有重要意义。

密码是保障网络安全的核心技术和基础支撑。目前社会公众使用密码保护重要信息系统的网络安全意识还不够强，特别是密码应用规范性、有效性不够的问题还比较突出，严重威胁国家网络安全、企业商业信息以及公民个人信息保护，亟需有效的安全防护措施，亟须通过立法对现行的商用密码管理制度做出调整，营造良好市场秩序，促进密码科技进步和创新，促进密码产业健康发展。

从《电子签名法》，到《网络安全法》《电子商务法》，再到《密码法》，法制体系日趋健全，是构建与国家治理体系和治理能力现代化相适应的法律制度体系的重要举措，是确保密码使用优质高效、确保密码管理安全可靠的法制保障。

（二）《密码法》的主要内容

《密码法》共五章四十四条，围绕“怎么用密码、谁来管密码、怎么管密码”，重点规范了以下内容：

第一章，总则部分。规定了本法的立法目的、密码工作基本原则、领导和管理体制，并对核心密码、普通密码和商用密码在发展促进和保障措施方面的共性内容做出规定。

第二章，核心密码、普通密码部分。规定了核心密码、普通密码管理制度，包括使用要求、安全管理制度及国家加强密码工作的特殊保障制度和措施。

第三章，商用密码部分。规定了商用密码的主要制度，包括标准化、检测对象、市场准入、使用要求、进出口管理、电子政务认证服务、事后监管等方面的制度。

第四章，法律责任部分。规定了违反本法相关规定应当承担的相应法律后果。

第五章，附则部分。规定了国家密码管理部门的规章制定权、解放军和武警部队密码立法事宜以及本法的施行日期。

（三）《密码法》实施有力促进密码技术发展和规范应用

使用密码保护网络是《网络安全法》《电子商务法》《电子签名法》《密码法》《商用密码管理条例》《信息安全等级保护管理办法》《信息安全等级保护商用密码管理办法》《商用密码应用安全性评估管理办法（试行）》《网络安全等级保护条例（征求意见稿）》《关键信息基础设施安全保护条例（征求意见稿）》等法律法规提出的明确要求。

密码分为核心密码、普通密码和商用密码

《链能》：依据《密码法》有关规定，密码分为核心密码、普通密码和商用密码，这三类密码有什么区别？分别要保护哪些对象？《密码法》的实施对政府行政机关、企业单位、老百姓有怎样的影响？

张昊：密码分为核心密码、普通密码和商用密码，实行分类管理。三类密码保护的对象不同，对其进行明确划分，有利于确保密码安全保密，有利于密码管理部门根据不同信息等级和使用对象，对密码实行科学管理，充分发挥三类密码在保护网络与信息安全中的核心支撑作用。

《密码法》的颁布实施，将大大提升密码工作的科学化、规范化、法治化水平，有力促进密码技术进步、产业发展和规范应用，切实维护国家安全、社会公共利益以及公民、法人和其他组织的合法权益。

《密码法》规定核心密码、普通密码属于国家秘密，用于保护国家秘密信息。这两种密码都由密码管理部门依法实行严格统一管理。依据《密码法》的有关规定，在有线、无线通信中传递的国家秘密信息，以及存储、处理国家秘密信息的信息系统，应当依照法律、行政法规和国家有关规定，使用核心密码、普通密码进行加密保护及安全认证。《密码法》的颁布实施，将极有力推进党委、政府行政机关、企业事业单位等单位使用符合国家密码管理要求的密码技术加强国家秘密保护。

商用密码用于保护不属于国家秘密的信息，其广泛应用于国民经济和社会生产生活的方方面面，影响着老百姓的日常生活。比如，前面我提到的使用商用密码的金融芯片卡、第二代居民身份证以及增值税防伪税控系统等。

举个例子，日常生活中不能正确使用密码技术、密码产品的情况易发、多发，为了保护我们的数据安全和财产安全，必须设置相对安全的口令（或PIN码），但现实情况是更多人习惯用生日、手机号码、银行卡卡号等比较容易被“破译”的号码作为口令（或PIN码）。

2012年6月，“火焰”Flame利用Windows操作系统中使用的MDS密码杂凑算法（又称哈希算法或散列算法）的弱点，采用碰撞攻击伪造微软CA证书，成功骗过操作系统的身份鉴别和访问控制机制，对政府、教育、科研等要害机构的计算机系统进行攻击，其巨大破坏性为整个安全行业敲响警钟，这种网络武器主要被用于进行高度复杂且极具针对性的攻击。

还有，《密码法》对特定商用密码产品、服务实行强制性检测认证制度。商用密码产品和服务是专业技术性很强的特殊产品和服务，广泛应用于国民经济和社会发展各领域，应用于关键信息基础设施，其质量与安全性直接关系国家安全和社会公共利益，需要通过检测认证的方式对其质量与安全性进行技术把关。强制性检测认证制度仅适用于涉及国家安全、国计民生、社会公共利益的商用密码产品和使用网络关键设备与网络安全专用产品的商用密码服务，并通过制定产品、服务目录明确界定管理范围，不会对市场和产业构成不必要的限制。

《密码法》强调，商用密码的科研、生产、销售和进出口，不得损害国家安全、社会公共利益或者他人合法权益。涉及国家安全、国计民生、社会公共利益的商用密码产品，应当依法列入网络关键设备和网络安全专用产品目录，由具备资格的机构检测认证合格后，方可销售或者提供。同时对涉及国家安全、社会公共利益，且具有加密保护功能的商用密码实施进口许可，对涉及国家安全、社会公共利益，或者中国承担国际义务的商用密码实施出口管制。

《密码法》第四章第三十一条到四十一条给出了法律责任说明，明确了以下行为违反《密码法》。主要包括：

（1）窃取他人加密保护的信息，非法侵入他人的密码保障系统，或者利用密码从事危害国家安全、社会公共利益、他人合法权益等违法活动的。

（2）未按照要求使用核心密码、普通密码的。

（3）发生核心密码、普通密码泄密案件的。

（4）销售或者提供未经检测认证或者检测认证不合格的商用密码产品，或者提供未经认证或者认证不合格的商用密码服务的。

（5）关键信息基础设施的运营者，未按照要求使用商用密码，或者未按照要求开展商用密码应用安全性评估的；关键信息基础设施的运营者使用未经安全审查或者安全审查未通过的产品或者服务的。

（6）违反实施进口许可、出口管制的规定，进出口商用密码的。

（7）未经认定从事电子政务电子认证服务的。

（8）密码管理部门和有关部门、单位的工作人员在密码工作中滥用职权、玩忽职守、徇私舞弊，或者泄露、非法向他人提供在履行职责中知悉的商业秘密和个人隐私的。

密码就像我们日常生活中的钥匙，“没有密码的保障，就相当于有人偷了家里的钥匙，可以随时自由进出你家，而你却浑然不知”。对于我们每个人而言，《密码法》的意义就在于提醒我们要有网络安全识别能力和安全意识。在我们使用互联网的时候，通过查看https（超文本传输安全协议），了解和判断网站的真实性和安全性，再进行操作，保护好自己的个人隐私、数据安全。

80%的数据泄露归因于弱密码（口令）或已泄露的密码（口令），“123456”名列前茅

《链能》：您在网络安全领域已深耕二十余年，随着中国网民数量位居全球第一，网络安全问题越来越严峻，目前我们面临的网络安全问题有哪些？《密码法》将如何护航网络安全？

张昊：

（一）目前面临的网络安全问题与治理

国家计算机网络应急技术处理协调中心（CNCERT）2019年8月公开发布的《2019年上半年我国互联网网络安全态势》报告显示，2019年上半年，我国基础网络运行总体平稳，未发生较大规模以上网络安全事件。但数据泄露事件及风险、有组织的分布式拒绝服务攻击（DDoS）干扰我国重要网站正常运行，鱼叉钓鱼邮件攻击事件频发，多个高危漏洞被曝出，我国网络空间仍面临诸多风险与挑战。《2019年上半年我国互联网网络安全态势》报告显示，2019年上半年，CNCERT协调处理网络安全事件约4.9万起，同比减少7.7%，其中安全漏洞事件最多，其次是恶意程序、网页仿冒、网站后门、网页篡改、DDoS攻击等事件。此外，2019年以来，我国有关部门针对移动应用违法违规收集使用个人信息、互联网网站安全等开展专项治理工作，以规范市场秩序、维护我国网络安全。2019年上半年，我国5G商用牌照正式发放，我国互联网的发展又进入了一个新时期。5G技术将加速更多行业的数字化转型，拓展大市场，带来新机遇，有力支撑数字经济蓬勃发展。与此同时，也预示互联网上承载的信息将更为丰富，物联网将大规模发展。但用户个人信息和重要数据泄露风险严峻、有针对性的攻击行动频发等情况，严重威胁我国网络空间安全。

中国互联网络信息中心2019年发布的第44次《中国互联网络发展状况统计报告》显示，遭遇账号或密码（注：口令）被盗、个人信息泄露等网络安全问题的网民比例也有所降低，信息安全漏洞有所减少，网络安全事件处置有所减少。近年来，党和政府着力推进网络安全工作，网络安全态势总体向好，国家和人民群众的网络安全得到有力保障。

（二）《密码法》护航网络安全

密码是保障网络安全的核心技术和基础支撑。关系国家安全、国计民生、社会公共利益的关键信息基础设施，必须使用密码进行保护，而且使用的密码必须是合法合规、正确、有效的，不使用或者不正确使用密码进行保护，将严重威胁关键信息基础设施的安全稳定运行，威胁国家安全和社会公共利益。

密码是网络安全保障的第一道防线。密码的不正确使用给党政机关、企业和用户带来了巨大的风险。Verizon发布的《2019年数据泄露调查报告》显示，80%的数据泄露归因于弱密码（口令）或已泄露的密码（口令）。根据Splash Data公司对互联网上泄露的数百万个密码（实际上是“口令”）的分析，在25个最常用的密码（实际上是“口令”）中，“123456”名列前茅。它在2011年、2012年排名第二，2013—2019年每年排名第一。不安全的弱口令当然还有“生日日期”“电话号码”“11111111”“0000000”等，还有更极端的情况——“空口令”。因此，用户迫切需要养成良好的使用密码（口令）的习惯，来提升我们的网络安全保障水平。

密码在网络信息系统中对于身份鉴别、信息加密、完整性保护和不可否认（抗抵赖）等方面具有不可替代的重要作用，可实现信息的机密性、真实性、完整性和行为的不可否认性，具

体如下：

（1）保证机密性。通过加密技术可产生形如乱码的密文，来保证重要信息不被泄露给非授权（不应知道）的个人、计算机，即使攻击者截获密文，由于加密算法（密钥长度）具有足够强度，也不能从密文中获取有用信息，而具有密钥的人利用解密程序可从这一堆乱码中恢复出原来的文件内容。

（2）保证真实性。确保信息来源可靠、没有被篡改，主要是通过密码中的安全认证技术来解决信息的真实性问题，主要技术包括数字签名、消息验证码、身份鉴别协议等，其基本思想是：合法的人具有各自的“秘密信息”，利用这个“秘密信息”对公开的信息进行处理（散列、加密），得到相应的电子签名（印章），用于证明公开信息的真实性。

（3）保证完整性。就是要确保数据没有受到非授权的篡改或破坏，通过散列（杂凑、哈希）算法，从文件中计算出一个标识这个文件的特征信息（摘要），检查这个文件是否被修改，只需要使用散列算法对这个文件计算出一个新的摘要，将这个新的摘要与原来文件附带的摘要进行比对，只要两个摘要一样，则说明这个文件没有被改动，反之则证明这个文件被改动。

（4）保证不可否认性（抗抵赖）。指一个已经发生的操作行为无法被否认，基于公钥密码算法的数字签名技术可有效解决其操作行为的不可否认问题，对于电子合同，在合同进行电子签名后，其电子签名数据（签字、签章）可以防止其抵赖。

国家的《电子签名法》《网络安全法》《电子商务法》等法律法规对于使用密码技术和产品保障网络安全、数据安全、个人信息保护进行了明确规定，主要包括：《电子签名法》第十七条规定提供电子认证服务须“具有国家密码管理机构同意使用密码的证明文件”，第三十四条定义了“电子签名验证数据，是指用于验证电子签名的数据，包括代码、口令、算法或者公钥等”；《网络安全法》对于实施网络安全等级保护制度，第二十一条规定“采取数据分类、重要数据备份和加密等措施”，第二十四条指出“国家实施网络可信身份战略，支持研究开发安全、方便的电子身份认证技术，推动不同电子身份认证之间的互认”；《电子商务法》第五十七条规定“用户应当妥善保管交易密码、电子签名数据等安全工具。用户发现安全工具遗失、被盗用或者未经授权的支付的，应当及时通知电子支付服务提供者”。

2007年出台的《信息安全等级保护管理办法》（公通字〔2007〕43号文）第五章规定了“信息安全等级保护的密码管理”，要求信息系统运营、使用单位采用密码进行等级保护的，应当遵照《信息安全等级保护密码管理办法》《信息安全等级保护商用密码技术要求》等密码管理规定和相关标准。2019年网络安全等级保护制度国家标准2.0的发布，是具有里程碑意义的一件大事，标志着国家网络安全等级保护工作步入新时代，对保障和促进国家信息化发展，提升国家网络安全保护能力，维护国家网络空间安全具有重要的意义。

《信息安全技术信息系统安全等级保护基本要求》（GB/T 22239—2008，提升为GB/T 22239—2019）在我国推行信息安全等级保护制度的过程中起到了非常重要的作用。《信息安全技术网络安全等级保护基本要求》对密码技术要求进行了加强，主要包括安全通信网络中通信传输要求使用加密技术，安全计算环境中身份鉴别、数据完整性、数据保密性使用密码技术，保证传输和存储的加密，安全建设管理和安全运维管理中包括安全测试报告应包含密码应用安全性测试相关内容。

国务院办公厅2020年1月印发的《国家政务信息化项目建设管理办法》第十五条要求“项目建设单位应当落实国家密码管理有关法律法规和标准规范的要求，同步规划、同步建设、同步运行密码保障系统并定期进行评估”。第十六条要求“项目应当采用安全可靠的软硬件产品。在项目报批阶段，要对产品的安全可靠情况进行说明”。项目应当采用安全可靠的软硬件产品。在项目报批阶段，要对产品的安全可靠情况进行说明。项目软硬件产品的安全可靠情况、项目密码应用和安全审查情况，以及硬件设备和新建数据中心能源利用效率情况是项目验收的重要内容。

以商用密码算法为例，我国自主设计的SM4分组密码算法、祖冲之（ZUC）密码算法、SM2椭圆曲线公钥密码算法、SM3密码杂凑算法，以及SM9标识密码算法等已成为商用密码国家标准或行业标准，标志着我国商用密码算法体系已经基本形成。SM系列算法经过多轮安全性分析评估，在设计、实现方面均有各自特点和优势，有力地支撑了商用密码产业化、规模化发展，得到了越来越广泛的认可和应用。

我国商用密码应用安全性评估主要依据是《信息系统密码应用基本要求》（GM/T 0054—2018），其对信息系统的规划、建设、运行三个阶段的密码应用情况安全性评估进行了详细的规定，主要集中在密码算法、密码技术、密码产品和密码服务四个方面。《密码法》的发布对于使用商用密码的企事业单位来说，最大的影响就是必须主动进行“商用密码应用安全性评估”。根据《密码法》要求，商用密码产品及服务使用方应按照国家密码管理局有关规定，对商用密码产品、密码服务、密码技术进行安全性以及合规性认证。而对关键信息基础设施，应采用商用密码进行保护，并进行密码安全性评估，同时与关键信息基础设施安全检测评估、网络安全等级测评制度密码相关要求相衔接。

制定和实施《密码法》，把密码应用和管理的基本制度及时上升为法律规范，有利于构建以密码技术为核心、多种技术交叉融合的网络空间新安全体制。在《密码法》出台前，我国密码领域核心密码和普通密码都是通过政策性文件来管理，商用密码则是通过《商用密码管理条例》这一部行政法规来管理，无论是在立法位阶上，还是在法律效力上，均已不能适应新时代密码事业发展的需要，亟须制定一部综合性、基础性法律，把密码工作各领域、各环节、各要素纳入法制轨道。

《密码法》充分体现与《网络安全法》《电子签名法》《电子商务法》等相关法律的衔接，包括与商用密码应用安全性评估、关键信息基础设施安全检测评估、网络安全等级保护测评制度衔接。

王小云破解MD5和SHA-1两大密码算法，用了整整十年的时间

《链能》：近年来，密码学的重要性日益凸显。近年来，中国的王小云教授备受瞩目，她先后破解了此前十多年被公认为牢不可破的密码学两大支柱算法——哈希函数MD5和SHA-1，请您给我们科普一下，她破解的这两大算法是什么情况？属于什么难度级别？以此引申，请您给我们讲讲密码学知识。

张昊：

（一）常用的三类密码

常用密码主要有对称密码、非对称密码和摘要算法，分别如下：

（1）对称密码，其特点是加密与解密使用相同的密钥，如从最简单的异或，到常用的DES（数据加密标准）。

（2）非对称密码，即公钥密码算法，其特点是加密与解密使用不同的密钥，包含公钥、私钥，其中公钥是公开的，私钥是不公开的。非对称密码的算法本身决定用私钥加密的内容必须用公钥才能解，反之亦然，并且算法保证仅知道公钥和密文，无法导出私钥，如现在最常用的RSA（由R. L. Rivest和A. Shamir等人基于大数的因数分解极为困难的原理而创建）和“椭圆曲线算法”（如国内的SM2）。

（3）摘要算法，通常也被称为哈希算法、杂凑算法、签名算法，通过将任意长度的消息压缩成一个固定长度的哈希值（如MD5是128位），具有抗碰撞性和单向性等特性，而哈希值就像每个人都拥有唯一的“指纹”，且对原文非常敏感，原文（信息）只要有少量变化，就会导致原文（信息）散列后发生变化；主要算法如MD5、SHA-1、SHA-256、SM3等，用于保证原文完整性，防止信息被篡改。

摘要算法赋予每个原文（file）唯一的“数字指纹”，即使更改该原文的一个比特，对应的哈希值也会变为截然不同的“指纹”；比如需要对传递的文件（file）的完整性验证，为了防止别人修改这个文件，就可以在传递这个文件的同时传递这个文件的MD5（Message Digest Algorithm 5）码，这样，别人只需要在任意地方接收这个文件后做一次MD5，然后跟这个公开的文件的MD5做一个比较，就知道这个文件是否被第三方修改过。想象一下，日常生活中的照相就是把现实世界抽象化，摘要算法就是把一段数据（或一个文件）抽象化，现实生活中，照片尤其是证件照用于对持证人员的辨识，这里有两个要素，即人和照，只有两个一致才能证明人的身份。

（二）MD5、SHA-1两大密码算法广泛应用于金融、证券等电子商务领域

MD5、SHA-1是当前国际通用的两大密码算法，也是国际电子签名及许多密码应用领域的关键技术，广泛应用于金融、证券等电子商务领域。由于世界上没有两个完全相同的人的指纹，因此指纹成为识别人身份的唯一标志。在网络安全协议中，使用摘要算法来处理电子签名，能够产生电子文件独一无二的“指纹”，形成“数字手印”。

MD5信息摘要算法和SHA（Secure Hash Algorithm）安全散列算法-1，通常应用于数字签名中，用于确保信息完整一致。其中，MD5由美国密码学家罗纳德·李维斯特（Ronald Linn Rivest）设计，于1992年公开；SHA-1，由美国国家安全局设计，并由美国国家标准技术研究所（NIST）发布为联邦数据处理标准（FIPS），于1995年公开。

（三）关于王小云破解MD5和SHA-1

摘要算法的特点决定了只要能找到碰撞就能够让它失效，并不需要找到原文。举个例子，在应用系统中登录使用的口令（password），只要得到用户密码文件（其中记录了密码的MD5），然后通过一定方式生成一个碰撞的原文（不一定要跟原密码相同），就可以用这个密码登录。王小云的成就是找到了MD5和SHA-1迅速碰撞的方法，即找到不同原文文件产生相同的散列值，产生哈希碰撞，这是个巨大的进步，突破了MD5这类早期哈希函数的设计初衷，对加密算法的研究有很大价值。

2004年8月，在美国加利福尼亚圣巴巴拉召开的国际密码大会上，王小云公布了对于MD4、MD5、HAVAL-128和RIPEMD四个国际著名密码算法的破译结果。2005年2月，在美国召开的国家信息安全研讨会上，公布了王小云对SHA-1安全算法的攻击报告。2006年，NIST颁布了美国联邦机构2010年之前必须停止使用SHA-1的新政策，并于次年向全球密码学者征集新的国际标准密码算法。

在现代密码学中，摘要算法占据基础而又重要的地位。20世纪90年代，王小云开始进行哈希函数研究，1994年开始尝试破解MD5和SHA-1。一种密码算法的破解往往需要花费十年甚至更久的时间，即便如此，成功率也只有1%左右。这注定是一个要“坐冷板凳”的研究领域，王小云就用了整整十年时间，破解了MD5和SHA-1两大密码算法。

讲个有意思的小插曲，此前在CCTV《开讲啦》节目上，作为开讲嘉宾的王小云透露，她获得研究突破主要想法时，不是在科研办公室，也不是在学校课堂上，而是在家里生孩子、坐月子的时候，“我基本上一边看孩子一边推导路线，是很容易的事情”。

区块链涉及数字签名、非对称加密、摘要哈希算法等多种密码技术

《链能》：区块链是密码学、对等网络、共识机制等多种传统技术的集成创新，作为区块链第一代的比特币在哪里运用了密码？密码在区块链里有什么应用？

张昊： 区块链（Blockchain），也称为分布式账本（Distributed Ledger），是密码学、对等网络、共识机制等多种传统技术的集成创新，确保数据不可篡改、全程可追溯，涉及密码的主要算法包括摘要哈希算法、对称加密与非对称加密以及数字签名等。

（一）区块链中的密码

比特币采用分布式对等（P2P）网络架构，利用数字签名技术验证交易合法性，以基于工作量证明（Proof of Work，PoW）的共识算法同步节点历史数据，结合内在的激励机制，最终构成一个可持续的、不依赖可信第三方的电子现金系统。在比特币中，交易信息以区块（Block）的方式组织为单向增长的线性数据结构，通过密码学算法和分布式共识机制保证数据完整性和不可篡改性。

在中本聪（Satoshi Nakamoto）2008年的创世之作《比特币：一种点对点式的电子现金系统》（Bitcoin：A Peer-to-peer Electronic Cash System）中提到的交易过程：一枚电子货币是这样的一串数字签名，每一位所有者通过对前一次交易和下一位拥有者的公钥签署一个随机散列的数字签名，并将这个签名附加在这枚电子货币的末尾，电子货币就发送给下一位所有者。而收款人通过对签名进行校验，就能够验证该链条的所有者，涉及数字签名、非对称加密、摘要哈希算法等多种密码技术。

在每个区块中都包括，索引（index）、时间戳（timestamp）、交易列表（transactions）、工作量证明（PoW）以及前一个区块的哈希散列值；每个新的区块都包含上一个区块的哈希散列值，这是关键的一点，它保障了区块链的不可变性。我们经常提到的挖矿，也就是工作量证明。

工作量证明，简单理解就是一份证明，用来确认你做过一定量的工作，比如现实生活中的毕业证、驾驶证、荣誉证书等，也是通过检验考评结果的方式（通过相关的考试）所取得的

证明。

新产生的区块依赖工作量证明来构造，PoW的目标是找出一个符合特定条件的数字，这个数字很难计算出来，但容易验证；在比特币中，使用称为“哈希现金”（Hashcash）的工作量证明算法，矿工们（从事虚拟货币挖矿的人，不是挖煤矿的工人，矿工负责把这些“交易数据”写入区块链；计算哈希散列值的过程叫挖矿，计算哈希的设备就叫作矿机，操作矿机的人就叫作矿工），为了争夺创建区块的权利而争相计算结果；通常计算难度与目标字符串需要满足的特定字符数量成正比，矿工算出结果后，会获得一定的比特币奖励；根据比特币协议，一个区块的大小最大是1 MB，而一笔交易的大小大概是500 B（字节，byte，1 MB=1024 KB=1024×1024 B）左右，因此一个区块可以包含2000多笔交易。矿工负责把这2000多笔交易打包在一起，组成一个区块，然后计算这个区块的哈希散列值。

作为一种应对拒绝服务攻击和其他服务滥用的经济对策，它要求发起者进行一定量的运算，也就意味着需要消耗计算机一定的时间；挖矿（工作量证明）其实是一种安全机制，利用密码学哈希函数和非对称加密，如存储比特币的区块链每十分钟才生成一个区块，投入大量的计算，提高作假和作恶的成本，保证已有数据不可能被篡改。

（二）区块链中的密码应用要符合国家有关法律法规

区块链企业应在遵守国家密码、网络安全、电子签名、电子商务等法律法规的前提下，从事商用密码的生产、销售、服务或进出口，可以使用商用密码保护其网络安全、数据安全、个人信息，但是不能损害国家安全、社会公共利益或他人的合法权益。

我国已有不少科研机构、企业主要以Linux基金会的Hyperledger、IBM Blockchain、以太坊等国外技术或公开密码算法为基础进行区块链平台的开发与应用。目前国外两个区块链平台以太坊和超级账本，主要是使用国外的密码算法，但对于我国国防、能源、政务、金融、司法、医疗等“国之命脉”和重要信息系统而言，即使是当前公认的、流行的加密算法，是否有人为留置的后门不得而知。国外区块链由于网络安全问题、密码运用问题等无法进行应用落地，迫切需要基于国产商用密码算法开发、全部国产化源代码进行区块链底层支撑的国产区块链平台，采用国产密码算法和证书体系的区块链平台是必不可少的。

区块链技术在国内应用越来越广泛，按照《密码法》和《网络安全法》，在关键信息基础设施领域，这些密码学技术应符合国家商用密码标准的SM2、SM3、SM4等算法，迫切需要构建以国家商用密码为基础的网络空间安全保障体系。我国已经建立起一整套比较完备的国家商用密码标准体系，对国产密码硬件、安全通信协议、认证协议、密码编程接口、密码应用、密钥管理进行了规范；具体到区块链中涉及的国产商用密码标准，SM2为国家密码管理局在2012年发布的基于椭圆曲线密码的公钥密码算法标准，包含数字签名、密钥交换和公钥加密，用于替换ECDSA、ECDH、RSA等国际算法；SM3为密码杂凑算法，主要用于替代MD5、SHA-1、SHA-256等国际算法；SM4为分组密码算法，用于替代AES、3DES算法；SM9为基于身份的密码算法，可以替代基于数字证书的PKI、CA体系。这些商用密码标准在国民经济和社会信息化发展中发挥了重要作用。

（三）密码算法与量子计算

没有永远安全的密码算法，全球主要密码强国都在谋求密码算法的推陈出新。美国国家标准化技术研究院（NIST）正在征集下一代密码算法，抗量子计算是硬性要求。换句话说，要求新的密码算法在量子计算环境下，也没有有效方法将其计算复杂度降低到“可及”的程度。在量子计算环境下的算法，可以将因式分解的计算复杂度降低，RSA的密码算法将不再安全。

（四）依法监管区块链

区块链系统仍然是一个网络信息系统，密码技术包括散列、数字签名、加密、密钥交换、同态加密、环签名、盲签名、零知识证明、安全多方计算等，其密钥管理体系涉及密钥整个生存周期的管理，都要按照《密码法》要求开展密码应用安全性评估。

互联网不是法外之地，号称“去中心化”的区块链也不能成为法外之地，必须用好管好治理好。习近平总书记2019年10月24日在主持中共中央政治局第十八次集体学习时强调，要加强对区块链技术的引导和规范，加强对区块链安全风险的研究和分析，密切跟踪发展动态，积极探索发展规律。要探索建立适应区块链技术机制的安全保障体系，引导和推动区块链开发者、平台运营者加强行业自律、落实安全责任。要把依法治网落实到区块链管理中，推动区块链安全有序发展。

区块链技术与加密货币相伴而生，但区块链技术创新不等于炒作虚拟货币，应防止利用区块链发行虚拟货币、炒作空气币等行为。同时要看到，区块链目前尚处于早期发展阶段，在安全、标准、监管等方面都需要进一步发展完善，要避免一哄而上、重复建设，能够在有序竞争中研究、推广应用区块链。因此要密切跟踪研究区块链技术发展现状和趋势，提高运用和管理区块链技术能力。对于领导干部来说，既要用，也要管。在运用中学会管理，同时在管理中更好运用，才能使区块链技术在建设网络强国、发展数字经济、助力经济社会发展等方面发挥更大作用。

国家互联网信息办公室2019年1月颁发《区块链信息服务管理规定》，明确定义了区块链信息服务是指基于区块链技术或者系统，通过互联网站、应用程序等形式，向社会公众提供的信息服务，如第五条要求“区块链信息服务提供者应当落实信息内容安全管理责任，建立健全用户注册、信息审核、应急处置、安全防护等管理制度”，第十一条要求“区块链信息服务提供者应当在提供服务之日起十个工作日内通过国家互联网信息办公室区块链信息服务备案管理系统填报服务提供者的名称、服务类别、服务形式、应用领域、服务器地址等信息，履行备案手续”。

（五）展望

区块链作为新兴的技术，主要实现防数据篡改的功能，其中大量利用了现代密码学已有成果，包括摘要哈希算法、非对称加解密、数字签名等。同时，区块链系统和诸多新场景也对密码学和网络安全技术提出了很多新的需求，如与区块链性能和安全相关的共识算法、与信息隐私相关的零知识证明等密码算法，反过来也将促进相关学科进一步发展。《密码法》如何实际应用到区块链企业、需要配套制定哪些配套规定和规范、如何有效监管等问题，还需要深入探索和研究。另外，也要完善区块链技术人才培养体系，打造多种形式高层次区块链技术人才培养平台，培育一批区块链技术领军人物和高水平创新团队；通过对区块链技术安全风险的研究和分析，探索发展规律，建立适应区块链技术机制的安全保障体系；加强区块链应用管理，强化引导和规范，防范发生重大风险，把依法治网落实到区块链管理中，推动区块链安全有序发展，让区块链在法治轨道上健康运行，形成具有中国特色的区块链监管理论和监管模式。

广东工业大学计算机学院特聘教授刘文印：

“数本主义”，区块链技术成新型生产关系

人物简介

刘文印

广东工业大学计算机学院特聘教授、博士生导师，广东省第五批引进创新科研团队带头人，国际模式识别学会会士（IAPR Fellow）。于1988年和1992年分别获清华大学计算机系工学学士和硕士学位，1992年留校任教，1995年赴以色列理工学院（Technion）留学，1998年获博士学位，1999年1月加入微软中国研究院任首批研究员，2002年1月加入香港城市大学电脑科学系任助理教授及博士生导师，2015年入选广东省第五批引进创新科研团队带头人。

主要内容

2019年12月6日，《链能——区块链与产业变革、治理现代化》编委会在主编蓝云带领下专访了刘文印教授。刘文印从马克思主义生产力与生产关系角度解读了区块链技术，他表示“数本主义”开始萌芽，将变成一个生产力发展或者社会发展的新阶段。刘文印提出“可信用户代理”的网络身份认证及管理机制，并介绍了登录易系统以及基于区块链的网络身份安全保险机制——卫士链（Wischain）。.

“数本主义”开始萌芽，并将变成发展新阶段

《链能——区块链与产业变革、治理现代化》编委会（以下简称《链能》）： 2019年10月24日下午，中央政治局集体学习了区块链。我们都知道，区块链技术目前还处于发展阶段，您怎么看待这次会议？

刘文印： 10月24日的会议非常重要，我们都在认真学习这次会议的精神。在我们技术界来看还有另外一层意思，1024是2的十次方，是二进制计数的基本计量单位之一，因此10月24日

在中国叫作“码农节”“程序员节”。在这一天开会学习区块链，程序员看了后有另一种感动和振奋，因为此前区块链的宣传更多是程序员在推动。

都说现在有“ABCD”四种新技术，分别是AI（人工智能）、Blockchain（区块链）、Cloud Computing（云计算）、Big Data（大数据），在新技术的影响下，生产率大大地提高。在这种背景下，现有生产关系已经不能适应这样的生产力发展阶段，可能就需要改变了。随着物联网的发展，各种智能设备都可以作为传感器，数据采集更加高效便捷。不仅信息，物理空间也可以数字化了，数据的维度、数量和质量都会进一步爆炸性增长，作为新型生产关系的一部分，“数本家”（拥有高质量数据的人，可以把数据作为资本参与社会生产）可能会开始大量出现，“数本主义”开始萌芽，并将变成一个生产力发展或者社会发展的新阶段。这与前些年“知本家”的出现是一个道理：知识可以作为资本，拥有高质量知识的人获得以高工资和高期权为代表的高回报，创业家的创业实践也是一种难得的知识，创业知识的正确运用也可以带来丰厚的回报，是典型“知本”的体现。“知本家”也是一种新型生产关系，是随着生产力提升而出现的，顺应了生产力的发展。

当然，区块链现在还处于发展阶段，我们真正要达到的可能不是现在的区块链，而是5—10年后更多样化的区块链。无论区块链最后往哪个方向发展，一定要符合生产力要求。假如要预测区块链能做什么，也要看它能否跟生产力相适应，能与生产力相适应的关系才是好的。炒币不一定是有意义的，“割韭菜”的做法也不能长久。现在中央之所以严格监管并取消各种炒币项目，是因为它们不能产生价值。能产生价值的项目和生产关系才是好的，才是我们追求的。

区块链不光是一种生产关系，也是一种生产力，能解决的最重要问题是信任。通过区块链技术，大家做生意更容易了，不再需要相互怀疑猜忌。区块链技术更多是解决人与人之间的关系，如果真能达到那一天，信任问题都能够通过程序代码解决，人与人之间就不怕欺诈和怀疑了。此外，区块链的另一特性——激励机制，在未来也大有可为。目前，激励机制似乎被投机分子玩坏了，光被用来炒币、挖矿了，未来我们可以把激励用在正面上，你提供的数据好，我给你激励，你提供得多，我给的激励也多，这才是激励机制的真正价值。

其实，区块链不同于比特币或者以太坊币，比特币只是区块链的一个应用。目前，关于区块链的应用很多，也取得了不错的成效。2018年起，佛山市禅城区就开展了一系列关于区块链的探索，包括“区块链+社区矫正”联动平台、“区块链+工业设计”版权交易平台、“区块链+食品溯源”平台、“区块链+疫苗安全管理平台”等。2018年8月，深圳国贸旋转餐厅开出了全国首张区块链电子发票，一年间，深圳区块链电子发票已开出超1000万张，消费者结账后通过微信申请开票，信息会同步至企业和税局，一键即可完成“开票、存储、报销”过程，其方便和快捷的特性受到了大众的欢迎。

区块链技术改变了相处方式，带来了更多信任

《链能》：达沃斯论坛创始人——克劳斯·施瓦布认为，区块链作为继蒸汽机、电气化、信息化（数字化）之后的第四次工业革命的重要成果，大大提高了人类互相信任的效率。请您谈谈对此的理解。

刘文印：我觉得，信任是人与人之间的基础，两个人之间要合作就必须相互信任。区块链技术的最大特点在于，它改变了人类社会人与人间的相处方式，带来了更多信任。人与人间的信任是慢慢建立的，而通过区块链，彼此不需要慢慢建立信任就可以直接协作。你是好是赖，我都不管，我知道你不会犯坏，你要犯坏的话，就得不到好处。在商业领域，两个人签合同，相互都在担心对方失信，怕给了钱收不到货，或者发了货收不到钱。未来，通过供应链金融，机构给企业贷款，不用担心对方失信，因为有智能合约可以自动执行。现阶段，在保险领域，保险索赔程序非常复杂，需要提交各种资料，然后保险公司进行核保，时间成本高，流程烦琐。未来，通过区块链保险，日志哈希自动上链，根据日志分析来直接索赔。在智能合约下，各方效率都大大提升，资金流转速度呈现指数级别。因此，区块链能提高人类互相信任的效率，基本上也达成了社会的共识。

《链能》：区块链技术大大加快了全球的经济、政治、文化一体化进程，您觉得未来是否会出现一个全球范围内的基于区块链技术的身份认证平台？

刘文印：其实去中心化的身份认证平台已经有企业在做，比较有影响力的是2019年5月13日微软发布的一个名为ION（Identity Overlay Network，身份覆盖网络）的去中心化身份（DID）网络的早期预览版。在微软之前，业内的一些先锋也分别推出了DID方案。受限于目前的水平，谁能脱颖而出并不好说，不过去中心化的身份认证平台实现统一肯定是未来的一个方向。

但是，即便出现全球范围内基于区块链技术的身份认证平台，也有一些问题难以解决：第一，一旦数据泄露，个人身份被偷，去中心化也未必能解决；第二，数据虽然没有发生丢失，但是假如有人冒充别人的身份，这也是区块链技术无法解决的问题。

区块链技术一定是往有利于生产力发展的方向去发展

《链能》：您在机器视觉、图形识别、文本挖掘等人工智能领域也有专业研究，您觉得人工智能和区块链未来将以什么方式进行融合，又将催生什么样的应用？请您展望一下区块链技术继续发展的方向。同时我们应该如何对区块链技术进行监管？

刘文印：前面说到“ABCD”新技术提高了生产力，这些新技术对区块链的发展也是有帮助的，因为区块链里有些技术问题需要其他技术来协助解决，比如说验证智能合约有没有漏洞，就需要人工智能去分析。区块链技术本身需要利用云计算、大数据、人工智能等技术，反过来区块链也能帮助提高生产力，它们之间是相互促进的。

关于区块链技术的发展方向，其实现在很多人看不清，但无论如何，未来肯定不是“割韭菜”的方向，一定是往有利于生产力发展的方向发展。当人工智能、大数据、物联网等技术以及区块链技术本身逐渐提升我们的生产力时，必须不断有新型的生产关系出现并与之适应。因此，体现新型生产关系的区块链技术也需要不断发展，还需要整个社会继续大力投入研发和应用。区块链确实因为隐私保护的需要而生，但其进一步发展也必然要顺应社会历史发展规律。

对于区块链方面的监管，我觉得是非常有必要的。在我看来，国家对于区块链监管的底线是不能用来做非法融资。此外，由于区块链处于发展初期，监管的同时要保留一定自由度，才能促进行业更好发展。有些人提倡制定相应标准，应该说，制定标准有利于规范行业健康发展，但由于区块链处于初级阶段，条条框框定得太严格，很容易固化思维，政策制定上可以适当放宽一段时间，让大家先“飞”一会儿。

此外，关于内容上链的监管，内容一旦上链，即便发现错误，恶意诽谤，也不能随意修改内容，而应该用后续发布辟谣的信息来覆盖它，让大家看到原先的错误信息以及后续的辟谣，而不能随意修改历史。当然，信息上链之前进行必要的过滤和筛选是必须的，一旦上链，就应该达成不改动的共识，错了也得认。总之，不管好赖都在那了，你可以后续想别的办法去补救，但原来的东西不能改，这才是区块链的精神，才是可信任。

可信用户代理原型系统“登录易”将开展区块链方面的合作

《链能》：您提出过“可信用户代理”的网络身份认证及管理机制，并发布了“登录易”系统，能够帮用户自动注册、登录并管理账号密码，这款系统未来是否考虑整合区块链技术，包括其公私钥管理方式？

刘文印：当前网络身份认证过程中最常用的就是基于“用户名+密码”的传统登录机制，然而，随着网络规模的急剧增加，单一用户拥有的网络身份数目在急速增多，网络身份也面临着“密码疲劳”“钓鱼”“偷窥”和“撞库”等严重网络安全问题。因此如何安全有效地创建并管理用户的网络身份成为当前网络发达的社会形态下非常具有价值的研究方向，基于此，我们提出了“可信用户代理”的概念，其原型系统“登录易”（DengLu1.cn）已经发布，是一个帮助用户（通过扫码、推送等方式）自动注册、登录并管理账号密码的产品，用户不再需要人工设置、记忆及输入众多密码就能在各种终端上网。“登录易”可以实现自动注册强密码，防破解；多个账号不关联，防撞库；密码绕过浏览器，防钓鱼；一键自动改密码，不怕偷；直接发至服务器，防肩窥、防记录。如此，账号被盗风险可以降到非常低的水平，使得相关保险产品得以承保。

我们也提供了一个基于区块链的网络身份安全保险机制——卫士链，日志哈希自动上链，防骗保；智能合约自动理赔，全透明，有助于增加信息透明和在保户与保险商间建立信任，解决传统保险行业的证据信息不对称、用户害怕隐藏条款、保单合约条款繁杂和理赔烦琐等痛点。此外，我们还在跟一些链合作，新版的“登录易”里面有钱包，可直接进行支付，目前，相关产品正在测试中。

工信部电子五所区块链主管相里朋：

加强我国区块链标准化研究

人物简介

相里朋

高级工程师，现任工信部电子五所区块链主管，中国计算机学会区块链专委会委员，广东省计算机学会区块链专委会副秘书长，重庆区块链测试认证中心主任。长期从事软件质量可靠性技术研究，涉及物联网、云计算、大数据、区块链等多个新兴技术领域，主持完成十多项国家科研项目，其成果在多个重点工程中得到较好应用。牵头广州互联网法院区块链项目建设，牵头和参与区块链相关标准20余项，区块链方面著作2部。

主要内容

2019年12月20日，《链能——区块链与产业变革、治理现代化》编委会在主编蓝云带领下专访了相里朋高级工程师。他介绍了国内首个区块链技术团体标准《区块链与分布式记账信息系统评估规范》，并认为，目前国内外相关机构正加快布局区块链标准，陆续发布了一些区块链团标，部分关键标准也相继立项研究。为牢牢占据行业先发优势，抢占全球关键技术的核心制高点，有必要加强我国区块链标准化研究，提升国际话语权和规则制定权。通过制定区块链行业标准，把期望的专利装入标准中，争夺产业话语权与市场主动权。

区块链将成为改变网络交易方式的“黑天鹅”

《链能——区块链与产业变革、治理现代化》编委会（以下简称《链能》）： 区块链自诞生以来，以其所具有的去中心化、去第三方信任、系统集体维护、数据不可篡改、不可伪造等特点，获得了全球广泛关注。请您谈谈区块链大热的背后有什么深远意义？

相里朋： 区块链是采用去中心化的方式，以密码学和共识机制保证交易信息的不可篡改性和不可伪造性，提供了一种在不可信网络中进行价值传递和交换的可信机制。其应用的深远意义在于如下几点：

一是区块链技术应用对传统产业有颠覆性、根本性影响。区块链技术本身虽不具有创新和变革的鲜明时代特征，但其不同以往新技术的优势在于：引入通证经济，使其易于渗透、融合到多个行业，重塑原产业结构，催生出新业态、新产业。在实体经济领域，区块链赋予传统产业新动能；在网络经济领域，其“去中心化”特点产生的社会效应不可估量，可以说，在不远的将来，有网上交易就有区块链技术的介入，区块链技术将成为改变网络交易方式的“黑天鹅”。当然，在发展初期，区块链也有一定的不确定性，其技术演进尚需较长时间，产业应用的纵深尚不清晰。

二是区块链产业发展热度持续增加。保守来看，区块链未来三年将在实体经济中广泛落地，成为数字中国建设的重要支撑。我国区块链相关产业发展提速明显，据不完全统计，2019年上半年，我国区块链领域融资额约97亿元，较2018年同期同比增长率为826%；投融资事件数量达到105件。从投融资轮次分布来看，初创期投资轮次（B轮以前）占比超过95%，显示专业投资人对产业盈利有较好的预期。从新成立公司分布角度分析，技术融合和拓展应用类公司增长明显。截至2019年第三季度，区块链产业新成立公司金融行业达到286家，实体经济达到609家，其中，区块链解决方案、底层平台领域的相关公司数量均在240家以上。

三是区块链协助传统产业转型升级，释放新动能。据2019年初统计，全球已经有20多个国家投资区块链技术，80%的银行已启动区块链项目，全球90多个中央银行加入区块链讨论。在过去三年里，区块链的全球风险投资超过了14亿美元，产生了超过2500项专利技术。IBM、微软正打造统一的企业级BaaS（*编者注：后端即服务，Backend as a Service*），创建行业标准库，在制造业、银行保险、物联网、政府等多领域展开应用创新。在国内，趣链提出“区块链+金融”模式，井通提出“区块链+供应链”的解决方案，采用智能合约控制从订单、装运、发票到最后付款的过程，实现商品流与资金流同步，保证全流程的安全与可视。

国内首个区块链技术标准历经一年研制发布

《链能》：我们留意到，2019年初，中国区块链测评联盟发布了国内首个区块链技术标准《区块链与分布式记账信息系统评估规范》，该联盟由您所在的工业和信息化部电子第五研究所以及中国电子学会、北京航空航天大学作为核心发起单位，联合蓝石区块链实验室等六十余家单位共同发起。请您具体给我们谈一谈。

相里朋：《区块链与分布式记账信息系统评估规范》作为国内首个区块链技术标准，聚集了国内区块链技术和管理专家智慧，共有六十余家企业参与，历经一年研制发布。本标准创新提出了一系列满足业内评估不同行业、不同安全等级检测需要的区块链信息系统的评估内容及方法。面对区块链信息系统平台层、中间层、API层、应用层，共提出15个评估项255个评估子项，既能定性地评估区块链信息系统质量，又能定量地评估各层次维度，解决了地方政府和企事业单位在推进区块链应用场景落地方面存在的“区块链特性辨识、应用场景质量保障、技术和产品选型”等重要难题，有助于区块链行业进一步脱虚向实、为企业赋能，促进区块链技术在各应用场景的落地，推动产业升级转型。

区块链标准化发展现状及存在问题

《链能》：说起区块链技术团体标准，实际上，早在2016年，由国家工信部指导的《中国区块链技术和应用发展白皮书》中就提出，“区块链标准体系框架”主要分为基础标准、业务和应用标准、过程和方法标准、可信和互操作标准、信息安全标准五个方向。在您看来，目前，国内外关于区块链的标准化发展现状如何，存在哪些问题？

相里朋：目前，国内外相关机构正围绕上述方向，加快布局区块链标准，陆续发布了一些区块链团标，部分关键标准也相继立项研究。从在研项目数量看，区块链标准化进程正在加速。

（一）发展现状

在国际上，制定区块链标准的相关机构主要有ISO-TC307、IEEE、ITU（国际电信联盟）、W3C等。其中，ISO-TC307发起的11项、IEEE发起的13项、ITU发起的7项均处于在研状态，尚未正式对外发布。尤其是ISO国际化组织，其作为公认的标准化研制组织，聚焦基础标准、信息安全标准、可信和互操作标准三类，加快研制《参考架构》《术语》《隐私和身份信息保护》《安全风险、威胁和泄露》《分类法和本体论》《具有法律约束力的智能合约》《与互操作性相关的问题发现》《治理指南》等标准。IEEE、ITU国际化组织，则重点聚焦业务和应用标准加快区块链标准化步伐，研制《区块链在能源领域的应用》《区块链在物联网领域的应用》《区块链在政务中的应用》《区块链在供应链金融中的应用》等标准。

在国内，制定区块链标准的相关机构主要有中国区块链技术和产业发展论坛（中国电子技术标准化研究院）、中国区块链测评联盟（工业和信息化部电子第五研究所）、可信区块链推进计划（中国信息通信研究院）等。其中，中国电子技术标准化研究院发起的7项、工业和信息化部电子第五研究所发起的4项、中国信息通信研究院发起的11项均正常推进。尤其是中国电子技术标准化研究院参考ISO-TC307发布的团标《区块链参考架构》，已被确立为国家标准，预计2022年完成标准研制并正式发布。工业和信息化部电子第五研究所参考IEEE，结合国内实际情况，正加快研制《政务区块链行业应用标准》《新能源区块链行业应用标准》《药品溯源区块链行业应用标准》等应用标准，规范行业应用，推进区块链技术落地应用。

（二）存在问题

区块链技术正处于技术发展初期阶段，拥有着广阔的前景，但需要时间进行技术演进和经验积累，其标准化发展存在的问题主要有以下三方面：

一是关键技术尚在发展阶段，标准研制推进困难。业内对区块链技术认知尚有不足，尤其对其关键技术及特性尚未达成共识。且区块链作为一种新兴信息技术，技术本身尚处于快速迭代发展阶段，技术发展路径多样化，还有很多不确定性，其标准化如同盲人摸象，困难程度较高，全面推动关键技术的标准化困难。

二是区块链应用样本不足，在研标准难以指导落地。区块链行业的应用落地，须具备一定技术产业基础，行业尚没有形成大规模成熟应用和商业模式，依然面临较多问题。区块链的标准研制，缺少丰富的、成熟的应用案例供参考，在研标准指导区块链应用落地能力不足。

三是区块链标准研制周期长，难以满足行业发展需要。区块链的标准化，既需要高等院校、科研机构、行业协会、知名企业的广泛参与，还须经历标准立项、审批、研制、征求、报批、发布等环节，标准化周期较长，相对滞后于行业发展，难以满足行业发展的需要。

广州互联网法院司法区块链有示范意义

《链能》：近年来，您聚焦区块链质量保障技术研究，并牵头广州互联网法院区块链项目建设，制定《广州互联网法院司法区块链体系》，目前项目的建设情况如何？

相里朋：目前，《广州互联网法院司法区块链体系》已成为粤港澳大湾区司法改革的重要示范样本。我们通过联合三大运营商、大型互联网企业、区块链企业、司法机构等数十家企业及机构，在吸取现阶段存证平台建设经验基础上，历经三个月，制定了《可信电子证据管理平台接入与管理规范》《司法区块链基础平台技术要求》《司法区块链基础平台安全服务要求》《司法区块链存证平台数据格式规范》等一揽子技术规范和业务规范，有效贴合各类司法场景的实际应用，支撑起粤港澳大湾区“一链两平台”新一代智慧信用生态体系的高质量建设。为建立探索“生态化”执行方案，为失信联合惩戒、守信联合激励提供便捷有效的数据支撑，进一步提高执行效率，为切实解决执行难贡献广州智慧。

争夺国际产业话语权与市场主动权

《链能》：如果说标准之争就是话语权之争，那么制定标准就是抢占市场、分配利益的过程。在新兴技术领域，标准引领了技术发展路线与产业落地。您对区块链标准化发展有哪些建议？

相里朋：为牢牢占据行业先发优势，抢占全球关键技术的核心制高点，有必要加强我国区块链标准化研究，提升国际话语权和规则制定权。通过制定区块链行业标准，把期望的专利装入标准中，争夺产业话语权与市场主动权。

因此，无论任何行业，大机构在标准领域都更具备专利研发实力，对于标准也有更大话语权。现阶段，国内外各大机构都在积极牵头区块链标准的制定，在这个新兴产业中跑马圈地。而现阶段，非常有必要牵头区块链标准的制定，具体如下：

一是积极构建完善区块链标准体系。一方面，扶持成立中国计算机学会区块链专委会标准化工作组，完善标准工作机制。以团体标准为切入点，加快推动参加架构、数据格式、应用接口等重点标准研制，加强标准验证和应用推广，逐步构建完善标准体系。另一方面，积极对接ISO、IEC、ITU等国际标准组织，实质性参与更多国际标准化工作，提升国际标准话语权，保持国际竞争力。

二是筹备成立国内区块链标准化专家库。通过筹备组建标准化专家库，定期组织专家座谈，发挥专家智库作用，助力企业以参与全国团体技术标准为切入点，推动技术研制和应用各方达成技术概念、行业标准、应用前景等方面的共识，形成符合行业发展需要的团体标准、地方标准。

三是推动区块链地方标准立项研制。鼓励地方标准化组织、行业协会立项区块链应用标准，从标准体系、急用先行、试点示范、应用推广四个层级，加快推进地方标准化工作，促进业界统一格式，最终实现网络互通、数据互通、共识互通、价值互通。

四是开展区块链标准试点应用。鼓励地方企业、高校应用区块链标准，开展标准化试点工作，鼓励“区块链+供应链管理”“区块链+产品追溯防伪”“区块链+网络协同制造”等标准的先行先试，推动产业标准化；定期总结实践经验，树立典型，示范推广。

五是加大人才培养力度。支持地区科研机构、高校依据区块链标准，开展区块链技术探索研究，鼓励成立专业院系，培养标准化专业人才。

六是加强标准化知识普及和宣传引导。加大区块链标准化的科普宣传力度，支持高等院校、科研院所等社会组织面向传统企业和公众普及区块链标准，开展区块链标准宣贯，引导社会各界正确认识新技术、接受新技术、应用新技术。

计算机世界传媒集团副总裁王新涛：

基于区块链的数据确权、价值评估与交易

人物简介

王新涛

计算机世界传媒集团副总裁，人工智能与金融科技产业应用研究院院长，区块链与产业互联网融合应用60人论坛秘书长。

主要内容

2020年3月6日，《链能——区块链与产业变革、治理现代化》编委会在主编蓝云带领下专访了计算机世界传媒集团副总裁王新涛。他表示，随着大数据的产业化进程的加深，数据已经不仅仅是一种“资源”，而是一种“财产”，数据确权问题也因此浮出水面，区块链技术正是解决数据确权难题的一剂良方。他介绍了基于区块链技术的数据确权案例——睦合达团队推出的车联网数据支持与应用服务系统，该系统采用“上链即确权”模式，避免了传统激励机制可能带来的潜在威胁。

《链能——区块链与产业变革、治理现代化》编委会（以下简称《链能》）：2018年4月26日，区块链与产业互联网融合应用60人论坛在北京启动，您担任了论坛的秘书长。在这次论坛上，人工智能与金融科技研究院、工信计世—金窝窝区块链与电商融合应用研究中心、工信计世—睦合达大数据价值评估研究中心等研究机构公开亮相。到现在已经有两年时间，请您跟我们讲一讲这些研究机构在区块链与产业融合方面取得的主要成果。

王新涛：近年来，在智慧金融、数字版权等产业升级的浪潮下，区块链技术的融合应用得到越来越多关注与拥趸。计算机世界传媒集团很早就关注到区块链即将带来的变革，并开展了一系列探索。继区块链与产业互联网融合应用60人论坛之后，我们联合众多企业和机构在此期间编写了《区块链全球政策蓝皮书》《基于区块链的数据确权与价值评估蓝皮书》，举办了区块链与产业融合论坛等多次大会，在众多区块链企业支持下，举办了区块链与产业融合案例评选活动。这些探索，对于助力应用创新、助推产业的探索落地起到了很好的促进作用。

在大数据产业化探索过程中，三个至关重要的命题正浮出水面

《链能》：2018年12月，睦合达与工信计世联合发布的《基于区块链的数据确权与价值评估蓝皮书》（以下简称“《蓝皮书》”），将“区块链数据资产交易”的模式核心进行了深度阐述，为区块链与产业融合应用及数据价值挖掘提供了良好的示范性作用。其中提到，大数据正在成为撬动传统经济转型升级、推动新兴产业强势发展、助推小微企业弯道超车的“超级引擎”。请您谈一谈，大数据时代的数据有什么样的特征？数据的产业化进程是怎样的，存在哪些问题？

王新涛：中国互联网络信息中心在2019年8月份发布的报告中称，“截至2019年6月，我国网民规模达8.54亿……我国手机网民规模达8.47亿……网民使用手机上网的比例达99.1%”。网民在使用手机的同时会留下各种痕迹，不管是逻辑清晰文笔流畅的表达，还是碎片化的只言片语，抑或是有目的性的浏览、检索、购物，漫不经心的点赞、拉黑，这些痕迹最终会形成无数个极为庞大的数据库。有学者粗略估算称，今天微博网站一天内新增的信息量就顶得上《纽约时报》所有员工辛勤工作60年的总和。

网民的媒介使用仅仅是信息社会中由人类主动分享的微不足道的一点数据，而公司运营过程中产生及储存的数据、传感器搜集及储存的数据等更是浩如烟海。英国学者舍恩伯格在《大数据时代：生活、工作与思维的大变革》一书中坚定地认为，“大数据开启了一次重大的时代转型。就像望远镜让我们感受到宇宙，显微镜让我们能够观测微生物一样，大数据正在改变我们的生活以及理解世界的方式，成为新发明和新服务的源泉，而更多变革正蓄势待发”。正如他在书中所预见的那样，在“大数据”一词成为耳熟能详的日常用语的同时，大数据正在成为撬动传统经济转型升级、推动新兴产业强势发展、助推小微企业弯道超车的“超级引擎”。

如果从舍恩伯格、涂子沛最早一批关于大数据的科普读物出版（2013年）算起的话，截至2020年，中国的学术界和产业界已经在这个领域探索了七年。在大数据产业化探索的过程中，有三个至关重要的命题正在浮出水面：一是“大数据”本身已经不再是一种简单的工具或者达到目的的方式，它正在成为一种堪比土壤、空气和水的资源；二是大数据在产业化的过程中也正在面临着新的危机或瓶颈——数据确权问题；三是在信息技术日新月异的今天如何能够在国际互联网浪潮中挖掘核心技术，超越模仿和借鉴。

我们回顾中国自2013年以来的大数据应用可以发现，大数据正在经历由工具到资源的转向：最开始，大数据只是被当作一种工具、一种解决问题的方案，比如用大数据来分析网络舆情、用大数据来优化社会治理、用大数据来进行精准营销等。随着中国网络化、数字化、智能化进程的进一步加快，大数据已经成为数字中国、智慧社会的重要战略资源。大数据的资源化缔造了诸多新领域，以至在数字产业化方面，“新技术、新产业、新业态、新模式不断涌现”。《中国数字经济发展与就业白皮书（2019年）》显示，2018年，中国数字经济规模达到31.3万亿元，按可比口径计算，名义增长20.9%，占GDP（国民生产总值）比重为34.8%，“数字经济已成为中国经济增长的新引擎”。

如何将大数据作为一种“财产”，而不仅是一种“资源”

《链能》：随着数据产业化进程的加深，出现了一系列新问题，包括您前面提到的数据确权问题。早在2016年，就有学者意识到数据产权制度这一制约大数据产业发展的根本性问题。请您谈一谈，数据确权具体指的是什么？它有什么经济和法律依据？

王新涛：

（一）关于数据确权

在大数据成为新的经济增长点的过程中，一系列备受困扰的问题开始摆在我们的面前：第一，大数据的权利性质及权利归属问题，如数据资源到底属于人权还是物权？第二，大数据作为一种资源如何在法律道德等许可的范围内通过商品化、市场化、产业化实现其最终的货币化？第三，大数据作为小数据或个体数据的集合体如何实现其收益的合理分配从而让大数据产业的所有贡献者都能共享成果？第四，数据储存、交易、开发过程中的供需不对称问题、信息安全与隐私泄露问题、数据开放性不足与数据质量不高问题等如何得到有效解决？

以上四个问题我们可以归结为一个问题，即数据作为一种宝贵的资源如何在清晰界定数据权利归属的前提下，充分遵循现代市场经济运行规则，进行流通和价值增值。也就是，我们如何将大数据作为一种“财产”而不仅仅是一种“资源”，通过鼓励而不是限制交易的方式促进数据的流通和价值增值，进而让大数据成为“信息化发展新阶段”最有力的支撑点。

早在2016年，杜振华、茶洪旺联合署名的《数据产权制度的现实考量》一文就对这个问题进行了非常精辟的探讨。在文章中，学者们意识到，在大数据时代“产品生产和服务的提供正在从‘劳动密集型’‘资本密集型’到‘技术密集型’和‘信息密集型’方向转移”，并且“数据资源已成为国家战略资产和社会财富，信息能力成为企业转型升级和塑造国家竞争优势的决定性因素”，在此背景下，“数据确权是大数据应用和数据产业发展必须解决的核心问题之一”。

以大数据为关键词进行检索，截至2020年3月，知网上至少能够找到580,544篇研究成果，尤其是2013年以来的相关学术研究成果更是呈井喷状。不得不说，中国的学术界在大数据这片沃土中不断耕耘，构筑了中国大数据研究的基础理论。

尽管如此，我们在回顾学术界既有研究成果时依然发现，数据确权的相关研究虽不能称为空白，但相关研究数量之少与中国大数据产业的勃兴和中国信息技术的发展形成了鲜明的反差。而在数据确权的基础上，探讨价值评估并且同时具备理论指导价值、实践应用价值和产业转化潜力的研究成果则更是少之又少。

（二）数据确权的经济法律依据

在法律视域下，数据资产属于典型的权益性资产。数据资产的交易过程，是委托关系下委托方和受托方关系向转让过程中债权人与债务人关系的转化过程。如果单纯进行数据资产的交易，其面临的法律问题较为复杂。近年来出现的数据资产交易平台，有效地解决了这一问题。从法律视域观察数据资产的特征，数据资产拥有有形资产的全部特征与先天基因，研究当前《企业会计准则》《合同法》《审计法》《著作权法》等相关法律规章的相关条文及案例，及《宪法》《刑法》《民法》等对数据资产确权的支持与规制，我认为当前国家法律体系可以支持数据资产的明确确权。

企业的数据资产可分为两类，一是通过API合作或者大宗数据交易的数据资产，二是其自身通过社会工程或者软件系统采集的大数据资产。首先比较大数据与资产的定义之间的政策耦合性，分析《企业会计准则（2017年版）》的规制要素，资产的定义主要有以下三个要点：①过去的交易或者事项形成的；②由企业拥有或者控制的；③预期会给企业带来经济利益的。因此，数据作为资产具有法律政策上的耦合性。

进而分析《企业会计准则（2017年版）》的规制要素，资产的确认条件主要有以下两个要点：①与该资源有关的经济利益可能流入企业；②该项目的成本或者价值能够可靠地计量。因而，数据资产的价值评估也可以在一定的财务及法务工作支持下得到充分保障。

数据市场各参与主体在交易、共享、展示、开发的博弈中实现了某种动态的平衡

《链能》：大数据的产业化进程不断加大，除了国家层面出台《促进大数据发展行动纲要》等政策性文件之外，全国各地的大数据管理机构不断涌现，各类以大数据为核心资源进行创新创业的企业机构纷纷成立。根据有关部门的统计，截至2018年，全国已有约1600家大数据企业。在您看来，这些数据市场的参与主体在数据确权上的方法和瓶颈是什么？

王新涛：对于以数据为核心资源进行产品开发、技术创新、产学研转化的机构而言，“大数据即大价值”“数据就是资产”的观念几乎已经深入人心。数据种类、规模、数量、质量及处理能力直接关乎一个大数据企业的竞争能力和发展前景。信息社会和经济社会，数据的价值直接体现为商业化的开发运用，但大数据的权利归属即数据确权问题是构成数据交易、数据开发乃至整个数据产业的前提。从全球范围内来看，只有从根本上解决了数据的权利属性及归属，才有可能在世界范围内赢得大的市场和发展前景。

就目前来看，数据权利的归属是长期以来大数据市场自我适应、自我调整的一种分配结果，在国家针对大数据市场的相关司法解释出台之前，数据市场各参与主体在交易、共享、展示、开发的动态博弈中实现了某种动态的平衡。作为整体的数据属于民法上的“集合物”，因其具有极大的商业价值，其所有权归属于信息控制者。目前支持这一观点的占大多数，既然某数据运营企业为了获得数据，支付了大量技术成本、市场成本和管理成本，数据权利就理应归属其实际的掌控者。

那么，若干问题随之而来：谁才是数据的真正拥有者？用户使用各种设备留下的痕迹和记录是否归用户所有？如果归用户所有，那么用户上传了数据为何不能获得回报？如果用户不能获得汇报，数据的质量、用户分享数据的积极性如何得到保障？

在区块链技术诞生之前，以上问题并未得到真正有效解决。

当数据产业引入区块链，数据确权与价值评估也许就不再是难题

《链能》：《蓝皮书》所讨论的主题就是基于区块链的数据确权与价值评估。请您跟我们讲一讲，区块链如何解决数据确权难题？

王新涛：首先谈一谈区块链。市面上大部分的论著都将区块链的本质定位为“一个去中心

化的分布式账本，其本身是一系列使用密码学而产生的互联网关联的数据块，每一个数据块中包含多条经比特币的网络交易有效确认的信息，用于验证其信息的有效性（防伪）和生成下一个区块”。

区块链所具有的特征或这一技术及理论的特殊魅力就在于分布式记账、去中心化、不可篡改等特点。正因如此，区块链既是一种可以被充分挖掘和推广的底层技术，也是一种解决问题的思维方式。

大数据产业在发展过程中亟待解决的问题就是数据确权与价值评估的难题。而区块链“用技术设计取代权威控制和情感信任，以此建立一种网络结构，所有人都可以参与成为无数节点之一，进行认证、确权、交易、追溯和调整等一系列动作，它公开透明，成本低、速度快、分布广，没有权威可以篡改和取缔记录”。

《蓝皮书》就是立足于“数据资产确权与价值评估”这一制约数据产业进一步发展的难题展开探讨，试图通过区块链技术及理论所具有的特殊属性的实践应用，一步步解决数据作为一种财产的权属问题，解决数据生产者缺乏分享意愿的问题，解决数据在流转过程中的安全问题，解决数据交易过程中的供需不对称问题，解决数据资产在增值过程中的收益分配问题。我们希望进行一次尝试，将作为信息革命最新成果的区块链技术与大数据产业进行水乳交融般的契合，并在产业大数据的融合应用中寻找到落地的可能，也希望就区块链理论的应用进行一番探索，实现区块链与大数据的“联姻”，借此完成对数据的确权及价值评估问题的思考。

大数据、物联网、区块链、云计算、人工智能……这些新的技术形态不断涌现，技术之间的壁垒也正在进一步打破，在我看来，有所创新者可以是从0到1的超越，可以是从1到n的累积，也可以是1加1大于2的方法论革新。当数据产业引入区块链技术，数据确权与价值评估也许就不再是个难题。

个人留下的痕迹和记录如何脱敏转化为可交易的数据，同时避免中心化的机构对用户数据拥有过高的控制权

《链能》：《蓝皮书》中提到，在区块链技术和服务系统下，数据区块的产生过程即是由不可交易的个人隐私数据（人格权）转变为可以交易的财产（物权）的过程，实现了交易的合规。也就是说，当数据被确权，数据就可以作为一种资产进行交易了，目前，数据资产交易采用什么模式？当中存在哪些问题？

王新涛：目前数据资产交易存在三种模式，一是基于API的动态数据供应模式，二是基于打包数据文件的数据库静态交易模式，三是近年来兴起的数据交易平台的封装交易模式。

第一，基于API的动态数据供应模式。API服务一般由两个大数据企业合作，两个企业分别建立用于对接的元数据库，在元数据库之间构建一对API服务以实现两个元数据库的对接。API数据交易，一般按照服务时间或者服务流量收费。也有企业之间通过开通双向API实现数据抵扣或者费用互免。

第二，基于打包数据文件的数据库静态交易模式。基于打包数据文件的数据库静态交易模式多由数据挖掘成果展示服务和版权服务的企业采购数据使用。数据挖掘过程一部分由数据运营企业自行组织，但更多由第三方进行操作。每年各个行业都会出具各种行业报告书，这些

报告书均来自基于打包数据文件的数据库静态交易获得的数据。最传统的数据交易一般来自此种模式。

第三，数据交易平台的封装交易模式。因为数据是资产的概念逐渐在金融界深入人心，而金融界对数据本身的功能并不看重，更在意其价值体现。所以，将数据资产动态打包成数据金融产品，封装后拆分成股权在交易平台上进行交易。此种模式会在不久的将来形成数据交易的主力产品。目前，绝大部分数据交易平台均采用这种模式进行交易。

目前，我国学者较有代表性的观点是将数据权界定为“物权”，即“物权的占有、使用、收益、处分四大权能较好对应大数据流程，占有对应大数据挖掘和大数据存储，使用对应大数据分析和大数据应用，收益和处分对应大数据交易”。但《中华人民共和国民法典》第一百一十一条规定，“自然人的个人信息受法律保护。任何组织或个人需要获取他人个人信息的，应当依法取得并确保信息安全，不得非法收集、使用、加工、传输他人个人信息，不得非法买卖、提供或者公开他人个人信息”。

这实际上就明确了个人数据的人格权属性，即个体在使用各类设备或借助互联网实施某些行为所留下的数据属于人格权范畴，其所有者为数据生产者个人，并不鼓励流通和交易。而作为整体的数据属于民法上的“集合物”，具有极大的商业价值，而从法律和事实层面因其具有强大商业价值和商品价值而被鼓励交易。因此，在我们提及“大数据”或“数据产业”时，我们指的是作为集合物的数据。

为此，我们需要解决一个问题：在大多数情况下，个人使用智能手机、智能家居、智能驾驶、网络电商等过程中留下的所有痕迹和记录如何经过脱敏处理后转化为可以交易的数据，同时避免中心化的机构对用户数据所拥有的过高的控制权？

睦合达车联网数据系统“上链即确权”，避免了传统激励机制可能带来的潜在威胁

《链能》：睦合达推出了基于区块链的车联网数据支持与应用服务系统。这个系统采用了“上链即确权”服务体系，是区块链应用于数据确权的一个实际案例。请您分享一下项目的具体情况。相比其他系统，基于区块链的睦合达系统有什么优势?

王新涛：睦合达车联网数据服务系统引入区块链技术和理念，具有十分丰富和多样的功能，并结合不同的场景需求，实现对特定服务的个性化定制。简单来说，睦合达车联网数据服务系统目前最常规的功能分为三个层面：

第一是为全国近百家4S店的销售体系及汽车维修保养服务，实现线下提供优质的标准化服务，线上完成全信息化的信息流、现金流的通信、查询与管理等交互。

第二是为营运车辆和物流公司打造专业的车队管理系统，帮助车队管理者高效管理车辆状态与司机的驾驶行为，延长车辆寿命，降低油耗，提升长途运输的安全等级。

第三是公司将行车数据量化，为公益组织提供基于个体驾驶行为的评分系统，作为其奖励规范驾驶、安全出行的重要参考依据，实现了商业价值与公益价值的深度分享与共赢，使公益补贴可以有的放矢、精准刺激，提高公益资金的使用效率。

对比其他服务系统，睦合达车联网数据服务系统有以下四个方面的优势：

（1）激励用户分享优质数据

当前的数据共享激励模式主要是“资本驱动下的数据共享激励”和“营收驱动下的数据共享激励”。这两种传统的用户激励机制都存在着先天的问题：

首先是资本驱动下的数据共享存在虚假数据的问题，使用水军进行仿真用户注册和仿真用户交互已经成为一种“约定俗成”的数据运营企业启动方案，同时数据运营企业对其即将共享的数据进行人为“优化”的现象也屡见不鲜。

其次是营收驱动下的数据共享存在托管数据交易或者敏感数据交易的问题，部分数据持有企业有自行出售用户私密信息的情况，特别是出售用户联系方式等敏感数据的情况时有发生。企业“内部”如银行与其旗下保险业务部门之间的用户私密信息共享，也会对企业个人私密信息的安全性带来威胁。

区块链下的睦合达车联网数据服务系统采用“上链即确权”服务体系，通过区块链的确权机制从根本上避免了上述两种激励机制所可能带来的潜在威胁，其激励的机制以数据的确权为核心，让分享数据的用户变成数据的真正所有者。这就在很大程度上提升了用户分享高质量数据的积极性和主动性。

（2）确保数据资产安全可靠

数据安全是当前社会关注的焦点。全球数据运营企业自2016年以来频频遭遇数据泄露的“灾年”，也让全球数据运营企业对大数据的安全进行了更加深入的研究。数据安全问题主要表现在数据运营企业主动出售或转借未脱敏数据、私密数据确权不明晰及API数据接口被侵入这三个方面；而在传统路径下的数据安全措施主要是在利用技术手段和行政防止出现数据安全事故以及尽量减少不必要的个人信息泄露这两个层面。

理论研究显示，使用区块链技术优化大数据节点，可以最大限度地提升数据安全，这主要通过两种方式实现：

第一，构建只读（RL）的中央元数据库形成中间屏障。为了平衡不同的数据资产在相同平台下的资产估值问题，睦合达车联网数据服务系统区块链通过系统构建中央元数据库来读取（数据企业提供的）数据资产并集中保管，该中央元数据库对所有数据资产提供方均只获得只读权限。需要使用这些数据资产的企业或者个人，也对这些数据库只有只读权限。这种权限在数据检索、二级元数据库构建、API搭建、数据挖掘等所有数据应用场景均适用。所有参与区块链管理数据资产的企业或者个人，均可以在不威胁自身数据库安全的情况下使用这些数据。

第二，建立个人数据互信中心对个人数据进行集中保管。参与基于区块链的数据资产产品数据平台，其用户登录页面不再提供注册功能，而是直接使用中央元数据库的用户资料进行登录。这些资料的调取过程是只读的和脱敏的，所以客户的个人数据无法在该平台被窃取。除解决用户的数据需求外，该数据库可以给个人用户提供支付、汇兑、通信等多种相关服务。且该用户登录权限在所有参与该区块链计划的平台中都可以使用。在睦合达车联网数据服务系统下，个人数据及账号中的财产均得到了有效保护。

（3）解决数据供需错位问题

数据资产即便经过确权，仍然是数据运营企业的非流动资产。数据企业购买其他数据企业的数据资源时，因为资金的压力无法付出更高的价格，导致当前一方面大量的数据挖掘成果价格虚高但有价无市，另一方面需要购买数据资源的企业无法承担当前数据挖掘成果的价格。而引入区块链体制后，直接将数据运营企业的数据资产变现且可以支付所需的其他数据成本。此举较大程度解决了当前的数据市场供需矛盾。

在物联网信息化社会中，企业或社会组织在进行业务推进时往往缺乏一定的市场数据参照，而进行线下抽样调研又存在着成本高、效率低及误差大的弊端，因此选用数据服务直接采购数据样本便成为最佳途径。睦合达车联网数据具有可靠性强、可用性强、针对性强和效率高的特点，实现了数据供给者与数据需求者的无缝对接。

（4）激活休眠的大数据资产

数据只有在获得充分整合、加工、开发的基础上才能转化为财富。睦合达的车联网数据系统将分布在不同场景、不同时空、不同主体中的数据进行整合，形成了由若干个数据区块构成的数据仓库，既打通了不同主体间信息的关联，又使数据持有者找到了市场需求方，使市场需求方找到了可用的高质量数据，这就实现了数据价值的最大化，避免了数据资源的浪费。

在睦合达车联网数据服务系统下，根据持有数据资产的用户向平台提供数据资产的元数据API，持有数据资产的用户可以获得相对应的数据资产综合授信。该过程可以充分体现持有数据资产的用户自身持有的数据资产在持有阶段的价值。

此外，从理论上讲，本场景还可以实现通过持有型数据资产购置所需的数据资产。大部分持有数据资产的用户，都因为流动资产短缺，难以在短时间内获得足够大体量的合作数据。睦合达车联网数据服务系统中，持有数据资产综合授信的用户可以直接使用其持有的数据资产购置其他持有数据资产的用户的数据，同时系统还将购置其他并不直接支持该区块链系统的数据资源，供持有数据资产的用户使用。

睦合达“区块链数据资产交易”项目在车联网项目中已取得一定实际成效。目前，睦合达数据服务网已覆盖近10万辆汽车150余万用户，通过与公益组织、保险企业等合作，睦合达以数据规范驾驶行为及为汽车UBI保险（基于使用量而定保费的保险）建立车主数据参考等形式初步实现了数据的公共价值和商业价值。

北江区块链研究院特约研究员李少魁：

工业区块链的中国逻辑

人物简介

李少魁

质量工程师，北江区块链研究院特约研究员，顺德社会科学联合会前副主席，顺德区决策咨询委员会第一届、第二届委员，内蒙古阿拉善文旅委智库专家。

主要内容

2020年2月15日，《链能——区块链与产业变革、治理现代化》编委会在主编蓝云带领下采访了质量工程师、北江区块链研究院特约研究员李少魁。他表示，区块链技术在发展过程中有了很多形式上的转变，具体到我国，区块链结合国情不断发展，我们具有发展区块链的技术优势，应注意谋求技术本土化。未来区块链技术在中国最重要的应用空间，是工业制造领域。“OT（工控系统）+IT（信息化系统）+CT（通信系统）＝BCT（区块链终端）”等式可提升工业区块链的核心竞争力。

区块链产品应用场景分类：工业制造是主领域

《链能——区块链与产业变革、治理现代化》编委会（以下简称《链能》）： 2019年10月24日在中共中央政治局第十八次集体学习区块链（下文称“10·24会议”）一周后，浙江大学教授陈纯院士接受媒体采访时表示，国内和国外的区块链应用是有区别的，西方区块链的发展基本上基于金融创新带动别的行业创新，而中国除了金融创新外，更重要的是在各个行业的应用。未来，区块链技术在中国最重要的应用空间，是工业制造领域。我们了解到，您提出过“工业区块链”的概念，能否请您为我们介绍一下“工业区块链”具体是怎样的？

李少魁： 2019年10月31日，陈纯院士在接受媒体采访时曾表示：“通过将上游供应商、工厂制造和下游客户等信息上链，区块链以其可追溯、不可篡改等特点，能够形成新的信用担保，从而缩短信任链条，提升产业链信任协同，提高生产效率。”这句话在我看来很好地阐述了“工业区块链”。

不久前专业机构发布的《区块链蓝皮书：中国区块链发展报告（2019）》披露，全国现有2.8万家区块链公司，90%在搞数字币，做应用的不足4000家，为制造业做区块链应用的，近乎空白。扎堆的原因也是可以理解的。只有十年发展史的数字货币，仅仅是区块链的第一代样品，却因为先入为主、暴利空前而成为聚焦点，人们习惯性地在两边画了等号。其实，在金融业以外的众多领域，区块链大有用武之地，诚如陈纯院士所言，“最重要的应用空间是工业制造”。我对此深以为然，可以用“工业区块链”概念来阐述陈纯院士所讲内容。所谓工业区块链，是一个面向工业制造领域的智能合约平台，提供底层协议的完整实现、配套工具、API接口集等。区块链技术的去中心化、安全性、匿名性等优势，吸引着广大传统制造企业，试图基于区块链技术重构企业价值流转和信息流转方式。工业区块链通过将企业业务流抽象为智能合约范式，帮助制造商轻松地进入区块链网络，实现业务流的通证化，加速企业资源、信息流转。企业上链，以区块链技术重构供应链系统，并在此基础上，构建共享工厂、去中心化电商平台。同时根据工业制造的特点，我们可以总结出工链“三原则”：

（1）工链是产品。

（2）工链有边界。

（3）工链有锚链（编者注：锚链原属于船舶术语，指的是连接锚和船体并传递锚抓力的专用链条）。

“工业体系666”的规模有多大，工业区块链的应用场景就有多大

《链能》：锚链的说法很形象，在您看来，工业区块链，也就是工链的锚链是什么？工链的价值和开发规律是什么？

李少魁：2019年9月20日，也就是中华人民共和国成立70周年前夕，工信部苗圩部长宣布：70年来，我国建成门类齐全、独立完整的现代工业体系，工业经济规模跃居全球首位。我国已拥有41个工业大类207个中类666个小类，“我国成为全世界唯一拥有联合国产业分类中所列全部工业门类的国家”，“这标志着自19世纪中叶以来，经过一个半世纪后我国重新取得世界第一制造业大国的地位”。

回看我国工业体系的历史演绎：70年前，苏联援建，工业体系“重工业重，轻工业轻”，衣食住行统购统销凭票证；40年前，改革开放，轻工业、金融业、高科技产业、房地产业等获得长足发展，与重工业齐头并进；到了21世纪初，终于形成全球最完整体系（简称“工业体系666”或“666”）。我在此引用“666”的概念，借此说明工业区块链的应用场景极其广阔。“666”本身就是工链的锚链。那么，关于锚链的概念，实质上是指把区块链系统嵌入现在传统可信系统来强化它的可信链，“要求链上链下的数据能够有效协同，以确保链上链下数据的关联性和一致性”，每一个工链产品一定是锚定一个传统意义的产品。例如，目前新冠肺炎肆虐之下，有关部门让我们知道了早在2016年CDC（中国疾病预防控制中心，简称“中国疾控中心”）就建立了世界上最先进的疫情预防预警系统，但是为什么失控了呢？如果在这一套系统中嵌入区块链单点发起、全网广播、交叉验证、共同记账四个要素，预警系统还可能失效吗？

可以设想，“666”的规模有多大，工业区块链的应用场景就有多大！目前纳入质量监管范围的产品就有3300种，哪怕现有的4万家区块链公司都来做工链应用，也啃不下百分之一。

众所周知，区块链技术应用是信息互联网向价值互联网的转化。那么工链开发的价值主要是哪些？我认为，一半是过程的预警价值，这里涉及高质量；另一半是过程的透明价值，这里则涉及高附加值。因此，我提倡锚链，也提倡高质量发展。换言之，工链技术是制造业高质量发展的抓手，也是产业升级所需提升力的原动力。

提倡锚链，是因为每一项区块链都不是空中楼阁，都不是创造，而是原产品的创新和数字化升级。我不大赞同业内关于“数字化转型”的提法。在我看来，数字本来就存在，只不过有了数字化手段，潜在成为显在而已，所以没有转型。

为什么倡导“高质量发展”？这是中国从制造业大国向制造业强国升级的路径选择，没有高质量，就没有高附加值，也就没有品牌效应。

工业区块链与数字货币区块链的路径有差异

《链能》：我们知道，一开始区块链作为比特币的底层技术而为人所熟知，后来越来越多人开始挖掘区块链在其他应用层面的价值，由此也形成了区块链的路径依赖。您认为，这种路径依赖对于工链的发展有什么影响？

李少魁：2009年1月3日，中本聪发表了《创世区块宣言》，为加密数字货币比特币奠基。随后，单向散列函数哈希值作为加密手段被引入比特币。经历十年在全球的风风雨雨，比特币终于站稳了脚跟，成为人类历史上颇具影响力的数字货币。

2016年，中国开始将主权数字货币立项，逐年取得研究进展。不久的将来，中国可能是全世界第一个发行主权数字货币的国家。金融区块链历经十年发展，已开始经逐步走向成功。

与此同时，区块链自然而然地形成了“比特币路径依赖”。这里可以借用《科技日报》的观点来表述——“可以说，比特币是区块链技术的第一个应用，区块链技术也是由比特币推导而来，但两者并不相等……可以确定的是从比特币中孕育而来的区块链技术，在发展过程中有了很多形式上的转变，且根据应用领域不同有所创新”。而具体到我国，区块链结合国情不断地发展，具有发展区块链的技术优势，应注意技术本土化。

本来，金融区块链产品是第一矩阵，是区块链的先锋产品。金融区块链一旦形成路径依赖，第二矩阵社会民生区块链、第三矩阵工业制造区块链技术的研发都将陷入比特币场景。但实际上社会民生区块链、工业制造区块链与金融区块链是截然不同的。举个简单的例子，你到银行储蓄存入10,000元的服务流程，相比一台车床加工一根轴，这两种迥然不同的场景，难道也要用同一种分布式记账算法吗？这就是我所说的一层窗户纸的问题。在此，必须反躬自问：比特币也好，主权数字货币也好，与工业产品设计开发有什么关系？所以，工业区块链一定有自己的路径，一定有自己的算法，一定有自己一整套的底层技术。

提升力从哪来呢？从区块链高效赋能而来！

《链能》：可以看出，您主张工业区块链与数字货币区块链的路径有差异，那在您看来，中国的工业区块链如何找到不同于比特币的路径依赖呢？您曾提到关于工业区块链终端的一个等式，这个等式是怎样的？

李少魁：我主张工业区块链与数字货币区块链的路径有差异，应该按照路径经济学原理，再做一次初始化选择，才可能跨入报酬递增阶段，从而在自我强化过程中找到新的路径依赖，并实施偏态修正，最终达到稳态均衡。区块链在西方国家很多时候是应用于金融领域，正是习惯于比特币的路径依赖，我们平时讲"产业升级"，升级就要求有提升力，那么，提升力从哪来呢？从区块链高效赋能而来！国家希望区块链能为传统产业高效赋能，走在世界前列。

区块链如何赋能工业制造？这其中关键问题是寻求探索先进的OT算法。这里有一个等式：

OT（工控系统）+IT（信息化系统）+CT（通信系统）＝BCT（区块链终端）

在工业领域，OT、IT、CT是代表现代工业的三大系统，随着信息技术的进步，它们正在更新换代，加速融合。现代工业的三大系统均依托底层计算算法而存在。在各国都在谋求技术本土化的情况下，中国在IT、CT两大领域具有自己的算法，分别是量子计算、5G和北斗星系统，而OT工控算法常用的是"美日欧算法"，该算法是休哈特（Shewhart）控制理论SPC（统计过程控制），休哈特发明的控制理论在西方工业国家广泛应用已经超过半个世纪，改革开放以后通过日本TQC（全面质量管理）引进中国。

工业技术的本土化需要"中国算法"

《链能》：您曾提到现代工业的三大系统均依托底层计算算法而存在，在各国均在谋求技术本土化形式下，中国在IT、CT两大领域具有自己的算法基础，在OT方面，中国是否需要自己的算法？既然有"美日欧算法"，是否有"中国算法"？

李少魁：技术本土化是相对于全球化的另一趋势和潮流，是指引进技术与企业现有的技术知识、设备、人力等技术资源进行融合与同化的过程。中国作为工业制造大国，对于国外技术还具有很强的依赖性。区块链等新一代信息技术与工业制造相融合，将是中国技术本土化的一次重大机遇。而工业领域的技术本土化将依赖OT、IT、CT的本土化，所以现代工业发展需要自己的算法，即"中国算法"。

实际上，多少年来，我们也有自己的算法，只不过没人把它作为中国算法系统地提出来。我个人比较推崇20世纪90年代北京邮电学院教授张公绪创立的选控理论，他的SPD（统计过程诊断）超越休哈特SPC并得到世界公认，于1999年开始在珠三角企业推广应用。于是我提出一个设想，依托张公绪教授的SPD创建"工业区块链产品设计院"供应SPD-OT系统，则"OT+IT+CT＝BCT"有望成立！

今天距选控理论创立已经38年。我们需要与时俱进，适应高质量发展的新时代去融合性开发，不再是单一的SPD软件开发，而是按照区块链技术来构筑新的知识产权，一体化纳入工链开发，借助国策的强劲东风，面向"666"类现代工业体系线上线下融合高质量、高附加值地发展！

控制理论SPC与SPD应用推广的比较

《链能》：您说到国内外两位控制论大师的成果，SPC与SPD，这两者的推广应用情况分别是怎样的？选控理论是20世纪90年代创立的，我们如何与时俱进？

李少魁：首先谈谈SPC与SPD的应用推广情况：

过程控制理论SPC由美国沃特·阿曼德·休哈特（1891—1967）博士于1936年创立。休哈特的“计划—执行—检查—行动循环”的观点被戴明博士和其他人广泛应用，进行质量改进项目的管理。此循环包括计划你想要做的事、执行计划、研究结果、进行纠正，然后再开始新的循环。休哈特发明的控制理论（SPC）在西方工业国家广泛应用已经超过半个世纪。改革开放以后通过日本TQC引进中国。在这里必须强调的是，日本、中国对SPC的推广和应用都是国家资源投入，或者说是举国之力来推行，美国则是国家介入推广。

选控理论SPD于1980年由中国张公绪（1932—2008）教授提出，并于1981年从邮电系统起步，该理论晚了休哈特50年，超越SPC，得到世界公认——1993年7月世界质量控制权威学术刊物《美国质量技术》发表美国著名质量控制专家屋道尔（W. H. Woodall）的专文《对选控图的评论与分析》，肯定了张公绪的理论。1996年，张公绪即主持开发SPD软件，从理论到实践的时间相隔仅仅十来年。但是随后，SPC一直由创立者以第一方形式竭力推广十年不落地。2006—2010年，仅有一个IT（信息技术）公司在一个行业推广，无果。第一方推广、民间推行，力度微乎其微。

实践证明，OT是现代工业体系不可或缺的控制工程，是高质量发展的基础，必须有理论，同时实操变现，才可能实现其理论价值。休哈特是开山鼻祖，他的SPC理论历经半个世纪得以全球推广，都是第三方推广而不是自己亲自推广。反观选控理论SPD，问世不久即得到举世公认，但是整个推广过程一直是创立者十年间亲力亲为，陷入“老王卖瓜”无法变现的“半山烟雨半山晴”窘境。我曾于20世纪80年代、20世纪90年代、21世纪第二个十年三次实践并提出四个算法。

尽管如此，我仍然坚定不移相信选控理论是中国对人类社会质量生存事业的杰出贡献，仍然坚信SPD软件开发是一件非凡工程，仍然坚信迟早会有条件成熟、让选控理论登上世界舞台的那一天。

工链是一片蓝海，需要全社会共同努力探索

《链能》：在您看来，发展工链产品的最关键因素是什么？我们该如何去构建？

李少魁：发展工链产品的核心要素是建设人才队伍，如果共同意识到工业区块链既是产成品又是商品，而且有对应的锚链实体形态，那么工业区块链参照传统产品的研发程序也是顺理成章了。

工链现在是一片极其辽阔的蓝海，但也处于启蒙阶段。可以想象，666类工业体系，百万家规上企业的升级需要区块链赋能；千万种产品技术改造需要区块链赋能；数十万个品牌升值需要区块链赋能……这个应用场景的规模，超出想象力！

现在的关键是培育合适人才，孵化项目团队。将来这是一个复合型团队，经济管理学、IT

专业、密码学、统计数学、工业自动化、质量控制、可靠性工程等等。附加条件，必须具备在企业（一线）现场摸爬滚打超过三年的资历，高技能第一，高学历第二。

当大数据、人工智能、云计算、区块链接踵而至，意味着年轻人更多更好的机遇来临

《链能》：最后一组问题，您是不折不扣的广东互联网资深实力派“网红”，不炒作，不煽情，但一直保持着较高的知名度、美誉度。12年前，您亲身参与了广东网络问政，直接与省委书记、省长面对面“拍砖”“灌水”；您一直秉承独立思考，在成功经营企业的同时还出版了《第一块石头》《本土经济与新兴产业》等反映广东改革开放伟大历程的著作，对藏学也情有独钟，深入研究了仓央嘉措；您高度关注互联网经济，作为一位七旬长辈，对区块链的领悟及把握超过了一般青年人；您还有国际视野，几次参加中欧社会论坛活动，与您的同龄人、法国思想家卡蓝默结下了深厚缘分。请问您如何评价中国、广东的互联网生态及文化，年轻人该如何参与、立足，并实现自己的人生价值？

李少魁：这个综合性问题很有意思，我们可以从三个方面探讨：

第一，广东在全国改革开放先行一步，在互联网发展特别是社会治理领域也是“先行一步”。这一段历史值得回顾。我记得是南方报业系统的奥一网率先搭起网络问政平台，请来广东省的主政官与一批网友对话，形成省委、省政府对网友提案交办反馈制度。由此引来各地级市主政官纷纷效仿，一时蔚然成风。两年后全国多个省市援引广东模式，沿用至今。同时在国际上引起反响，国际专家、网友来到广东交流，我就是在此期间与法国思想家卡蓝默先生相识的。我认为，奥一网当年搭建的网络平台在省内、国内及国际发挥的作用及其开创的互联网生态环境，值得称道。

第二，我是互联网受益者，早在20世纪80年代末在青海省机械厅工作期间，就已经接受全国公务员统一计算机基础知识培训，所以20世纪90年代末自己创建顾问公司就比较早触网、玩博客，2005年论述顺德本土经济规律的博客文章被区委书记发现，通过政府内参全文转发引起媒体关注。后来十分幸运能多次参与广东省以及许多地市的网络问政活动。个人深切体会到，互联网给每一个人搭建起一个与现实平行的上一维空间。互联网确实是一个特别得力的工具，比如在跨界研究青藏史方面。

第三，今天，站在21世纪20年代的节点，在大数据、人工智能、云计算、区块链等工业互联网经济社会生态圈接踵而至的时刻，意味着年轻人更多更好创业创新机遇的来临。我建议，年轻人要有历史进程意识。2007年进入网络问政，意味着网民进入大国改革开放这一历史进程，换言之，进入国家资源不断推动的进程中。2016年全面进入大数据时代，2019年区块链技术上升为国家战略，统统是国家资源进程的延续。所谓抓住历史机遇，就是当你碰到这个连续性进程时，一定要选择恰当的时间点，义无反顾地加入，从而融入历史发展进程，不做空谈的看客。我很高兴看到，当年奥一网年轻团队那些熟悉的面孔在互联网生态发展进程中一路走来，依然成为大数据、区块链技术领域的骨干。羡慕你们，祝福你们！

《链能》：在采访的最后，您作为质量界的前辈，对区块链的“后浪”还有哪些嘱托及期待？

李少魁：还是用数据说话，用算法说话。我援引了全世界最完整的中国现代工业体系“666”类的提法，“666”确实令人骄傲和自豪。同时我想告诉读者一个与“666”并行的数字“127”，什么含义？我们中国制造“666”类中间，大约只有10%跻身全球高端，20%达到中端水平，剩下70%仍然处于低端制造。这就是现实中的“127”。

过去四十多年，特别是加入WTO的20年，我们获得技术模仿弯道超车的捷径，迅速崛起为全球第二大经济体。正如郑永年指出的，“我们没有原创性，主要是我们没有背后的知识体系”。2020年疫情改变了世界，也阻断了我们的捷径。怎么办？不把“127”颠倒过来变为“721”，我们永远是制造业大国而不是制造业强国。那么“721”需要的是什么？需要的是给“666”升级的高效赋能！请问谁来赋？那就是10·24会议上纳入国策的区块链！所以我一再强调：中国逻辑是10·24会议的核心价值；中国算法是工业区块链的核心价值；工业区块链为制造业升级高效赋能；过程控制是赋能的底层运算。

从顶层的制度设计到底层的过程控制，这就是工业区块链的逻辑大框架。

如果用更宏大的战略来叙事，区块链是中国制造从必然王国走向自由王国的必由之路。

《链能》：谢谢您的回答，激情、雄浑、理智又富有远见！衷心祝福您和夫人永远健康、幸福！

广东第二师范学院副教授罗英辉：

区块链赋能供应链创新应用

人物简介

罗英辉

广东第二师范学院计算机科学系副教授，长期从事大型企业供应链系统、客服关系管理系统和ERP系统的软件开发工作。研究方向为分布式数据库、区块链及大数据挖掘。

主要内容

2019年12月8日，《链能——区块链与产业变革、治理现代化》编委会在主编蓝云带领下专访了罗英辉副教授。他分析了中国在区块链上的发展现状，如何防范“炒币”“圈钱”行为，他介绍了目前的供应链系统Supply Chain Management（SCM）存在的不足，并认为在未来，可在企业间采用区块链技术，每一家企业，只需要与基于区块链的SCM系统达成“业务共识”，就可以和所有企业互联，而且解决企业间的信任问题，效率将大大得到提高。

区块链是解决信任的问题，“如果连最基本的信任都建立在国外平台上，这是很可怕的”

《链能——区块链与产业变革、治理现代化》编委会（以下简称《链能》）：目前，区块链技术经过逐渐发展已经开始在国内外的各行各业中场景化了，越来越多企业投入到区块链技术的开发和应用当中来。请您谈谈，中国目前在区块链发展上的现状如何，未来的发展前景如何，与其他国家相比有哪些竞争优势？

罗英辉：在我看来，我们国家的区块链发展前景非常好，首先是有中央层面的支持，其次是有各级政府领导的支持，再次是计算机从业人员也非常热心参与区块链技术的研究和应用。与其他国家相比，美国、俄罗斯、日本也都在发展区块链，但是他们都是财团自身在发展，没有来自政府方面支持。不足方面，在技术方面，中国的区块链基本上还是依赖于国外的技术，无论是比特币技术平台、比特币各种交易所，还是以太坊，Hyperledger Fabric（超级账本）都是使用国外的平台，许多项目都是建立在二次开发的基础上。区块链是解决信任的问题，仔细想一想，如果连最基本的信任都建立在国外的平台上，是很可怕的事。

目前，区块链在国内的发展属于初期阶段，估计要两到三年后才能真正落地，就像互联网，1994—1995年进入中国，真正爆发则在2000年后，区块链应该会是相似的历程。我认为，国家针对区块链这种建立起国家信用的技术，一定要牢牢把握自主权，这样才能有真正的发展。

参考电影分级制度对区块链进行管理

《链能》：区块链行业正在部分重构法律、制度和秩序的基础框架，带来巨大便利的同时，也带来了金融等领域的风险。那么，对区块链的监管跟我们传统意义上的监管有什么区别？目前我国并没有明确区块链的相关法规，那么在这种情况下，应当如何对区块链进行监管？

罗英辉：区块链有两大基因。第一个基因是激励机制。现在为什么那么多人趋之若鹜呢？这是基于比特币的激励。第二个基因是不能篡改。它的特点就是不但正确的东西不能篡改，错误东西同样不能篡改。如果我们动了区块链的基因以后，那就不叫区块链了。针对区块链，很多学者提出“代码即法律”的观点，就是说我们认可这个事物，只要代码没被人篡改、没被攻击，它就是正确的。

首先，要一分为二地看区块链应用。一是要充分相信区块链技术本身，如果能随意篡改，那就是幌子，是假区块链。二是社会的形势非常复杂，如果有些人利用区块链来作恶，影响稳定团结，那就必须严加监管。因此，对于一些业务领域范畴的应用，应该让区块链充分发挥作用；而对于一些会影响社会稳定团结的应用，则应该在上链前就对其严加监管。

其次，关于区块链的监管方式，区块链上链后是不能随意更改的，我们针对区块链的监管，应该在上链之前实施。区块链是一个接一个的链，如果在信息上链后再更改，就等于否决前面的链，违背区块链的基因和宗旨，就不如搞中心化的服务器计算了。关于这方面，可以参考电影的分级制度——根据观众的年龄进行分级。区块链也可以建立类似的分级制度，针对不同事件，分部门、分领域、分等级，在上链前进行监管。另外，基于智能合约，区块链上的所有东西都是大家认可的，既然这样，就算发生错误也只能认了。

再次，关于区块链的监管，制度和法律要先行，只有把法律框架定好，再在上面发展技术和应用，整个行业才能有序地发展。目前，区块链的应用场景比较少，整个行业都处于初始阶段，先制定相应的法律法规，再在法律框架内发展，这就是所谓的制度先行。

区块链并非“包治百病”，是做目前系统做不了的事情

《链能》：区块链自诞生以来，以其所具有的去中心化、去第三方信任、系统集体维护、数据不可篡改、不可伪造等特点，获得广泛关注。因此有人认为，区块链可以“包治百病”，请问，实际应用中是不是如此呢？区块链技术有没有什么局限性，我们应当如何回避？

罗英辉：这个话肯定是错的，区块链不能“包治百病”，它解决的是多中心化、无中心化的问题，有些领域甚至完全不适用区块链技术。区块链技术有个特点是高冗余，这等于以前一台服务器干的活，现在要几千台服务器才能运行，这实际上是一种资源的浪费。另外，高冗余

还导致了低性能。

区块链采用分布式账本数据库，具有去中心化、信息不可篡改、集体维护、可靠数据库、公开透明等特征。在我看来，区块链不是改善目前的系统的，而是做目前的系统做不了的事情。目前社会上有个误区，只要出来一个新的技术，就什么都往上套。在某些领域区块链确实是非常适用的，比如电子发票、扶贫、医院体检数据等需要不同领域之间实现信息互通的场景。如果不是跨领域、跨行业、跨部门，其实是不需要用到区块链技术的。比如教育选课系统，在我看来是不需要区块链技术的，因为不需要匿名和共识。

区块链最核心的基因是共识算法。所谓共识算法，指的是人与人之间有分歧，如何实现意见统一。其实计算机很多时候是模拟人类社会行为的算法，区块链是典型的将人类社会的行为移到互联网上的一种技术。区块链是改变人与人生产关系的一种技术，通过共识来解决信任、互通的问题，如果不是需要去中心化的领域，不需要使用区块链技术。目前，很多领域其实是在蹭热度，急匆匆上马区块链之后会发现系统反而不好用了。

区块链的基因是民主，民主的效率相对较低。区块链有一定的适用性，但不是任何领域都适用，有些企业上马区块链更多是想获取政府支持，但经过一段时间后发现性能不好、效率低。这需要经过一段时间市场的淘汰，大浪淘沙，留下的是真正适用区块链应用的企业。

区块链的良性发展需要政府引导，舆论宣传，市场决定

《链能》：由于区块链技术与加密货币相伴而生，随着“区块链”一词的大热，网络上也出现了一些炒作虚拟货币、炒作空气币的舆论。同时，由于区块链目前尚处于早期发展阶段，在安全、标准、监管等方面都需要进一步发展完善。您如何看待这些现状？您认为，应该如何防范相关行为？

罗英辉：目前，社会上有两个极端，一是认为区块链就是骗子，忽悠人，另一极端则对区块链进行极力吹捧。应该承认，区块链得到广泛的普及，炒币的功劳很大，没有财富效应，人们就不会关注，当然被割的“韭菜”也不傻，不会一直上当受骗。我认为，要防范炒币，舆论首先要及时进行引导宣传，让公众明白区块链不等于比特币，金融只是区块链应用的一个场景，区块链还有很多应用场景。对于相关言论，过高地估计或者打压都是不对的，市场决定一切。

2019年6月18日，全世界最大的社交网站Facebook发布了数字货币Libra的白皮书，宣称将要建立一套简单、无国界的货币，以及为数十亿人服务的金融基础设施。Libra是基于区块链的一种应用，因为Facebook要建立一个非中心化的全球货币体系，这只能用区块链来解决。

2019年10月24日，习近平总书记在中央政治局第十八次集体学习时强调，“区块链技术的集成应用在新的技术革新和产业变革中起着重要作用”。

这些信息表明证明区块链有强大的生命力。它能应用到不同的领域，通过联盟链打通信息屏障。将来区块链可以跟现有的技术实现融合，以及解决现有技术解决不了的问题。区块链是联通行业和行业、国家和国家、企业和企业最好的技术。

区块链不等于比特币，我们不能把区块链说成骗子，也不能把区块链说成万能的，目前区块链正处于起步阶段，很多行业和企业跃跃欲试，也有很多投机者光喊口号蹭热度，或者用其

他东西去假冒区块链，属于“伪区块链”。区块链行业一开始有政府方面的支持，但是最终还要靠市场来决定。区块链最终也可能会形成腾讯、阿里这样的独角兽企业，这就需要政府来引导，舆论来宣传，市场来决定。

现有供应链管理系统的不足，可通过区块链技术解决

《链能》：我们注意到，您长期从事大型企业供应链系统、客服关系管理系统和ERP系统的软件开发工作，请谈谈您参与开发的企业供应链的实际情况，供应链存在哪些优势和不足，未来有没有可能通过区块链弥补这些不足？

罗英辉：此前，我主持开发了云南健之佳和云南省医药公司的供应链系统Supply Chain Management（SCM），目前这个系统已经投入运行，实现了甲方的订单直接进入乙方的系统，并自动预约送货时间，货到以后，商品的批号、药监码、批准文号等数据一同从乙方的系统返回甲方的系统，大大地提高了工作效率。

供应链管理系统Supply Chain Management是链接两家或多家企业的信息系统，可以打通企业间的信息壁垒，提高工作效率，降低工作成本。但这个系统也存在不足：首先，企业A与企业B都有自己的供应链管理系统，当企业A与企业B的信息要互通时，他们是使用A的SCM、B的SCM，还是同时使用两者的SCM？其次，企业A和企业B是平等的，这也是一个去中心化的场景，没有智能合约，出现分歧只能双方协商解决，这个过程是比较耗时的。再次，SCM上线还有一个关键问题，就是“业务共识”，即同一个商品在不同企业信息系统中的编码不一致，需要达成共识。如果n家企业间建立信息链接，则需要达成［$n(n-1)/2$］个“业务共识”，1000家企业则需要建立百万级别的数据链接。这就是SCM系统无法在企业间广泛普及的关键原因。

n家企业的信息系统连接，也是一个去中心化的场景。区块链有共识算法作为实现数据共享的桥梁，实现企业间的连接还不够，企业间各项业务标准都必须有“共识”，所以我提出“业务共识”。

如果在企业间采用区块链技术，每一家企业只需要与基于区块链的SCM系统达成“业务共识”，就可以和所有企业互联，而且解决企业间的信任问题，与传统的［$n(n-1)/2$］个连接相比，效率将大大得到提高。

未来区块链在企业供应链及积分打通方面有很好的前景

《链能》：2018年至今，随着腾讯、蚂蚁金服等这样的互联网巨头陆续高调布局区块链，大众对区块链的认知不断加深。区块链再也不是停留在技术概念，而是和实地产业加速融合。当然，区块链与产业的融合还很初级，并未完全“飞入寻常百姓家”。请问，目前区块链技术在互联网上的主要应用有哪些，今后有哪些实践应用前景？

罗英辉：2017年，我在工作中接触到了区块链，当时我就认定区块链在未来有很大的应用前景，因为它解决了跨行业、跨国家、跨地区的信息孤岛问题。

区块链未来有两方面的前景，一方面是服务政府，即电子政务；另一方面是服务企业。未来，我比较看好区块链在服务企业方面的应用，包括供应链建设和会员积分通用。

（1）供应链。区块链是解决多中心化、无中心化的问题，供应链管理是一个很好的区块链落地场景。众所周知，企业有上游下游，从这点而言，供应链与区块链是天作之合。目前很多企业之间存在着三角债，追根到底，谁也不欠谁，但都在相互扯皮。未来通过区块链技术，这个问题就能得到很好的解决。将来，如果某个联盟链成为企业生产经营的必需品，大家就自然而然地遵循规则了，就不会出现欺诈了。

区块链不是一天两天能成的，它需要三到五年的周期，区块链技术的发展可能会动了某些人的“蛋糕”，从而引来一些抵触情绪。社会接受区块链需要一个过程，任何新技术都会伤害一部分人的利益。比如供应链搭建，采购员肯定是不接受的，因为电子服务的关系代替了人的社会关系。希望区块链一夜之间得到普及是不现实的。而且，早期做区块链的企业，可能有相当一部分“死在沙滩上”，这是很残酷的。人类对新技术需要有一个接受的过程，但一旦相应链条形成，就成了必需品，那时候区块链技术就会欣欣向荣。

（2）会员积分。还有一个落地场景也非常适用区块链，那就是会员积分的打通，比如银行的会员积分和航空公司的会员积分间的通用。如果不同领域的积分可以打通，用户可能会变得更活跃。这是一个跨行业的问题，只能通过区块链得到很好解决。

一家企业与供应商的关系，我们称之为“督脉”；与客户的关系，我们称之为“任脉”。区块链可以打通企业的任督二脉，未来，积分通过区块链打通了，供应商系统也通过区块链打通了，对企业而言是非常诱人的。当然，区块链的前景不止这些，比如目前，很多医院之间的体检数据是不通用的，去不同医院看同一种病要做多次体检，未来通过区块链则可以很好地实现数据共识、业务共识。

总之，将来社会很多信息是互通的，要实现信息互通只能通过区块链来解决。很多人是“看见了才相信”，我们要做“相信才看见”的那个人。

量子学派创始人罗金海：

区块链，当理想照进现实与科幻

人物简介

罗金海

“量子学派”自媒体账号创始人，2140加密社区发起人，南都网前评论主编，国内最早期的区块链创业者，币须网创始人，colapay创始人，区块链版权项目“原创基地”发起人，区块链“多重签名”技术应用第一推动者，同时还拥有潜艇工程师、科幻作家、南方报业年度记者等身份，著有《牛顿的新装——一个预谋了345年的复仇故事》《人人都懂区块链——21天从区块链“小白”到资深玩家》《城市战争——寻找适合你的城》等作品。2016年底创办量子学派，专注于普及自然科学和逻辑理性。

主要内容

2019年12月，《链能——区块链与产业变革、治理现代化》编委会在主编蓝云带领下采访了“量子学派”自媒体账号创始人罗金海。谈到科幻与区块链的关系，他表示有一个思想实验可以去发散。人类可能是整个宇宙里特别稀缺的单点式文明，但在其他宇宙文明里，可能大多数是分布式的区块链文明，像电影《阿凡达》里很多人把脑袋的辫子接到神树上，通过神树共享能量。对于人类而言，未来全世界只有一条主链，所有人的信息，包括时间戳、数字钱包、个人身份等有价值的信息可能都会连接到主链上，人类原来是独立的，慢慢变成一个整体，个体跟整体之间会产生一种新的互动机制，处理得好的话，也许能够有一种文明的飞跃。

2011年，“我被区块链震撼了”

《链能——区块链与产业变革、治理现代化》编委会（以下简称《链能》）： 您在2018年出版的《人人都懂区块链——21天从区块链“小白”到资深玩家》书里已经提出区块链的法律边界和区块链存在的各种风险及挑战，并对区块链的未来社群生态和最终发展进行了深度分析和大胆想象。这样的观点在当时具有前瞻性和先见性，您是怎样考虑的？在现在国际格局变化的背景下，您认为，区块链将迎来怎样的新风险与新挑战？

罗金海：其实我接触区块链和比特币的时间都比较早，2011年我在写一个《算》系列的科幻小说，其中一本叫《牛顿的新装》，在查资料的过程中接触到了一种可计算的货币，也就是比特币。刚好那年的六七月份《南方周末》有一篇文章叫作《比特币，史上最危险的货币？》（编者注：2011年7月7日《南方周末》《比特币，史上最危险的货币？》），我当时觉得很惊讶，于是我将比特币写进了我的小说里。那时候，我查看了比特币的白皮书以及更多资料后，觉得它是一个完美的货币构架体系。我被这种“技术带给人类财产自由”震撼到了，唯有数学能保证公平。一直以来，人类是以“社会契约”来维系平等，今天竟然可以从技术上做到人人平等。当时我们主要是关注它的技术，因为对于早期玩比特币的人来说，这就是一种爱好，从来没有考虑过要去炒什么东西，当时在社群里面或者是论坛里面都是以打赏为主，你打赏我一个比特币，我打赏你两个比特币，现在想想那时候好奢侈。

中国人真正了解比特币是在2013年之后，大部分是因为比特币的升值。那时候“币圈”很混乱，有些人骂比特币，有些人开始使用各种手段圈钱。实际情况却是，这些人可能连对比特币的基本认知都没有。2013年我写了很多有关于比特币的文章，陆陆续续发表过。2018年我与北京大学出版社出版《人人都懂区块链——21天从区块链“小白”到资深玩家》一书，算是对前期的一些总结。

关于中央从国家层面来定调区块链，从金融领域或者货币领域来讲，有前瞻性和必要性，按照现行的世界货币运行规则，人民币想要突破美元霸主地位很难。人民币国际化已经多年，但没有办法从现有的体制之下走出自己的路，因为无论是从底层的技术还是顶层的设计，现有的货币设计和金融体系都是由欧美诸强设计和制定，要想打破既得利益非常难。所以，只有借助区块链这样的金融技术，才有可能打破原来的金融规范或者货币准则。中国作为新晋大国，肯定要充分利用这种新技术来寻求突围，而且利用新技术也并不代表一定要跟现在的规则产生很大的冲突，新旧是可以并行的，这是增量赛道，在新的机会之下，大家一起发起新的竞争，对后来者来说，是友好一些。

技术与现实世界结合，需要法律来保驾护航

《链能》：您当时在书中就提出了关于区块链的管理及法律风险，您觉得为什么区块链技术需要管理？

罗金海：新技术总是在第一时间被骗子利用，特别是在金融领域，P2P就是标准案例，比特币和区块链更是将这一现象放大到了极致。在一个金钱至上的年代里，比特币就像《指环王》中的魔戒，它会套在每一个区块链信徒的手指上，激发人性本身的邪恶力量。这种情况比较好理解，比特币是一种金融技术，它跟钱的距离太近了，很容易导致人们内心变质。

区块链作为一种技术是中立的，但是当技术被用来结合到现实社会中的各个场景时，肯定要考虑跟现实世界怎么结合的问题，如果区块链这样的新技术要跟现实结合，并且放大自己的效应，一定要跟整个现有的法律体系打通，只有现有世界的法律参与进来，才能有章可循，有

法可依，也才能将区块链技术的价值最大化。

此外，一项伟大的新技术诞生时，通常来讲，在正向的渠道上是没有那么快能够得到正常回报的，而在负向坐标上反而有很多人获得了巨大的利益，这样只会使新技术在负能量的道路上越走越远。因此，法律方面的监管就显得非常有必要。

通证经济可能是目前区块链真正能够落地的地方

《链能》：您之前在比特币方面有一些创业项目，请您谈谈关于此方面的经验和总结。您认为，区块链技术会与社会上哪个领域最先结合？

罗金海：2013年我做了中国第一个加密货币的电子商务平台“币须网”，后来又做了一个国际型电子商务平台“coincola”，在这两个平台上可以用比特币购买各种商品。2014年做了一个跨境支付的应用“colapay”，使用加密货币作为第三方支付。这些应用都是基于一种理想主义的判断：比特币将来会成为互联网世界的支付货币。

当时我们觉得很多人虽然嘴上说着自己是比特币的粉丝，是比特币的信仰者，但是没有多少人去支持真正的应用。同时也有很多人质疑比特币的作用。于是，我们就做了一个产品出来，希望能够发挥比特币的作用，但实际上很少人去用。我和一些业内人士也用过这个平台，但是更多时候是抱着研究产品的心态去看待，可以说比较有理想主义色彩吧。

现在看来，早期真正做应用的团队在区块链世界或者比特币世界是比较吃亏的，2013年以来创业的先行者和探路者基本都成了“先烈”，我的三个项目也是如此。现在回头来看，在区块链世界里，只有两个地方赚钱了，一个是交易所，另一个就是挖矿，但这两块都不属于产业方面的应用。所以大家在区块链创业时一定要谨慎，如果没有足够的资金支持别轻易参与其中。

在我看来，通证经济可能是目前区块链行业比较容易落地的领域。在通证经济领域，相当于把物理资产转化为数字世界，区块链可以把没有办法在数字世界流通的物理资产转化成数字资产，变得容易流动。现在区块链与各行各业充分融合，还处于摸索探路阶段。

区块链与量子力学本质上都是科学

《链能》：您对量子力学有专业的研究，量子力学从根本上改变人类对物质结构及其相互作用的理解，这个重要的物理学理论跟区块链有什么关联？当量子力学与电子计算机相遇，于是就诞生了量子计算机。有人说，量子计算机出来之后，比特币将马上被攻克，您如何看待这些言论？

罗金海：区块链与量子力学都属于自然科学层面的范畴，区块链是数学、加密学、经济学、编程学、哲学等知识的结合，量子力学是更纯粹的自然科学，它从1900年开始已经有120年的历史了，现实科技领域的应用已经证明了量子力学是人类历史上最伟大的理论，而区块链真正的应用是从2009年开始的，未来它到底为人类能做出何种贡献，还需要时间来证明。

关于量子计算机可以攻克比特币体系、秒杀区块链这些言论，在我看来是反科学观点。量子计算机是人类的科学结晶，目前还处于理论状态，距离真正应用还有很遥远的距离，即使量子计算机被研发成功可以商用，它首先是威胁到的是整个现行的金融体系的RSA加密算法，它不只是威胁比特币。因为现代的金融体系体量比比特币大很多，当量子计算机能被人类大范围使用时，人类首先要想到的是到如何来保护现有金融体系的安全，而不是比特币的SHA256密钥体系。

很多文明可能天生就是区块链的世界

《链能》：您涉足科幻领域多年，出版过《牛顿的新装——一个预谋了345年的复仇故事》《城市战争——寻找适合你的城》等科幻作品，同时，您还是刘慈欣老师多部科幻作品的序言作者。按照《三体》的描绘，高维可以轻易碾碎低维，但高维又有跌落低维的风险，唯有超光速才能脱离这个风险。您认为，区块链技术发展的“超光速”点在哪里？科幻世界里有哪些是区块链技术可以实现的？

罗金海：从产业层面来讲，区块链目前还没有形成一个商业化、市场化的清晰路径。目前很多企业都在谈区块链，实际上也并不是真正想做区块链应用，更多是想借区块链概念来提升公司股价，或者借区块链的势头提升企业影响力。实际来说，大部分行为是一种投机行为。

此外，现实中小公司发展区块链技术也面临一个很大瓶颈：投资区块链应用，所需的成本高，时间也长，而资本只能维持一两年，一般公司耗不起。从市场角度来说，还没有看到能在这个领域顺利发展的公司。国家提出发展区块链技术的召唤，是希望大家一起来做，达到一个百家争鸣的局面。让人担心的是如果依靠国家权力来引导一个行业，很难保持它的市场竞争力。国家意志一旦进入市场，只会让很多的投机公司投机者从中浑水摸鱼，他们不会去做产业应用，只是建立区块链这个概念来赚更多人民币。如果区块链真的伟大，这个行业里最伟大的公司一定是从市场竞争里面锤炼出来的。就像现在的互联网公司一样，腾讯也好，阿里也好，都是在市场化竞争中造就了自身强大。

关于区块链的未来有两条路要走。首先，市场化的东西需要给它提供一个法制的管理渠道，首先要保证在法律框架之内自由竞争。其次，从国家层面来讲，国家需要把主动权牢牢握在自己手里，这样才能在未来的国际竞争中引领世界。就像20世纪90年代美国打造信息高速公路一样，我们打造区块链的高速公路。这方面可以借用新加坡的一些方式，国家可以投资大的公链或者联盟链，而不是直接参与管理这些公司。

谈到科幻与区块链的关系，有一个思想实验可以去发散。人类可能是整个宇宙里特别稀缺的单点式文明，个体具有思想，单个节点能力特别强。但在其他宇宙文明里，可能大多数是分布式的区块链文明，像《三体》世界里面，大家的信息都在一起沟通，整个文明只有“一个大脑”，或者像电影《阿凡达》里很多人把脑袋的辫子接到神树上，所有人通过神树共享能量。整个宇宙里面可能很多文明天生就是区块链的世界，而人类是个例外。

对于人类而言，未来全世界只有一条主链，我们所有人的信息，包括时间戳、数字钱包、个人身份等有价值的信息可能都会连接到主链上。这真的有一种生活在科幻世界当中的感觉了。我们原来是每人一个大脑思考，以后是一个“众脑”在思考。其实现在互联网已经慢慢在做这件事情了，只是它是比较中心化的那一种。到区块链世界，可能更有价值的信息都上链的时候，我们原来是独立的，慢慢变成一个整体，个体跟整体之间会产生一种新的互动机制，处理得好的话，也许我们能够有一种文明的飞跃。

比特币首先挑战的是美元霸权

《链能》：中国人民银行对于央行数字货币（DCEP）的研究已经有五六年，并逐渐趋于成熟，因此很可能是全球第一个推出数字货币的央行。您认为，比特币跟DCEP是什么样的关系？

罗金海：我觉得它们可以并行，实际上比特币跟DCEP之间没有那么大的矛盾，如果说真的是有矛盾，那也应该说是以比特币为首的去中心化的加密货币与数字美元霸权（包括Libra）之间的矛盾。

再乐观一点的话，如果这两种货币并行存在，一种是民间货币，另一种是官方货币，只有大家让它们平行发展的时候，我们才知道各自的利弊。任何东西都存在竞争，也只有竞争才会产生最有价值的货币。

区块链铅笔创始人龚鸣：

区块链有望塑造新的商业文明

人物简介

龚鸣

区块链铅笔创始人，以网名“暴走恭亲王”而为人所熟知。上海大学数学专业毕业，擅长IT技术和金融证券分析，有着多年IT和金融的从业背景，在德隆期间长期参与行业研究和投资分析。2012年开始致力于推动数字货币和区块链行业的发展，翻译和撰写过大量相关资料和区块链项目白皮书，参与著有《区块链社会：解码区块链全球应用与投资案例》《区块链：新经济蓝图及导读》《区块链：量子财富观》等多部著作，参与开发和投资多个区块链和数字资产项目，创办专业新媒体“区块链铅笔”，在区块链行业内具有较大影响力。

主要内容

2019年11月20日，关于区块链技术的发展与未来若干问题，《链能——区块链与产业变革、治理现代化》编委会在主编蓝云带领下专访了区块链铅笔创始人龚鸣。龚鸣为我们分享了区块链的技术发展历程与未来展望。

区块链是建立互信的完美解决方案

《链能——区块链与产业变革、治理现代化》编委会（以下简称《链能》）：您作为国内区块链领域内的先驱者，对于区块链技术有较为深入的探索，能否请您谈谈对区块链的认知过程，以及区块链在中国的发展历程？

龚鸣：我与区块链的第一次相遇，来源于2011年7月7日《南方周末》一篇叫作《比特币，史上最危险的货币？》的文章，这篇文章燃起了我对区块链技术的兴趣。当时的国内氛围主要集中在炒币和挖矿上，就我个人而言，觉得炒币意义不大，短期超买获取利润有限，要学巴菲特这样的长期投资，寻找数字货币的内在价值更有意义。为此，我选择阅读和翻译大量关于比特币相关文章，并通过微博"暴走恭亲王"进行推广宣传区块链技术。2015年，我翻译《区块链：新经济蓝图及导读》，这可能是中国第一本关于区块链的书，当时由于这个技术不够成熟，并且不为大众所知，很多出版社不愿出版。2016年，区块链在全世界的知名度，呈现爆发式增长。国务院颁布的《"十三五"国家信息化规划》中提到，到2020年，"数字中国"建设取得显著成效，信息化能力跻身国际前列。其中，区块链技术首次被列入《"十三五"国家信息化规划》。最近，中央领导又正式、公开肯定区块链技术。区块链由此全面走进大众视野。

简单来说，区块链就是一种分布式账本技术，把所有数据库看成一个账本。举个简单的例子，支付宝数据库就可以看成一个巨大的账本，上面记录了A、B的资金情况，假如A转给B一块钱，支付宝就把A减去一块，B加上一块。区块链也是同样的，在这个系统里参与的每个人都有权竞争记账，记录这10分钟数据库的变化，到底由谁来记录，大家可以竞争，系统会根据一个特定算法，来确定谁记账记得最快最好，由他来把10分钟内所有数据变化记录在一个账本上，然后其他人同步更新数据的变化。而且控制这个算法的是一个程序，依据统一的规则，这个规则是透明的，因此没有任何中心化的系统，从这个角度来看，每10分钟的记账人不是一个特定人，任何人都可以作为记账人，因此这个系统是一个高冗余、高可靠的系统，即使90%以上节点故障，只要剩下10%的节点，系统就可以继续执行。这种技术也经常被称为分布式账本技术。

区块链本质上是交易各方在去信任环境中建立互信的一个完美解决方案，而比特币可以视为是区块链技术的第一个伟大的应用，是基于数学实现价值转移的公共总账本，具有分布式特性的大数据系统，也是分布式的云计算网络。

中本聪，谜一般的存在

《链能》：比特币的概念始于中本聪在2008年底发表的《比特币：一种点对点的电子现金系统》一文，由此带来"比特币热"。在您看来，中本聪到底是谁？

龚鸣：最初并没有区块链的概念，但比特币是最早实现区块链技术应用的。"比特币"一词最先出现在2008年万圣节发表的《比特币：一种点对点的电子现金系统》一文，后被称为比特币的白皮书。2009年1月3日，第一个比特币软件版本面世，然后第一个比特币区块诞生。整个过程中，比特币的创始人兼开发者中本聪像谜一般存在，中本聪完全匿名，很多人被名字迷惑，认为他可能是一个日本人，现在主流观点认为他应该是欧美人，因为电子邮件显示，他应该是一个以英语为母语的人，因此欧美人的可能性很大。另外的说法，他可能是中国人，看起来是笑谈，但是也有一定理论依据，因为他第一篇引用的论文中是一个中国人写的论文，他对中国人的论文似乎很了解。到目前为止，中本聪的真实身份仍然扑朔迷离。

区块链技术有能力塑造新的商业文明

《链能》：比特币是最早实现区块链技术应用的产品，目前区块链在中国对传统金融行业影响不亚于互联网金融。您拥有金融行业的阅历，能否具体谈谈区块链对于金融行业未来的影响和变革。

龚鸣：比特币从2009年1月到现在，已经运行超过十年时间，在没有任何中心化运营机构的情况下，每天24小时运行，中间没有出过一笔错账坏账，其间可能遭受全球无数个黑客的攻击。因此，2014年以后，大家目光开始关注比特币的底层技术，我们称之为区块链技术。

区块链在金融领域，可以实现过去做不到的事情，就是价值的精准传输。现在使用的互联网，也可以称为信息互联网，最擅长的是信息的传输和复制。最典型的应用就是电子邮件，比如我给你发一封邮件，同时我这边还有份复本。但价值转移是不允许出现这样的情况的。所谓的价值传输就是我发给你一样东西或一个数值时，我必须精准减掉这个数值，这是现在信息互联网所不具备的功能。互联网具有不确定性，这点价值传输是不允许的，而是必须很精准地数据传输给你。事实上，区块链或者比特币的协议可以做到价值传输，而且是在不需要第三方介入的情况下。

区块链可能对金融有很大的冲击力，对于律师行业亦是如此。律师事务以后可能是用智能合约代码来做。智能合约意味着我们可以对合约上的资产进行编程，并且可以设定执行规则，一旦执行，就没有任何的外力可以阻止执行或者终止。现在我们的商业合同体系都是要靠庞大的司法力量保证，但是智能合约不需要，因为智能合约是去中心化和自给自足的，没有任何力量能阻止这份合约的生效。

智能合约在未来会有很大的发展，会极大降低社会的成本，可塑造一种新的商业文明。商业社会存在三大支柱：复式记账、公司制、保护私有财产的法律体系。区块链可对这三大支柱进行升级：第一，复式记账变成分布式记账。第二，保护私有财产的商业法律体系变成智能合约，不需要高昂的社会机构、付出无数的成本来保证法律体系。第三，现在的公司制度变成去中心化的自治组织，因为比特币就是一个去中心化的自治组织。比特币不是一个公司，是为了一个特定目的而完成设计的程序，任何人可以在其中扮演任何想扮演的角色，自由参与退出。这种去中心化自治会越来越多，未来可能替代公司制。

区块链类似一个很独特的机构，它不是国家，也不是联合国，是现在很多东西没有办法类比的，但是又无所不在，既能起作用，又能约束人。

区块链革新金融思维，助力普惠金融

《链能》：区块链技术下，央行对数字货币持既认真又谨慎的态度。请您谈谈对于数字货币的看法，数字货币未来会有什么发展前景？

龚鸣：数字货币分为两种，一种是我们现在称为比特币的货币，另一种是由国家发行的数字法币。对于比特币来说，很多的政府对比特币都保持一个谨慎的态度。2013年12月5日，我们国家明确指出：第一，比特币属于虚拟商品；第二，金融机构和支付机构不得开展比特币相关业务；第三，民众在自带风险的前提下有买卖自由。美国把比特币定义为大众商品，德国将其定义为记账单位。2016年的达沃斯论坛上，国际货币组织IMF出了一份关于数字货币的报告，里面探讨了十种货币的情况，对于数字货币来说，未来可能是日益增长的现象，越来越多国家和政府，或者是金融机构，可能会面临数字货币的挑战。到现在为止，大多数国家不承认比特币是货币，而是以商品的方式对待它，对整个行业发展来说，这是一个良好的机遇。

近年来，比特币越来越获得认可，很大程度上是全球的沟通需求在变，尤其对跨境结算的需求在变，原来的“T+1”结算模式不再满足大众的需求。在这个用钱来追赶信息的时代，比特币满足了实时交易的需求，可能给商业带来全新的形态，比如现在滴滴打车、摩拜，这些商业模式，在“T+1”时代是不可想象的。2016年1月20日，中国人民银行行长周小川召开专门的货币会议，确定发行数字货币是中国央行的战略性目标。发行数字货币主要可能考虑到分布式账本技术可以做到更大范围和更高精度的监管，所以央行希望使用分布式账本技术发行货币。中国央行要做数字货币，并不会出现一种新的货币，其本质还是人民币，只是底层技术变成分布式账本技术。对于央行来说，如果使用分布式账本技术，央行清楚地知道每分钱的出处，这样无论是反贪、反腐还是反洗钱都变得很简单，特别是对于制定国家的货币政策会提供更多依据。

另外，由于区块链技术的特性，央行可以通过智能合约来完成某些政策的执行，比如央行要量化1000亿元专门支持农村建设，通过智能合约来进行管理，只需要设定程序，资金就自动分配到那些相关账户，这可在很大程度上减少管理成本，提高政府数据的治理能力。

数字货币的发行具有多方面的优势：降低货币发行、流通的成本，提升经济交易便利性和透明度；有效减少洗钱、逃漏税等违法犯罪行为，提升央行对货币供给和货币流通的控制力，更好地支持经济社会发展，助力普惠金融全面实现等。

区块链有可能让中国弯道超车

《链能》：区块链技术的出现，将对社会、经济等领域产生革命性的改变，同时也会带来不同程度的机遇。对于中国，尤其是南方的广东省，有着什么不同的意义和机遇？

龚鸣：区块链技术可能是互联网诞生以来最大的一次变革，区块链有可能让中国有机会实现弯道超车，因为区块链技术一开始就是开源的，中国的学习能力很强，特别是中国政府非常重视这件事情，甚至比美国还快一点。如果真正在全球取得成果，中国真的有可能在底层技术超车。区块链对广东来说意义非凡，国家2016年10月批准正式成立珠三角国家大数据综合试验区，区块链技术有望助力试验区腾飞。中央颁布的《关于支持深圳建设中国特色社会主义先行示范区的意见》指出，打造数字经济创新发展试验区，将支持在深圳开展数字货币研究与移动支付等创新应用。区块链和大数据是完美的结合，可以实现海量数据筛选管理，数据安全、公开但是可追溯。数字货币是在一个全球金融一体化，或者贸易越来越频繁的背景下产生的事物，对于以贸易为主的广东，显得至关重要。区块链最大的能力就是可以让任何两个国家的价值交换基于区块链达到互信。区块链的去中心、智能合约机制可以让区块链参与的各方达成最大的公约数，让不同的体系快速衔接在一起。所以区块链可以加速贸易，原来需要6—7天处理的信用证，基于区块链可能只需要几个小时就能完成。

监管和反监管的技术攻防战始终在进行

《链能》： 区块链是一种底层技术，应用领域更为广泛，因此有人认为，针对区块链的监管，是技术与技术之间的对决。区块链时代，我们将如何对其进行监管？

龚鸣： 区块链本身是一个强有力的大规模、高精度的数据协作工具，所有数据都记录在链上，不可篡改。因此，这对于监管来说不是难了，反而是更加简单了。从监管者的角度，区块链行业不像传统领域要进行分门别类的统计、汇总，然后再上报到各级组织。监管机构只要有恰当的工具，就能够对链上数据随时进行监测和分析，就可以知道几乎全部的真实情况。对于目前针对区块链的监管科技（Reg Tech），国内公开的探讨比较少，目前国际上主要有数据监测和交易分析、参与者定位、反混币算法三类技术手段来监管区块链。

（1）数据监测和交易分析。对于监管者而言，随着比特币和区块链技术变得愈加有影响力，而且相关的犯罪行为越来越多，如何监管和有哪些工具平台可以进行监管，这些问题已经摆在了各国监管部门的前面。早在若干年前，很多国家就已经和一些区块链公司在研究各种监测工具和解决方案，也有很多数据提供商提供相关的服务。从目前行业发展趋势来看，大多数政府监管机构直接从数据提供商购买这样的服务。包括巴克莱银行也是通过区块链分析公司Chainalysis来实施比特币区块数据监控。技术方面，大致就是根据所有交易行为模式进行分辨，最容易识别出的是大多数交易所和一些主要的鲸鱼地址（大户）。然后可以根据不同的行为模式，来标注个人用户、机构用户以及商户的不同身份。此外，已经暴露在互联网和暗网上的地址也可以作为参照标准。

（2）参与者定位。第二类技术就是定位，监测并找到到底是谁发起和参与了这些交易。在链上我们一般只有交易数据，没有个人的数据，让很多人以为区块链能够很好地匿藏自己的身份。但事实并非如此，因为通过节点监控就可以了解很多的事情。部署的“探针”节点越多，那就意味着它来定位某个特定交易的概率越大。只要监管部门加大投入，就可以建立起针对主流数字货币完整的监管体系。

（3）反混币算法。希望匿藏踪迹的人还可以通过“混币器（Mixer）”服务来反追踪。所谓“混币器”服务，就是将若干笔交易打乱，让原本清晰的A、B之间交易以及C、D之间交易变得非常复杂，看上去是A、B、C、D之间的复杂交易。而对于这种方式，之前常见的监管方式是监管系统对疑似混币行为进行标记。因为虽然很难确认经过混币的数字货币的最初来源，但混币行为本身还是很容易识别出来的。此外还有一种办法是主动出击，直接拆解“混币”。

当然，有监管就有反监管，监管和反监管的技术攻防战是始终在进行的。反监管者一旦知道了大致的监管思路，就会有更多其他模式来规避。这种攻防战是永远没有止境的，但在此消彼长的对抗中，也许能够成为促进行业健康发展的催化剂。

区块链并不是一种完全无法监管的科技，目前，一些国家的监管部门面对数字货币这个全新事物有些茫然和警惕，完全不知道该怎么下手去监管，所以可能更加倾向于“一刀切”的法规性监管。

我始终相信技术的步伐不会停止，技术也永远是双刃剑，我们可以用技术来犯罪，也可以用技术来监管犯罪。现在一些管理规定被不少人提出疑问，认为不符合区块链的技术特性，因为显然有资格备案的就不属于去中心化的区块链技术（要求），而只要是去中心化的区块链技术就没有资格备案。我相信监管机构肯定也有自己的考虑，长远来看，这些都不是很大的问题，因为这些都是在新技术发展中必然经历的阶段。作为一个始终谋求行业能够健康发展的参与者，通过针对区块链技术特点的监管科技来进行监管，也许才是行业未来监管发展的方向。

（编者注：任创业、胡薇帆对本次采访有贡献）

广东省社科院当代马克思主义研究所副所长符永寿、中南财经政法大学副教授安增科：

区块链技术与互联网治理、人力资源管理

人物简介

符永寿

广东省社会科学院当代马克思主义研究所副所长、情报学副研究员，广东社科情报学会副秘书长。著有《网络智识社会初探》《互联网综合治理的思想与实践研究》。

符永寿

安增科

安增科

博士，中南财经政法大学副教授、EMBA导师、硕士研究生导师、MBA导师。2012—2013年美国丹佛大学（University of Denver）访问学者。国际劳动与雇佣关系协会（ILREA）会员、中国劳动关系学会会员、中国商务管理研究会会员、湖北省人力资源协会会员。

主要内容

2020年3月，《链能——区块链与产业变革、治理现代化》编委会在主编蓝云带领下分别采访了广东省社会科学院当代马克思主义研究所副所长符永寿、中南财经政法大学副教授安增科。

符永寿副所长表示，网络智识社会是在全社会文化互动的基础上形成的，区块链治理是互联网治理的新探索，应借鉴多利益相关者模式，同时谨防技术主义治理偏颇。

区块链应用于人力资源管理的研究在国内外还十分少见，安增科博士率领他的研究团队做了前瞻性研究。基于该研究，《链能》对他进行了访谈。安增科及研究团队在梳理了区块链技术的六大特点和人力资源管理系统六大模块特点的基础上，探讨了二者之间发生联系的结合点，解释了区块链技术影响人力资源管理的机制。

网络智识社会：网络化、数字化、智能化

《链能——区块链与产业变革、治理现代化》编委会（以下简称《链能》）：2013年，您写了《网络智识社会初探》一书，并提出“网络智识社会”的概念，请您讲一讲，什么是网络智识社会？您提出这个概念的初衷是什么？在您看来，当时您关于网络智识社会的构想实现了吗？

符永寿：2013年，《网络智识社会初探》出版，我在书里阐述了“网络智识社会”的定义——基于现代互联网的以智能化、知识化、智慧化为突出特性的思想理性、工具文明，以人为本、人机结合构建起来的信息社会新形态，是一个集物智、人智、群智于一体的融通状态的智慧型、创新型社会。网络智识社会是在全社会文化互动的基础上形成的，“智识”有两层含义：第一，为识得智慧之意，即在网络智识社会，人们懂得发现、识别各种信息、情报、资料等智慧资源，并在识得的基础上善于用好网络智慧。第二，网络智识社会之“智识”，也可以与“知识”通用，也就是说，网络智识社会处于知识时代，是网络社会的重要形态。

写这本书之前的一段时间，我看到了过度使用、不当使用、低度使用等网络社会问题与当时社会的“低网络智识”症状，进而提出了网络智识社会新构想，后期逐渐形成一本书，希望借此倡导和建言环境智识、信息智识、思维智识、行为智识。

网络智识发达的社会，就是一个社会个体、社会组织都能够充分识别、发扬互联网文明和先进工具的社会，是知识社会的网络化，也是网络社会的现实化。

网络智识社会构想实现后，整个社会将实现“普适计算”，信息技术普遍应用，完备的信息化、智能化体系覆盖整个经济社会领域，信息资源合理利用，网络实现高水平的“智慧大成”，全面实现“三网”融合、“四化”建设，网络化、数字化、智能化成为人们工作生活的主要方式。

2019年10月20日发布的《中国互联网发展报告2019》指出，2018年，中国数字经济规模达31.3万亿元，占GDP比重达34.8%，数字经济已成为中国经济增长的新引擎。可以说，时至今日，以大数据、云计算、区块链等为代表的数字革命正深刻改变着社会的经济形态和人们的生活方式，前所未有地重构着经济发展新愿景、新常态。当然，新技术、新业态层出不穷，社会矛盾的专业性、复杂性、关联性也在不断增强，现代社会治理格局不断经历重塑，也反过来对网络智识社会提出了更高的要求。

假如互联网是高速公路，那么区块链就是高速公路上的新规则、新体制

《链能》：区块链的治理问题受到广泛关注，您长期致力于治理领域的研究，在您看来，其治理与互联网治理有什么样的关联，是否属于全新的治理领域，完全不同于过往的互联网治理？

符永寿：一项具有颠覆性作用的技术所带来的影响必然是巨大的，所造成的心理冲击也是巨大的。尽管区块链是全新的技术手段、解决方案，是有可能触发第五次技术革命浪潮的核心技术，但我们必须清醒地认识到，区块链不是一座“飞来峰”，不是从天而降的，它并没有超脱互联网的范畴。正因为如此，有人说，假如互联网是高速公路，那么区块链就是高速公路上的新规则和新体制。这种具有去中心化、去第三方信任、开放性、自治性等特性的新规则、新

技术、新体制，几乎完美地解决了互通问题，使人们可以像传递信息一样在互联网上传递价值。因此，区块链的所有创新、所有作为都是基于互联网开展的。

自诞生以来，互联网的发展日新月异、影响甚广，给人类社会带来了翻天覆地的变化。区块链就是互联网发展日新月异的具体体现，区块链治理属于互联网治理的新领域、新课题。互联网区块链正在成为一个渗透世界各个角落的新事物，每个国家和政府都面临着互联网区块链带来的新的发展和治理课题。和互联网治理一样，区块链治理必定是跨越多学科、多主体的，要对其建设、发展和应用进行有效管理的实践，治理的焦点在于治理的客体界限以及多种治理主体的关系协调上。

关于互联网治理的五种思想和理论必然会应用到区块链上

《链能》：简单地看，区块链是一种全新的基于互联网的去中心化的分布式技术。区块链治理涉及哪些方面？国内外的互联网治理有很多成功的探索，在您看来，有哪些值得区块链治理参考借鉴的？

符永寿：区块链核心性的变革是通过共识机制重建了互联网理念，从根本上提升了技术的公信力。程序即合约、规则，“代码即法律”，互联网去中心化特性被区块链技术进一步做实了。这对传统的公共管理体制是重大的冲击。

国内外关于互联网治理的讨论由来已久，这些争论当中的很多焦点对区块链也是适用的。对区块链的不同认知、不同态度、不同界定，反映的是不同的理念以及不同的立场。纵览当今世界互联网治理理论与实践，技术主义、自由主义、社群主义、威权主义、多利益相关者模式五种思想和理论具有较为重大的影响，这些思想和理论必然会应用到区块链上。

区块链作为一种新的技术应用，技术先天对区块链形成规制。技术主义思想推崇计算机语言、程序的自我规制作用，代码是互联网的语言，也是互联网运行的指令，代码本身不只是技术的实现手段，它被嵌入了设计者的价值理念，通过代码实施某种管理、控制。技术精英和区块链企业倾向于认为，互联网代码完全有能力实现对网络空间行为的规范，无须政府介入。技术主义推崇网络协议、技术框架和标准对区块链运行与管理治理的基础性及决定性作用。以代码为代表的技术对人的行为产生软性、硬性的约束是毋庸置疑的，不断发展的数字技术已经改变了我们的日常生活，代码如今已经以各种方式调节和约束人们的行为。但是，代码也是人构建出来的，事实一再表明，代码也可以成为各种不良管制的帮凶。因此，区块链治理要特别避免技术主义的偏颇，要加强对程序即合约、代码即法律等技术主义思想的研究讨论，扬长避短，趋利避害。

作为一种全民记账的开放式、分布式系统，区块链是一个多利益相关者的开放系统，其治理可以借鉴多利益相关者模式。多利益相关者的概念其实很早就被应用于互联网治理，这一模式主张各国政府、私营部门、民间团体和国际组织在平等的基础上全面参与互联网治理，按照共同的规则、规范发挥各自的作用。多个主体参与到互联网治理中，关键是不同的利益主体之间互相配合并形成特有的治理方式。多利益相关者的理念和机制符合区块链的多元化、开放性、自治性和多样性的现实情况，对区块链未来的治理有着重要的指导价值，是区块链治理的一个重要趋势。

我国网络综合治理思想及其创新实践，是对互联网这一“最大变量”的有效回应。区块链治理无疑不仅需要党委、政府、企业、社会、网民等不同主体的积极参与，也需要通过经济、法律、技术等多样化手段来实现其综合格局的建构。区块链治理通过技术治理、法律治理、生态治理、道德治理协同治理，才会取得好的效果。

区块链如何影响人力资源管理系统六大环节

《链能》：区块链的应用领域越来越广，我们了解到，安教授您对区块链应用于人力资源管理系统进行了专门研究，有诸多独特看法。业界关于这方面的研究十分少见，请您谈一谈区块链如何应用于人力资源管理系统。

安增科：区块链技术的诞生虽然已逾十年，然而在管理学方面，尤其是人力资源管理领域的研究还十分少见。而且从国外研究来看，研究的重点主要集中在探讨区块链技术对管理业务流程的影响方面。如，保加利亚瓦尔纳经济大学的Nadezhda Filipova 2018年在“Blockchain Innovations in HR Management”一文中，具体讨论了在人力资源管理领域使用区块链技术的可能性，重点介绍其在人力资源管理业务流程中的优势和潜在问题。瑞士学者Chang，Shuchih Ernest等人2019年在“Exploring Blockchain Technology in International Trade Business Process re-engineering for Letter of Credit”一文中，从信用支付角度，分析了采用分布式账本和智能合约的好处，并对业务流程再造提出了设想。

从国内研究来看，研究的重点主要集中在具体案例、具体环节的应用研究。如张宇（2018）在《区块链视域下的高校人力资源培训体系研究》一文中，从区块链的视域出发，结合对宁夏各高校在人员培训机制构建与体系创新方面的实地调研，提出了基于区块链技术的培训体系建设构架。赵东洋（2019）在《区块链企业人力资源管理制度研究——以A企业为例》一文中，以某个企业为例，通过分析该企业在人力资源管理中存在的问题，试图借助区块链的相关制度，提出相应的改善措施，促进区块链在人力资源领域的发展。

总体而言，国外内学者还鲜有探讨区块链技术如何影响人力资源管理整体系统的框架性研究。此前我们采用理论研究法，对此问题做了粗浅尝试，希望能为后续的理论和实践研究提供初步的方向。

一般认为，一个完整的人力资源管理系统由六个环节或模块构成，分别是人力资源规划、人员招聘和配置、员工培训与开发、绩效管理、薪酬管理、劳动关系管理。我们的研究分别从这六个环节入手探讨区块链技术对人力资源管理系统的影响。

第一，在人力资源规划方面，区块链的多种类型以及分布式账本的功能可以帮助企业从多个渠道获取信息，完成人力资源计划。第二，在人员招聘和配置方面，区块链中所使用的去中心化技术可以帮助企业更精准地识别人才，而分布式账本功能和非对称性加密以及时间戳的特性则能够在吸引更多人才的基础上科学地选拔、任用人才。第三，在员工培训与开发方面，区块链依旧凭借其分布式账本的功能以及时间戳的特性，有效识别工作需求和现有员工素质，而在培训效果的检验上，PoW机制提供了一条行之有效的路径，私有链的运用能够帮助员工更高效地利用资源。第四，在绩效管理方面，分布式网络、时间戳以及智能合约助力绩效考核自动化，使绩效反馈更能被员工认可。第五，在薪酬管理方面，时间戳、区块链底层协议的运用，促使薪酬支付更便捷，且薪酬的动态调整更简便，同时最大限度地激发员工的工作积极性。第六，在劳动关系管理方面，智能合约能够及时有效地预防劳动纠纷，解决劳动争议。

区块链可以有效解决人力资源供需数据的准确获取和动态跟踪问题

《链能》：自去年（2019年）以来，区块链成为热词，区块链具有去中心化、分布式记账、时间戳、去第三方信任、系统集体维护、数据不可篡改等特点，受到了越来越多关注。您认为，区块链的这些特点如何作用于人力资源管理系统？

安增科：人力资源规划的核心是在人力资源的供给预测和需求预测的基础上平衡二者，调剂余缺。区块链可以有效解决供需数据的准确获取和动态跟踪问题。具体来说，我们认为，区块链可在以下八个方面作用于人力资源管理系统：

（1）分布式记账功能及数据的非对称性加密有利于人力资源计划的达成及促进人员素质测评的真实。分布式记帐功能对于解决人力资源管理费用的预算问题颇有功效。企业私有链上的每一个节点都存有以往的人力资源费用使用情况，可供有权限的个人进行查看。同时，已经制定好的人力资源规划也不允许随意被不相关者查阅或更改，这在一定程度上杜绝了道德风险和损害企业利益的现象的发生，能够最大限度地保证人力资源规划的可靠性以及真实性。不仅如此，这份规划的进展情况也将在区块链中不断被节点书写、共享，从而使管理者对其进展情况有精确的把握，便于调整各项活动，最优化人力资源配置，助力人力资源计划的高效完成。

此外，数据的非对称性加密使得每个员工和企业都可以有选择性地公开自己的绩效信息，被公开的绩效信息可以通过分布式网络结构，实现在企业与员工之间、企业与企业之间甚至在全行业的共通共享。并且由于链上的数据不可篡改，这样保证整个系统信息高度透明的同时还真实可靠，有利于各企业快速准确地了解行业信息并做出相应的调整，可以快速找到高绩效的员工从而降低人才的搜寻成本，还有利于各员工进行标杆学习，提高绩效。

根据素质冰山模型，人员素质犹如一座冰山，水面上的是技能和知识，水面下的是价值观、自我认知和动机等，而冰山的水下部分才是决定一个人的核心因素。然而，在现实中，当触及这些信息时，被测试者会担心信息不安全，从而进行不真实的反馈。通过非对称性加密技术，可以将信息按照私密程度进行分层次保存，设置不同的密钥等级。被测试者在填写信息时，无须担心信息的恶意泄露问题，可以放心地做出真实的测评，提高了测试结果的真实性。

（2）去中心化技术让职业认证被普遍认可。对于业务领域涉及多个国家和地区的跨国公司而言，其人力资源管理也面临着各国或地区在公民身份认证、学历认证、职业认证上存在差异的挑战。因为各国都有自己的认证标准和体系，不同国家对于同一认证项目会有不同的重视程度，故而很难让证书得到全球认可。基于区块链的去中心化特征，我们可以把全球公民视为独立的个体，每个公民都拥有独一无二的身份标识，都是平等的信息提供点。对于各种需要认证的信息，我们可以通过多方协商、达成共识标准来获得全球的认可，而且该技术的特点保障了信息的真实可靠。这样一来，在招聘中，企业无须花费时间去核实多元化的应聘者的学历真实性，也无须去打听和核实其在本国所获得的职业证书的含金量，因为认证的全球化，企业会便捷地获得员工的相关信息，并基于全球共识做出最佳的判断。

（3）时间戳有助于提高信息的预测性、动态掌握工作要求。首先，员工在不同职业生涯阶段，其在求职时关于同一维度或多或少都做过同样或者类似的测试，结合区块链技术，当测试结果基于互联网技术被实时记载在分布式账本中，每一份测试结果都会按照时间先后进行排列，求职者在其职业生涯的不同阶段所做的测试都会清晰地呈现出来。这样一来，信度问题就可以解决。而且对于招聘者来说，因为拥有了从既往到目前完整时间序列的测评结果，而不仅是基于目前的测评结果，可以对求职者进行更为合理和清晰的认识。

其次，根据不同的岗位要求，运用工作分析的手段，企业对于内部的每一个岗位都编制了详细的工作说明书。而随着社会经济的发展，每一种行业、每一个职位的工作要求都在不断变化，这就要求工作说明书既要保留其历史版本以备用又要实时进行更新。区块链的“时间戳”功能使得如此烦琐且大量的工作变得简单而高效。在区块链这样一个大账本中，每一个职位、每一个版本的工作说明书都按照时间顺序依次存储，且每一个最新版本的工作说明书所在区块都会在生成的时刻被盖上一个时间戳，以记录该版本的出现时间，这种方法在减少烦琐的文件处理的工作量的同时，也减少了以往资料丢失遗漏的可能。不仅如此，企业也可以在私有链、联盟链或公有链中不断上传最新的空缺岗位的工作说明书，以便求职者快速、精准地获得最新的岗位信息。

再次，点对点的记账方式可以记录员工应得薪酬情况，容量巨大的数据库可以记录公司与员工之间所有交易往来信息，清算和结算几乎同步可以使系统在规定时间内自动发放薪酬至员工账户上，并加盖一个时间戳，用作工资发放的证明。这样一来，系统既不会重复发放薪酬也不会延时发放薪酬。可见，自动化支付对企业来说省时省力，对员工来说也是一份避免拖欠工资的保障。

（4）工作量证明机制有助于高效检验培训效果。区块链通过共识机制使区块节点就存储的信息达成全体参与者的共识，是区块链中各个区块数据保持一致、准确的基础。在员工培训效果的检验上，共识机制之一的工作量证明机制也同样奏效。培训师无法监测每一位受训者接受培训时的状态、效率，但是可以通过大量有关培训的试题来检验他们的培训效果，或通过观察受训者在工作场景中展现出来的实实在在工作表现来对其培训转化的成效做出评定等。这种证明员工在培训中的“工作量”的证据，根据员工岗位的不同以及所接受培训的类型，可以是多种多样的。

（5）智能合约可有效解决绩效考核及劳动争议难题。许多企业以绩效考核难度太大、成本过高为由而忽视了绩效考核的必要性与重要性。有了智能合约之后，企业可以为其绩效考核设置一套完整代码，包括绩效考核的标准、对象、内容、反馈等等，合约可以根据设置好的程序自动检测员工的工作表现，并按照标准进行评价和打分等，考核结果经考核者过目并审核通过后输出反馈给员工。智能合约还有相当严格的履约规范，任何一方违约都将付出一定的代价。这也就保证了智能合约在绩效考核的过程中起到绩效监督的作用，低绩效的员工很容易被鉴别出来，低绩效的员工必须不断提高自己的绩效来满足合约为其设置的标准，才能避免遭受处罚甚至淘汰。这样一来，也极大地降低了绩效考核的成本，更具经济性。

在现实中，劳动关系涵盖面较广，签订劳动合同的每一个关键节点都需要人力资源部门认真对待，但这样的人工预防机制耗时耗力而且失误频发。智能合约可以自动判断触发条件并进行相应的处理，在智能合约的帮助下，系统会根据触发机制和现实情况，预警即将发生的合约行为。例如某位员工自用工之日起未签订劳动合同，时间接近一个月，智能合约会自动计算触发机制，预判触发的后果，并提醒有关工作人员注意。这样的预防机制，对于员工和企业来说，都具有重要的意义。

“以事实为依据，以法律为准绳。”在解决相关纠纷中，与各方权利、义务相关的事实证据尤为重要。使用传统的技术全面地存证耗时耗力，且随着人员的流动和时间的推移，很难对证据进行持续的科学管理。而借助区块链技术，证据会有条理地按照所属关系和时间顺序被及时记载在系统中，且信息几乎不可篡改，无须花费大量人力物力去维护。智能合约的制定基于共识机制，使得信息得到较多的检验，解决争议时确凿可信的证据和较为完备的契约，可以让结果更加合理化。

（6）溯源提高了绩效反馈的准确性和公信力。在区块链技术的结构中，每一个节点都记录了数据库的完整历史，每一条数据都可以通过追本溯源进行验证。在企业的绩效管理中，员工若对绩效反馈存在异议，可以通过该技术的溯源功能，快速并准确地找到自己的得分项与失分项。通过记录在案的公正客观的信息让员工对结果心服口服，从而大大提高了反馈的公信力，减少不必要的人事纠纷。

（7）实时记录有助于实现薪酬的动态调整。区块链中几乎所有信息都能被实时记录与核实，鉴于此，在设置好的薪酬变动程序中，若输入程序的数据发生变化，则输出结果也会产生相应的实时变化。这也就意味着，一旦影响薪酬变化的因素发生改变，薪酬结果便会马上做出相应的调整，网络化运行保障了每一笔薪酬变动准确可靠、安全透明。

（8）区块链底层协议有助于加强薪酬的激励作用。许多企业通常利用员工持股计划来激励员工，但执行者能力有限和技术制约等使得这一计划通常停留在纸面上，没能实现数字化的高效运营。运用区块链底层协议便可以有效地解决这一问题。企业可以将股权放入这一系统中进行运营，并实时将过程与结果分享给员工，让员工真实地感受到自己的收益从而达到激励的目的。同样的道理，其他类型的激励方式也可以被数字化，以加强对员工的激励作用。

除此之外，区块链技术还有助于动态识别员工素质水平。对于企业内部现有员工素质的考察，时间戳依旧可以发挥大作用。员工可以在企业私有链的本人专属节点上不断更新自己的知识、技能状态，形成一系列连续的、可供特定人员查看的数据记录。同时，为了防止造假，企业也可以通过运用智能合约自动将员工获得的知识或技能连接到该员工的素质平台，使企业及时掌握员工的动态，并做出相应调整，实现人岗匹配。企业还可以运用联盟链和公有链来获取外部候选人的信息，了解他们的素质情况，以供企业作为人才储备。

私有链、公有链和联盟链的协作运行有利于满足企业不同层次的信息需求和平衡人才的需求与供给

《链能》：根据区块链的开发对象的不同，可以将区块链分成三类：公有链、私有链和联盟链。公有链对所有人开放，节点可以随意地加入；私有链只对单独的实体进行开放；联盟链会对一个特定的组织开放。您认为，如果区块链应用于人力资源管理系统，主要是采用哪种类型区块链？

安增科：三大类型区块链的核心区别在于去中心化程度，也就是访问权限的开放程度。一般来说，去中心化程度越高，信任和安全程度越高，交易效率则越低。对于人力资源管理系统

而言，在企业内部可以使用私有链，在企业与企业、行业与行业之间则可以使用联盟链或者公有链。通过私有链、公有链和联盟链的协作运行来实现企业不同层次的信息需求和平衡人才的需求与供给。

首先，企业可以创造一个控制权归属于本企业的私有链。该私有链就好比一个容量巨大的分布式数据库，可以记录企业所有可被记录的信息，并且可供企业中具有一定权限的人员随时查看、调用，从而可以简单获取人力资源规划所需的大量信息，如企业目前战略发展情况、人员供需情况、内部候选人信息等，且这些信息在一定程度上是透明化与安全性兼具的。由于区块链的可扩展性，在这样的一个私有链中，培训师可以将培训所需的各种类型的音视频资料、网络课程链接存入一个节点，受训者可以在该条私有链的任何一个节点找到这些信息，并为自己所用。同样地，受训者也可以将自己在培训后获取的经验通过这些节点上传，供其他受训者查看并从中获益。

其次，通过利用联盟链和公有链，企业可以控制自己在联盟链或公有链上的专属节点，进行各种数据的共享，同时也具有一定的权限去阅读并调用潜在的外部候选人资料，以便更好地填补企业各个岗位的空缺，甚至能够对未来内外部人员与岗位的匹配情况进行预测。

再次，由于科技的进步，行业间的技术交流日趋紧密，但是人才信息的流通依旧受到诸多阻碍。猎头关注的大多是顶层人才，借助这项技术，在行业间建立人才信息联盟，同业企业通过该链条，实时记载更新招聘需求和招聘条件，处于行业人才库中的人，可以结合自身的意愿和条件，更新自己的职业状态。数据库可以通过企业预先设置的招聘条件，通过一系列筛选，为企业提供合适的候选人名单。由于该链中几乎包含整个行业的人才数据，尤其是与招聘需求和人才供给相关的数据被最大化地集中在一起，前述中信息不对称导致的招聘难的问题可以得到较大程度优化。

（编者注：安增科老师研究团队成员包括安增科、潘紫晨、陈镜安、卢晓琴、郑雪妮、赵宇轩）

新华社广东分社记者、《解码硅谷》作者马晓澄：

解码硅谷，创新必须是系统式推进

人物简介

马晓澄

新华社广东分社记者，从事了多年的科技创新报道工作。2018年为美国加利福尼亚大学伯克利分校访问学者，2019年出版著作《解码硅谷：创新的生态及对中国的启示》。

主要内容

2020年1月16日，围绕硅谷的创新系统如何运作，对中国创新事业的启示等问题，《链能——区块链与产业变革、治理现代化》编委会在主编蓝云带领下专访了马晓澄记者。他表示硅谷是“世界上最成功的创新系统”，它的成功离不开大学、企业、政府、资本、文化五方面的创新，硅谷对中国的最大启示是创新必须是系统式推进，每个环节都齐头并进。硅谷是世界上区块链产业发展最活跃的地方，硅谷区块链产业对于中国区块链最大的借鉴意义在于相应的教育必须迅速配合产业的发展速度，提供源源不断的技术和人才支撑。

近距离了解“世界上最成功的创新系统”

《链能——区块链与产业变革、治理现代化》编委会（以下简称《链能》）：您的著作《解码硅谷：创新的生态及对中国的启示》全面解析了硅谷大学、企业、政府、资本、文化如何创新，阐述了硅谷的创新生态及对中国创新事业的启示，吸引了一大波对硅谷和科技创新感兴趣的读者，能不能谈谈您的创作初衷以及创作历程？

马晓澄：我在国内从事了多年的科技创新报道工作，切身感受到这些年国内创新创业的热潮。我一直在思考，中国的创新能力在全球处在什么水平？世界上最成功的创新系统是怎么运作的？中国距离这样的先进经验还有多远？2018年，我得到了国家留学基金委资助的访学机会，于是选择了位于硅谷的加利福尼亚大学伯克利分校作为访学的目的地，以方便近距离接触和了解硅谷。到了伯克利以后，我就希望能够把硅谷好的经验做法总结出来，相信会对国内的创新创业事业有所帮助。带着这个想法，我从访学一开始就注意收集这方面的素材，在选课的时候也主要选了跟创新创业相关的课程，再加上在硅谷对一些大学教授和企业家等的访谈，最终把这些研究成果都写在了书中。

大学和产业界人员频繁互动，形成正向循环

《链能》：您在书中提到硅谷以及周边地区有许多名校，比如斯坦福大学、加利福尼亚大学伯克利分校、旧金山大学等等，它们为硅谷提供了源源不断的高科技人才和其他支持。这些大学与硅谷的产学互动之道让我们印象深刻，请您给我们讲一讲。

马晓澄：斯坦福和伯克利这两所顶尖研究型大学是硅谷的技术源泉。大学对硅谷的知识贡献，主要通过为产业界提供咨询服务、为产业界输送高水平毕业生和创业者、为产业界提供技术转移三种方式来实现。而产业界也通过提供高水平导师和提供资金支持等方式，对大学给予了回馈，形成了正向循环。

斯坦福大学在产学合作方面可以说树立了典范。特别是斯坦福工业园的建立，既解决了毕业生的就业问题，又让工业界的人可以方便去大学和教授们交流，了解研究的最前沿，教授们也可以了解到产业界最现实的需求，使得他们的研究可以更加贴合实际，这种大学工业园区的模式也被全球很多高校模仿。

我在硅谷期间，印象最深的还有大学和产业界人员的频繁互动。在斯坦福和伯克利，教授在外创办企业不仅是被允许的，而且还被鼓励。教授可以申请学术休假，最长可以达到两年。比如斯坦福大学教授李飞飞、吴恩达都曾分别在谷歌和百度任职，后又重新回到学校任教。伯克利工程学院电气工程和计算机科学系教授宋晓冬是一名连续创业者，至今已经创办了三家公司。

在斯坦福和伯克利，除了全职教师外，还有很多来自产业界的兼职教授，他们极大地丰富了大学老师的组成，为学生们提供了更接地气的授课内容。比如我在斯坦福大学旁听过一门风险投资课，授课老师是硅谷知名律所泛伟的合伙人高登·戴维森（Gordon Davidson），他曾服务过Facebook等硅谷科技公司。比如谷歌前董事长埃里克·施密特（Eric Schmidt）曾经和其他企业家一起在斯坦福开了一门名为企业家精神和初创企业的课程，知名风险投资人彼得·蒂尔（Peter Thiel）曾经在斯坦福计算机系开设一门风险投资的课程。大学里来自产业界人士的讲座更是不计其数，每天都有很多类似的讲座在校园内举行。

硅谷公司共同的“创新方法论”

《链能》：您的著作讲到了谷歌、英特尔、苹果等大型科技公司的创新。我们留意到其中一个管理细节，谷歌创始人佩奇在发现问题后并没有紧急召集管理层开会，研讨对策，而是将问题贴在食堂一个显眼位置就回家了。几天后他收到员工邮件，说他们利用周末加班解决了问题。这些创新公司的小细节让我们印象深刻。请您谈谈硅谷公司的创新举措。您认为，这些举措对中国科技企业的创新有什么借鉴意义？

马晓澄：由于所处行业的不同，谷歌、英特尔和苹果公司采取了侧重点不同的创新方法。比如谷歌非常强调员工之间的沟通，而苹果却实行的是截然相反的“保密文化”。一名曾经在苹果公司工作过的员工对我说，他和同事共同对一个领导负责，结果因为大家签的是不同的保密协议，所以即使在同一个组里面也不知道对方在做什么，相互之间不能谈论。有时候他从一些外面的小道消息上得到的公司的信息，比他从公司内部知道的还要多，这种文化让他受挫，但这样也不妨碍苹果成为一个伟大的创新公司。

尽管如此，从这些硅谷公司的成功中，还是能够总结出一些共同的“创新方法论”。除了谷歌、英特尔和苹果公司外，我在走访惠普、特斯拉、领英、Facebook等公司后发现，这些硅谷科技公司在人才、愿景、思维和组织架构上都至少有几个类似的特征。一个是极度珍视人才，包括给人才提供很好的工作待遇以及事业发展平台和机会。一个是高度扁平化的组织结构，使得这些人才能够充分发挥自主性。一个是创始人鲜明的个性特征和改变世界的抱负与梦想，成为激励员工的重要价值观。

我觉得硅谷公司对中国公司的启示意义有以下四点：

第一，树立创新思维。从硅谷科技创新公司这几十年的发展来看，虽然历经半导体、个人电脑、软件、互联网等多个浪潮，硅谷的产业重心在不断转移，但有一点是始终未变的，那就是硅谷的企业没有从根本上改变思维模式。在硅谷，企业家们对这样一种理念简直到了迷恋的程度，那就是要瞄准最大的想法，用最快的速度发展，最大限度地促使其增长。

第二，打造创新文化。大多数中国企业还没有形成真正的以人为本的企业经营理念。对中国企业而言，必须把营造好鼓励知识生产和创意迸发的企业环境当成企业管理的重要环节。高手在民间，从谷歌的例子中可以看出，一个把员工和用户放在心里的企业，必然能激发出员工无穷的创造力。开放、透明、平等、分享、沟通……这些帮助大部分硅谷公司成功的普适性原则，也应该逐渐成为中国创新型企业的标准文化，让员工能切实感受到创新文化的熏陶和激励。

第三，建设创新组织。管理大师彼得·德鲁克在谈到创新型组织时说，创新型组织就是把创新精神制度化而创造出一种创新的习惯。一个创新组织，组织架构设计应该有利于激发所有员工的创新活力，应该有利于利用好外部的创新资源。正因为此，硅谷大量科技公司采用了扁平化、去中心化的组织架构，让企业能够在瞬息万变的市场环境中保持灵活性。

第四，明确创新战略。创新既要仰望星空，又要脚踏实地，发挥工匠精神。中国企业必须聚焦主业，慎重多元化经营，更不能抱着投机和“哪里赚钱哪里去”的心态经营企业。英特尔成立五十多年来，一直聚焦在半导体和芯片领域，苹果公司成立四十多年来，在乔布斯和蒂姆·库克领导下一直聚焦在硬件设计和制造领域，二十多年来谷歌也一直聚焦在信息互联和人工智能，这些企业都是在明确战略主业的情况下，发挥工匠精神的典范。在硅谷，还有很多中小型企业在各自领域里持续深耕，做到了业内顶尖，为中国企业树立了很好的榜样。

《拜杜法案》建立了一种专利授权许可的“去中心化”架构

《链能》：您在书中表示，美国政府是硅谷乃至全国科技产业“方向的领导者，规则的制定者，科研的投资者和产品的消费者”，“如果没有美国政府对硅谷创新的持续支持，就没有如今的硅谷”。请您谈谈，美国政府对硅谷创新的支持主要体现在哪些方面？在您看来，政府应该如何扶持创新事业？

马晓澄：回顾“二战”后硅谷的发展，政府这只“有形之手”给了硅谷崛起重要的推力。硅谷离不开政府制定的诸多鼓励创新的政策和法律。如果没有政府对原始创新的持续支持，硅谷就没有发展的深厚根基。如果没有大量国防合同订单，很多脆弱的电子工业和半导体公司就无法挺过最困难的创业初期。即使在现在，美国政府依然通过多种方式，影响着硅谷的发展。概括起来，政府在硅谷直接或者间接地扮演着四种角色：方向的指挥者、规则的制定者、科研的投资者和产品的消费者。

我想重点说下政府作为规则的制定者的作用。政府需要为科研创新活动创造公正合理的制度环境，激发创新活力，维护市场运行秩序。这些目标，主要是通过一系列法律法规的出台而实现的。

从20世纪80年代起，美国陆续出台一系列鼓励科技发展的政策法规。1980年，美国国会通过了《史蒂文森·怀德勒技术创新法案》，这是美国第一部主要的技术转移法案。其规定，联邦实验室具有技术转移的职责，必须设立技术转移办公室，并有至少一名全职员工负责此事。国家实验室的预算中，也应该包含部分技术转移的开支。

此后，美国还出台了多个鼓励创新的法案，都极大地推动了美国的科技进步。这些中，最有名的当属《拜杜法案》。《拜杜法案》最核心的要义在于建立了一种专利授权许可的“去中心化”架构，即将专利的所有和处置权移交给大学和教授等个体，而非由联邦政府统一支配。这份法案通过后，大学纷纷建立了技术转移办公室，技术成果转化呈现井喷状态，科技成果转化率短期内提升了十倍，因此被誉为美国20世纪最具激励性的法案之一，也开启了美国科技创新生态的繁荣景象。

除了上面提到的这些作用外，借鉴美国的经验，我觉得中国政府最应该做的还有海纳百川，择天下英才而用之，大力吸引全球范围的优秀人才到中国工作，利用全世界最优秀的头脑来发展创新。此外，应该加大改革力度，形成有利于创新的体制机制。一方面要深化市场化改革，破除企业发展的制度障碍。另一方面要改革科研评价体制，彻底改革侧重论文数量的考核体系，实行“精细化评价”，激发科研人员的创造性和活力。最后，还应该鼓励创新、拥抱创新，做创新的使用者和支持者。

硅谷至今仍然是美国和全世界最活跃的风险投资地带

《链能》：资本的支持对于企业，尤其是创新企业的发展尤其重要。每年硅谷都会涌现大量的初创公司，它们亟需资本方面的支持。书中讲到，硅谷的资本等科技支撑服务体系包括风险投资公司、孵化器、加速器、法律公司及咨询公司。它们是如何支持硅谷企业的发展的？

马晓澄：在硅谷的创新生态系统中，企业、大学和政府无疑是最重要的参与者。但光有这三个要素并不足以打造出硅谷。在硅谷，与创新创业相关的风险投资、孵化器、加速器、法律公司和咨询公司等，是这个活跃系统中不可或缺的组成部分。

以风险资本为例，硅谷至今仍然是美国和全世界最活跃的风险投资地带。根据美国国家风险投资协会（National Venture Association）的统计数据，2017年旧金山大湾区（包括旧金山和圣何塞地区）吸引了全美国大约45%的风险投资。风险投资对硅谷之所以重要，不仅是其提供了初创企业必不可少的资金，更重要的是提供了一系列创业指导。很多在风投工作的人，都有过创业或者在大型公司工作多年的经验，这使得他们对创业公司的辅导能够更有针对性。同样的，律师和顾问等专业人员一方面提供他们擅长的法律和商业咨询服务，另一方面凭借丰富的经历、专业的技能和对大量案例的观察积累，他们也充当着硅谷创业者和企业家们的“导师”角色。此外，不管是风投还是孵化器、律所，他们还提供了大量的校友和人脉资源，这些都是创业公司成长过程中必不可少的。

解决各种不平等和科技伦理挑战，需要“负责任的创新”

《链能》： 您在书中也提到了硅谷创新发展所面临的挑战，包括高房价及交通拥堵，收入、性别和种族不平等，科技伦理困境，反全球化等。这些挑战给硅谷带来了哪些影响？您认为，硅谷应该如何应对？

马晓澄： 硅谷的高房价，主要是大量科技公司带来的，因此科技公司必须肩负起职责。这些年来，以谷歌为代表的一些科技公司，开始跟地方政府协商拿地，为员工建设住房，这可以解决一部分问题。此外，硅谷现在的住房问题主要是房子密度过低，这是因为很多美国人还是习惯住“house”这样的房屋，而不是中国大城市这种高层住宅公寓。随着硅谷土地越来越稀缺，提高居住密度应该是大势所趋。

而交通拥堵问题很大程度上与当地老化和严重滞后的公共交通基础设施有关。当地讨论多年要修建一条连接洛杉矶和旧金山的高铁，本来可以极大缓解当地交通问题，最后也不了了之。这方面，当地政府需要更有魄力去推动交通基础设施的完善更新，也需要地方政府间更多的协调。

而面对各种不平等和科技伦理挑战的问题，需要依靠科技公司承担起其社会责任来共同应对。国内有学者倡导一种“负责任的创新”，我觉得这是很好的一种解决方式。而面对联邦政府的反全球化举措，硅谷应该摒弃“远离华盛顿，埋头做创新”的思维定式，通过自身的努力去游说联邦政府改变其不利于全球科技合作的各种荒谬举措，否则，硅谷的繁荣必然会受到严重影响。

硅谷是“IC”组成的，某种程度上也代表“Indian+Chinese”

《链能》： 美国是一个移民国家，其中华人占相当的比例。硅谷也存在不少中国公司，既有百度、京东这些中国大型科技公司，也有很多华人华侨的初创公司，它们的研发和运营情况如何，他们对于硅谷创新起到哪些积极作用？

马晓澄： 在硅谷发展的很长一段时间内，除了一些移民工程师或者移民创办的公司，来自中国本土的科技公司在硅谷的发展总体是缺席的。但短短数年内，百度、阿里、腾讯、华为、京东……中国很多科技企业都在硅谷设立了研发中心。它们是硅谷创新生态的后来者、观察者和学习者，也已经成为重要的参与者。它们在硅谷开发前沿技术，吸引优秀人才，也对接了中美两地资源。

例如，百度是中国互联网公司中最早在硅谷设立研发中心的公司之一。百度在硅谷的研发方向，是与百度传统搜索引擎相关的商业开发、广告覆盖、信息安全、大数据的云计算等领域的技术。此外，相当部分资源聚焦在百度最新的人工智能业务，研究领域覆盖图像识别与搜索、语音识别、自然语言处理和语义智能等。目前，百度的硅谷研究中心有多部无人驾驶汽车在外进行路测，收集在实际路况上的各种重要数据。

他们对硅谷创新起到的作用是显而易见的。在硅谷有个说法，硅谷是"IC"组成的，这里的"IC"一方面有集成电路的意思，另一方面也代表"Indian+Chinese"。硅谷大量的科技公司里面，华人工程师起到了骨干和中坚的力量，由华人创办的公司本身也是硅谷创新生态的重要组成部分，比如杨致远创办的雅虎、黄仁勋创办的英伟达等。

最大启示是创新必须是系统式推进

《链能》：书中谈到硅谷的成功有其深层次的因素——硅谷的文化，其中最重要的是企业家精神。而鉴于美国硅谷的成功启示，中国也涌现出光谷、数据谷等，希望能打造"中国硅谷"。您认为，中国能从美国硅谷的成功得到什么启示？目前，华韶数据谷正努力打造高质量的数据中心、产业集聚中心和数据资源核心枢纽，您觉得硅谷对于我们有什么借鉴作用？

马晓澄：硅谷成功的秘密在于其成功建立了一个完善的区域创新生态系统，在这个生态系统中，各个组成要素既都充满创新的活力，又相互协调配合，创造了一个让创意源源不断迸发的活跃体系。在这个过程中，美国大学、企业、政府、资本，以及支撑硅谷的律师事务所、咨询公司等，都形成了一套自己的方法论。因此，硅谷对中国的最大启示是创新必须是系统式推进，每个环节都必须齐头并进，缺一不可。此外，最重要的还是营造良好的市场环境，让企业家精神能够在中国大地上落地生根，让创新的想法能够竞相迸发。

我认为，硅谷对华韶数据谷的借鉴作用在于人才是第一资源。需要加大力度吸引行业内的领军人才，加快形成大数据产业的创新集群。回顾硅谷的历史，一开始也是因为有肖克利带来了晶体管的技术，并且从全美国各地网罗了这个领域的顶尖人才，之后才迎来了半导体产业的真正腾飞。人才是有集聚效应的，领军的人才自然会吸引更多优秀人才加入，共同把事业做大。

伯克利在美国大学里面第一个启动区块链教育

《链能》：硅谷有不少知名区块链项目，您所了解的美国硅谷的区块链是怎样的？对我国发展区块链有什么借鉴作用？

马晓澄：硅谷是世界上区块链产业发展最活跃的地方。我认为，硅谷最大的借鉴意义在于区块链的教育配合产业界的发展，在快速跟上。伯克利是全美国大学里面第一个启动区块链教育的学校，从中可以看到学校对最新科技趋势的把握和响应速度。我2019年在伯克利访学的时候，也切身感受到校园内对区块链的研究非常火热，有关区块链的创业比赛层出不穷，学生也都很踊跃参与。比如，我在硅谷接触到一家名为"Greensparc"的公司，其利用区块链技术为区域能源交易中心降低交易费用，为公司开发区块链应用的就是伯克利的一帮在读学生。目前，我国的大学对一些热点趋势的响应速度相比较硅谷的大学还是有差距，在这方面可以好好跟硅谷的大学借鉴。

下篇·报道

Chapter

2019年11月11日，在人民网举办的“粤港澳大湾区建设发展论坛”上，蓝云发表主题演讲

早期关于比特币的报道并不多，触觉灵敏的《南方周末》于2011年7月7日刊登了《比特币，史上最危险的货币？》一文。文中以比特币钱包盗窃事件和地下网站为例，指出比特币的安全如果得不到保障，其发展将面临致命瓶颈。该文启迪了包括龚鸣、罗金海等在内的一批中国最早的数字货币和区块链技术的研究者与实践者。对于这篇足以载入“史册”的报道，本篇中予以原文刊载。此外，还收录了广东各地积极探索区块链在产业变革、治理现代化领域的优秀案例，以及本书主编蓝云演讲、授课、报道的精华内容。

【南方周末】比特币，史上最危险的货币?

一个神秘的创始人，一群狂热的志愿者，创造了一种前所未有的没有中央发行机构的网络货币——比特币。有人盛赞它是货币的未来，也有人担心这是一场庞氏骗局，还有人认为它将毁于政府的围剿。

什么是比特（BT）币?

比特币（Bitcoin，比特金）最早是一种网络虚拟货币，跟腾讯公司的Q币类似，但是已经可以购买现实生活当中的物品。它的特点是分散化、匿名，只能在数字世界用，不属于任何国家和金融机构，并且不受地域限制，可以在世界上的任何地方兑换它，也因此被部分不法分子当作洗钱工具。2013年，美国政府承认比特币的合法地位，使得比特币价格大涨。而在中国，2013年11月19日，一个比特币就相当于6989元人民币。

2014年1月7日，淘宝发布公告，宣布1月14日起禁售比特币、莱特币等互联网虚拟币等商品。

西维吉尼亚州民主党参议员乔·曼钦（Joe Manchin）2014年2月26日向美国联邦政府多个监管部门发出公开信，希望有关机构能够就比特币鼓励非法活动和扰乱金融秩序的现状予以重视，并要求能尽快采取行动，以全面封杀该电子货币。

2008年爆发全球金融危机，当时有人用“中本聪”的化名发表了一篇论文，描述了比特币的模式。

和法定货币相比，比特币没有一个集中的发行方，而是由网络节点的计算生成，谁都有可能参与制造比特币，而且可以全世界流通，可以在任意一台接入互联网的电脑上买卖，不管身处何方，任何人都可以挖掘、购买、出售或收取比特币，并且在交易过程中外人无法辨认用户身份信息。2009年，不受央行和任何金融机构控制的比特币诞生。比特币是一种“电子货币”，由计算机生成的一串串复杂代码组成，新比特币通过预设的程序制造，随着比特币总量的增加，新币制造的速度减慢，直到2140年达到2100万个的总量上限，目前被挖出的比特币总量已经超过1200万个。

每当比特币进入主流媒体的视野时，主流媒体总会请一些主流经济学家分析一下比特币。早先，这些分析总是集中在比特币是不是骗局。而现如今的分析总是集中在比特币能否成为未来的主流货币。而这其中争论的焦点又往往集中在比特币的通缩特性上。

不少比特币玩家是被比特币的不能随意增发所吸引的。和比特币玩家的态度截然相反，经济学家们对比特币2100万固定总量的态度两极分化。

凯恩斯学派的经济学家们认为，政府应该积极调控货币总量，用货币政策的松紧来为经济适时的加油或者刹车。因此，他们认为，比特币固定总量货币牺牲了可调控性，而且更糟糕的是将不可避免地导致通货紧缩，进而伤害整体经济。奥地利学派经济学家们的观点却截然相反，他们认为，政府对货币的干预越少越好，货币总量的固定导致的通缩并没什么大不了的，甚至是社会进步的标志。

比特币网络通过“挖矿”来生成新的比特币。所谓“挖矿”实质上是用计算机解决一项复杂的数学问题，来保证比特币网络分布式记账系统的一致性。比特币网络会自动调整数学问题的难度，让整个网络约每10分钟得到一个合格答案。随后比特币网络会新生成一定量的比特币作为赏金，奖励获得答案的人。

2009年比特币诞生的时候，每笔赏金是50个比特币。诞生10分钟后，第一批50个比特币生成了，而此时的货币总量就是50。随后比特币就以约每10分钟50个的速度增长。当总量达到1050万时（2100万的50%），赏金减半为25个。当总量达到1575万（新产出525万，即1050万的50%）时，赏金再减半为12.5个。

首先，根据其设计原理，比特币的总量会持续增长，直至一百多年后达到2100万个的那一天。但比特币货币总量后期增长的速度会非常缓慢。事实上，87.5%的比特币都将在头12年内被“挖”出来。所以从货币总量上看，比特币并不会达到固定量，其货币总量实质上是会不断膨胀的，尽管速度越来越慢。因此看起来比特币似乎是通胀货币才对。

然而判断处于通货紧缩还是膨胀，并不依据货币总量是减少还是增多，而是看整体物价水平是下跌还是上涨。整体物价上升即为通货膨胀，反之则为通货紧缩。长期看来，比特币的发行机制决定了它的货币总量增长速度将远低于社会财富的增长速度。

凯恩斯学派的经济学家们认为，物价持续下跌会让人们倾向于推迟消费，因为同样一块钱明天就能买到更多东西。消费意愿的降低又进一步导致了需求萎缩、商品滞销，使物价变得更低，步入“通缩螺旋”的恶性循环。同样，通缩货币哪怕不存入银行本身也能升值（购买力越来越强），人们的投资意愿也会升高，社会生产也会陷入低迷。因此，比特币是一种具备通缩倾向的货币。比特币经济体中，以比特币定价的商品价格将会持续下跌。

比特币是一种网络虚拟货币，数量有限，但是可以用来套现：可以兑换成大多数国家的货币。你可以使用比特币购买一些虚拟的物品，比如网络游戏当中的衣服、帽子、装备等，只要有人接受，你也可以使用比特币购买现实生活当中的物品。

比特币，史上最危险的货币?

刚刚过去的6月，因一起网络盗窃事件及黑客攻击，比特币（Bitcoin）的价值大跌。这一诞生于2009年的虚拟货币曾在网络世界轰动一时。

2011年6月13日，一名叫作“alinvain”的用户在比特币论坛发帖称自己2.5万个比特币遭窃，他说：“我现在真想自杀！”若按照当时的成交价格，其损失约为50万美元。

6月20日，比特币最大交易网站Mt.Gox受到黑客攻击，比特币兑美元的价格从18美元急落至0.01美元，其注册用户信息被泄露。

比特币出现于2009年初，一开始在极客圈中流通，2011年4月开始，它的关注度和价格开始抬升，比特币最大交易网站Mt.Gox 最近宣布他们有6万用户。比特币项目组的埃米尔·塔吉（Amir Taaki）估计全球使用比特币的不到10万人。目前已经有不少网站接受比特币支付。

比特币项目组完全由一群兼职的志愿者组成，没有报酬。这个组织主要是以软件开发为主，即给比特币的开源软件写代码，做升级。

围绕它的争议也随即开始。有人盛赞它是货币的未来，也有人担心这是一场庞氏骗局，还有人认为它将毁于政府的围剿。

美国互联网创业者和博客作者詹森·卡兰卡尼斯（Jason Calacanis）及其团队，在2011年5月中旬发表了一份比特币调研报告，称其为史上最危险的货币。危险在于，这种货币可以影响政府，搅动经济，提供无法控制的全球走私交易。

无人发行的货币

2009年2月11日晚上10点27分，一个名叫中本聪（Satoshi Nakamoto）的人，在P2P（点对点）基金会网站（p2pfoundation.net）上发帖，称自己开发出了一个叫作比特币的开源P2P电子现金系统，它完全去中心化，没有中央服务器或者托管方，所有一切都是基于参与者。

中本聪在这条帖子中写道：传统货币最根本的问题，是信任。央行必须让人信任它不会让货币贬值，但是历史上这样的事情一再发生。银行本应该帮我们保管钱财并以电子化形式流通，但是他们放贷出去，让财富在一轮轮的信用泡沫中浮沉。

在比特币的官方网站上，有一篇中本聪的论文，详细讲述了比特币的技术原理。简而言之，比特币基于一套密码编码，通过复杂算法产生；任何人都可以下载并运行比特币软件而参与制造比特币；比特币利用电子签名的方式来实现流通，通过P2P网络来核查重复消费。

到2140年之前，比特币的总量为2100万个，如果有需要，每个比特币还可以切割为10的8次方份，所以不会出现因总量不够通货紧缩的情况。

和传统货币最大的不同是，比特币没有一个中央发行机构。而更吸引人的方面在于，人们只需要打开电脑，运行比特币软件，就可以参与比特币的制造。这种方式被称为挖矿。

比特币基于加密算法的生成办法，一方面取代了央行，另一方面解决了信任问题。中本聪认为，自20世纪90年代以来电子货币（如Beenz、Flooz等）尝试的失败，也是其中央控制的本质所造成的。

比特币是人类历史上第一次尝试去中心化、不再基于对中央发行机构信任的货币系统，这个特征受到最多的追捧，被誉为是货币的未来。但比特币项目的媒体关系负责人斯特芬·托马斯（Stefan Thomas）对《南方周末》记者表示，他并不认为比特币很快将取代美元欧元等主权货币。

有意思的是，2010年末，创始人中本聪完全退出了这一项目。除了比特币项目之外，在整个互联网上几乎找不到这个神秘人物的任何痕迹。比特币的官方网站（bitcoin.org）注册于2008年8月18日，域名和服务器都托管在芬兰赫尔辛基的一家小型主机托管商（Louhi Net Oy）处。第一个使用比特币的是一个使用密码邮件的人，身份无从查证。

有人怀疑他是一个团队的化名。如果中本聪在p2pfoundation.net上留下的信息是真的，那么他是名男性，今年39岁，来自日本。

到目前为止，没有人见过中本聪，“或者说，即使有人见过，他也会对此保持沉默”。比特币项目的核心成员之一埃米尔·塔吉（Amir Taaki）对《南方周末》记者表示，中本聪本人就是比特币去中心化本质的一个很好的体现。他逐渐淡出这个项目，以创造一个真正去中心化的体系，这是非常值得尊敬的。

比特币可以做什么

真正让比特币声名鹊起的，是一个叫作“丝绸之路”的秘密购物网站。

这个秘密网站创建于2011年2月，是一个类似于eBAY或者淘宝的B2B电子商务网站，在这里可以买到各种药物，当然也包括毒品。要去往“丝绸之路”十分复杂，靠URL（网址）是行不通的，浏览器并不能直接把你带到那儿。必须经过一系列技术配置，你才能通过一个叫作TOR的匿名网络工具到达。

“丝绸之路”的管理者们崇尚阿哥拉主义（Agorism）的说法，认为“国家是暴力、压迫、盗窃和所有形式的胁迫的主要源头”，鼓励大家“不要再用你的税收来给国家提供资金，直接去黑市”。

信用卡、贝宝或者其他网上支付方式，基本都是通过实名认证，可追踪或屏蔽的。它们都被排除在丝绸之路的支付之外，这里唯一受欢迎的是比特币。因为它是匿名支付，追踪起来不是那么简单。

“丝绸之路”很好地展现了比特币的应用场景之一，也带来了外界对比特币的不好印象，与毒品沾边之后，更是让人产生了政府可能围剿比特币的担忧。

当然，用于现实生活中毒品交易的支付工具——现金，同样也是匿名的，人们怪罪的是贩毒行为，而不是支付工具本身。比特币核心团队成员之一杰夫·伽济科（Jef Garzik）事后解释说，比特币并非“丝绸之路”用户所想的那样是匿名的。因为所有比特币的交易都在公开日志中存有记录，在法律强制实施时，可以使用高端网络分析技术追踪交易流量，从而找到比特币个人用户。

而且，比特币在网络上的用途已经越来越广泛，并不仅仅局限于“丝绸之路”网站。比特币项目的另一名核心成员尼尔斯·施耐德（Nils Schneider）对《南方周末》记者表示，他用比特币来支付大部分在线购买物品（如程序员工资、服务器租赁、域名费等），同时还会兑换成货币用来支付食品等等。

作为新生事物，比特币尚未纳入任何法律规范范畴，不少人对此很高兴。但是，针对那些围绕比特币的议论，“我们必须掌握主动权以确认比特币被正视。如果我们采取行动，而不是坐等比特币被写进法律法规，这样我们将掌握更多主动权。”比特币项目开发者之一埃米尔·塔吉说。

埃米尔·塔吉的另一个身份是比特币顾问团（www.bitcoinconsultancy.com）的联合创始人。比特币顾问团的主要工作内容，就是与各地的律师、规则制定者、商人们沟通围绕比特币的经济、法律、政策环境等问题。

回报率260,000%的投资品

2011年6月3日，Smart Money的一篇报道说，过去一年里涨幅最大的货币，是澳元兑美元，涨幅为27%；而比特币兑美元，从一年前的0.5美分到6月3日的10.5美元，涨幅是200,000%。如果以7月5日的13美元计，这个涨幅会去到260,000%。

就像互联网让数十亿人接触到无限信息一样，比特币让人们得以进入全球市场。作为电子货币，除了交换商品之外，比特币也建立了一套与主权货币兑换的机制，以实现更好流通。

再加上比特币的算法中规定了单位时间里所能产生的比特币的固定数量，大约10分钟生产一个block（区块），2009年每生产一个block奖励50个比特币，每隔四年减半，通过挖矿获得比特币，将随着时间推移、加入人数的增加而难度不断增大，通过主权货币购买比特币，也是一个重要途径。

各种交易平台也就顺势而生。早期的比特币项目参与者，如埃米尔·塔吉就搭建了Britcoin.co.uk平台，从事英镑和比特币兑换。

来自爱尔兰的詹姆斯·麦卡锡（James McCarthy）搭建了一个比特币现货全球交易平台（Global Bitcoin Stock Exchange），下设五个小公司。除了比特币兑换，他还尝试着提供租、借、投资等服务。

詹姆斯两年前来到中国，在江西一所高校任教。他从2010年10月开始听说了比特币，并开始使用，应该是中国境内最早使用比特币的人。最开始他用自己的电脑挖矿，一个星期挖到1000块比特币。因为太太抱怨电脑全天开着噪音太大，他没有再继续，而是将精力转向了比特币交易。

参与比特币项目的人之中，除了极客，还有一些来自金融行业。约翰·马特尼斯（Jon Matonis）曾是VISA的首席外汇交易员，现在成为比特币的倡导者。

6月比特币的几次大涨大跌，都伴随着大手笔买卖的加入。好在目前比特币盘子太小而对金融业人士吸引力有限，目前还不足以让他们加入并投资，否则比特币交易额起伏会更大。

2011年5月以来，比特币也吸引了更多中国人的参与，挖矿兑换成货币，是目前最主要的参与形式。《南方周末》记者加入的几个比特币群中，大家讨论最多的还是如何配置电脑挖矿，何时能够回本。

值得注意的是，在类似中国这样的市场，如果没有可供比特币购买的商品和服务出现，随着挖矿难度的上调，人们失去对比特币的兴趣，只是时间的问题。

如果世界上只有一台传真机，那它是没有任何意义的。世界上的传真机越多，对于拥有传真机的人来说其价值越大。同样的道理，参与比特币、接受比特币的人越多，比特币的价值更大，更有保证。

不过，前面提到的比特币钱包盗窃事件、交易网站Mt.Gox黑客事件，虽然侧面印证了比特币的价值正在为人们所认可，但也在提醒比特币项目组，如果安全得不到保障，比特币的发展将面临致命瓶颈。

（本文原载于2011年7月7日《南方周末》，记者黄金萍）

支撑构建“工业信用”，保障企业数据安全

【人民日报】制造业如何植入区块链

提起区块链，您首先会想到什么？

是以比特币为代表的虚拟货币，还是跨境支付中的点对点交易？

作为一种数字技术，率先在金融领域落地的区块链，已延伸到物联网、智能制造和供应链管理等多个产业领域。在中国工程院院士陈纯看来，未来区块链技术在中国最重要的应用空间当属工业制造等领域。

那么，区块链技术究竟能给制造业带来什么？又如何与制造业技改相结合？近日，记者前往广东调查采访。

数据可溯源、报告可验证，为制造业构建“信用网”

走进广州黄埔区新欧机械有限公司的生产车间，几台大型液压马达检测设备正在为汽车“体检”——透过连接的管道，检测设备周身密集分布了20多个传感器，将液压马达的压力值、流量和温度等数据实时采集并联网上链，牢牢记录在云端，供客户查验。

质量检测，是工业生产链中必不可少的一环。作为第三方检测服务商，检测结果是否公正可靠，对于促成交易至关重要。

“过去做设备检测，客户不信任检测中心，经常派人来现场监督，有些买家甚至从外地大老远飞来广州，一来一往，耗时长、成本高不说，效率也低。”在承接过上百家制造商的检测订单，听了不少客户意见后，新欧机械有限公司董事长王起新谈起区块链，有些“相见恨晚”。

设备联网后，新欧机械今年上马了区块链技术。“现在不仅能实时采集检测数据，更重要的是，原始数据可溯源，报告可验证。”王起新指着正在运行的检测设备说，如今采购商坐在家里就能在终端获取可信报告，真正在器件供应方、设备检测方和终端用户之间建立起一个跨时空、低成本、高效率的互信机制。

区块链何以能为设备制造商们一解烦忧？

北京邮电大学网络教育学院副院长杨学成给出答案：“区块链技术的核心是分布式数据存储、点对点传输、共识机制和加密算法，这些技术特点能促进供应链协同，从而赋能制造业发展。”

“整体上看，制造业是由信息流牵引实物流，但产业链上各环节间的信息很难隔环共享，供销商信息不对称严重，使得实物流阻力很大。”在他看来，区块链基于分布式网络记账，使得无须通过第三方即可进行点对点交易，大幅降低了产业链各环节之间的交易成本，提高协同效率。

不只是新欧机械，在对区块链企业采访中，“信用”成为常被企业家挂在嘴边的高频词。事实上，在工业互联网平台上应用区块链技术，正在为传统制造业转型发展构建起一张巨大的

"工业信用网"。

"信用是达成交易的前提，信用缺失或者不足是导致交易摩擦力的主要原因之一。"杨学成指出，实现智能制造，工业互联网解决了设备"上网"的问题，而区块链技术则通过破解信息不对称和实现数据可靠性，解决了数据的"信用"问题。

在广东中设智控科技股份有限公司副总经理杜书升看来，工业互联网本质上是一个工业信用载体，区块链是一项技术支撑手段。"工业信用"的建立，可以说是制造企业的生命。"通过构建'工业信用'，将大大减少供需双方的信息不对称，购买商在选择产品时，数据背后反映出的工艺水平和使用维护情况真实可靠，而供应商则不需要品牌推广便获得了品牌价值，从而将精力从打广告更多转向制造和研发上，专注于提升整体工业水平。"

数据防篡改，给设备上"锁"，促智能化改造提速

随着制造业向数字化转型，大量智能设备将形成海量信息流。如何保证在线数据安全，为越来越多制造企业所关心。

去年10月，中设智控为清远市北江大堤项目进行了物联网智能控制改造。过去，监测水闸设备运行情况，全部依靠人工巡检和人工记录，效率低下，差错率还高。设备联网后，实现了数据自动采集和实时传输，巡检完成率由原先的70%提升到98%，水闸故障率下降了80%左右。

但好景不长，没过多久，企业就有了新烦恼。

"联云上网后，企业又开始担忧数据的安全保障问题，倘若关键数据在云端被人篡改，很可能造成决策误判。"杜书升说，区块链技术具备高度透明、不可篡改的优势，恰好实现了对智能设备的有效控制。有了区块链的"加持"，项目系统的安全性提升了70%以上。

在杜书升看来，在智能化时代，设备的安全性反映在运行数据中。通过应用区块链技术，保证了数据"诚实"与"透明"，在一定程度上为设备可靠上了一把"锁"。

以区块链满足企业数据安全诉求，北江大堤只是一个缩影，如今，越来越多制造企业表现出强劲的需求。

正是看到了区块链技术在安全管控、透明管理上的独特优势，明珞汽车加速了自身的智能化改造。

"目前明珞装备正在推进智能体系建设，以寻求时机对接相应成熟的区块链技术，对设备运行、维护保养、供应链交易等每一个环节进行有效管控。"明珞汽车装备有限公司董事长姚维兵指着一条智能生产线旁的显示屏说，未来设备实时监测的各项运行数据将全部上链，建立全过程追溯与管理制度。

"组建高效、低成本的工业互联网，是企业构建智能制造网络的关键环节。"中国工业经济联合会工业经济研究中心经贸室主任何岸说，但在传统的组网模式下，所有设备之间的通信必须通过中心化数据中心实现，不仅提高了组网成本，可扩展性和稳定性也较差。区块链技术可以将计算和存储需求分散在各个设备中，既显著降低了数据中心维护成本，也能有效阻止任何单一节点被恶意操控的风险，实现全流程透明可追溯。

杨学成分析，很多产品的原材料极其重要，生产加工以及物流运输中的变化会极大影响最终价值，区块链账本记录的可追溯性和不可篡改性，便于企业发现和解决问题，使得这类企业存在强烈的上链诉求。

潜能待挖掘，融合须加快，更多应用场景待探索

在与制造业的融合上，不少企业先行先试，区块链技术的应用场景已初现，成为企业提升数字经营能力、加快转型升级的一股新动力。

一批致力于区块链技术研发和应用探索的产业园区正如雨后春笋，拔地而起。根据《中国区块链产业园区发展图谱》研究报告，目前全国已有超过20个区块链产业园区，其中物联网、智能制造等领域成为主要发展方向，这些园区通过与地方政策、产业基金结合，为企业成长赋能。

“应该看到，‘制造业+区块链’潜力十足。”杨学成解释，目前我国两化融合在加快，工业互联网正在引领制造业高质量发展，未来的制造业应该是“数据驱动、智能控制”，同时，制造业的数据不仅量大，而且精准可控，这样的数据特征更有利于直接转化为生产力，此外，制造业环节众多，参与主体复杂，需要多主体联动，因此必须依赖协同机制，这些都让制造业与区块链的携手成为可能。

如何才能抓住发展机遇，让区块链这个“孩子”更快成长，充分释放区块链赋能制造业的潜力?

短期看，应当以政策引导支持企业加快数字化转型步伐。

“应用区块链的前提是要完成智能化改造，在经济下行压力加大的背景下，对不少中小企业来说是一个短板。”广电运通链达金服科技有限公司总经理甘波坦言，一些制造企业有意愿尝试区块链改造，但难以承担前期智能化改造的持续投入。“数字化转型是一项长期性和系统性工程，建议加大对中小企业技改的政策扶持，为企业利用区块链技术探索模式创新奠定基础。”

目前我国制造企业数字化转型不断加快，但空间依然巨大。据测算，目前全国两化融合发展总体水平达53.9，工业企业数字化研发设计工具普及率、关键工序数控化率分别达到68.9%和49.2%。“下一步将依托工业互联网发展专项资金，在2018年、2019年平台建设项目中支持企业开展区块链技术探索，加快突破关键核心技术。”工信部信息化和软件服务业司有关负责人表示。

此外，区块链作为一项新技术，在推广应用过程中还面临认知不足的问题。安信数字科技有限公司总经理颜星告诉记者，目前尚未成熟的市场对区块链技术存在一些误解，一些企业具备应用区块链技术的能力，但因对其价值存疑而放弃使用。“建议有关部门在加强对行业监管指导的同时，积极鼓励合规的区块链业务拓展，逐步树立公众对区块链的正确认知。”

长远看，应当鼓励跨产业的数据共享，打通“数据孤岛”。

“数字经济需要多方参与，要把产业生态伙伴转变为区块链节点，实现节点之间的相互赋能，就需要将数字资产开放给所有合作伙伴。”盈盛智创科技（广州）有限公司负责人黄劲提出，从产业链来看，只有处在不同环节的成员都上链，才能释放更大效益，这就要求逐步实现跨产业的数字共享和融合。

与发达国家相比，我国目前在区块链的底层核心技术上还有差距，技术与场景的融合度还不够。何岸建议，在政策层面，应鼓励区块链开发者研发自主可控的平台和应用，鼓励国内重点企业、科研机构、高校等加强合作，加快对共识机制、可编程合约、分布式存储、数字签名等关键核心技术的攻关，逐步推行区块链中加密算法的国产化替代，为打造更加符合国家安全要求的自主可控区块链平台，促进众多应用落地保驾护航。

（本文原载于2019年12月11日《人民日报》，记者韩鑫）

【南方日报】禅城区块链“试验田”里绘出天蓝地绿水清人和蓝图

区块链是什么？一年零5个月前，甚少有人知道，几乎没人关心。

一年零5个月后的今天，禅城居民和企业主体几乎已经离不开区块链：大到创新创业，小到办理孩子的出生证明；专到社区矫正，普及到中小学生视力筛查……老百姓办事变得前所未有的容易，这背后是区块链技术应用于政务服务的领域和环节。

我们探讨的话题已不再是区块链这个概念，而是区块链在禅城更多领域应用的可能性，以及区块链在现有应用领域带来变革的深度和广度。

禅城区作为全国首个探索区块链应用的县区，自2017年6月启动“智信禅城”计划以来，找准社会治理和产业发展中的痛点难点，先后突破了“区块链+IMI身份认证”“区块链+公证”“区块链+社区矫正”“区块链+视力”等国内区块链技术应用“无人区”，为区块链技术贡献了十多个应用样本。

与此同时，借助该项技术，禅城区也塑造了与现代化国际化大都市中心区相匹配的信用社会，加速构建现代治理体系和现代产业体系。

升级政务服务　打开产业新空间

禅城区从2014年开启“一门式”行政服务改革以来，一直为群众办事做“减法”。从“一门式”改革的“一门”“一窗”通办，到“零个门”“零跑腿”的政务服务再升级，这背后体现的不仅是促进信息共享共通和自由流转的信心和决心，更是从大数据和云计算向区块链技术领域先行先试的突破。从这个层面上来说，区块链是禅城的必然选择。

2017年6月，禅城发布IMI等基于区块链技术的创新应用成果，成为全国首个探索区块链政务应用的县区。“服务型政府和共建共治共享社会治理格局是未来的必然，老百姓是主人翁，老百姓想参与社会治理，我们要有办法实现。”禅城区委书记刘东豪始终坚持以群众和企业的获得感，作为检验政务服务改革的标尺。

从“智信禅城”开始，不到一年半的时间，禅城区已完成了十多个“区块链+”应用项目，从政务服务领域拓展到实体经济领域，实现了部门间原本孤立的数据的分布式共享，为人民群众的生活提供了便利。

如今，禅城区这几年信息化改革所积累的数据已经开始“跑起来”。例如祖庙街道在探索的“大数据·微服务”便结合区块链，让市民享受更便利的定制化服务。市民通过IMI平台扫码快速登录祖庙街道微服务中心，就可享受到自助式查阅和按需申请订餐、家政、职业培训、康复训练等为不同年龄阶段、不同类型人群量身定做的服务。

禅城区公证处有关负责人则表示，禅城公证处“上链”取得了多赢效果，市民层面可“零跑腿”和“无纸化”办公证业务；政府内部可实现各职能部门的数据互享互用，提升办证的效率和质量，同时保障公证质量，杜绝假证错证等事件发生。此外，系统将自动为当事人建立信用和资料档案，为信用社会提供依据。

目前，禅城区块链应用已完成第一阶段政务应用“点线面”的布局，正在朝着产业应用领域进发，希望通过区块链打开产业的新空间。

塑造信用社会　构建现代治理体系

党的十八届四中全会提出，现代治理的核心是依法治理，强调公正性、严肃性、统一性和刚性。如何将现代治理在禅城落地？禅城区基于此前的政务服务信息化改革，选择了以区块链技术构建真实信用体系。以大数据、人工智能和区块链技术为代表的新一代信息技术是推进政府治理能力现代化的重要抓手，将可实现城市数据的互联互用和信用的互通互认，让信用深植于可信的价值互联网中，全面推动禅城迈向城市数据化、社会互联化、信用感知化的新型智慧城市，构筑社会新秩序，促进社会新发展。

据不完全统计，截至今年1月，禅城区已沉淀了113万个个体的3亿多条数据，并建立了自然人库，对证明材料等进行标准化设计，推出“表单云”和自助填表系统。在数据沉淀的基础上，去年禅城区推出“小区块大数据”平台，利用区块链技术公开透明、可以追踪、不可篡改等特点，联通虚拟经济与实体经济、网络社会与现实社会，努力营造摩擦最小、效率最高、成本最低的信用社会。

紧接着，禅城区正式推出政务服务“零跑腿”App，让市民实现足不出户、掌上办事。目前“零跑腿”服务已推出两批共59项，涉及人社、城乡建设、卫计、社保等多个部门。同时，禅城区还以个体工商户登记“零跑腿”为突破口，从方便企业办事、简化登记手续出发，探索推出首批法人“零跑腿”服务。

随着数据的积累和沉淀，依托区块链技术，未来对个人可信数据的挖掘应用还有十分广阔的前景。“比如，基于个人数据空间的数据信息，禅城将建设公共服务预测模型及应用平台，人口模型可实现对未来5年的人口预测，根据人口以及经济社会等发展情况，预测未来5年医保、教育等方面的需求，为政府决策提供科学辅助。”禅城区数据统筹局相关负责人介绍。

《人民日报》就此刊文称赞禅城：“运用大数据改变政府管理服务”，“从‘一门式’到云平台，再到区块链，禅城围绕政务服务、产业发展、环境治理、乡村振兴等领域，绘制一幅天蓝、地绿、水清、人和的蓝图。”

优化营商环境　建设现代产业体系

禅城区积极构建现代治理体系的一个目的，就是以此来引领经济发展新旧动能转换。区块链技术展现出安全和高效地进行数字资产确权和流转的能力，有望营造更加开放的商业生态，更加优化禅城区的营商环境。

与此同时，区块链技术是赋能实体经济提升发展质量的有效工具，禅城区在政务服务信息化方面的积极布局和对新技术的主动引领，让互联网、大数据、区块链、人工智能等新技术通过招商引资、技术鼓励等方式源源不断地融入当地实体经济，帮助传统企业改造提升形成新动能。

今年5月，工信部发布《2018中国区块链产业白皮书》，深入分析了中国区块链技术在金融领域和实体经济的应用落地情况。禅城区产业布局齐全，行业发展多元，无论是传统的纺织、陶瓷、不锈钢，还是新兴的信息技术、现代服务业、新能源汽车等，都有活跃的民营企业集聚。这样的产业特点，让禅城成为一个探讨和探索区块链技术落地的优秀试验田。

基于这样的背景，禅城区日前发布了“区块链+产业”白皮书，提出区块链技术在禅城六大类企业中具备应用前景与应用机会，其中设计类企业、信息服务类企业、金融服务类企业与区块链结合应用的条件相对更为成熟。

此外，区块链在“跨境出口”“食品溯源”“物联网”“云计算”“精准扶贫”等多个领域也存在较好应用前景，亦值得探索。

据了解，目前禅城区已有3%的企业开始尝试探索区块链的应用。几乎所有企业都对供应链金融存在需求，希望出现更加普惠、便捷的供应链金融管理平台，方便企业尤其是中小企业的融资贷款；行业互联网平台、物流供应链企业、市场销售等流通性企业，都存在产业上下游的智能对账、分账和清结算的需求，希望能利用区块链，实现更简便的对账结算。在这些领域的探索，将为禅城建设现代产业体系提供很好助力。

四个重点应用项目

案例1　区块链+共享社区

◎故事

北江社区九鼎国际城小区的居民肖叔家的轮椅闲置在家里，他登记闲置物品后，碰巧社区燕姨的爸爸因病急需一辆轮椅，但在实际申请中，发现申请轮椅所用的时间很长，看到肖叔刚刚共享出来的轮椅后，立刻与肖叔进行对接。闲置的轮椅很快发挥了作用，邻里关系也进一步拉近。还不只是物品与技能的共享，越来越多社区正在尝到共享社区、熟人社区的“甜头”。

而位于塔坡社区的鸿业新天地小区，几年前，C座第一台电梯需要更新时，从发出倡议到一次次征得全居民楼数十多户居民的同意、走申报程序，耗时两年；但在共享社区项目的推进过程中，鸿业小区B座第二台电梯更新时，从民意表决到最终通过，时间缩减到五个月；鸿业小区第三台需要更新的电梯，居民自主议事，全部在共享社区和社区实体的共享小屋里协商解决，最终只用时两个月就全部完成。这是有了共享社区以后，居民联系紧密、自治协商后的禅城新效率。

◎亮点

1. 两个平台

线上：禅城共享社区App和党群微服务平台。

线下：社区共享小屋、共享空间。

2. 线上操作

禅城共享社区App共享闲置物品，贡献个人技能，“接单”志愿服务接单。

3. 信用保障

IMI身份认证机制，实名注册，全程留痕，证明“我是我”。

4. 积分银行

服务他人“银行”存“积分”，遇到困难积分换“服务”。

案例2 区块链+视力

◎故事

禅城区镇安小学的梁明朗今年上半年进行了一次眼部健康检查，与以往到医院看视力表不同，这次健康检查在学校进行。除了检查视力，还检测了屈光度。检查完视力后，7月份，学校向梁明朗的家长推送了一个可以查看孩子视力的链接。家长通过自己所属的账号登录后查到，梁明朗的视力健康，不需要治疗。

包括镇安小学在内，禅城区首批选取了10所小学（元甲学校、佛山一小、佛山六小、怡东小学、东升小学、建设小学、二十四小、二十五小、镇安小学、敦厚小学），以及3所中学（佛山三中初中部、佛山十中、佛山十一中）进行试点，随后逐步在全区铺开。

今年5—6月，禅城区委托专业团队进入试点学校免费为孩子检查视力，用专业设备检查孩子小瞳下屈光度和眼位，并为每个孩子建立眼健康档案，检查结果上传到“区块链+视力”综合应用平台。截至今年上半年，“区块链+视力”项目已完成全部13所试点学校的视力和屈光筛查工作。

第二批禅城区再新增8所学校实施“区块链+视力”项目。

禅城区希望通过3—5年的观察和连续数据，探索有效改善儿童青少年眼健康的干预措施，为政府制定防控策略和相关政策提供科学依据和数据支撑。

◎亮点

1. 上链存储

采集数据——屈光度、眼位一个都不少，“IMI身份认证”+“个人数据空间”+“视力健康档案数据”上链加密难篡改。

2. 结果查询

微信平台自已查，视力变化自已知。

3. 专业指导

视力有问题不用慌，由平台眼科医生进行专业指导，帮助孩子纠正视力。

4. 结果互认

眼科检查数据佛山全域共享，开展治疗不用重复检查。

案例3 区块链+社区矫正

◎故事

非禅城户籍社矫人员陈明（化名）近日被判在禅城接受社区矫正。如果是以前，按照相关规定，他要到流管办、社保等相关部门去跑腿申请出具在该地区居住及具有稳定经济收入来源等相关证明。

而社区矫正涉及多个部门，公、检、法、司等部门以往缺乏一个统一的平台，无法打破信息壁垒，信息流通不畅，法律文书只能靠邮寄的方式传递。

如今禅城已推出“区块链+社区矫正”应用，建成“区块链+社区矫正”联动平台，打通与社区矫正各相关部门之间的信息壁垒，让数据“跑起来”，为社矫工作提速增效，同时减少“跑腿”。

一方面公、检、法、司通过“区块链+社区矫正”联动平台，可实时共享、掌握社矫人员的信息，实现各相关部门业务数据的线上传输；另一方面，“区块链+社区矫正”联动平台将与“一门式”平台的部门数据进行对接共享，监管部门可对流管办、社保部门共享的信息进行直接查询，免除社矫对象亲自跑部门取证明，达到“少跑腿”的目的。

陈明等社矫人员无须再像往日一样，自己跑到多个部门申请证明，就能被禅城区司法局接收进行社区矫正。

传统的社矫监管模式主要通过定期汇报、实地调查、电子监控等方式进行，导致工作人员工作量大、效率低下。如今“区块链+社区矫正”联动平台已融入禅城区社会综合治理云平台，同时形成禅城大数据一张图，工作人员通过云平台可在这张图上看到每个社区矫正人员的个人资料、所处地点等信息，便于实时管理和干预。

在此基础上，目前禅城还在祖庙街道试点设立社区矫正网格员，由司法所的网格员和村居网格员合力，对社矫人员进行系统管理。网格员通过平台可对日常工作留痕，社矫人员一旦出现异常情况，还可随时跟进，防止社矫人员再次犯错。

检察院作为社区矫正其中重要一环，如何实施监督？在禅城“区块链+社区矫正”的设计中，利用区块链技术使业务部门之间实现信息联通，检察院能实时动态掌握监外执行罪犯在监督过程中各项真实信息的反映，改变以往主要是通过听汇报、查档案材料等工作形式，从而疏通监督途径，提高发现违法现象的能力。在平台的支持和监督下，社区矫正工作将主动接受检察机关的监督。

◎亮点

1．信息查询

公、检、法、司齐联动，一个平台掌握社区矫正人员状态。

2．信息互通

业务数据无须邮寄，打开平台一目了然。

3．免除跑腿

“区块链+社区矫正”联动平台对接“一门式”，社矫对象办证明也能“少跑腿”。

4．实时监管

社矫人员有异常，平台预警提醒网格员线下跟进。

5．信用评价

社矫记录列入个人信用，做好事要表扬，不走正道影响信用评价。

案例4　区块链+“零跑腿”App

◎故事

应届毕业生刘小姐找到工作后，需要办理毕业生报到手续。过去她需要到窗口进行办理，如今只须在“零跑腿”App上申请业务，通过后台数据共享，实现身份证、户口本等申请材料的零提交。当业务办结后，刘小姐还能通过邮政速递的方式收到报到回执，真正实现办事“零跑腿”“零见面”。

随着改革的深入，禅城区要在从“简”到“1”的基础上，实现从“1”到“0”。在区块链技术的支撑下，禅城一门式政务服务改革已迎来飞跃。

早在去年10月，禅城区依托大数据区块链技术，开发政务服务“零跑腿”App，通过对接自然人库和部门业务系统数据，推出首批20个事项实现“零跑腿”服务，其中8项为在全国率先探索突破申请材料“零提交”。

“利用IMI确认市民身份后，通过‘零跑腿’App对接自然人库和部门业务系统数据，不仅实现了市民随时随地、指尖轻轻点击就可办成事、办好事，又减少了市民重复填录信息和反复提交材料，还转变了政府服务模式，变条件审批为信任审批，变被动服务为主动服务。”禅城区行政服务中心相关负责人介绍。

截至目前，禅城区共推出了59项零跑腿服务，涵盖人社、卫计等部门，其中办理参保证明、高龄老人津贴等18项无须上传任何申请材料，实现办事材料“零提交”，占“零跑腿”总业务量的30.5%。目前，市民只需要通过手机即可办成事，实现“群众点键，数据跑腿”。

值得关注的是，目前禅城区以一门式综合服务平台为载体，不断创新、重构一门式业务办理流程，通过信息化手段，调用自然人数据库和部门业务系统数据，最大限度减少群众重复填录的申请表单信息和重复提交的申请材料。

以往市民办理业务须填写各种表格，通过办事“零跑腿”App进行网上办事时，系统会识别市民在禅城区自然人库中已有的如申请人姓名、身份证号码、户籍地址等信息，减少市民填表字段。

以社保关系转出登记（养老缴费凭证打印）事项为例，市民在窗口办理须填写至少11个字段和3次选择，现在通过办事“零跑腿”App申请，只需要进行3次选择并填写现就业地社保机构，就可以完成这一表格填写。

与此同时，登录“零跑腿”App后，市民无须使用身份证或借书证就可完成禅城区联合图书馆的图书借阅、续期、归还等操作，或在“市民之窗”自助终端办理20项查询类业务，包括公积金查询、无房证明打印等。

在自然人办事“零跑腿”的基础上，禅城区还将以个体工商户登记“零跑腿”为突破口，从方便企业办事、简化登记手续出发，探索推出首批法人“零跑腿”服务，年内实现全区法人事项10%“零跑腿”。

◎亮点

1．一个软件

市民下载“零跑腿”App，让数据替自己“跑腿”。

2．一次认证

在“零跑腿”App上通过IMI系统进行身份认证，确保“我是我”。

3．业务办理

IMI帮你证明“我是我”，App上办业务，随时可看最新进度。

4．业务办结

邮政快递签收回执，业务办完还没去过一趟办事大厅。

禅城已推出11个区块链应用项目

（1）区块链+“零跑腿”App

常住人口能够通过手机实现网上一键办事，利用IMI确定身份后，可做到零材料提交及结果重复利用。

（2）区块链+食品溯源

建成一个通过接入食品流转链条中监管部门、相关市场参与主体的应用型平台系统，提供透明可感的区块链运行特性支撑，实现食品流转过程中信息的可追踪和易监管。

（3）区块链+医疗

对接IMI平台，通过对用户真实、有效的身份认证提供多种医疗健康服务，实现无卡就医，诊疗结果多家医院互认互通。

（4）区块链+社区矫正

凭借电子手环，社矫人员日常行踪即可实现定位和跟踪，实现社矫人员从“不能跑、不敢跑”向“不想跑、不愿跑”的转变。

（5）区块链+公证

市民办理公证业务，整个过程可实现“零跑腿”和“无纸化”。

（6）区块链+视力

依托禅城区块链平台，结合小亮点眼科提供的儿童眼健康系统，实现儿童眼健康从筛查到治疗的全过程数字化管理。

（7）区块链+祖庙微服务中心

祖庙街道在探索的“大数据·微服务”结合区块链，让市民享受更便利的定制化服务。

（8）区块链+图书馆自助终端

通过区块链技术扫码快速自助借书还书。

（9）区块链+智能门禁

将IMI与门禁系统对接，屋主只需要在“智信禅城”上进行授权，访客就可以通过扫描二维码进入家中，而且访客的信息也会实时反馈到屋主的手机中。

（10）区块链+共享社区

运用区块链技术探索建设共享社区。

（11）区块链+产业

发布“区块链+产业”白皮书，提出区块链技术在禅城几类企业中具备的应用前景与应用机会。

（本文原载于2018年11月2日《南方日报》，记者戴嘉信）

【南方都市报】广州互联网法院上线“网通法链”，破解电子证据存证举证难题

随着互联网时代的快速发展，越来越多纠纷涌入网络空间领域，伴随而来的是电子数据存储、固定、调取、认证等现实司法难题。近日，广州互联网法院举行了“网通法链”智慧信用生态系统签约暨上线仪式。来自政法系统、运营商、企业、金融机构等50余家共建及签约单位，分别与广州互联网法院签署了《司法区块链合作协议书》《可信电子证据平台合作协议书》《司法信用共治平台合作协议书》。据了解，该生态系统的建设将有效破解网络纠纷案件多发背景下，网络电子证据在存证、调取等方面遇到的安全性、便捷性、可信性等难题，有利于推进互联网网络空间司法治理的高效开展。

系统以区块链技术为基础，将有力破解电子数据取证认证难题

区块链技术具备分布式、防篡改、高透明和可追溯的特性，广泛应用于金融、保险、证券等行业领域，成为经济发展的新动能。但在司法领域，区块链技术应用尚属于开疆拓土的初期阶段。

据介绍，作为广州互联网法院的创新性举措，“网通法链”智慧信用生态系统是以区块链底层技术为基础，通过广泛融合具有专业领先能力和社会服务意识的生态伙伴，构建起包含“一链两平台”在内的新一代智慧信用生态体系。

该生态系统将有效破解网络纠纷案件多、电子证据存证举证难、电子证据可信度低且难以验证等多个难题，真正推进互联网司法工作的数字化，做到“让数据多跑腿，让群众少跑路”。

为确保数据的存储开放中立、安全可信，广州互联网法院与广州市中级人民法院、广州市人民检察院、广州市司法局、广州知识产权法院、广州铁路运输中级人民法院、中国广州仲裁委员会、广东省广州市南方公证处、广州公证处等8家单位共同组建起司法区块链。同时鼓励、引导电信运营商、金融机构、企业等接入方跨领域开发自有链，实现多方监管、共同治理。

广州互联网法院院长张春和表示，下一步，广州互联网法院将与“网通法链”系统中的各个单位、各所机构、各家企业协同合作，以区块链技术作为网络世界运行规则的全新探索，以可信电子证据平台、司法信用共治平台作为社会协同治理的有力推手，用诚信叩开互联网之门，助力构筑去中心化的信任社会，打造更加清朗，更加安全、公正、有序的网络信用生态系统。

广州中院党组书记、院长王勇表示，“网通法链”系统的上线，是广州互联网法院推动互联网新兴技术与司法工作深度融合的又一次探索，不仅能有力破解电子数据取证认证难题、提高电子证据诉讼应用能力、拓展司法区块链技术应用深度，还将构建起司法信用数据联动共享机制、社会信用网络评价机制，对提升社会信用体系建设精细化水平、网络空间治理法治化水平具有积极的促进作用。

系统试运行一周，存证电子证据26万多条

据介绍，广州互联网法院此次突破传统电子数据调取方式，与中国电信广州分公司、中国移动广州分公司、中国联通广州分公司、阿里巴巴、腾讯、华为、京东等29家单位签约共建可信电子证据平台，将依托电子数据的规范存储、安全调取、便捷认证，降低当事人的举证难度和成本，提高案件审理质效，进一步提升司法公信力。

该电子证据可信平台的建设，将有效促进区块链技术与司法场景的融合。当事人只须提交存证编号，即可完成数据调取及电子数据摘要值的智能比对验证，实现“一键调证”。

统计数据显示，广州互联网法院“网通法链”系统试运行一周以来，存证数量已达261,315条，其中涉及互联网金融类证据材料124,310条；网络购物、网络服务类证据材料108,172条；网络著作权类证据材料28,817条。

与京东等电商平台实现数据对接，可减少法官在数据真实性上的判断时间

据了解，京东集团等大型互联网电商平台，此次均与广州互联网法院签署了可信电子证据平台和司法信用共治平台等方面的合作协议，纷纷成为“网通法链”智慧信用生态系统建设的有机组成部分。

据京东集团披露，依托此前积累的技术实践经验，此次的合作实现了京东区块链数字存证平台与广州互联网法院的可信电子证据平台的对接，将有益于共同构筑互联网可信证据网络，帮助电子商务参与各方维护合法权益。

通过双方的合作，京东区块链数字存证平台将实现合同、邮件、网页、语音、图片等各类网络证据直接对接广州互联网法院的“网通法链”进行链上存证，并支持诉讼时证据的系统对接，将大幅缩短互联网活动纠纷的解决处理时间，简化申诉流程。

例如，用户在京东平台发生相关业务纠纷，可实现向京东申请链上取证，并向广州互联网法院诉讼举证，广州互联网法院通过比对相关技术参数来确认京东平台的电子证据是否被篡改，以认定其可信性。京东方面认为，这种模式将减少法官在数据真实性判断上所需的时间、减少司法鉴定或者公证的需要，有效提高当事人的维权效率。

（本文原载于2019年4月14日《南方都市报》，记者吴笋林）

【清远日报】粤北山区农民用上最潮技术

粤北山区农民用上了最潮技术！2020年9月11日清远市乡村新闻官两周年活动上，清远市乡村新闻官农货链2.0版上线，用区块链技术让农产品信息可溯源、不可删改，为农民带来更公平的回报。

清远市乡村新闻官农货链2.0版分为三个模块，分别是农林牧副渔产品全程可信体系、乡村（社区）区块链治理、城乡数字资产交易平台。

在农林牧副渔产品全程可信体系，清远英德红茶、有机大米作为首批农产品，除了国家统一产品码之外，增设了溯源码示例二维码和直播码示例二维码。通过溯源码，可看到农产品生产环境监控，包含土壤酸碱度、车间温湿度的实时数据；通过直播码，可看到车间的实时生产情况。

“清远乡村新闻官农货链”由清远日报区块链新闻中心、清远市北江区块链研究院和云润大数据服务公司联合研制开发，独创“主观信用+客观信用”的双信保障机制。清远日报社“区块链记者”、全市乡村新闻官、北江区块链研究院和相关农业农村机构组成的专业核查团，将定期不定期地抽验上链数据，确保信息准确。

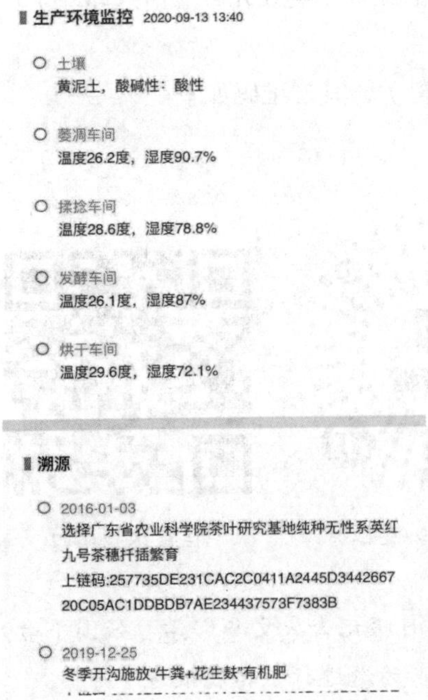

广东省计算机学会区块链专委会副主任委员、北江区块链研究院理事长蓝云介绍说，利用区块链技术消除信息不对称，建立有数字信任支撑的交易机制，让农产品供需更好、更快、更便捷、更精准对接，货真价实的农产品也就能卖出好价钱。农货链还将推进农业大数据，借助仿真模型提前进行全方位分析，一定程度上避免“靠天吃饭”。

不仅如此，农货链2.0版的乡村（社区）区块链治理板块，以清远佛冈黄花村委中华里村小组为试点，目前全村村民已实名注册，平台将按照社会主义核心价值观为标准，累计个人柿子分。“这个积分规则可不是闹着玩的，将作为年底集体分红起到重要参考作用。”清远市乡村新闻官、佛冈县石角镇黄花村党总支书记李庚原说，未来治理规则将边试行边完善，探索区块链技术在推进乡村“共建共治共享”治理中的应用。

清远市乡村新闻官农货链2.0版还将探索城乡数字资产交易，该交易平台分为线上交易平台与线下数字资产交易大厅两部分，分别从线上、线下就实体资产与虚拟资产进行查证、推广、交易。蓝云介绍，帮助农民朋友挖掘数据价值，消除信息鸿沟，将数据，将原本的负担、消耗转化为财富、收益，有了区块链赋能，基本上每家每户都可以成为“数据富翁”，这就是城乡数字交易平台的设计初衷。

清远于2018年8月9日在全国首创乡村新闻官制度，目前清远共有1206名乡村新闻官，遍布1027个乡村（社区）。蓝云还介绍说，乡村新闻官农货链利用区块链技术，助力乡村新闻官将成为“有信仰、讲信用、掌握信息的人”，推助乡村振兴。

栏目体验码一：农林牧副渔产品全程可信体系，设置英德红茶（英红九号·清远印象）产品溯源码示例二维码。

栏目体验码二：农林牧副渔产品全程可信体系，设置英德红茶（英红九号·清远印象）产品直播码示例二维码。

栏目体验码三：乡村（社区）区块链治理示例（中华里村），其二维码如下。

栏目体验码四：城乡数字资产交易平台，其二维码如下。

栏目体验码一　栏目体验码二　栏目体验码三　栏目体验码四

（本文原载于2020年9月14日《清远日报》，作者为清远日报记者朱文华。学习强国平台9月23日以《【乡村振兴】清远市乡村新闻官农货链2.0版上线》为题进行了转载报道）

【网信广东】区块链又有新作用！清远乡村新闻官“农货链”发布！

1月12日，在广州举行的2020年清远市乡村新闻官爱心年货节上，“清远乡村新闻官农货链”正式发布。清远日报首批“区块链记者”“区块链通讯员”现场亮相。据现有公开信息披露来看，不管是乡村新闻官“农货链”，还是“区块链记者”“区块链通讯员”，均为全国首创。

数字信息+媒体信用，打造乡村新闻官“农货链”

从点状的网红农货信息，到打造链状的精品农货信息，通过“数字信用+媒体信用”打造双环保障，各方倾力打造清远乡村新闻官信息信用2.0平台。“清远乡村新闻官农货链”由清远日报区块链新闻中心、清远市北江区块链研究院和云润大数据服务公司联合研制开发。

北江区块链研究院秘书长李彩丽以“一二三”模式说明了“农货链”的核心特点。

一“链”了然

戏水鸭子，野外放养。这样的信息，还只是单点、此时此刻。有了“农货链”，鸭子从出生到成长，吃什么饲料、打了什么疫苗、日常生活环境等情况，一目了然、一“链”了然。所有信息全链条、可溯源，人人皆可见，没人可删改。只要你愿意，你还可以知道“鸭爸”“鸭妈”是谁。

双信保障

清远日报“区块链记者”今日同步正式亮相。他们明察暗访、做好监督，与乡村新闻官一起形成A、B角，确保上链信息的准确性、真实性；他们广泛联络、集纳各方资源，确保上链信息的立体性、互补性。将党媒记者的权威性、公信力与数字世界的信用体系融为一体，“客观信用+主观信用”模式，也是全国首创。

三种方式

“清远乡村新闻官农货链”采用H5格式，既可以单独成为登录页面，在清远日报App上有专设栏目，同时也可以外挂在快手、抖音以及各大电商平台，支持一键下单。

“区块链记者”微探索，有望直指区块链应用“命门”

区块链的核心，正是用算法创建信任。

区块链技术采用复杂到极致的技术手段，通过点对点连接、分布式存储、密码算法、共识机制以及智能合约等技术，不依赖权威机构或中心解决社会关系中最基础的信任和信用问题。

清远市委副书记许红、市委常委崔建军、副市长雷玉春，广州市越秀区副区长肖逢春等领导现场参观“区块链+农货”摊位

在国家多个部委技术顾问、云润大数据公司首席科学家晋彤看来：区块链技术是能确保上链信息可溯源、不可删改，但在上链那一瞬间的数据真实性、准确性，可能存在疑问，这与智能合约的技术风险一起，成为当下中国区块链技术应用的两大“命门”。

本次年货节上亮相的“区块链记者”“区块链通讯员”尝试从根本上解决这一“命门”问题。

农货链“区块链记者”“区块链通讯员”并非简单地对产业、行业情况进行报道，而是深入参与数据采集、信息维护，这种创新探索获得了业界专家的点赞。

粤港澳大湾区区块链应用推广中心主任、广东省计算机学会区块链专委会副主任委员蓝云认为，农货链“区块链记者”的创立，将客观信用与主观信用优势互补、合二为一，将党媒媒体记者的权威性、公信力融合到区块链数字信用世界，这是在新技术应用大背景下媒体融合传播转型的微探索，但是对中国区块链行业的生态发展有一定的创新示范意义。

据了解，农货链首批“区块链通讯员”由优秀乡村新闻官担任。而“区块链记者”由清远日报社在职记者兼任，他们的遴选更是精中选精、优中选优，首批成员既需要掌握新技术新应用知识，同时个人还需要较好的社会信用记录、家庭生活情况、教育文凭情况等客观信用。

清远日报区块链新闻实验中心于2019年12月23日正式成立，将积极探索区块链技术在媒体领域的应用，用新技术促进融媒体的建设，旨在帮助党报抢占全媒体时代的技术高地，构建新媒体生态、提升传播格局，探索实践新技术新媒体融合之路。

（本文原载于2020年1月3日中共广东省委网信办的官方微信公众号“网信广东”，作者为清远日报记者朱文华）

清远日报区块链新闻实验中心　清远市北江区块链研究院 QingYuan Beijiang blockchain Research Institute　URUN 云润大数据

乡村新闻官农货链

信息信用2.0平台

从点状的网红农货信息，到链状的精品农货信息，通过“数字信用+媒体信用”打造双环保障，倾力打造清远乡村新闻官信息信用2.0平台。“区块链记者”“区块链通讯员”同步闪亮登场。

所有信息全链条、可溯源，人人皆可见，没人可删改。只要你愿意，除了获悉“鸭子戏水”场景，你还可以知道“鸭爸”“鸭妈”是谁。

“清远乡村新闻官农货链”采用H5格式，既可以单独成为登录页面，在清远日报APP上有专设栏目，同时也可以外挂在快手、抖音以及各大电商平台，支持一键下单。

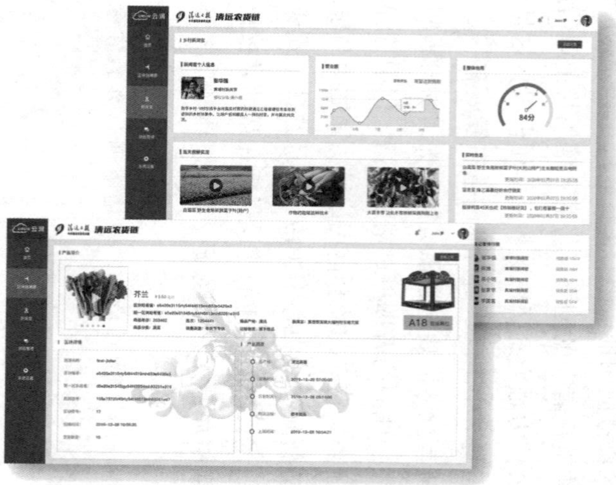

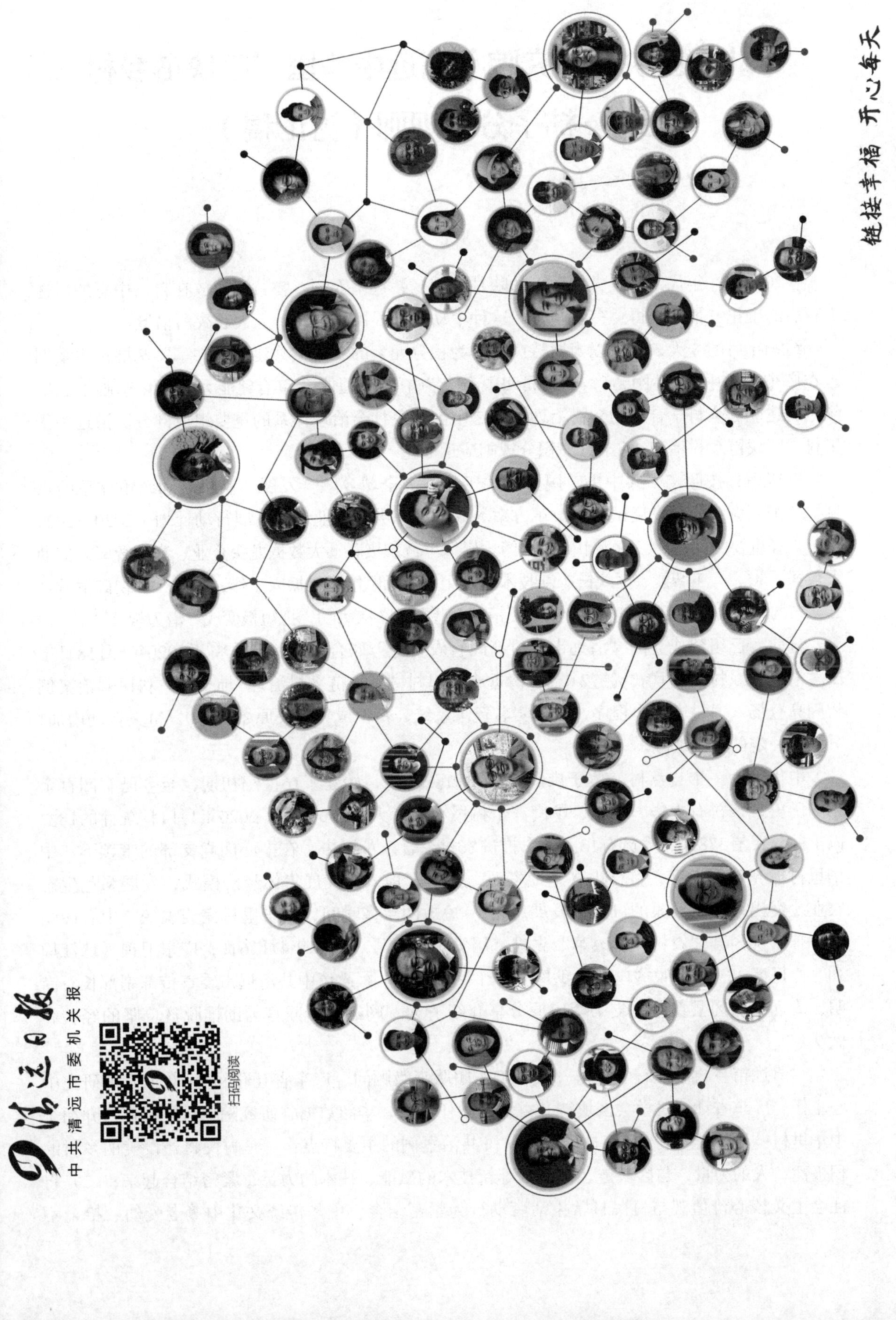
链接幸福 开心每天
清远日报
中共清远市委机关报
扫码阅读

【北江区块链研究院】清远中华里“区块链乡村治理·柿子分”规则（讨论稿）

在20世纪30年代，在我党领导下的陕甘宁边区，选举人领一粒黄豆，放在自己中意的候选人背后的碗里，最后以得豆多者当选。这种生动的草根民主为日后人大表决所借鉴。

约90年后的今天，一个以当地特产柿子为积分元素的乡村“共建共治共享”基层民主案例也在广东清远中华里村酝酿。十九届四中全会为中国治理体系和治理能力现代化擘画了总纲领，而建立健全科学合理的乡村治理体系是中国特色社会治理体系的重要组成部分。清远中华里村“区块链乡村治理·柿子分”积分规则应运而生。

近年来，按照《中共中央 国务院关于建立健全城乡融合发展体制机制和政策体系的意见》《国家城乡融合发展试验区改革方案》和《广东数字农业农村发展行动计划（2020—2025年）》等重要文件精神，清远市党政部门、媒体单位积极联动大数据龙头企业、高端智库，借助大数据、5G、人工智能、区块链等新技术新应用，全面赋能乡村振兴工作，力争“加快破解城乡二元结构”“力度要更大一些，措施要更精准一些”“久久为功，把短板变成‘潜力板’”。

日前，已组建成立的“清远市乡村新闻官农货链”联合工作团队，将于2020年6月18日推出“清远市乡村新闻官农货链2.0”，清远中华里村“区块链乡村治理·柿子分”村民共治案例将闪亮登场。通过微信小程序，村民实名登录系统，每位成年村民原始分为0，每天自动增加1分，按一定的规则加减。

中华里为一个自然村，位于佛冈县石角镇黄花村，始建于16世纪初期，至今已有四百余年的历史，该村有中华、中心、中南三个村民小组，人口500多人，2020年1月1日统计的18岁以上的村民有378人，党员有13人。自推进农村综合改革以来，在中心岗党支部的带领下，中华里村抓党建促发展，整合山林土地资源，探索土地入股发展集体经济模式，发展绿色生态农业，突出绿色、健康的可持续发展思路，短短两年多时间，中华里村完美蜕变。中心岗党支部曾获佛冈县“农村综合改革”先进基层党组织称号。2020年4月16日，广东卫视《珠江周刊》栏目播出《助推脱贫攻坚 我是“网红”新闻官》，邀请中共清远市委宣传部副部长石尚明，清远市佛冈县黄花村支书李庚原分享介绍清远“网红”新闻官为助推脱贫攻坚的经验和做法。

“清远市乡村新闻官农货链”联合工作团队高级顾问、广东省互联网+大数据发展研究中心主任、广东省计算机学会区块链专委会副主任委员、华韶数据谷研究院执行院长蓝云介绍了中华里村“区块链乡村治理·柿子分”村民共治案例的主要特点：一是村民将建设美丽乡村的积极性、人的力量，与区块链、大数据等新技术的赋能、技术的力量，紧密结合起来；二是将社会主义核心价值观与村民日常生活劳动行为紧密结合，中华传统文化中尊老爱幼、拾金不昧、互帮互助、生态环保等优良品德在新时代继续大放异彩；三是规则、制度的严肃性，以及区块链的不可篡改等带来的刚性，与村民理事会、积分规则充分征求意见的软性，紧密结合起来。蓝云强调：“这个积分规则可不是闹着玩的，将在年底集体分红起到重要参考作用。当然，为便于实行，前期规则将适当简化，边试行边完善。”

规则制定议程

“清远市乡村新闻官农货链”联合工作团队与清远市佛冈县石角镇黄花村中华里村理事会以中华里村代表农作物“黄花柿”为量化单位，共同研究出一套符合社会主义核心价值观、当地民风民情的数字化管理制度。本规则现以征求意见稿的形式公布，即日起至6月15日18：00为征求意见期；望各位村民、各界专家学者、媒体记者及社会各界能不吝提供意见与建议，为探索数字化农村治理工作建言献策。

中华里“柿子分”积分规则

中华里是一个自然村，有500多位村民。2020年1月1日统计的18岁以上的村民有 378人，这些是本款应用的实名注册用户，人员目录、联系电话将由中华里理事会提供。支持“访客”访问本款应用（部分重要页面“访客”无权访问）。

每位用户从每年的1月1日开始累计当年柿子分，所有用户原始分为0，系统每日自动为所有用户各增加1分。村里大事每天一记录， 每日分数加减规则最初设计为精简版的八档：

加10 个柿子分：

①获得市级党政机构及以上部门嘉奖（如参军入伍，相当于师级单位）。

②直属后代考取985高校，父母亲或抚养人都可分别加分。

③参与疫情防抗、防涝抗旱、救火救灾等乡村公共事务，有特别突出贡献。

④为公益事业捐资1万元以上。

⑤家有95岁或以上年龄的老人。

⑥其他经村党支部、村理事会认可的行为。

加5个柿子分：

①获得县级党政机构及以上部门嘉奖（如参军入伍，相当于团级单位）。

②直属后代考取211高校，父母亲或抚养人都可分别加分。

③参与疫情防抗、防涝抗旱等乡村公共事务，有较突出贡献。

④为公益事业捐资5000元以上。

⑤家有90岁或以上年龄的老人。

⑥其他经村党支部、村理事会认可的行为。

加3个柿子分：

①获得乡镇党政机构及以上部门嘉奖（如参军入伍，相当于连级单位）。

②直属后代考取本科高校，父母亲或抚养人都可分别加分。

③参与疫情防抗、防涝抗旱等乡村公共事务，有贡献。

④为公益事业捐资3000元以上。

⑤家有85岁或以上年龄的老人。

⑥居家庭院建设特别好，助力美丽乡村建设，经5位及以上村民认可。

⑦积极参加乡村党建、团建活动，且表现特别突出者；一周时间内阅读平台推介的全部文章，并转发推介他人阅读。

⑧其他经村党支部、村理事会认可的行为。

加1个柿子分：

①获得村党政机构及以上部门嘉奖。

②直属后代考取大学，父母亲或抚养人都可分别加分。

③参与疫情防控、防涝抗旱等乡村公共事务。

④为公益事业捐资。

⑤家有80岁或以上年纪的老人。

⑥居家庭院建设好，助力美丽乡村建设，经5位及以上村民认可。

⑦参加乡村党建、团建活动，且表现突出者；或是一周时间内阅读平台推介的全部文章。

⑧其他经村党支部、村理事会认可的行为。

减1个柿子分：

①受村级党政机构及以上部门批评。

②有虐待老人、儿童行为。

③拒不参与疫情防抗、防涝抗旱等乡村公共事务，造成不利后果的。

④居家庭院建设差，或有噪音扰民、乱倒垃圾等一般行为，影响美丽乡村建设，经5位及以上村民认定。

⑤ 其他经村党支部、村理事会认定的行为。

减3个柿子分：

①受乡镇级党政机构及以上部门批评，或是受到公安部门行政处罚。

②有较严重虐待老人、儿童行为。

③拒不参与疫情防控、防涝抗旱等乡村公共事务，造成比较不利后果的。

④居家庭院建设比较差，或有噪音扰民、乱倒垃圾等比较严重行为，影响美丽乡村建设，经5位及以上村民认定。

⑤其他经村党支部、村理事会认定的行为。

减5个柿子分：

①受县级党政机构及以上部门批评，或是受到刑事处罚，判刑十年以下。

②有特别严重虐待老人、儿童行为。

③拒不参与疫情防抗、防涝抗旱等乡村公共事务，造成特别不利后果的。

④居家庭院建设特别差，或有噪音扰民、乱倒垃圾等特别严重行为，影响美丽乡村建设，经5位及以上村民认定。

⑤其他经村党支部、村理事会认定的行为。

减10个柿子分：

①受市级党政机构及以上部门批评，或是受到刑事处罚，判刑十年以上。

②有特别严重虐待老人、儿童行为，造成肢体损伤的。

③其他经村党支部、村理事会认定的行为。

注：同一件事，每年加减分仅限一次。

意见征集时间

即日起至2020年6月15日下午18：00。2020年6月18日起，本规则正式试运行。

（本文原载于2020年6月2日“北江区块链”微信公众号）

【清远+客户端】清远“城乡数字资产交易平台”交易物征集

2020年4月9日，中共中央、国务院发布了《关于构建更加完善的要素市场化配置体制机制的意见》（以下简称《意见》），这是中央第一份关于要素市场化配置的文件。《意见》吸收各方观点，根据生产要素的重要性和时代性，明确将数据作为一种新型生产要素，与土地、劳动力、资本、技术一起写入政策文件，这就是要充分发挥数据这一新型要素对其他要素效率的倍增作用，培育发展数据要素市场，让“信息流引领技术流、资金流、人才流”，使大数据成为推动经济高质量发展的新动能。

近年来，按照《中共中央　国务院关于建立健全城乡融合发展体制机制和政策体系的意见》《国家城乡融合发展试验区改革方案》和《广东数字农业农村发展行动计划（2020—2025年）》等中央和省里重要文件精神，清远市党政部门、媒体单位积极联动大数据龙头企业、高端智库，借助大数据、5G、人工智能、区块链等新技术新应用，全面赋能乡村振兴工作，力争“加快破解城乡二元结构”“力度要更大一些，措施要更精准一些”“久久为功，把短板变成‘潜力板’”。在市领导策划、组织下，有关机构借鉴互联网思维组成了“清远市乡村新闻官农货链”联合工作团队，在2020年6月18日推出“清远市乡村新闻官农货链2.0”，清远市“城乡数字资产交易平台”正式亮相。

“清远市乡村新闻官农货链”联合工作团队高级顾问、广东省互联网+大数据发展研究中心主任、广东省计算机学会区块链专委会副主任委员蓝云介绍了清远市“城乡数字资产交易平台”的三大特点。蓝云说，其一，按照市委崔建军常委“三信”基本原则、“客观信用+主观信用”创新思路的规划部署，“城乡数字资产交易平台”所有交易内容、交易程序、交易主体都经过了基于区块链的数字信任体系检验及保护；其二，交易平台在资产的数字化、数字（数据）的资产化两个维度推进工作，经过数字的倍增、催化剂作用，传统资产价值将大大提升，同时只有充分资产化，数字（数据）的价值才能充分挖掘出来，并合理合规地参与市场交易，“我们不直接交易数据，只合法交易数据衍生出的价值，相当于不买卖土地，只买卖土地里长出的果实”；其三，交易平台奉行公共价值第一的原则，平台来源于“清远市乡村新闻官”这一金字招牌，将首先为全市几百名新闻官、广大乡村（社区）提供免费的基本版公益服务，在有增量收益的情况下再探讨合理分成模式。“平台流淌着区块链的血液，平台两条腿，平台姓公”，蓝云如此形象地介绍了三大特点，他还透露，清远市“城乡数字资产交易平台”的创新性规划，获得了国家部委和广东省委分管领导的重点关注。

清远市“城乡数字资产交易平台”交易物征集表

征集物品种类	①农林牧副渔产品，尤其提倡有一定数据化生产基础的产品； ②农村集体性经营性建设用地使用权、承包地经营权、宅基地使用权、集体林权等产权，尤其提倡有一定数据化确权基础的权益； ③农村小额贷款供给或需求，尤其提倡有一定数据化确权基础的权益； ④一定数量的农业企业、农场工人群组生产力，尤其提倡有一定数据化确权基础的群组； ⑤基于大数据、人工智能、区块链、5G等新技术的涉农硬件设备及软件系统； ⑥涉农发明创造，文化产品、文化创意、知识产权及著作权； ⑦电商大数据分析报告，农业农村行业及消费者生产者需求大数据报告等，助力清远、广东乡村振兴工作的智库分析报告，有助城市资本下乡的大数据分析报告。 交易平台将优先保障清远市、广清接合片区的交易物，也欢迎广东各兄弟地市、大湾区、周边省市相关单位及个人，以及国内外知名IT企业、大学院校、智库机构也参也推荐交易物
首批交易物征集时间	首批交易物征集时间为即日起至2020年6月11日下午18：00。平台6月18日之后线上实时征集交易物
“6·18”线下活动邀请对象	平台邀请积极参与交易物征集的机构领导或个人，现场参与6月18日活动，其他人员线上参与6月18日活动
运营模式	在2020年12月31日前，平台促成、辅助交易，不直接参与交易行为，平台对所有交易行为提供免费的公益服务，有关各方务必遵守《网络安全法》《电子商务法》《密码法》《电子签名法》等法律法规。在2021年1月1日起，将按照上级领导要求、平台各位用户反馈情况，再探讨更进一步的运营模式

延伸阅读

成都市市长罗强：将推动设立数字资产交易中心

据四川新闻网消息，2020年5月14日上午，成都市第十七届人民代表大会第三次会议正式开幕，成都市市长罗强做政府工作报告。罗强表示，成都将提速建设西部金融中心。深入实施“交子之星”经济证券化倍增行动计划，推动上交所、深交所、新三板西部基地加快建设。加快推进区块链知识产权质押融资服务平台建设，推动设立数字资产交易中心，扎实推进法定数字货币试点。

（本文原载于2020年5月31日“北江区块链”微信公众号）

《清远日报》“前沿观察”10篇专栏之一

【清远日报】从一张小男孩照片谈起区块链

区块链是什么？来自哪里？有什么用？对于非计算机专业人士来说，又该如何准确地打开理解区块链本质的大门？

大概两个月前，省外一位领导与我说起了他的困惑，“蓝云啊，以前我还懂一点区块链，但去北京上了一天课，听了三堂区块链课，我现在就完全不懂了”。我问：“给你上课的是哪些人呢？”他答，都是在京名校的计算机教授。显然，对文科专业毕业的这位领导来说，计算机教授所传输的密码、算法、模型并非是最适合的教育方式。

在各地讲课交流时，我一般用这样的方式作为开始。大屏幕上会投影出一个十来岁小男孩的照片，眼睛有点大，腼腆，略带点忧郁气质。我现场高声问：“他是谁？”现场观众一般会积极参与，不少人回答准确，“小时候的蓝云”。对，就是32年前的蓝云。那时我读小学五年级，有幸拍了人生中第一张彩照，当时洗了多张照片，自己留了一张，其他几张都送给亲戚朋友了。我自己那张，后来丢了，什么时候丢的、在哪里丢的，我完全没有印象。甚至我脑海中忘了有“第一张彩照”这件事。

前一段时间，我堂姐的儿子大学毕业后来广州工作。有一天，他在微信上发来一张照片，问我：“这是谁？”我第一眼没认出来，后来经其启发才知道答案，原来是他妈妈一直保存照片至今。那一刻我好感慨，半惊讶半惊喜，甚至有一种电影中所描写的星际穿越的感觉。原来这位小男孩腾云驾雾穿越时空而来，是来帮助我传播区块链本质的。

三十年前，大家用的是传统相机。底片拍出后，有两种选择，一种是只洗一张，另一种是冲洗多张。这两种方式，各有利弊，“只洗一张”方便、快捷、省钱，但是丢了就没了；“冲洗多张”不怕丢失，但耗时间、耗钱，而且拍得较好、较有意义的照片才会去洗多张。

我们可以假定，只洗一张等于集中式数据库，冲洗多张等于分布式数据库。分布式数据库如果能做到热处理、动态处理、多点处理，那就是分布式账本。而分布式账本再加上点对点传输、共识机制、加密算法，那就是区块链。

当我在台上推演这些后，观众一般都会恍然大悟，原来理解区块链并不难。是的，理解一个新东西、新事物，一定要从一个自己最熟悉的角度切入。比如，你到了一个新的屋子，里面都是人，你肯定会看看其中有没有你认识的人，再从这位熟人切入，再了解这屋人。这里面涉及方法论的问题。当下，新技术新应用的潮流和趋势好猛、好快，对任何一个人来说，都有终身学习的问题，如何拥有正确、省时省力的学习方式，值得每一个人好好思量。

从专业角度上说，分布式数据库系统一般由多台计算机组成，每台计算机单独放在一个地方。这些计算机可能有数据库的一份完整拷贝副本，也可能只是局部的数据库，位于不同地点的众多计算机通过网络连接在一起，共同组成一个完整的、全局的、全局上集中而物理上分布的大型数据库。分布式数据库有高可扩展性、高并发性、高可用性。

理解了分布式数据库，就算基本走进了区块链大门。这篇是从一个小男孩的照片说起，下篇将从另一张照片说起，讲讲区块链的可信本质。

（作者蓝云，发表于2019年11月27日《清远日报》）

【人民网等】建设有中国特色的区块链技术应用体系
——蓝云新技术新应用演讲授课报道节选

●2020年9月3日福建龙岩《闽西日报》报道：昨日，全市市管干部“学网、懂网、用网”专题讲座在龙岩人民会堂千人厅举行。粤港澳大湾区区块链应用中心主任、广东省互联网+大数据发展研究中心主任蓝云开展了“区块链与网络安全、内容安全——兼谈区块链带来的产业变革、社会关系重组”的专题讲座。区块链是核心技术自主创新的重要突破口，全球主要国家都在加快布局区块链技术发展。蓝云结合我国区块链产业发展的实际情况，从区块链的时代背景及现实新挑战引入，通过一个个具体、鲜活的案例，解读了区块链技术的核心原理、应用场景和风险把控、监管防范，展示了区块链在政府治理、工业、农业、金融、司法等领域的广泛应用前景，加深了我市干部对区块链技术的认识，对促进我市产业转型升级、全方位推动高质量发展超越具有启发性和针对性。此次讲座作为全市党政领导干部学网、懂网、用网专题培训班课程之一，由市委组织部、市委网信办、古田干部学院联合举办，各县（市、区）、古田干部学院均设立分会场。

●2020年6月7日保利物业Family报道：6月6日14：30，保利物业（香港联交所主板上市公司）特邀广东省互联网+大数据发展研究中心主任、北江区块链研究院理事长蓝云，围绕“链能——区块链与产业变革、治理现代化、企业创新”进行主题沙龙分享，总部领导和员工五十多人现场参与其中，各区域公司近百名员工通过企业微信直播线上学习互动。保利物业党委书记、总经理吴兰玉在互动环节为幸运员工赠送蓝云老师的代表作。

●2020年5月18日南方网报道：日前，广东召开数字农业农村网络圆桌会议，对部分取得较佳成效的新型电商案例进行分享。新近出炉的《〈电子商务法〉解读与农业电商实务10讲》成为大会材料，与会领导及嘉宾认真阅读了此书并给予了好评。《〈电子商务法〉解读与农业电商实务10讲》由南方日报出版社出版，共13章内容，融合了法规与案例、农业与商业、线上与线下。《〈电子商务法〉解读与农业电商实务10讲》是广东省农业农村厅“互联网+农业”系列培训教材，顾幸伟厅长担任总策划，陈东副厅长（正厅职）和南方报业传媒集团党委原副书记欧阳农跃、羊城晚报报业集团副编辑孙璇担任副总策划，省农业农村厅杨志平二级巡视员、金羊网总编辑孙朝方等8位领导专家为策划，主编为广东省互联网+大数据发展研究中心主任、北江区块链研究院理事长、华韶数据谷研究院执行院长蓝云和华南理工大学电子商务研究中心主任、中国计算机学会高级会员左文明教授。相关负责人及业界专家黄海洋、张昊、毕凌燕、安增科、马翊钧、李彩丽、莫凡为副主编。

●2020年3月15日清远日报“清远+”微信公众号报道：3月13日上午，清远日报社（清远传媒）与清远星谷科技发展有限公司签订战略合作协议，签约仪式上，清远市乡村新闻官创客中心揭幕，清远市北江区块链研究院入驻清远星谷。粤港澳大湾区区块链应用推广中心主任、清远市北江区块链研究院理事长蓝云认为，从点状的网红农货信息，到打造链状的精品农货信息，通过“数字信用+媒体信用”打造双环保障，各方倾力打造“清远乡村新闻官信息信用2.0平台”。

●2019年12月28日“广东省住房和城乡建设厅”微信公众号报道：区块链技术如何推进智慧城市建设？智慧城市建设目标何在？粤港澳大湾区智慧城市未来将如何发展？在2019第三届中国（江门）大湾区智慧城市大会，一个个“网红”问题都成为与会嘉宾关注的焦点。国际欧亚科学院院士、国家重大专项专家组专家邓中亮，腾讯政府行业总经理王刚，广东省城乡规划设计研究院大数据中心主任马星，粤港澳大湾区区块链应用推广中心主任蓝云共四位专家进行了主题演讲。蓝云长期从事区块链研究，他在“用区块链建立大湾区内网络信任体系”主题演讲中，针对区块链技术是什么、有什么用、怎么创新地用的问题，提出以可信、有序的数据流驱动粤港澳大湾区创新发展，推动大湾区内人流、物流、资金流、信息流等要素安全便捷流动是大湾区建设的重要基础性环节。

●2019年12月24日《清远日报》报道：12月23日下午，在2019清远市“区块链与治理现代化”专家座谈会上，来自中共中央党校、广东省委党校、中山大学以及媒体和企业的二十多位专家、学者，围绕区块链与治理现代化、“区块链+民生服务”与破解城乡二元结构等主题展开讨论，为清远运用区块链技术推进城乡融合发展、破解城乡二元结构出谋划策。中共中央党校党建部副教授雷强认为，要克服对区块链的恐惧，迎接时代的挑战。中山大学党史党建研究所教授郭文亮提到，“党建+区块链”是提升党建实效性的内在要求。粤港澳大湾区区块链应用推广中心主任、清远市北江区块链研究院理事长蓝云认为，党管、党建、党用，建设有中国特色的区块链技术应用体系。云润大数据公司首席科学家晋彤肯定了“区块链+乡村治理”大有可为。人民网舆论与公共政策研究中心副主任、中国体制改革研究会互联网与新经济专业委员会副主任刘志华认为，新技术是治理体系与治理能力现代化的重要支撑。

●2019年12月24日“广东计算机学会区块链专委会”微信公众号报道：2019年12月21—22日，2019广东省计算机学会&CCF广州分部年会暨学术报告会在江门市举行。在年度总结颁奖仪式上，广东计算机学会区块链专委会荣获2019年度先进集体称号，同时，区块链专委会副主任委员蓝云获得“先进工作者”称号，区块链专委会副主任委员兼秘书长黄建新获得“优秀秘书长”称号。

●2019年12月18日人民网报道：12月18日，2019专业人才助力粤港澳大湾区建设交流活动在广州举行。全国政协副主席梁振英为活动发来贺信。来自粤港澳大湾区城市及海外的300多位专业人士围绕“凝聚新智慧·献策大湾区”的主题进行沟通和交流。活动期间，还举行联盟智库揭牌仪式，并为联盟首批26名顾问与74名专家颁发聘书，以及举行联盟新增成员单位签约与22家成员单位颁牌仪式。蓝云受聘为顾问专家，并参与了分论坛交流活动。

●2019年12月17日《汕尾日报》报道：12月16日，由市委组织部、汕尾职业技术学院共同举办的“链能——区块链与产业变革、治理现代化”大讲坛在汕尾职院学术报告厅举行。讲坛邀请了粤港澳大湾区区块链应用推广中心主任蓝云做报告。市委常委、组织部部长、党校校长黎明及我市党政机关和企业事业单位干部、汕尾职业技术学院师生代表等600多人参加讲坛。蓝云围绕“链能——区块链与产业变革、治理现代化”这一主题，以习近平总书记指示为索引，从区块链的原理、应用、风险、监管四方面，深入浅出、层层递进地为在座人员做了一场内容丰富且内涵深刻的专题报告。报告论述精辟，说理透彻，观点新颖，事例生动，深刻分析了区块链的重要作用，充分阐述了建设区块链的重要意义，加深了我市干部对区块链核心技术的认识，同时增强了我市干部推动区块链技术和产业创新发展、推进区块链和经济社会融合发展的信心和决心，具有很强的启发性和针对性。

●2019年12月10日中山大学政治与公共事务管理学院官方公众号“微政之窗”报道：2019年12月8日15：00至17：30，中山大学MPA（公共管理硕士）校友学术论坛在东校区政治与公共事务管理学院院楼D214成功举办。出席本次讲座的有中山大学政治与公共事务管理学院副书记谭英耀、粤港澳大湾区区块链应用推广中心主任蓝云、校友会理事会秘书长范伟、相关企业和单位领导等。本次讲座以“链能——区块链与产业变革、治理现代化”为主题，主讲嘉宾是粤港澳大湾区区块链应用推广中心主任蓝云。蓝云主任与会场校友亲切问好，表达了对母校深深的怀念之情并感谢各位校友的到来。在讲座内容结束后，有关领导进行发言，并提出自学、信任、担当、钦佩四个方面的思考，结合个人经历风趣幽默地表达了对区块链发展必要性的深切认同。最后，谭英耀副书记进行总结发言，她指出我们需要学习新技术、新知识来更快接近国家治理，同时感谢了与会领导嘉宾并热烈欢迎各位校友贡献智慧，将校友学术论坛办得更有品质、更具特色。

●2019年12月11日“惠东发布”微信公众号报道：为进一步学习掌握区块链新知识、新技术，启发新思维，推动产业新变革、新发展，12月10日（星期二）下午，县委宣传部、县社科联特邀请区块链专家蓝云做客惠东，将在县委党校法德讲堂举办“链能——区块链与产业变革、治理现代化”主题讲座。

●2019年12月5日中共汕头市潮南区委宣传部的官方公众号“潮南在线”报道：今天下午，我区（汕头市潮南区）召开区委理论学习中心组专题报告会，邀请粤港澳大湾区区块链应用推广中心主任蓝云教授做“链能——区块链与产业变革、治理现代化”的主题辅导报告。区委书记张学龙，区人大常委会主任陈运源，区政协主席苏华渠等区委、区人大常委会、区政府、区政协领导，区法院院长、区检察院检察长、区纪委副书记、区监委副主任参加会议。据了解，蓝云教授现担任粤港澳大湾区区块链应用推广中心主任等重要职务，先后牵头组建了多个全国标杆项目，曾获中国新闻奖一等奖、广东省优秀新闻工作者等荣誉。报告会上，蓝教授以深入浅出、激情澎湃的语言，从区块链的时代背景、原理、特性入手，对区块链技术进行了普及，同时以案例分析的形式剖析了区块链的现实应用、风险、监管、未来发展走向等，进行了一堂精彩、生动、新颖的讲课。

●2019年12月3日《南方都市报》报道：南都（深圳）智库周产品发布会暨南都智媒中心首批生态伙伴合作启动仪式于12月3日下午在深圳举行。华韶数据谷研究院执行院长蓝云受邀出席活动，并一起启动南都（深圳）智库周产品发布会暨南都智媒中心首批生态伙伴合作仪式。

●2019年11月26日南方+报道：11月26日，华韶数据谷思享会成立仪式暨第一期华韶数据谷思享会在韶关黄沙坪创新园举办。华韶数据谷思享会的成立，将紧抓国家信息科技重要战略，把握时代前沿科技脉搏，汇聚行业资源，形成新技术新应用业务交流氛围，推动韶关市新兴产业发展。华韶数据谷研究院执行院长蓝云在活动上做“用‘湾区城市+数据飞地’模式 建设大湾区区块链+大数据产业带”的主题演讲，他认为区块链将重建网络基础设施，这里蕴含着巨大的社会关系重组、产业变革机会，提出以可信、有序的数据流驱动粤港澳大湾区创新发展。

●2019年11月25日“惠州市东江书院”微信公众号报道：学习掌握区块链新知识、新技术，启发新思维，推动产业新变革、新发展，东江书院特邀请区块链专家蓝云于11月27日（星期三）上午9：30在惠州报业大厦裙楼3楼1号会议室做“区块链与社会关系重组、产业变革”的主题报告。

●2019年11月22日“人民城管”微信公众号报道：11月18日，江门市城市管理和综合执法局党组理论学习中心组举办了“区块链+城市管理”专题学习报告会，粤港澳大湾区区块链应用推广中心主任、广东省计算机学会区块链专委会副主任委员、华韶数据谷研究院执行院长蓝云应邀做了“区块链与社会变革、产业创新——兼谈新技术新应用带来的舆情新风险新挑战”的专题报告。

●2019年11月21日《清远日报》报道：“未来的竞争是‘信任分数’的竞争，要运用区块链技术建立信任体系。”11月20日，粤港澳大湾区区块链应用推广中心主任蓝云受邀到清远北江新闻学堂授课。蓝云以“区块链与产业变革、治理现代化”为题，从区块链技术发展的时代背景、怎么理解、运用场景、风险与管控、党管区块链等方面，对区块链进行讲解。

●2019年11月13日人民网报道：11月11日，由人民网主办、人民网广东频道承办的2019粤港澳大湾区建设发展论坛在广州举行。粤港澳大湾区区块链应用推广中心主任蓝云发表“大湾区区块链应用前景”的演讲。他表示运用区块链技术，建立湾区内网络信任体系，驱动粤港澳大湾区创新发展。粤港澳大湾区很有特点，涉及三个关税区、三种货币、三个法律制度，是一个很典型的“3+3+3”的机制。推动大湾区内人流、物流、资金流、信息流等要素安全便捷流动，是大湾区建设的重要基础性环节。其中，信息流尤为重要，是核心。如何让信息流可信、有序？目前有了答案，那就是总书记给大家指明的方向——区块链。用“湾区城市+数据飞地”的模式，建立大湾区“区块链+大数据”产业带。我们可以看一组数字：粤港澳大湾区，以仅占全国0.6%的土地面积，以及5%的常住人口比例，创造了接近全国13%的经济总量，大湾区的数据量也占全国的14%以上。大湾区土地紧张，用电成本高，互联网基础资源数据中心可以落地湾区北部城市。

●2019年11月12日《南方日报》、南方+报道：11月12日，南方日报汕头社会治理创新观察团应邀走进汕头，第一站走访了濠江区、潮阳区的社会治理一线现场，并围绕社会治理创新展开深入座谈。走访中，专家们对濠江、潮阳两地基层直面社会治理而制定的举措予以肯定，并分别给濠江、潮阳等有关部门建言献策。粤港澳大湾区区块链应用推广中心主任、华韶数据谷研究院执行院长蓝云认为，汕头社会治理工作体现出真、新、实的特点，并且以为人民服务为宗旨开展社会治理工作，体现了政府不忘初心的使命。

●2019年11月9日“广东计算机学会区块链专委会”微信公众号报道：2019年11月8日下午，广东省计算机学会区块链专委会副主任委员、华韶数据谷研究院执行院长蓝云应邀为惠州市党委办公室系统、市委政研室的干部，做了“区块链与社会关系重组、产业变革——兼谈‘党管区块链’的核心原则、管理领域”的专题辅导报告。惠州市委办公系统近百人参加。报告激起了与会人员的热烈反响。惠州市委改革办相关负责同志说：“蓝云院长用新颖的观点、明白的话语、生动的事例，特别是与现场与会人员互动‘挖矿’，在轻松愉悦的气氛中，让大家弄懂了区块链的原理以及广泛的应用场景。区块链不仅是数学算法和互联网模式的技术创新，更是人类世界观和思维方式的一种颠覆，将带来巨大的产业效应，以及社会治理的革命性变化。”

●2019年10月31日人民网报道：由人民网、中国社会科学院新媒体研究中心、南京市委宣传部、腾讯公司共同主办的第三届互联网大数据与社会治理南京智库峰会今天在南京举行。本届峰会以“推进综合治理　清朗网络空间”为主题，汇聚专家学者、各级网宣主管部门、南京相关职能部门、互联网企业代表、媒体嘉宾等200余人，围绕网络综合治理这一时代课题进行深入探讨。会上还发布了推进网络综合治理的《南京愿景》以及一系列智库研究报告。中国经济体制改革研究会互联网与新经济专业委员会主任祝华新分享的主题是“挖掘互联网更多应用场景”。人民在线/人民网舆情数据中心副总编辑、人民网新媒体智库高级研究员刘鹏飞在会上发布了《大数据时代数据舆情风险评估报告》。粤港澳大湾区区块链应用推广中心主任、华韶数据谷研究院执行院长蓝云以佛山禅城为案例，分享了报告《区块链与公共服务创新》，并提出了“党管区块链”的核心原则、管理领域。

●2019年10月17日《茂名日报》报道：15日，茂名市委宣传部、市委党校联合举办新闻发布与舆情应对培训班，以提高新形势下我市党政各部门在应对突发事件的新闻发布、舆论引导和舆情处置能力。本次培训邀请暨南大学新闻与传播学院副院长、教授张晋升，华韶数据谷研究院执行院长、广东省互联网+大数据发展研究中心主任、人民网舆情智库顾问蓝云做专题授课。在为期一天的培训中，蓝云系统地以“舆情预警、分析与风险防范”做专题教学，吸引了全体学员的高度关注，学员们全神贯注地聆听，学习热情高涨。张晋升结合多年的网络舆情经验讲授“新闻发言与媒体沟通”，与学员们进行了深入的交流。

●2019年6月21日人民网报道：6月20—21日，首届舆评机制和舆论引导工作交流会暨第五届全国网络舆情高峰论坛在兰州举行，主题为“大数据时代的风险防范”。此次论坛旨在汇聚互联网领域监管部门、国内顶级专家、知名学者、杰出新媒体运营代表、融合媒体单位等，探讨互联网新形势下的舆评机制和舆论引导工作，提升政府治理水平、强化舆论引导能力与改进民生服务水平，并为推进智慧甘肃、宣传甘肃建言献策，助推甘肃开创新时代网信工作新局面。人民网党委书记、董事长、总裁叶蓁蓁做了“全媒体时代的舆论引导与风险防范”的主题演讲。人民日报社甘肃分社社长董洪亮，中国传媒大学媒介与公共事务研究院高级研究员侯锷，广东省互联网+大数据发展研究中心主任、粤港澳大湾区区块链应用推广中心主任蓝云等领导和专家出席会议。

●2019年4月16日《南方都市报》报道：大数据和征信体系建设是南都智库重点关注的领域。近日，南都金融研究所举办“打破信息孤岛科技驱动信用”大数据征信行业闭门研讨会，邀请多位来自学界和业界的资深大咖，深入探讨业内焦点问题。现场多位嘉宾表示，期待通过大数据这一抓手，让征信不只是“抓坏人”，也让所有“好人”享受到更加便捷有效的金融服务。对于征信数据维度的扩展，中山大学管理学院副教授、广东省地方金融风险监测防控平台特聘专家韦立坚持支持意见，他认为，“除了金融财务信息，其他社会信用信息也可以作为一种信用判断依据，这是个突破点”。粤港澳大湾区区块链应用推广中心主任、广东省决策咨询研究基地互联网+大数据发展中心主任蓝云对此提出了忧虑，“隐私信息和共享信息之间要建立一个信息带，有明确的划分”。他建议：“要把个人线上线下的所有行为进行归类，根据隐私的性质和共享的性质进行打分，将从0到1所有行为赋予一定的权重系数，这在数据模型上是可以做出来的。”

●2018年11月28日人民网报道：今天，第二届互联网大数据与社会治理南京智库峰会在南京市举行。广东省互联网+大数据发展研究中心主任、粤港澳大湾区区块链应用推广中心主任蓝云发布了《〈区块链与可信网络建设〉课题研究报告》。报告指出，区块链的核心是用算法创建信任。区块链在金融、政府治理之外，在民生领域、食药安全领域，通过与人工智能、大数据的结合，或将产生爆款产品。

●2018年11月16日金羊网报道：2018年11月14日下午，“区块链信息传播”专家座谈会在广东财经大学举行。二十多位高校教授、业界大咖、智库学者进行了一场深入的思想、智慧交流后认为，区块链作为新一代信息技术的代表之一，正在金融征信、政府治理和信息传播等方面加速突破应用，如应用得当，区块链将有助于可信互联网建设。广东财经大学党委书记黄晓波、广东省人大信息中心主任黄铁兵、广东省社科联决策咨询中心主任郑红军、广东省网络文化协会执行副会长史吉建、广东省电子政务协会总工程师钟东江和省网信办有关负责同志及专家出席了座谈会。羊城晚报传媒智库专家顾问委员会首席顾问、粤港澳大湾区区块链应用推广中心主任、广东省互联网+大数据发展研究中心主任、粤港澳大湾区区块链应用推广中心—广东财经大学实验室联席主任蓝云作为本次座谈会的主持人，在主题发言中起到了启发引导作用。首先，他充分肯定了《区块链信息服务管理规定（征求意见稿）》的发布，认为这体现了网信领域国家治理能力上了一个新的台阶。其次，他介绍了中国各地各级网站的发展现状，提出了区块链的去中心化在一定程度上将增加管理上的难题，会有新的风险和挑战，会产生诸如“长春长生疫苗事件”等公共事件上链的情况，区块链有“明链”，也有“暗链”。

●2018年9月20日南方网报道：9月18日下午，在第五届广东省网络安全宣传周活动现场，《可信互联网——区块链与网络安全》蓝皮书正式发布。粤港澳大湾区区块链应用推广中心同时宣告成立。广东省委网信办副主任曾胜泉在蓝皮书发布现场致辞指出，《可信互联网——区块链与网络安全》蓝皮书有四个方面的特点，即视角广、观点正、表述新、案例多。粤港澳大湾区区块链应用推广中心主任、广东省决策咨询研究基地互联网+大数据发展研究中心主任蓝云在发布会上介绍了粤港澳大湾区区块链应用推广中心的定位及职责等。中心有五大职责：标准编制、人才培养、宣传推广、应用推广、公共服务。

●2018年8月21日“智慧城市论坛”微信公众号报道：8月18日，2018中国（广东）国际数据区块链峰会在广州开发区成功举行。峰会由广东省区块链产业联盟、广东省云计算应用协会主办，香港区块链协会、一带一路·科技金融协会、中关村区块链产业联盟联合主办。蓝云主持了圆桌论坛，并在总结时指出：我们认为数字赋能、驱动产业，它驱动的是模式，驱动的是思维，驱动的是效率，驱动的是效益，驱动的是信用，同时驱动的也是未来。

●2018年8月9日“深圳市互联网学会”微信公众号报道：8月18日上午，由国家信息中心《财经界》杂志社、中国移动通信联合会国际区块链创新应用联盟以及深圳市互联网学会联合主办的“2018中国区块链技术应用大会”暨首个中国区块链日在深圳阳光酒店（阳光厅）隆重举办。蓝云在圆桌论坛分享了关于区块链与隐私保护的体会。

●2018年5月25日金羊网报道：媒体智库如何助推媒体融合？主流媒体如何强化话语权？5月24日，羊城晚报传媒智库成立暨首期专家聘任仪式在羊城创意产业园举行。羊城晚报报业集团党委书记、羊城晚报社社长刘海陵致辞。蓝云受聘为首席顾问，并提出了对媒体智库发展的三个建议：其一，媒体智库要“想得多，但切口小”，深耕某个领域以求影响力；其二，要注重要能产生效益，“能下蛋”；其三，要“上手段”，运用大数据、区块链等新科技。

●2018年4月3日《南方都市报》报道：2018中国（广东）数字经济融合创新大会4月2日在广州举行。围绕什么是数字经济、如何发展数字经济加快建设现代化经济体系等热点话题，方洪波、郭台铭等著名企业家与华为、腾讯、阿里巴巴等数字经济龙头企业的数据业务负责人齐聚广东，用数据谋划产业发展、以互联畅想经济未来。此次大会由工信部、广东省政府指导，广东省经信委、工信部电子第五研究所、南方报业传媒集团共同主办。工业和信息化部副部长陈肇雄、广东省副省长陈良贤出席大会并致辞。在专题论坛上，广东省决策咨询研究基地互联网+大数据发展研究中心主任蓝云做了“IPv6造就真正的大数据”的主题演讲。蓝云在演讲中指出，IPv6（Internet Protocol version 6）的地址长度为128位，相比IPv4（Internet Protocol version 4）极大地扩展了地址空间。与IPv4相比，在报文格式、地址配置方式、信息安全及可溯源机制上有较大改进。信息高速公路需要“交通规则”，IPv4或IPv6正是其中的一个重要规则。不同的时期，需要不同的规则；不同的规则，揭示不同的年代。蓝云认为，可将从小到大、从有限到无限、从确定性到不确定性地提炼为“π力量”，这股力量将带领中国在2025年前后全面进入“真正的大数据”时代。IPv6将是中国的好机会，广东作为数字资源、数字经济大省，在其中机遇很大。蓝云说，2020年物联网设备安装量将超过270亿台，这些设备在全球经济环境中将引领一股令人瞠目结舌的1.8万亿美元的大潮。由于物联网的急速发展，各种物联终端将对地址空间提出海量的需求，同时考虑到安全性、移动性和服务质量等方面的要求，会进一步催化IPv6的加速部署。

●2018年1月27日人民网报道：1月27日当天，首届互联网大数据与社会治理南京智库峰会成功举办。来自全国的门户网站、互联网企业、专家学者和政府部门代表，经过研讨达成共识。我们共同倡议政府管理部门与产学研等社会各界加强交流和合作，积极促成互联网大数据在法治的前提下开放共享，发展新时代基于互联网大数据的中国特色新型智库，助力国家治理能力的现代化。关于互联网大数据与国家治理的《南京倡议》发布，广东省互联网+大数据发展研究中心主任蓝云参与发布。

●2018年1月20日福建省龙岩市上杭县广播电视台报道：1月19日下午，上杭县委学习中心组举行学习（扩大）会，邀请广东省委宣传部网络文化协会副秘书长蓝云做“从1到π——大数据与治理现代化”的专题讲座，县领导傅藏荣、王波、梁八生、黄和芳、胡长松、徐峰、张北阳等县委中心组成员参加了学习。

●2017年12月5日“云之蓝大数据研究会”微信公众号报道：南方杂志社举行党建智库建设座谈会，作为中国第一批新时期的媒体智库探索者，广东省网络文化协会副秘书长蓝云诚恳地、没有保留地讲述了近10年的智库工作经验体会；回到母校中山大学，参加传播与设计学院主办的“互联网与国家治理论坛”，分享了《从1到π——大数据与治理现代化》出版体会。

●2017年11月12日“广东工业大学大数据战略研究院”微信公众号报道：广东工业大学、广东省物联网信息技术与产业化省部院产学研创新联盟定于2017年11月30日—12月2日在广州广东大厦联合发起，并由广东工业大学大数据战略研究院领衔协办“2017年第三届大数据产学研高峰论坛·广州”，邀请政产学研各界高层代表，针对大数据研究与应用，并着重关注制造业大数据热点问题进行开放、全面、深入的探讨交流。中国工程院院士陈晓红、美国国家工程院院士Fred Glover和中国工业和信息化部原副部长杨学山等出席。广东省网络文化协会副秘书长蓝云围绕“区块链技术与应用”进行了主题分享。

●2017年12月26日人民网报道：近日，10位来自广州、深圳、佛山的学者齐聚广州南方289艺术园区，就广深发展、粤港澳大湾区及智库建设等话题进行深入探讨。适时建立“粤港澳大湾区智库研究协作体”，成为与会人员的共识。《从1到π——大数据与治理现代化》编著者蓝云简要分享了牵头创建奥一网网络问政平台、南方民间智库、南方舆情数据研究院的历程。他认为，建设中国特色新型智库是中央的根本要求，广东处于“国家大数据战略”“粤港澳大湾区”这个“双大”的交汇点，各界可以继续优势互补，深入合作。

●2017年5月21日《南方都市报》发表了李少魁先生的书评《从1到π，从有限到无限》：蓝云编著的《从1到π——大数据与治理现代化》就是大数据这方面的一部力作，受到俞可平、郑永年、周宏仁等著名海内外学者的力荐，在互联网上，在IT行业，在数据研究领域，都引起一定的反响。《从1到π》认为，“从0到1”专注的是有限、循环、线性、低速、静态、抽样的世界，而“从1到π”专注的是无限、不循环、非线性、动态、大数据的世界。李少魁先生认为这本书写了数据化的历史发展，从小数据、中数据走到真正大数据，是人类使用信息工具的一个演变过程。

●2017年5月15日茂名市今日电白报道：为使全区领导干部更好地运用大数据提高社会治理能力和工作水平，5月15日，电白区举办领导干部大数据与治理现代化专题研修班。蓝云应邀做“大数据与治理现代化”的专题辅导。电白区四套领导班子成员，区法检“两长”、区政府党组成员，各镇（街道）、区直和省、市驻区各单位副科级实职以上干部参加学习。

参考文献

[1] 俞可平. 走向善治 [M]. 北京: 中国文史出版社, 2016.

[2] 郑永年. 中国的当下与未来: 读懂我们的现实处境与30年大趋势 [M]. 北京: 中信出版集团, 2019.

[3] 周宏仁. 中国信息化进程 [M]. 北京: 人民出版社, 2009.

[4] 肖滨. 政治学导论 [M]. 广州: 中山大学出版社, 2009.

[5] 蓝云. 从1到π: 大数据与治理现代化 [M]. 广州: 南方日报出版社, 2017.

[6] 熊雄. 进化: 大数据时代的常识与辩证 [M]. 广州: 南方日报出版社, 2018.

[7] 龚鸣. 区块链社会: 解码区块链全球应用与投资案例 [M]. 北京: 中信出版社, 2016.

[8] 符永寿. 网络智识社会初探: 知识时代新背景下的"大成智慧"构思 [M]. 广州: 广东经济出版社, 2013.

[9] 马晓澄. 解码硅谷: 创新的生态对中国的启示 [M]. 北京: 机械工业出版社, 2019.

[10] 中国互联网络信息中心. 第44次中国互联网络发展状况统计报告 [EB/OL]. (2019-08-30). http://www.cac.gov.cn/2019-08/30/c_1124938750.htm.

[11] 姜骏. 关于日本虚拟货币监管政策的解读 [EB/OL]. (2018-03-18). https: //www. chaindd.com/3054012.html.

[12] 郑金宏, 王刚, 张承惠. 我国金融法律体系的现状与缺陷 [J]. 中国经济时报, 2015 (16): 61-64.

[13] 周林彬, 马恩斯. 大数据确权的法律经济学分析 [J]. 东北师大学报 (哲学社会科学版), 2018 (2): 30-37.

[14] 涂燕辉. 大数据的法律确权研究 [J]. 佛山科学技术学院学报 (社会科学版), 2016, 34 (5): 83-87.

跋：清波流远，汀水长奔，全面赋能

蓝云

（一）

最近三年，我在工作上常被人问到两个纳闷。

第一个纳闷发生在2017年下半年我的事业主动转型时。从文字领域跨越到数字领域，当时我主动选择了区块链作为主攻研究方向。不少友人纳闷，蓝云为什么选择这个偏门、邪门领域？有位相熟的领导问得更是直接："蓝云，据我所知，你是一个好人，怎么会去干坏事呢？"那个时候的区块链，被币圈、各路炒作人员的ICO、各类空气币玩坏了，自然沾染了不好的名声。

其实对我来说，2011年前后就陆续接触比特币、区块链的各类新闻，那时我在深圳工作，身边有同事、朋友在挖币。2016年系统了解了区块链的底层架构，认真研读了中本聪的论文原文后，区块链本身的数学奥秘、数学思维把我击倒了。被震撼的结果是，加速了自己从文字到数字领域的跨越。这种震撼的体验，与我大学本科期间自学高等数学做微积分习题时的感受一样，这种体验难以言表，大概类似于山顶独立、雪夜狂奔、荒漠饮泉、喜极而泣、泣而后静的综合体吧。

2018年9月全国网络安全宣传周期间，在中共广东省委网信办黄斌主任、许华副主任、曾胜泉副主任和余世才处长（现为省互联网行业党委专职副书记），时任省网络文化协会执行副会长史吉建，以及工信部专家组、赛迪区块链研究院刘权院长的指导支持下，我牵头推出了全国第一本从"可信"角度切入、聚焦区块链与网络安全的蓝皮书，《广东新闻联播》对此专门报道。这本蓝皮书称不上完美，但给了我足够的信念，并让我有机会认识更多的链圈专业、权威人士。

另一个纳闷是在2019年10月24日中央最高层领导集体学习区块链知识之后。更多的人纳闷了，他们好奇地问："蓝云你怎么那么厉害，怎么能选择到这么大的风口？真是神了。"

其实我就是一个普通人，一点也不"神"。某样东西是个好东西，我喜欢它了，就认真钻研它，其他的就不理会，也不是我能理会、能左右的。对人也这样，喜欢了，就好好珍惜。仅此而已。

人生苦短，没必要太功利。包括出这本书，也没什么宏大目的。在各地讲课较多，学员朋友盼望能有一本能看得懂的教材。接触到的区块链高人较多，他们有好多好思想，想记录下来跟更多的人分享。体验到的各地、各部门区块链探索较多，他们很可爱，很有担当精神，很不容易，需要铭记一下。仅此而已。

（二）

我今年四十多岁了，人生历程过半。以前看到一些话，看不明白，现在能明白了。比如这句：有的人一生为童年还债，有的人一生有童年滋润。这话让我深有感慨。我的数学思维种子，就是在童年、少年时期种下的。

一直以来，我都有一个感觉，我更应是“程序猿”，而不是“新闻郎”。感谢从小到大培育我的各位数学老师。他们是钟绍文、刘子铭、贾老师、王老师、蔡有华、王仁忠、段老师、丘其章、郭永冬、刘瑛老师等，感谢中学班主任郑艳萍、付兴春、陈大鹏老师等。促成我牵头编写这本书的重要推力，是他们当年布下的数学种子。

钟绍文是我小学一年级就读乡村小学时的老师，来自隔壁的福泉村，慈眉善目，寓教于乐，至今我还清楚地记得他以热水瓶的把手为例解释数字“3”。有一天放学后，突然下雨，钟老师经过我家门口进来借伞，看到我认真地趴在桌上写作业，有人来了都没察觉，他欣喜地对我母亲说：“这个小孩大了会有出息的。”这两位对话人如今都已在另一个星球，不知他们能否知道，这个小孩“出息”并谈不上，但这三十来年有认真地学习、思考、生活。很多年来，我都会回想几个真实情节，想后，会哭，也会笑。水井边，母亲与几位乡亲一起漂洗衣服，小男孩嫌零花钱不够，对母亲说：“再给我点添吧。”（客家话一些表述与粤语一样，比如此处“添”字后置）母亲闪电式地回应：“天，天在头上！”众笑。还有一次，小男孩不喜欢新买的夏日T恤，一直哭闹，母亲将他时而搂、时而背，月光下在院子里不停转圈，直至把小男孩哄睡。如果能够选择，我宁愿母亲还健在，哪怕她每天调侃我一百回，我也保证不再任性淘气。

言归正传，在钟老师之前，我其实还有一位数学老师，那就是我的父亲——我的数学思维启蒙人。20世纪50年代后期，他曾在哈尔滨工业大学电机系学习，面对面接受过苏联专家的授课，成长为新中国第二批机电专家，并成为一名大学老师。20世纪60年代末，父亲无奈从省城回到乡村中学教物理。在我五六岁时，他有时会从学校借回一个小黑板，拿粉笔写上数字，教我认“123”。2018年，我做过一件挺自豪的事情，我专门陪同老父亲重游其母校哈工大，他一路上绽放出儿童般的笑容，这是后话了。

福建长汀，曾被新西兰作家路易·艾黎评价为“中国最美丽的两座山城之一”，另一座是凤凰古城。正是在长汀县实验小学和长汀县一中，童年的我受到非常好的、系统的数学训练。其中有老师还称赞我“有成为半个数学家的潜质”。其实不是我学得好，而是老师教得好、氛围好。各科老师也是超级有跨界、跳跃思维。比如初三化学老师，有天来了一道课后作业，“请证明$\sqrt{2}$是无理数”。当天晚自学，数学老师巡堂，我跟老师说“我可以证明$\sqrt{2}$是无理数”。看完我的演算后，数学老师很开心，我还补充报告了一个发现：“兔子永远追不上乌龟”是有原因的。老师告诉我，这其中有极限求和的道理。高二时，转学回到出生地的上杭县一中，有位数学老师是毕业于南京大学天文系的高才生，他的数学天赋相当好，而且他与我父亲是老朋友。这些点点滴滴的铺陈、滋润，正是我的上一本书取名为《从1到π》的原因。谁言寸草心，报得三春晖，我干再多、写再多，都难以回报他们给我的滋养。

路遥《平凡的世界》曾刊载一句名言：人的一生中关键的就那么几步，特别是在年轻的时候。其实世上绝大部分人都是普通人，包括我自己。那时的我，主观上，数学竞赛获奖后也会骄傲、自大，也会贪玩、没日没夜地打球（后来我才知道，与初三化学老师、数学老师的交流，涉及数学史上的第一次、第二次危机，天意中我撞见了两大宝藏却失之交臂；2017年，我意识到区块链是又一个宝藏，这次我不想错过了）。客观上，也会遭遇人生的欺凌、藐视、撞击。

十来岁时遭遇了一个撞击。二十来岁又遭遇了一个撞击，当了中学六年数学课代表的我，高考后竟然去了一个不学数学的大学专业。

当然，所有事情都要换个角度来看。文科专业，平时学业压力不大，老师也比较宽容，让我有精力将另一个我更喜欢的专业——信息工程专业的主要课程都学了一遍。这种行为，你也可理解为“翘课”。许多课程我是自学的，并收获到了别样的体验。武汉是一个很奇妙的城市，夏天很热，冬天很冷，有几个冰冷的冬日寒夜，我钻研完微积分后，内心滚烫，望着窗外的星空，我真想大吼一句：上帝没死，他就是牛顿，他就是人类那若干个先知。这种体验我至今铭刻在心！哦，原来这个时空有更多的未知、不确定性，在远方有更远的远方。

后来我明白了，人生的所有弯路其实都是直路。我之前求学路上的委屈、不解、消沉，在区块链、比特币上都瞬间化解了。本书正文里说到，区块链、比特币是一个复合型学科，涵盖数学、密码学、计算机、经济学、社会学、管理学、哲学、政治学等学科知识，很巧，这些学科我在大学时都系统学过，这是一般人不具备的条件。人生很无情，很无奈，也很奇妙。单调、冷漠的人生之路蕴含最丰富、最滚烫的的哲理。

区块链、比特币，让现在的我，与过去的我，终于基本和解了。

正是因为这些别样体验、积累，我在讲授区块链课程时，能用文科生也能听懂的话语体系，并且能融入人生感悟，最大限度做到人人都能明、人人都能有收获。广东省计算机学会及区块链专委会的领导及专家们，正是看到了我的这种独特角度及价值，破格提名评选刚入会的我为“2019年度广东省计算机学会优秀会员”。这种温暖滋润了我的内心，给了我无穷的动力，续上了中学老师给我的数学血脉。广东省计算机学会是全省计算机领域的最高学术组织，省内各大高校的计算机学院院长、教授都是学会会员。这帮技术、学术大佬，有理性，也有温情。

多年的数学习题训练，让我有了系统的、根深蒂固的数学思维。这种数学思维甚至帮我走出了人生困境。有一段时间，也许是哲学书看多了，我也遭遇了人生低潮。我在想：人为什么会死，人能不能不死？因为亲人逝世的痛感太强烈了。如果接受“人会死”，那人能不能知道自己何时会死？很长一段时间，我都难以自拔。

后来依靠数学思维，我自己解救了自己。我用的是反证法。大家不妨一试，思考一下：假如人不死，那这个世界会发生什么？假如人提前知道自己的死期，那此前会发生什么？从整体效果而言，那个世界未必比现在这个世界更美好。除了感性，还要理性，而数学是建立理性大厦的最大基石。再扯开说几句，如果把浩瀚太平洋当作一个平面，那么这个平面的点与一条一厘米线段上的点，是一样多的。从感觉上来说，你估计很难接受，但在数学上这可以严格证明。

数学思维、数字知识，可以解释、映射世界，也可以解构、重造世界。这正如区块链、比特币带来的这轮巨大冲击波一样。

请大家务必记住，大数据、5G等是生产力，而区块链是生产关系。区块链将全面赋能社会的方方面面，这种赋的能有正能量，也有负能量。区块链有疆界，并非无所不能，区块链有

“能”，也有“不能”。区块链威力巨大，但也有风险，有可能让操控者粉身碎骨，这种复杂的混合体有点类似于核能。我们人类有足够的胆量和智慧把控核能量，也一定有智慧和勇气把控链能量。

在《从1到π》那本书里，我引用过恩格斯的一句话，今天请允许我再引用一遍：“人看不见紫外线，但人知道蚂蚁能看到人看不到的紫外线，这显示了人的智慧。”我们即使当不成蚂蚁，也要成为能知道蚂蚁的人。同理，一般人也是较难直接看见区块链。

（三）

前面说了一些吹牛皮的话，小男孩算不得什么。其实这本书的推荐者、序作者、上篇理论篇作者、中篇接受访谈的专家、下篇众多案例的首创者，才是真正的大咖、老师。

感谢倪光南院士、周宏仁常务副主任、容淳铭院士、肖雪CEO、肖滨老师、韩国强教授为本书发来殷殷寄语。字里行间，体现了对拙作、对广东及中国区块链事业的情感及寄望。记得初识倪光南院士是在云宏云计算的一场学术论坛上，我的主题发言力陈中华民族在新兴技术领域自主研发的重要性，并以“有倪真好”作为PPT结束语，会后与倪老师交谈时，他紧紧地握住了我的手，鼓励我继续做好科普写作工作。周宏仁常务副主任是中国信息事业顶层设计者之一，高度重视区块链发展，今年春节期间对我电话传授交流近两个小时，让我对区块链有了全方位的清醒认知。肖滨老师是长江学者、知名政治学专家，很有家国情怀、国际视野，他还是我在中大读研时的导师，加了这份“私情”，去年底中央领导集体学习区块链知识后两次对我小范围传授“压箱底干货”，让我对区块链与治理现代化的结合有了透彻了解，打通了任督二脉。六位推介大咖组合成“六合拳”亲手传授，让我受益无穷。

感谢三位序作者对本书编委的真诚帮助、倾囊相助。刘权院长是中国区块链领域的学术权威之一，亲自指导了蓝皮书的出版和粤港澳大湾区区块链应用推广中心的成立。张东明社长是我在南方报业工作期间的老领导，目睹了我从事网络问政、舆情智库事业以及我后来事业转型的点点滴滴，一直如春日暖阳般指导、栽培着我，尤其此次克服椎间盘突出、无法久坐的困难仍发来长篇序言，让我非常感动，这体现了一代又一代南方报人的优良风骨传承。祝华新老师是中国舆情智库事业的首创者、泰斗，对后来者南方舆情项目有着大爱之心，在他身上有着鲜明的传统士大夫风骨、中国民间侠义心肠，情怀浓厚，视野广阔，正是当年某晚他在广州大道马路边对我的一番半小时传授，让我次日下定决心说服领导将“南方舆情项目”改名为“南方舆情数据项目”。祝老师曾给我一本珍贵的书，是他对他奶奶的温情回忆录，“引诱”了我当晚说服我父亲也写回忆录。三位序作大咖组合成“三才拳”亲手传授，也让我受益无穷。

感谢上篇作者，按篇章先后顺序为王欣明、刘君、郭承军、梁恩贵、董延峰、赵淦森、吕永强、蒋步星。八位学界、业界的大咖，影响力都很大。他们正是2018年首本《区块链与网络安全蓝皮书》的联合著作者，中国第一本行业蓝皮书的荣耀属于这个团队。八位作者身份都很显赫，我想专门点出的是蒋步星老师，他是润乾软件创始人，中国大数据产业生态联盟专家委员，1989年国际奥林匹克数学竞赛团体冠军成员、个人金牌获得者，清华大学计算机硕士。蒋步星老师的此篇《对区块链技术的一些疑问》成文于两年前的2018年，我作为主编，根本没让他动笔修改成最新时间表述心思的原因是：这篇文章严丝合缝，层层推理，严密得就像一道数学题、一个计算机程序，我多少懂一点数学，不忍打扰这样的文章。就像有谁会忍心唤醒睡美人呢？数学高手写文章就是不一样，太有意思啦！爽！人生幸福不过如此。正如子曰“朝闻道，夕死可矣”，八位上篇大咖组合成“八卦拳”亲手传授，也让我受益无穷。

感谢中篇19篇访谈文章的二十位专家。他们虽身份不一，有政府官员、大学教授、业界老总等，但有一点共性，在区块链、大数据方面有专业化的研究、探索。他们的思考、智慧极大地延伸了本书的广度和深度，增添了“链”和“大”的味道。通过这些文章，我们明白了：建立自己的知识体系，区块链有助“中心化”、规则制定者；区块链助力城乡融合发展，“信息—信任—信仰”是辩证统一的；先行先试中国数字资产交易；技术改变治理，可以平复每个人内心的澎湃心潮；助力网格化社会治理和综合防疫；将数据化的人类行为直接转化为价值；清远“农货链”全国首创；需要注意数据安全、基础设施安全及国家主权问题；各行各业都有区块链应用需求，但不能为了区块链而区块链；政务区块链应尽量基于国产区块链开源平台；王小云破解MD5和SHA-1两大密码算法的背后故事；“数本主义”开始萌芽，并将变成发展新阶段；广州互联网法院司法区块链有示范意义；数学模型预测传播规律，助力疫情防控；基于区块链的数据确权、价值评估与交易；工业区块链的中国逻辑；区块链赋能供应链创新应用；2011年，“我被区块链震撼了”的科幻色彩故事；区块链有可能让中国弯道超车；网络智识社会：网络化、数字化、智能化；区块链可以有效解决人力资源供需数据的准确获取和动态跟踪问题；近距离了解“世界上最成功的创新系统”等。二十位专家中，需要着重点出的是潮州市委副书记崔建军，作为法学硕士、管理学博士，有着多年基层工作经验的这位学者型官员敏锐地意识到“信息—信任—信仰”之间的辩证统一关系，我及业内许多同行认为，这个“三信”观点若能深挖、落实，对中国政治文明、科技文明生态建设意义非常重大。二十位大咖组合成“降龙十八掌+一阳指”亲手传授，也让我受益无穷。

感谢下篇访谈的各位报道作者，以及各地探索者、邀请我去演讲交流的各地各单位负责人员。2011年7月7日《南方周末》刊发的报道《比特币，史上最危险的货币？》是中国区块链历史上的里程碑之作，影响了一大批有志青年走上区块链之路，这也从一个角度彰显了南方报业旗下各家媒体的实力。人民网主办的舆情智库、大湾区论坛活动，在国内较早就关注到了区块链这个热点，为新技术的普及及推广做了大量工作。广州互联网法院上线“网通法链”、广州开发区制造业区块链、佛山禅城政府治理区块链、深圳等地的区块链发票、清远乡村新闻官农货链等探索均走在全国前列。

感谢清远市乡村新闻官农货链团队的创新探索。在许红副书记（现任广东省妇联主席）、崔建军常委（现任潮州市委副书记）、雷玉春副市长的指导支持下，在清远日报社郑伟文社长、杨格亮副社长、钟志宏副总编辑、全国首位“区块链记者”朱文华和云润大数据公司首席科学家晋彤，以及北江区块链研究院等同仁的共同努力下，农货链在农林牧副渔板块、乡村（社区）区块链治理板块、城乡数字资产交易平台板块等三个维度实现了全国首创。如下一步在全面试点中再获成功，清远市有望在通过新技术、新应用“加快破解城乡二元结构”方面成为全国样板，新时期的“清远经验”指日可待。“天开清远峡，地转凝碧湾”（苏轼诗句），正是在北江边上，在江心岛上，我领略了“清波流远”的内涵，心清了、静了，知道了“$Z=X+Y$”，本书的思路也就厘清了。

感谢华韶数据谷老同事李彩丽、左丹茵、张佳屏、王婉婷，她们组成了数据谷F4，是一道人美、心也美的靓丽风景线，彩云长在有新天，年年后浪推前浪，中国最大单体数据中心、数字中国战略平台有“半边天”们的奉献和智慧。在此特别感谢时任韶关市委书记李红军（现任广东省副省长）、时任韶关市委常委万卓培（现任东莞市副市长）对华韶数据谷研究院2019年9月成立时的指导和支持。

还要感谢我的家人、同学、挚友的鼓励和支持。感谢你们不厌其烦地听我胡说八道，正是在这个“胡说”的过程中，我加深了对区块链的认知。他们有傅志强、谢小权、温彩宁、罗晓春、钟斌、黄河裕、游化林、葛志成、张惠民、蓝永伟、蓝荣培、蓝晓春、李志鹏、范世栋、朱传毅、刘小宁、高斌、于龙卿、宋艳云、钟德进、张仰鹏、黄光和章章等，还有Sisi、Sophia、康康、勤勤、燕子、小慧、耀堂、明明和高文老师。

回望三年前的事业转型路，非常感谢老东家南方报业的历任领导。难忘2016年10月26日12时许，在广州东方宾馆，时任集团党委书记莫高义（现任中央纪委国家监委驻人民日报社纪检监察组组长）和时任广东省大数据局局长王月琴（现任广东省工信厅副厅长）走出“大数据应用及产业发展”会场，莫书记对我说：“蓝云蓝云，你也有‘云’，在云计算、大数据方面继续做点什么吧！”这句话给了我动力，也给了我方向。老社长范以锦、杨兴锋和中山大学政务学院郭巍青老师、福建日报报业集团林永龙老师、雪松控股集团副总裁段功伟等前辈（师兄）也一直给予我很多指导和温暖。感谢羊城晚报报业集团党委书记刘海陵、总编辑林海利、副总编辑向欣、副总编辑孙爱群、副总编辑孙璇和编委孙朝方，广东财经大学党委书记黄晓波，汕尾市委常委黎明，惠州市副市长高诚苗，惠州市文化广电旅游体育局局长钟亮，江门市城市管理和综合执法局赖惠镇局长的指导。

感谢南方财经全媒体集团、羊城晚报报业集团、广州日报报业集团的领导和同仁们，这几年对我们团队的活动给予了大力报道支持。感谢人民日报深圳记者站站长、人民网广东频道兼深圳频道总编辑吕绍刚的大力支持，我曾与吕老师当面交流过高考感悟，他是用语文办法解数学题，我是用数学办法写作文（有点类似前面蒋步星老师的手法），我们两人刚好相反，身边人闻之一乐。

特别感谢广东省委宣传部副部长、南方报业传媒集团党委书记崔朝阳，南方报业传媒集团总编辑黄常开，南方日报出版社社长周山丹、社长助理刘志一、编辑郭海珊对本书出版工作的大力支持。对289大院里的人和事需要感谢的太多，恕不能一一点名。

特别感谢广东省人大常委会副主任黄业斌，清远市委和广东省农业农村厅、广东省工信厅、广东省政务服务数据管理局领导对本书课题组研究工作的指导和支持。

需要特别说明的是，由于水平、视野及时间的限制，本书肯定还有很多地方值得提升。这些不足的责任都在于我。恳请各位方家不吝指教。如再有机会出版类似书籍，我有信心做得更好。

2020年7月23日一稿于清远江心岛
2020年8月9日二稿于长汀宾馆